平成長期不況

政治経済学的アプローチ

大瀧雅之 ──［編］

東京大学出版会

The Long Depression in Heisei Era :
A Political Economic Approach
Masayuki OTAKI, Editor
University of Tokyo Press, 2008
ISBN 978-4-13-040239-2

まえがき

「研究者には純粋な研究の喜びがあるとよく言われますけれども，私，不敏にしてそれほど純粋になれたとは言い切れない．辞めるのは体裁が悪いとか，せっかく苦労したのだからもともこもなくしてはつまらんとか，あるいは一つ立派な仕事をしてみんなをあっと言わせたいとか，邪念，妄念がしょっちゅう入ってきます．金を儲けようという気持ちをおこしたことは正直申しましてまったくないんですけれども，少なくとも名誉欲というものはどう考えてもゼロではない．」

（朝永振一郎『学問をする姿勢』より）

謝　辞

　本書の企画は，東京大学社会科学研究所の全所的プロジェクト『「失われた10年」を超えて』のコアプロジェクトの一環として立ち上げられ，編者が一定水準以上の分析能力をお持ちと判断した近代経済学者に，バブル崩壊後の長期不況の解明や政策提言に関する報告論文執筆を依頼申しあげたことに始まる．さらにそれに劣らぬ優れた討論者にコメント論文をお願いし，公平を期すため必要を感じた報告者には回答も執筆していただいた．出版が遅速を極めたのは，責任者である大瀧雅之が病によりしばし戦線離脱せざるを得なかったことによる．共同研究参加者には，紙上を借りてお詫びする次第である．

　その過程で参加メンバーも若干入れ替わらざるをえなかった．そんな中多忙にもかかわらず，編者の無理を快く引き受けてくださった，卓越した数学能力を持つ先輩の水野利英教授（兵庫県立大学）と院生時代の飲み仲間でもある随

清遠教授（横浜市立大学）には，まず以て心より御礼申しあげたい．また筆者の講義に三年連続参加したばかりに，コメント論文執筆という不採算な仕事を引き受けることになった東京大学大学院生の今喜史，田村正興両氏の勤勉な仕事ぶりにも，深く敬意を表する．さらにあまりに熱心に受講していたため，索引作成を断れなくなった同じく東京大学大学院生の田中茉莉子さんと前川淳君にも礼を失するわけにはいかない．ここに記して感謝申しあげる．

最後に編者達の共同研究に，資金的・精神的援助を惜しまれなかった東京大学社会科学研究所の歴代所長すなわち廣渡清吾教授，仁田道夫教授，小森田秋夫教授と東京大学出版会のスタッフのお骨折りに深謝する次第である．

本書のねらい

本書のねらいは，長期不況の原因解明・経済再建という舞台の上で，正確な経済理論と典拠明確かつ入手容易なデータに根ざした政策論争がいかに大切かを，良識と知的好奇心にあふれた多くの人々の前につまびらかにすることである．そうした営為によってのみ，石橋湛山ら筆者の畏敬する先達が，嘗て，その悲劇的人生を賭し訴え続けたリベラリズムの涵養とデモクラシーの浸透，これこそが21世紀の日本が道を過たぬ唯一の選択であるとの主張を提示しうるというのが，編者の信念である．

そのために本書では，従来の邦語論文集には稀な「討論・対話形式」の構成がとられている．執筆準備のために東京大学で二度ほど簡素なコンファランスを催したが，本書はその模写ではない．しかしテレビ番組などとは違い，真剣なコンファランスでは参加者同士の知的な刃が切り違い時には致命傷を負うものさえいるという現実を，できるだけヴィヴィッドに表現するため，「報告，コメント，回答」というコンファランスの形式をそのまま踏襲した．公正さに懸念が残るコメント・回答がなかったわけではないが，敢えて編集せずそのままで収録した．こうした生々しさもまた学者稼業の一面であり，読者が研究者を冷静に評価する上でも貴重な情報となると思料したからである．

さて手に取ると直ちに明らかだが，本書は市場経済の一般的性質や現在の日本経済の実情に関する共通理解を前提としていない．ある者は公的介入の過剰

と市場メカニズムの不徹底を嘆き,またある者は(編者はこちらに与(くみ)するが)市場経済の獰猛への深憂がある.だがこうした「百家争鳴」(百鬼夜行?)とも言うべき状態こそが,経済学のあるべき姿なのである.この論拠は後述するので,しばしお待ち願いたい.

安易な数理言語の使用は危険信号

　経済学は,「規範」や「正義」の存在を前提とする「道徳科学」(moral science) の一分科から出発した.学問として独立したのは,漸く20世紀初頭になってからである.すなわちケンブリッジ大学でマーシャル (Alfred Marshall) が限界革命に伴い経済学に数学的素養が不可欠と考え,粘り強い折衝の末,moral science から economics の学位認定試験 (Tripos) を分離独立させることに成功したのが,その起源である.要するに経済学部は大学内では全くの乳飲み子である.

　数学的手法の精力的導入は,経済理論に著しい進歩をもたらした.たとえば1928年には,稀代の数学者フランク・ラムジー (Frank P. Ramsey) の手になる発見論的手法を駆使した "Mathematical theory of saving" が書かれている(実に美しい!).だが一方,Keynes (1933) がエッジワース (Francis Ysidro Edgeworth) 小伝で描いたように,理論経済学での数理言語の使用それ自身が,「客観的事実」の証であるという,滑稽だが黙視できない深刻な誤解を多くの経済学者の間に生起した.

　経済学者の「視角」「主観」は,理論・計測上の「仮定」に潜んでおり,数的言語の使用とは全く無関係である.計算(数学の使用)に誤りがなければ,理論は「仮定」を設けたときに予想されたとおりの結論を生む.理論経済学は重要な経済現象を支配する因果関係の発見が目的であるが,猿がタイプライターを打つように闇雲に計算しているわけではない.モデルの諸仮定にその研究者の「社会の見方」が埋め込まれており,仮定に従い過たず(あやまたず)計算すると狙った結論が導かれるようになるまで理論の推敲を重ねるのが,研究現場の偽らぬ姿である.

　したがって恣意的・非現実的な仮定というものは,荒唐無稽な因果関係を無

理矢理導くために導入されている場合がほとんどである．こうした論文の目的の大半が，数理言語という隠れ蓑を着せて不当な既得権益の保護することにあるのは，理論経済学の修練を十分に積んだものの目からは瞭然である．一歩進んで経済学を生業としない人達でも，現出する因果関係を荒唐無稽と感ずるのは，論文に含まれる政治的主張に無視できないほどの「歪み」が存在するからである．本書の諸論文をそうした目で眺めなおしてみると，読者諸賢には新たな発見があるかもしれない．

曲学阿世？

ここで90年代後半（アジア金融危機以降）から現在に至るほぼ十年を「ポストバブル期」とでも名付けよう．この時期の著しい特徴は，経済学それ自体の進歩・動向ではない．それに携わるものの行動様式の顕著な変化である．つまり，アカデミック・アクティヴィティーに勤しむべき大学教師と官庁・マスメディア等との間に本来存在すべき「間仕切り」（緊張関係）が，驚くべき短期間にそしてたやすく雲散霧消したことである．有り体に言えば，これらの外部組織の代弁者と堕した大学教師が驚くほどの数存在する．その上彼らは「時流」に乗り，学生の教育・行政にまで憂慮すべき深刻な影響を与え続けている．殊に，すべての評価にマーセナルな要因が急速かつ無原則に導入されている事態は，大学が累卵の危機に瀕している証左である．

かつて吉田茂は，大学研究者を指して「曲学阿世の徒」と面罵したことがある．そのレリヴァンスは私の預かり知るところではない．だがアカデミズムの立場から，この「放言」を字句通り解釈すれば，以下に列挙するようにきわめて重大な意味を持つ．

① 学を曲げることは世に阿ることに等しい
② 世に阿ることは学問の主旨に悖る
③ 学自身が政治に拮抗しうる権力である

このうち①は熟語を書き下しただけのことである．②は世に阿ると学の真価が失われるほどの意である．これを③と考え合わせると，学の真価は，時流とは無関係に多くの経験的事実に裏付けられた簡素な理論に基づきどれほど社会

安寧の一助となりうるかで,判断さるべきであろう.政治はともすれば時世・時節に制せられがちな権力であるが,学はその対極にある(少なくともあり得る)権力であり,たがいに補完し合う機能を持つこと自明である.

こうした見地から,上述の「ポストバブル期」のある種の「猟官運動」はどう判断されるべきなのだろう.読者には厳しい見地から所収の各論文を再検討されることを編者は強くお願いする次第である.そうした「怖い」読者の遍在こそが,経済学者に職業規律を与えることになろう.

ポストバブル期の「経済学界」

上述の「ポストバブル期」における世俗的権力の応援団は,その政策的主張が目を覆いたくなるほど粗雑かつモノトーンである点において昨今比類がない.すなわち,何事によらず「競争原理」あるいは「市場原理」に依拠した「民営化」(privatization)を推進せよというのが,彼らが恭しく差し出す特効薬である.

だが最も単純なワルラス均衡でさえ,たとえば技術進歩で均衡が,当初のそれ(均衡 A と呼ぼう)から移動した際に,パレート効率性(Pareto efficiency)を維持するためには「補償原理」(compensation principle)による所得再分配がつねに意識に上らねばならない.技術進歩は,たしかに経済全体での生産可能性集合を押し広げる.つまり市民が分け合うべき「パイ」自体は大きくなる.しかしそこからただちに,「競争原理」の生のままのアウトカム(均衡 B と呼ぼう)を是認・遵守すべしという,「勝者」への阿諛である「市場至上主義」が導出されるわけではない.

つまり全体の「パイ」の拡大を特定個人・階層のそれが上回れば,他の主体は延べて以前に比し「パイ」の取り分が減少し,不利な状態へ落ち込むのは必然である.均衡 B がこのような性質を持っている可能性はもちろん否定できない.したがってこうしたケースでは,技術進歩が望ましい状態をもたらしたかを経済学的には判断できない.なぜならば経済学において唯一公的認知を受けた価値判断,すなわちパレート効率性とは,

「ある主体が有利になるためには,かならず少なくとも一つの他の主体が不

利になってしまう資源配分の状況」
と定義されるからである．均衡 A から均衡 B への移動に際しては，補償原理に基づく再分配政策抜きには，誰かが不利になっているためにパレートの意味では両者の優劣を下せないのである．

　かりに民営化により経営が効率化され潜在的な生産能力が高まっても，同じ論理で不利益を被るものへの配慮がなされないと，民営化の是非を経済学からは判断できない．つまり巷間喧しい

「改革」をとめるな！　あるいは「改革」には「痛み」が伴います！
というキャッチ・コピーは，「改革」を「民営化」と同一視する乱暴を許してもらえば，全く経済学的な正当性を持たないのである．したがって前節で展開した論理からすれば，「民営化」の信奉者は「曲学阿世の徒」と見なされても致し方ない．以上の論理は特に都市・地方間の財政問題や国債管理政策をめぐる経済学者の議論を理解する上で，大いに役に立つであろう．

> 「皆さんがこれから純粋に学問をやっていこうとお考えになっているのに水を差すような少し露悪的な話をいたしましてはなはだ申し訳ないんですけれども，これも私にとって事実なのでありまして，*科学者は真実を語らなくてはいけない*．」
>
> 　　　　　　　　　　（朝永振一郎前掲書：イタリックは大瀧による）

　　　　　　　　　　　　　　　　　東京大学社会科学研究所　大瀧雅之

参考文献

朝永振一郎．『学問をする姿勢』朝永振一郎著作集　別巻 1，みすず書房，1985．
Keynes, John Maynard. *Essays in Biography*. Macmillan, 1933.

目　次

まえがき　大瀧雅之（i）

第1部　ポストバブル期のマネタリーマクロエコノミクス

論題Ｉ　誰がモニターをモニターするのか ……………………………………… 3
　　金融機関の規律づけと実体経済のパフォーマンス
　報告　大瀧雅之・花崎正晴・堀内昭義（3）
　コメント　櫻川昌哉（48）／回答　大瀧雅之・花崎正晴・堀内昭義（53）

論題Ⅱ　乗数理論およびインフレ理論のミクロ的基礎 ………………………… 57
　　デフレイションは本当に悪か？
　報告　大瀧雅之（57）
　コメント　田村正興（83）／回答　大瀧雅之（87）

論題Ⅲ　90年代の日本の労働市場 ………………………………………………… 89
　　技術進歩とグローバル化を中心に
　報告　櫻井宏二郎（89）
　コメント　川口大司（110）／回答　櫻井宏二郎（116）

論題Ⅳ　抵当権に関する優先権侵害が企業価値に及ぼす影響について … 117
　報告　太田智之・杉原茂・瀬下博之・山崎福寿（117）
　コメント　随清遠（146）

論題 V　金融の不安定性と景気循環 … 151
　　　Bernanke and Gertler (1989, AER) の確率的動学分析
　　報告　櫻川昌哉（151）
　　コメント　大瀧雅之（170）／回答　櫻川昌哉（175）

第2部　ポストバブル期のフィスカルエコノミクス

論題 VI　社会資本の生産性効果の非線形性 … 181
　　　大都市圏データを用いた再検証
　　報告　塩路悦朗（181）
　　コメント　岩本康志（207）

論題 VII　分野別社会資本の限界便益に関する地域間比較 … 213
　　　地価関数と税収関数を用いた推計
　　報告　三井　清（213）
　　コメント　水野利英（239）／回答　三井　清（246）

論題 VIII　実証分析で明らかにした我が国の地方債制度の問題点 … 253
　　報告　土居丈朗（253）
　　コメント　今　喜史（301）／回答　土居丈朗（305）

論題 IX　競争促進的な公共投資と経済厚生 … 309
　　報告　松村敏弘（309）
　　コメント　阿部顕三（326）

人名索引（329）／事項索引（333）

第1部

ポストバブル期の
マネタリーマクロエコノミクス

論題Ⅰ　誰がモニターをモニターするのか
　　　　　　金融機関の規律づけと実体経済のパフォーマンス
　　　［報告］大瀧雅之・花崎正晴・堀内昭義
　　　［コメント］櫻川昌哉／［回答］大瀧雅之・花崎正晴・堀内昭義

論題Ⅱ　乗数理論およびインフレ理論のミクロ的基礎
　　　　　　デフレイションは本当に悪か？
　　　［報告］大瀧雅之
　　　［コメント］田村正興／［回答］大瀧雅之

論題Ⅲ　90年代の日本の労働市場
　　　　　　技術進歩とグローバル化を中心に
　　　［報告］櫻井宏二郎
　　　［コメント］川口大司／［回答］櫻井宏二郎

論題Ⅳ　抵当権に関する優先権侵害が企業価値に及ぼす影響について
　　　［報告］太田智之・杉原茂・瀬下博之・山崎福寿
　　　［コメント］随清遠

論題Ⅴ　金融の不安定性と景気循環
　　　　　　Bernanke and Gertler (1989, AER) の確率的動学分析
　　　［報告］櫻川昌哉
　　　［コメント］大瀧雅之／［回答］櫻川昌哉

論題I　誰がモニターをモニターするのか
金融機関の規律づけと実体経済のパフォーマンス

[報告] 大瀧雅之・花崎正晴・堀内昭義
[コメント] 櫻川昌哉
[回答] 大瀧雅之・花崎正晴・堀内昭義

[報告]†

大瀧雅之・花崎正晴・堀内昭義

1. はじめに

　金融システムが実体経済の発展に寄与するためには，金融仲介の過程においてさまざまな形で潜在している不完全情報にかかわる問題が有効に解消されるか，あるいは少なくとも実体経済の発展を阻害しない程度にまで軽減される必要がある．金融仲介を担う専門業者たちが不完全情報のもとで果たすべき最も重要な機能は，エンドユーザーたちの破壊的な，あるいは非生産的な逸脱行為を抑止することや，彼らの信頼性を有効に分別することである．それらの方法のもっとも有力なものが，エンドユーザー（とくに資金調達者）の質を審査し，その行動を監視するという作業である．それらの作業は一般的に「モニタリング」と呼称され（Aoki (1994)），その機能の担い手は「モニター（監視者）」

---

† 本稿の作成に当たっては，2005年8月の東京大学社会科学研究所における本書刊行のためのコンファランスにおける櫻川昌哉氏（慶應義塾大学）のコメントが大変参考になった．ここに記して感謝する次第である．もちろんありうべき誤りは，すべて筆者の責任に帰する．

の役割を演じていることになる．

　モニターとしての銀行や金融機関に期待されるのは情報を生産し，それに基づいて資金を配分し，資金調達者の行動に規律を与えることである．現代の分権化された市場経済システムの下では，生産活動の最も重要な拠点である企業の経営をどのように規律づけるかが非常に重要な課題であるが，モニターとしての銀行・金融機関のモニタリングは，そのような課題［一般に企業統治 (corporate governance) 問題と呼ばれている］へのひとつの対応策とみなせる．

誰がモニターをモニターするのか

　しかし，モニターとしての役割を担う銀行・金融機関自身も市場経済を構成する企業であり，その機能を有効にはたすインセンティヴを与えるために，彼らの行動もモニターの対象とならなければならない．これは「誰がモニター（この場合，銀行・金融機関）をモニターするのか」という問題である．特に，その預金債務が広く市場経済における決済手段として利用されており，決済システムの安定性を維持するという目的で預金債務に対して（預金保険制度，あるいはそれに類似した制度によって構成されている）手厚いセーフティ・ネットが準備されている銀行に関しては，債務者の大半が銀行の経営状況に関心をもち，その経営者に対して（主に預金引き出しの形で）健全経営に向けた規律を与えるインセンティヴをもちえないために，この問題は重大である．

　金融における「誰がモニターをモニターするのか」問題に対する標準的な解答は，政府が銀行の経営行動を監督する責任を負うことによって解決すべきだというものである．しかし，銀行のモニターとしての機能は，以下に説明するように，融資先の企業などの私的情報を基盤とするものであり，その実態を融資取引関係の外側の人々が的確に把握するのは非常に難しい．それゆえに，モニターとしての銀行自体の健全性を市場が評価することは，他の業種の企業の経営を評価することよりも難しいと考えられる[1]．この点は，銀行をモニターする役割を政府が担うことになったとしても本質的に変わらないであろう．そ

---

[1]　たとえば，Morgan (2002) を参照．

して，このことは金融におけるモニターをモニターするエージェント（標準的な議論では政府）の機能を客観的に評価することも難しいということなのである．たとえば Tirole（2006：pp. 362-364）は，企業金融におけるモニタリングが，モニターされる対象のエージェント（すなわち資金調達企業）とモニター役のエージェント（すなわち主要取引銀行など）が，不完全な情報の下で結託して，その他の関係者の利益を奪う可能性があることを論じているが，このような危険は，銀行がモニターの対象に，そして政府がモニター役に位置づけられる場合にも，全く同じように存在するといえる．

第二次大戦後の日本における金融仲介の問題

第二次大戦後の日本の金融システムは，少なくとも表面的にみる限り，銀行が金融仲介を支える主要なモニターとして存在していた．したがって，銀行が中心となる金融システムと第二次大戦後の日本の驚異的な工業的発展との間に，緊密な連関があるだろうという推測が生まれても不思議ではない．とりわけ，多くの専門家は戦後の急速な復興から急速な工業的発展が達成された背後に，（かつて Gerschenkron（1967）や Schumpeter（1934）が主張したような）モニターとしての銀行による主導的な役割が存在していたと論じている．このような主張はさまざまな論文や書物の中で展開されてきたが，その最も典型的な議論は，青木昌彦，ヒュー・パトリック両教授によって編纂された浩瀚な論文集（1994）に極めて体系的に集大成されている．

それでは，銀行がモニターとして主導的役割を演じる日本の金融システムにおいては，上に述べた「誰がモニターをモニターするのか」問題は，どのように解決されてきたと考えられているのであろうか．多くの論者には，この問題の所在や重要性が認識されていないようである．しかし青木教授のメインバンク・システムに関する理論的分析においては，この問題が非常に明確に取り上げられ，分析されている．そこでは，（次の節で詳しく説明するように）銀行経営を監督する責任を負う政府（具体的には旧大蔵省）とモニターの対象である銀行（経営者）との密接な人的関係，すなわち大蔵省から民間銀行への「天下り」が，「誰がモニターをモニターするのか」問題の解決に貢献してきたと主張されている（Aoki, Patrick and Sheard（1994））．一方，Tirole（2006）

が指摘しているような監督当局と民間銀行との結託の危険には，全く言及されていない．

企業統治における市場競争の重要性

ここまで論じてきた日本の金融システムの機能をめぐる議論は，金融の仕組みが企業統治の重要な手段であるという考え方に基づいているが，しかし金融の仕組みだけが企業経営に対する規律づけ機能をもっているわけではない．Allen and Gale (2000) が論じているように，個々の企業の経営は，どの程度厳しい市場競争にさらされているかによって強い影響を受けるであろう．実際，高度成長期の日本の企業，とくに製造業などのいわゆる交易財産業に属する企業は，貿易自由化政策の展開によって 1960 年代前後には，海外の企業との厳しい競争を覚悟しなければならない立場におかれた．仮に銀行がモニターの役割を十分に演じることができなかったとしても，多くの製造業企業の経営に対しては，国内と海外の市場において自らの存亡をかけて競争に耐えなければならないという一種の規律が働いたであろう．むしろ，金融システムを通じる規律づけが不完全であればあるほど，製品市場が企業統治の手段の一つとして重要な意味をもつとさえいえよう．

企業統治における銀行融資関係の重要性を強調する（青木教授の所説に代表される）議論は市場競争の重要性に明示的には触れていないが，この側面を考慮しない分析は画龍点睛を欠くといわざるをえない．さらに，もし高度成長期の企業統治が海外からの競争圧力に依存していたという仮説に立脚すると，以下に詳しく議論するように，日本の金融システムと第二次大戦後の産業発展の関係に，青木教授の示すものとは非常に異なる展望が開かれるのである．

本稿の目的

金融仲介メカニズムにとってはモニタリング機能が重要であること，そして，効率的なモニタリング機能を実現するためには，「誰がモニターをモニターするのか」問題が有効に解決されなければならないことを主張したが，しかし，日本の金融システムの特徴を分析し，そのパフォーマンスを評価しようとする研究は，この問題が日本においてどのように解決されてきたのか（あるいは，

解決に失敗したのか）を明示的に取り上げてこなかったといって過言ではない．（もちろん Aoki (1994) は，高度成長期の日本がこの問題を効果的に解決したと主張する点で例外である．）つまり，日本の金融システムに関する理論的研究には，「誰がモニターをモニターするのか」問題に関する大きな空白がある．

この論文の目的は，この空白を埋めるために，Aoki (1994) が展開している議論をも包摂できるような，しかも比較的単純な政治経済学の理論モデルを展開し，そのモデルに基づいて，第二次大戦後の日本の金融システムの機能を評価することである．さらに，製造業を中心に，高度成長を担った主要な製造業などの交易財産業が直面した海外からの競争圧力の意味を企業統治の文脈において考察することがもうひとつの目的である．当然，モデル分析の中心には「誰がモニターをモニターするのか」問題が据えられる．しかし同時に，企業統治における市場競争の重要性を考慮することによって，銀行業における経営統治構造とそのパフォーマンスを評価し，高度経済成長時代から 1980 年代末の「バブル」を経て今日の「長期停滞」に至るまでの日本経済を，一貫した理論的な視点から解釈できるのである[2]．

本稿のモデル分析とその含意の解釈からは，次のような結論が導き出される．
1. （バブル以降の銀行危機が示唆するように）日本の金融は「誰がモニターをモニターするのか」問題の解決に失敗した．
2. それにもかかわらず高度成長期に急速な工業的発展を実現できた理由は，製造業などの交易財産業が直面した厳しい国際競争が，企業経営の規律づけとして重要であった．
3. そして 1980 年代の企業金融の分野における構造的変化，すなわち銀行融資の対象が製造業を中心とする交易財産業から，比較的，国際競争の圧力から免れてきた非交易財産業へシフトしたことが，もともと脆弱であった金融システムの欠陥を露呈するきっかけとなった．

---

2) 具体的には，堀内・花崎 (1998, 2000, 2004)，花崎・堀内 (2000)，Hanazaki and Horiuchi (2004)，清水・堀内 (2000)，Horiuchi and Shimizu (2001)，および大瀧 (2000) が以下の議論の基礎となっている．

本稿の構成

本稿の構成は，以下の通りである．第2節では，われわれの理解するところの「通説」をいささか大胆に要約し，その限界を明らかにする．第3節ではentrenchmentと呼ばれる閉鎖的な経営形態と「天下り」および銀行の経営効率について包括性のあるモデルを提示し，実証分析がいずれを支持しているかを明らかにする．第4節では「メインバンク理論」が強調する銀行の審査能力について理論的に再検討を加える．これを受けて第5節では，非金融企業・金融機関の規律づけが，製品市場・資本市場のいずれでなされるべきかを理論・実証の両面から検討する．そして高度成長期から現在に至るまでの日本経済のパフォーマンスを，金融システムとの関連において統一的な見地から評価する．第6節は結論である．

2. いわゆる「通説」

本節では，われわれの理解するところの「通説」の概要とその問題点を詳らかにし，第3節以下で提示される代替的な仮説の重要性を浮き彫りにする．

「誰がモニターをモニターするのか」問題

金融仲介メカニズムは，資金調達者と資金供給者の間に横たわる不完全情報に対処する有効な仕組みを準備しなければならない．その仕組みのひとつが銀行に代表される金融機関のモニタリングである（Diamond (1984)）．銀行は融資取引関係を通じて，最終的な資金供給者に代って資金調達者を審査して逆選択問題を軽減したり，資金調達者の行動を監視したりすることによってモラルハザード問題を抑制できる（Aoki (1994)）．しかし，資金調達者と資金供給者の間の情報が不完全だということは，最終的な資金供給者にとって，銀行の資金調達者に対するモニタリングが有効かどうか判断できないということである．不完全情報の下で，銀行や金融機関の有効なモニタリング行動を保証するものは何か．これは "Who monitors the monitor?"（「誰がモニターをモニターするのか」）として知られる問題である（Aoki, Patrick and Sheard

(1994)，および Prowse (1995))[3]．金融仲介メカニズムの効率性が保障されるためには，この問題が解決されなければならない．

日本における金融の発展の文脈では，「誰がモニターをモニターするのか」問題を解決する方法として，次の二つの方法が注目されてきた．ひとつは，銀行業や金融業における競争を規制によって制限し，既存の銀行に超過利潤を与えるという方法である．この方法においては，既存の銀行が長期にわたって超過利潤を獲得できるために，その立場を喪失しかねない行動，とりわけ資金調達者のモニターを蔑ろにすることを差し控えるインセンティヴが生まれる[4]．

もうひとつの方法は，政府（監督当局）と銀行の間に親密な人間関係を構築し，銀行に対する政府のモニタリングを容易にすると同時に，両者がそれぞれ共同利益に着目しつつ，結果として「誰がモニターをモニターするのか」問題を有効に解決するという方法である．監督当局と銀行の親密な人間関係としては，行政府を退職した公務員が，自分がかつて監督の対象としていた銀行の役員など被雇用者になるという関係，すなわち，日本では広く「天下り」として知られている慣行をあげることができよう．

これら二つの方法は，決して相互に排他的であるわけではない．たとえば Aoki, Patrick and Sheard (1994) は，高成長期の日本ではこれら両者が機能したことを示唆する議論を展開している．しかし，第一の方法についての批判的な分析は花崎・堀内（2006）で集中的に論じられているので，以下，この論文では，第二の方法，すなわち監督当局から銀行への天下りを考察の対象とする．

天下りに関するひとつの仮説

Aoki, Patrick and Sheard (1994) によれば，金融機関とその「監督官庁」（特に旧大蔵省・日本銀行）との間の「天下り」に象徴される「親密な」関係は，上述の「誰がモニターをモニターするのか」問題を有効に解決する仕組み

---

3) Diamond (1984) の理論的モデルでは，モニタリング行動に規模の経済が働くことによって，強大な銀行による十分に分散された貸出ポートフォリオが容易に構築されるため，モニタリングを委託された銀行にとってモラルハザード行為のインセンティヴが存在しない．

4) Hellmann, Murdock and Stiglitz (1997)，および Hellmann, Murdock and Stiglitz (2000) を参照．

である．個々の行政官にとって，監督の対象である銀行へ再雇用される機会があることは，健全経営規制をきちんと実行して，銀行経営の健全性を維持させることへのインセンティヴを生み出す．銀行経営者の側にとっても，かつては監督者の立場にあった人材を雇用することによって，銀行経営に関して監督当局と円滑に情報を交換できる．この意味で，天下りを通じる銀行と監督当局との親密な関係は，彼らの共同利益を最大化する機会を作り出すことになると理解できるであろう．したがって，Aoki, Patrick and Sheard (1994) は，銀行・金融機関と監督官庁の間に，天下りを通じて形成された人的関係は，監督当局による銀行監督の有効性を高め，その結果，不完全情報の下で銀行の有効なモニタリングを引き出すことができたと主張する．

また青木教授らによれば[5]，このような共同利益の最大化は監督官庁と金融機関間の親密な人的関係に限ったことではなく，「メインバンク関係」と呼ばれる金融機関と企業の間の「長期的顧客関係」(long-run good customer relationship) にも存在する．銀行が特定の企業への融資の是非を判断するにあたっては，外部者には強く秘匿されるべき「企業機密」（具体的には企業の保有する技術や人的構成に関する情報を想定すれば足りるであろう）に関する情報や，外部者に正確に伝達することが難しい情報（たとえば，企業経営者の資質にかんする微妙な情報）が必要である．それらの情報の共有・生産は，銀行と債務者企業の間に協調のインセンティヴを発生させる．

このように，監督当局，銀行，借手企業の間に存在した天下りとメインバンク関係という二つの結びつきが，不完全情報の下で，金融仲介メカニズムの効率性を保障し，その結果として，企業部門における効率的な経営を導き出すことができた．少なくとも 1980 年代までに観察された，日本経済のきわめて良好なパフォーマンスは，天下りとメインバンクの結びつきの所産であったという考え方が，今日でも，多くの専門家を捉えている「通説」とみなせるだろう[6]．

---

5) たとえば，Aoki (1984) および Aoki and Patrick (1994) 所収の諸論文や Hoshi, Kashyap and Scharfstein (1990, 1991) を参照されたい．

6) 猪木 (2002) も「良質」な人材を官僚機構に確保するための方法として，天下りという「後れた報酬」の仕組みが意味をもつと主張している．これらの議論は，ほとんどの場合，実証的根拠なしに「日本の経済社会において，官僚は不可欠な，良質の人材である」という前提から出発

しかしながら，一見整合的に見えるかくのごとき主張には，少しばかり慎重に考察すれば，大きな陥穽が潜んでいることを看取できる．宇沢（2000）が批判的に述べているように，「監督官庁」・金融機関間，および金融機関・非金融民間部門間のいわばインサイダーの共同利得が最大化されることと，経済全体の利益最大化（社会的厚生最大化）との目的の間には，大きな懸隔があるのである．次節以降では，このインサイダー利益の最大化と社会的利益の相反・乖離を詳しく検討する．

3. 銀行のモニタリングと「天下り」，および銀行の経営効率

この節では，銀行自身のモニタリング活動と，その活動に対する社会的なモニタリングに関する代替的な方法を明示的に考慮する単純な構造のゲームを分析する．このゲームでは，銀行の経営を監督当局（政府）がモニターするという仕組みが，第2節で説明した「誰がモニターをモニターするのか」問題の解決に有効である半面，監督当局と銀行との間の結託を生み出し，金融仲介に非効率性を持ち込む可能性があることを明らかにする．

3.1 銀行のモニタリングの不透明性

市場のモニタリング機能の限界

先にも論じたように，銀行・金融機関によるモニタリングは，非公開情報（私的情報）の収集や分析に依拠する部分が大きいために，その内容を銀行と融資先企業との関係者以外が評価することは難しい．また，融資を受ける企業の経営者の立場に立つと，私的情報は企業の長期的経営戦略や，経営者の能

している．確かに，一般的に言えば，日本の官僚が，官僚としての清廉さや有能さの面で諸外国の官僚に有意に劣後していると主張するのは難しい．しかし，彼らが退職後に民間企業などの職場でも高い能力を発揮し，天下りの仕組みが無かった場合に比較して，民間企業の経営効率を有意に高めているという証拠はあるのだろうか．猪木（2002）も天下りの「負の側面」に言及しているが，効率性の観点からみて，天下りが是認できる慣行であるか否かを本格的に論じるためには，その「負の側面」も本格的に取り上げなければならないだろう．

力・資質など，公開されることが望ましくない性質をもっている[7]．したがって，融資取引関係には明示的，あるいは暗黙的な守秘義務の項目が内包される．このことがモニターとしての銀行をモニターすることを社会的に難しくしている．以下では，政府が銀行経営を監督するという役割を担わなければ，その役割は市場に委ねられるとする．しかしその場合，市場がモニタリング機能を発揮するには，銀行の内部情報の公開が必要となる．このような融資情報の公開は，上述の銀行・企業間で交わされる情報の守秘性の要求と明らかに背馳する．したがって，融資情報が公開される可能性が事前に読み込まれると，銀行のモニタリングは著しく困難となろう．ここでは議論を簡潔にするために，市場に銀行のモニタリングを委ねると，銀行は企業に対して有効なモニタリング機能を発揮できないと仮定する[8]．

　考えられる金融システムのレジームは大きく分類すると二つになる．レジームAでは，銀行に対するモニタリングは資本市場に委ねられるが，レジームBのようにモニターと「モニターのモニター」の間に結託が起きる危険がない．しかしその代わりに，資本市場の側に銀行の企業への有効なモニタリングを阻む要因があるために，情報の守秘性が保証されるレジームより効率が劣る面もある．

　レジームBでは，銀行に対するモニタリングを監督当局が受け持つ．監督当局の強い権限によって，銀行を有効にモニターできるが，しかしこのレジームでは，監督当局と銀行との間に（具体的には天下りという人的関係を通じる）結託の可能性がある．この結託は，金融仲介に非効率性をもたらす．つまりレジームBには二種類の均衡の可能性がある．ひとつは監督当局が本来の

---

[7] さらに，これらの情報の多くは立証可能でない (unverifiable) ので，たとえ公開されたとしても，公開情報の有用性は乏しいと考えられる．

[8] 市場のモニタリング不足に関するこの仮定は，理論的な視野からみると強すぎるであろう．たとえばDiamond and Rajan (2001) は，預金保険制度など預金者保護の制度が一切存在しないことを想定すると，株主に銀行経営をモニターさせる仕組みには（銀行のモニタリング活動に立証可能性が欠如しているために）効果的ではないこと (Diamond (1984) をも参照)，銀行が要求払い預金という高度に流動的な債務を抱える一方，貸出債権という（非対称情報の下で）非流動的とならざるをえない資産を保有するビジネスモデルが，銀行に貸出先企業をきちんとモニターするインセンティヴを付与する上で有効であることを明らかにしている．以下の本稿の分析では，事実上の預金者保護の仕組みが存在しているために，以上のようなDiamond and Rajan (2001) の議論が成立しないものとする．

責務である銀行経営のモニタリングを有効に果たす場合である．もうひとつの可能性は，監督当局と銀行が結託する場合である．

ゲームの構造

次に，明示的な分析の対象となるゲームの構造について説明しよう．

1. 以下で明示的に考察するプレーヤーは，銀行，監督官庁，家計の三つである．この他に銀行融資の対象となる企業が登場するが，分析を単純にするために，その行動を明示的には分析しない．

2. 銀行は企業に対する融資案件に直面している．費用 C をかけて企業の行動をモニターすれば，銀行は融資先企業のモラルハザードを完全に抑止できる．問題としている案件には本質的にリスクが存在しない．したがってモニタリング費用を投じた場合には，確実に，

$$X - C > 0. \qquad (1)$$

だけの収益が上がる．しかしモニタリングを省略して貸し出すと，企業の側でモラルハザード行為が生じ，その結果 $1-P$ の確率で貸倒れが発生する．つまり，モニタリングを省略して融資したときの収益は，PX であり，

$$(1-P)X > C. \qquad (2)$$

が成立しているとする．(2) は，銀行にとっては，モニターして企業のモラルハザードを取り除いた方が高収益を得られることを意味している．

3. モニター機能を担う銀行自身をモニターする方法は二つある．ひとつ（レジーム A）は，銀行のモニターを市場の投資家たちに委ねる方法である．しかし市場が銀行の融資情報の公開を要求するために，銀行の企業に対するモニタリングが逆に困難となる．

もうひとつの方法（レジーム B）は，政府（官僚）が銀行をモニターすることである．政府は，市場の投資家に比較して，強力なモニタリング能力を

具えているので，モニタリングを銀行が怠ることを抑止できる．しかし，この方法の場合，政府と銀行とが（暗黙的な）サイドペイメントの授受を通じて結託し，社会的には非効率な状況を生み出す可能性がある．銀行が政府に与えるサイドペイメントは，具体的には天下りポストの提供であるとする．

4. 監督官庁の官僚は，次の意志決定問題に直面する．すなわち自らの社会正義の基準にてらして，銀行への監督（融資案件を適切にモニターしているか否かをチェック）を実施するか，それとも銀行からのサイドペイメントを受け容れて監督に手心を加えるか，である．なお後者を選択した場合には，私的な便益を Y だけ銀行から受け取る代わりに，銀行の融資審査結果をすべて黙認し，貸倒れが起きたときには，それを税金でファイナンスして銀行の損失を補塡するものとする．

ただし増税と銀行への資金注入の因果は，家計には未知とする[9]．さらに増税と資金注入には，無視できない徴税費用や管理費用が必要で，その合計を τ とし，家計がこれを負担するものとする．

5. 社会的厚生 SW は，家計と官僚の利得の合計で定義する．銀行の利得が除かれているのは，銀行が家計の資産運用のエイジェントであり，直ちに述べるように，銀行経営者の目的が非金銭的な私的便益だからである．

以上の設定で各経済主体の利得関数を明らかにしておこう．

銀行経営者の利得関数

銀行経営者の利得関数 π_F を定義しよう．銀行家は株主（レジーム A が選択されたとき）あるいは預金者（レジーム B が選択されたとき）である家計の「代理人」（agent）であるが，家計の経済的利益の真の体現者ではなく，会計上の利益を最大化することを目的としているものとする．つまり自分の体面を保持するために有効なら，それが実質を伴わない利益であっても，そうした営

---

[9] 以上の仮定の下では，銀行のモニタリングの懈怠により貸倒れが発生しても，表面的は預金から同じ収益を得られるため，市場の投資家たちは銀行のモラルハザード（モニタリングの懈怠）を察知できないことに留意されたい．

業に踏み込むことを躊躇しないと考える．結果として，ここに家計・銀行間の利益相反が発生する．さてそのような前提のもとで，利得関数は，

$$\pi_F = \max[\pi_F^A, \pi_F^B]. \tag{3}$$

として定義される．π_F^i はレジーム i がとられたときの利得をあらわす．それらは各々，

$$\pi_F^A = PX, \tag{4}$$
$$\pi_F^B = \max[X-Y, X-C]. \tag{5}$$

として表現される．ここで Y は，レジーム B を選びかつ「天下り」受け入れ戦略を採用する際に必要な官僚向けのサイドペイメントである．

家計の利得関数

家計の利得は銀行の利得から，租税額を差し引いたものとして定義される．したがって，

$$\pi^A = PX, \tag{6}$$
$$\pi_{H1}^B = X - Y - (1-P)(X+\tau)$$
$$= PX - Y - (1-P)\tau \ (\text{if } Y \leq C), \tag{7}$$
$$\pi_{H2}^B = X - C \quad (\text{if } Y > C). \tag{8}$$

となる．π_{H1}^B と π_{H2}^B は，ともにレジーム B が採られたときの利得であるが，π_{H1}^B は，監督当局と銀行が「天下り」を通じて結託する場合のそれであり，π_{H2}^B は銀行と監督当局との間に結託が形成されず，監督官庁によって銀行経営に対する適切なモニタリングがなされた場合の利得である．また π^A は，レジーム A が採用されたときの利得である．

監督当局の利得関数

官僚が，常に経済的社会正義すなわちパレート効率性に基づいた価値判断に沿う行政指導に携わるとの想定は，あまりにナイーヴである．銀行の経営陣にとっては，モニタリングを怠ることで十分に高い私的利益を獲得できるのであ

れば，監督当局にサイドペイメントを支払って，厳格な監督を実施させないような行動をとる (lobbying) インセンティヴが存在する．官僚もまた，金融機関の現状追認によって得られる私的利益と自らの職務に忠実であることにより生まれる本来の効用（社会的厚生の向上）との比較秤量で，場合によっては厳格な監督を執行しないこともありうると考えられる．

ここでは官僚の利得関数 π_B は

$$\pi_B^A = \alpha SW^A$$
$$\pi_{Bi}^B = Y_i^B + \alpha SW_i^B \quad (9)$$

としよう．上付添え字はレジームを表しており，i はレジーム B において銀行が監督当局にサイドペイメントを支払うか ($i=1$)，支払わないか ($i=2$) を表している．Y_i は監督当局が銀行から受けるサイドペイメントであり，SW_i^B は彼らによって実現される社会的厚生である．α は官僚が私的便益に比べて社会的厚生をどれだけ割引いて考えているかを表すパラメータである．つまりこの値が大きいほど，官僚は自らの職務に忠実であると考えるわけである．

(6) から (9) までの四つの式を用いて，それぞれのレジームに関する社会的厚生 SW を計算することができる．すなわち，

$$SW^A = \frac{\pi^A}{1-\alpha} = \frac{PX}{1-\alpha},$$
$$SW_1^B = \frac{\pi_{H1}^B + Y_1}{1-\alpha} = \frac{PX - (1-P)\tau}{1-\alpha},$$
$$SW_2^B = \frac{X - C}{1-\alpha}.$$

である．したがって，

$$SW_1^B < SW^A < SW_2^B. \quad (10)$$

であることが分かる．モニタリング均衡が最善，資本市場にモニタリングを委ねる均衡が次善，監督当局と銀行との間に，天下りを通じた結託が形成される均衡が最悪である．この結果は，ゲームの構造に関する前提からほぼ自明であろう．

監督当局と銀行の協力ゲーム（結託）としての天下り

さて以上の準備の下で，ここでのゲームの解を求めよう．ゲームは二段階になっており，

1. 銀行がレジームを選択する．
2. レジーム B を選択した場合，監督当局と結託するか否かを決定し，同時にその際のサイドペイメントの額を決定する．

という構造を持っている．したがってこのゲームは第二段階の監督当局と銀行間の協力ゲームを解くことから始めねばならない．ここでは最も簡単な解概念として非対称ナッシュ交渉解を用いる．

このときナッシュ積に用いるべき官僚の利得関数 π_B は，威嚇点が，

$$\pi_{B2}^B = Y_2 + \alpha SW_2^B = \frac{\alpha}{1-\alpha}(X-C),$$

であることから，

$$\begin{aligned}\pi_B &= \pi_{B1}^B - \pi_{B2}^B \\ &= Y_1 - \frac{\alpha}{1-\alpha}[(X-C) - \{PX - (1-P)\tau\}] \\ &= Y_1 - \frac{\alpha}{1-\alpha}[(1-P)(X+\tau) - C].\end{aligned} \quad (11)$$

である．

一方，銀行の利得関数 π_F は，威嚇点が $(X-C)$ であることから，同じくナッシュ積の性質を利用して，

$$\pi_F = C - Y_1. \quad (12)$$

と表現できる．したがって (11) と (12) より，一般化ナッシュ積 GN は，

$$\mathrm{GN} \equiv (C-Y_1)^\theta \{(1-\alpha)Y_1 - \alpha\{(1-P)(X+\tau) - C\}\}^{1-\theta} \quad (13)$$

である．よって非対称ナッシュ解 Y_1^* は，

$$Y_1^* = \theta \cdot \frac{a}{(1-\alpha)\{(1-P)(X+\tau)-C\}} + (1-\theta)C. \tag{14}$$

となる．ただしこのような結託が起きるためには，

$$C > Y_1^* \iff C > \frac{a}{(1-\alpha)(1-P)(X+\tau)} \iff C > \frac{a}{(1-P)(X+\tau)}. \tag{15}$$

であることが必要かつ十分である．

3.2 経済学的インプリケイション

不等式 (15) の経済学的含意は次の通りである．つまり，銀行が無能な経済ほど（モニタリングのコスト C が大きい経済ほど），また α で表現される官僚の職務忠実意識が低いほど（α が小さいほど），銀行と監督当局の結託の解消は難しくなるのである．そしてもっとも非効率な均衡，すなわち，

   銀行のモニタリング懈怠＋銀行と監督当局の結託   (*)

という均衡が選ばれる．この均衡では銀行による有効なモニタリングが欠けているために不良債権が発生し，かつそれが公的資金により償却されている．

逆に，監督当局の職務忠実意識 (fiducially) が十分に高く（Aoki *et al.* (1994) が暗黙裡に仮定していたように）社会的厚生を適正に評価する主体であったら（つまり α が十分に 1 に近く (15) 式が成立しない場合には），上の均衡ではなく，

   銀行の有効なモニタリング＋監督当局の有効なモニタリング   (**)

なる最善の均衡が選ばれる．これは監督当局の存在が銀行のモラルハザードを抑止できるケースである．

銀行が貸手の情報を占有する銀行融資中心の金融においては，銀行のモニタリング機能の効率性（パラメータ C によって表現されている）と，監督当局による社会全体の経済的厚生への配慮の程度（パラメータ α で表現される）

によって，もたらされる金融仲介の効率性が左右されることになる．

効率的な均衡（**）においても，監督当局から銀行への人的な交流はありうるが，それは銀行の機能を一層高めるために市場ベースで実行されるリクルーティングであり，銀行のモニタリング機能を低下させ，その私的便益の追求を許すような，本稿で定義している「天下り」ではない．Aoki *et al.* (1994) は，日本において，監督当局から銀行への天下りが，効率的な金融仲介を実現したと論じたが，少なくとも，これまで考察した理論モデルによれば，そのような効率的な結果は必然的に生み出されるものではない．

「天下り」の実態と結託からの決別（？）

では，実際にはどうだったのだろうか．Horiuchi and Shimizu (2001) によれば，確かに不良債権比率が高く経営効率が劣ると目される銀行ほど，旧大蔵省からの「天下り」役員を多く受け入れている．また，大蔵省から天下り役員を受け入れている銀行が，そのパフォーマンス（特に不良債権比率で測った実績）を有意に改善させたという証拠はない．無論，さらに厳密な実証研究の積み重ねが必要だが，これまでの結果からは，（**）というよりも（*）の均衡が選ばれている可能性が高いと考えられる．

さらに，監督当局と銀行との間に非効率的な結託が生み出されるか否かを規定する条件（15）が銀行と監督当局との間の交渉力の配分（パラメータ θ）から独立している点を強調しておきたい．言い換えれば，銀行のモニタリング機能（C）と監督当局の政策態度（a）が大きく変化しなければ，銀行と監督当局の力関係の変化が両者の結託という状況を変えるわけではないのである．銀行が官僚との力関係で優位となり θ が大きくなると，（14）から明らかなように，銀行の収益は上昇しかつ監督当局（官僚）の利得は小さくなる．しかしながら，θ は（15）の成立の可否とは無関係であり，「誰がモニターをモニターするのか」問題は解決されない．

そこでこの問題を市場に委ねるために，レジーム A を選択することが考えられる．この制度選択によって，金融仲介メカニズムの最善の均衡をいわば諦めて，次善の均衡を目指すことになる．そのような解決策が，十分に合理的かどうかを判断するためには，銀行の収益性などの表面的な指標ではなく，銀行

の審査能力（パラメータ C）やパラメータ a で表される公務員のモラルのあり方などをさらに深く分析し，最善の均衡を容易に実現するためのインセンティヴ構造の構築の可能性を探ることが必要であろう．

4. 銀行の審査能力と企業経営の規律づけ

第2節でも触れたように，銀行のモニタリングが有効に機能して，高度成長期の企業部門の発展を支えたとするいわゆる「メインバンク理論」は，当然のことながら民間銀行が高い審査能力を持ち，融資先の企業に関して十分な内部情報を蓄積しているという前提に立脚している．銀行が融資取引関係を基盤として借手企業の質を審査し，さらにはその経営行動を監視する（モニターする）能力を具えていると考えることは不自然ではない[10]．しかし，銀行にとって，その能力を有効に発揮するインセンティヴが存在しなければ，高い審査能力は必ずしも実現されないだろう．これが第3節で取り上げた「誰がモニターをモニターするのか」問題であり，その理論分析は，監督当局の銀行経営に対する行政のあり方如何では，銀行があたかも審査能力を具えていないかのような，非効率的な行動に走る可能性があることを示している．また本稿の末尾補論の観察結果から判断すると，日本の銀行の経営効率は決して高いとはいえないのである．

「住専問題」，および貸し渋り・貸し剥がし現象

日本の銀行が十分に審査能力を発揮し得なかったことを示唆する現象はいくつか見出せる．ひとつは，1990年代の前半に社会の関心と幻滅とを呼び起こした「住専問題」である．住専，すなわち住宅金融専門会社のほとんどは，銀行が出資し，銀行からの資金を貸出金の原資とし，そして役員を出資者たる親銀行から受け入れて融資業務を展開した金融会社であり，親銀行は明らかにメインバンクの位置を占めていたはずである．しかし親銀行は，結局は公的資金

---

[10] 実際，銀行機能に関する理論は，モニタリング機能に関する分析を基盤として発展してきたといって過言ではない．Diamond (1984)，Rajan (1998) などを参照．

の注入によって破たん処理が実施されるにいたるまで,住専の杜撰な経営をモニターし,その有効な立て直しを実現できなかったのである.通説的な「メインバンク理論」を信奉する者にとっては,はなはだ幻滅させられる出来事である.

また,いわゆる「メインバンク」のモニタリング機能欠如が80年代後半の「無謀な」銀行貸出に直結していたと指摘する論者も少なくない.たとえばDinç (2006) は,日本の銀行の株式保有構造と1990年代の不良債権問題の淵源となった80年代の不動産関連融資との統計的関係を分析し,有力株主が銀行の金融系列に属している企業や金融機関である場合には,株主から「無謀な」融資を押し止める規律づけが働かなかったと主張している.

さらに,銀行の審査能力を疑わしく感じさせるものとして,融資先企業の過剰債務問題 (debt-overhang problem) に伴う「貸し渋り」,「貸し剥がし」と呼ばれる現象 (1990年代末から2000年代初頭にかけて,盛んに紙上をにぎわせた) を指摘できよう.過剰債務とは,融資対象となった企業が,将来利潤の割引現在価値が正でありながら,その額が既存債務を下回る状態として定義される.言い換えれば,企業の存続を認めても,これまでの融資のすべてが返済されることはない状態のことを指しているのである (Myers (1977)).

問題は,過剰債務にあったときに,なぜ当該企業が追加的融資を受けられないかということである.つまり既存債務は埋没費用 (sunk cost) となっているわけであるから,「メインバンク理論」が想定するように,銀行が真に企業の内実を理解しているとするなら,その存続を目的として資金を供給(救済融資)し,少しでも既存債務の返済を求めるはずである (Hoshi, Kashyap and Scharfstein (1990)).

しかし1990年代後半から2000年代初頭に,紙上をにぎわせた俗に「貸し渋り」,「貸し剥がし」と呼ばれた現象を斟酌すると,「メインバンク」が主張されるほど融資先企業の内実を詳しくつかんでいたかどうかには,大いに疑問の余地がある[11].つまり審査能力の不足により,企業の過剰債務が放漫経営によ

---

11) 高木 (2006) には,民間銀行の融資方針に関して,次のような辛辣な記述がある.すなわち,「右肩上がりの時代は,金融機関は価値がある不動産を担保にとってさえすれば,商売が左前になっても担保を処分すれば回収可能だから,信用を供与して融資している金額が担保不動産の価

って生じた可能性が排除できないために，たとえ企業の存続を認め，多少なりとも返済の可能性があっても，救済融資を断り企業を倒産させざるをえなかったと考えられるのである[12]．

企業部門を規律づけた要因

では「メインバンク」が審査能力を十分に発揮しなかったとき，企業部門，とりわけ高度経済成長期のそれは，どのように規律づけされてきたのだろうか．留意すべきは，企業経営を規律づける市場は，資本市場には限らないことである[13]．特に国際競争が激しい製造業では，いかに効率よく生産し，安価で高性能な製品を作るかが企業の命運を担う．言い換えれば，資本市場だけでなく，製品市場もまた企業を規律づけする市場なのである．

たとえば花崎・堀内（2006）および Hanazaki and Horiuchi（2004）は，製造業に属する日本企業のデータをもとに，労働生産性の増加率で定義される経営の効率性が，メインバンクとの関係の安定性，所有構造，負債比率，さらには海外からの競争圧力（企業が属している業種の輸出入比率で定義）などの

　値の範囲におさまっていることを確認していればよかった．不動産の価値が高値で安定し値上がりが続いている時代は，不良債権が発生していないかどうかをチェックする与信（信用供与）管理はらくであった．（中略）本来ならば与信先の「収益力」や「返済能力」と見合った融資をし，与信管理は与信先の収益状態やキャッシュ・フローがどうなっているかをモニタリングし，チェックしながら行わなければならないという鉄則を守らなくとも大きな問題は生じなかった」．

　また同書には「貸し剥がし」について，「不動産価格が下落して担保価値が下がったために，金融機関は融資枠を下げて中小企業に対する「貸し剥がし」をしたと騒がれたことがあった．担保不足の債権の保全に不安を抱いたために，そのような現象が起きたのであったが，担保重視からキャッシュ・フロー重視の融資に移行する過程で，一部の機関で起きた一時的な現象であった」とのべている．企業再生の最先端で重責を担った氏の言葉であるだけに，筆者にはたいそう重く感じられる．そしてこのいずれもが，「メインバンク理論」とは背馳する証言である．また，この問題に関する理論的考察についての詳細は，大瀧（2000）をも参照されたい．

12）1990年代末から2000年代初頭にかけては，銀行を監督する権能が大蔵省から金融監督庁，さらには金融庁へ移され，それをきっかけに，監督行政が銀行の資産査定を厳しく追及するという行政に転換された点も，この問題に無視できない影響を及ぼしている．つまり銀行が存続可能と判断している融資先企業に対して，監督当局はその貸出債権の評価額を厳しく（つまり保守的に）評価することを求めたのである．その結果，銀行にとっては，財務上問題があると判断される企業に対する債権を保持し続ける場合，従来よりも多額の引当金繰入を迫られることになった．深刻な不良債権問題によって，自己資本がかなり減耗している銀行にとっては，これは費用の嵩むことである．こうした事情が，銀行の問題がある企業向け融資に対する消極的姿勢を生み出した可能性もある．

13）企業統治を幅広い視野から展望した文献として Allen and Gale（2000：Chapter 4）を参照．

要因から受ける影響の強さを計測している．その計測結果によれば，メインバンクの要素，すなわちメインバンク関係が安定しているか否かは，企業パフォーマンスに有意な影響を及ぼしておらず，その代わり，海外からの競争圧力が製造業企業の経営効率性に一貫して寄与しているのである[14]．

バブルへ

さらに1985年のプラザ合意以降の急速な円高の中，産業構造が製造業を中核とした第二次産業からサーヴィス業中心の第三次産業へと急速に傾斜したことは，日本経済に大きな影響を与えたと考えられる．すなわちこれらの産業では，サーヴィス業・建設業・不動産業に象徴されるように，輸出入が難しく「国際競争」が働きにくい．たとえば建設業のように，中央，地方における公共事業を中心とした財政支出政策に強く依存する分野においては，企業の「質」を見きわめることも困難である．したがって高度成長期のように製品市場による規律づけだけでは，実体経済が良好なパフォーマンスを示すことは難しい．

まさにこの時期以降こそ，銀行・金融機関を中心とした金融システムによる規律づけが要求されたわけであるが，上述したように，十分に審査能力を発揮し得ない銀行・金融機関は，これに対応できなかった．銀行は当該産業の生産性や将来性を審査することなく，企業の保有する土地の担保価値を基盤として融資を実施した．このような杜撰な貸出が，プラザ合意以降の内需拡大を目指す金融緩和政策の推進に後押しされて，大量の不良債権発生の淵源となった．

議論のまとめ

第2節から本節までの議論を総括しよう．第二次大戦後の日本の金融システムは，「誰がモニターをモニターするのか」問題を有効に解決できなかった．モニター（銀行）とそのモニターを監視（モニター）すべきエージェント（監

---

14) 同様に，堀内・花崎（2004）は，製造業と非製造業の企業データを対象とした分析で，各産業の平均外資比率が企業の生産性を統計的に有意に向上させていることを示している．彼らの解釈によると，この各産業の平均外資比率も，市場競争の代理変数のひとつである．

督当局)との結託(具体的には銀行・金融機関と監督当局との間の「天下り」と「護送船団行政」と呼ばれる保護的行政を通じる取引)が,金融システムにおいて不可欠であったモニタリング機能の発現を妨げたと考えられるのである.民間銀行部門にとっては,部外者からは不透明性の高いモニタリングを実行するためのインセンティヴが必要であったが,監督官庁との「天下り」関係によって,審査(モニタリング)を重要視しないという経営姿勢が助長されたと考えられる.そして製造業を中核とした高度成長の日本経済は,金融システム(特に銀行部門)によってではなく,当時の基幹産業であった製造業が直面した厳しい「国際競争」によって規律づけられた.製造業に属する多くの企業は,厳しい国際競争の渦中にあって,生き残りをかけて優れた製品を作り出す努力せざるをえなかったのである.

5. 基幹産業の競争状態と銀行の審査能力

第3節では,銀行と監督当局との結託が銀行経営のモラルハザード(借手企業に対するモニタリングの懈怠)を招く可能性があることを考察した.銀行と監督当局との結託は,結果として不良債権問題につながることは,容易に推察できることであろう.この節では,前節で示唆されているもうひとつの論点を考察する.この論点とは,第二次大戦後の日本が経験した高度成長のような実体経済のパフォーマンス向上を実現する上で,民間銀行を中核とする金融システムの高い審査能力に依拠した規律づけと,製品市場において個々の企業が直面する市場競争に基づく規律づけのいずれが重要かという問題である.本節の目的はこれにひとつの理論的解答を与えることである.

ただし,以下では日本企業の行動様式を第3節よりも具体的に分析する.すなわち,銀行のモニタリングの対象となるのは,企業の生産過程である.企業がコストをかけて品質の高い財(ないしサーヴィス)を生産するかどうかは,たとえば高度成長期の日本では,経済全体の死命を制する重要な問題であったはずである.この課題に,密接な融資取引関係によるモニタリングによって対処するべきか,それとも企業が直面する製品市場における有効な競争によって

対処するべきか．これがこの節の分析課題である．

5.1 モデルの設定

家計，自国企業（以下では「日本企業」と呼称する），銀行，政府（監督当局），外国企業の五つの経済主体が存在する経済を考察の対象とする．

日本企業の生産行動

日本企業は外国企業との競争にさらされたなかで，高品質・低品質，の二種類の財を生産することができる．一方，外国企業は日本の国内市場でλ $(0 \leq \lambda \leq 1)$ のシェアを確保しており，常に高品質の財を供給する．また，高品質の財の価格は国際水準に固定されている．

日本企業が高品質の財を生産する場合，Y だけの費用が必要であり，市場価格 H で販売できる．ただし，日本企業の国内市場でのシェアは $(1-\lambda)$ であるから，生産した高品質財のうち λ という割合を海外市場へ価格 H で輸出しなければならない．その輸出には λE という追加費用がかかるものとする．そこで，高品質財を生産する場合の日本企業のペイオフ Π_{FH} は，

$$\Pi_{FH} = H - Y - \lambda E. \tag{16A}$$

と表現できる[15]．

低品質の財を生産する場合には，日本企業は生産費用を $(Y-S)$ に節約でき，それを価格 H で国内市場向けに販売できるものの，海外へ輸出することはできない．そのため，低品質財を生産する場合のペイオフ Π_{FL} は，

$$\Pi_{FL} = (1-\lambda)H - Y + S. \tag{16B}$$

となる．

外国企業が日本の国内市場に占めるシェア λ は，日本企業にとっては競争

---

[15] 以下では，説明を簡単にするために，日本企業が海外に輸出する額と日本が外国企業から輸入する額が常に拮抗していると仮定する．すなわち国内市場を奪われた日本企業の一部は高品質財だけが取引される海外市場に進出せざるをえないとする．

圧力として作用する．つまり（他の条件を一定とすると），外国企業の国内市場でのシェア λ が高いほど，日本企業にとっては高品質の財を生産するインセンティヴが生じる．この点を確かめておこう．日本企業が低品質ではなく高品質の財を生産するための条件は Π_{FH} が Π_{FL} よりも大きいことである．すなわち，

$$\Pi_{FH} = H - Y - \lambda E \geq (1-\lambda)H - Y + S = \Pi_{FL}.$$

ここから，外国企業のシェア λ が次の条件を満たすときには，（銀行によるモニタリングの有無にかかわらず）日本企業には低品質の財を生産するインセンティヴが存在しない[16]．

$$\lambda \geq \frac{S}{H-E}. \tag{17A}$$

反対に，

$$\lambda < \frac{S}{H-E}. \tag{17B}$$

が成立する場合，日本企業には，そのままでは高品質の財を生産するインセンティヴがないことも容易に理解できよう[17]．たとえば，日本企業が外国企業からの競争圧力を全く受けない場合，つまり $\lambda = 0$ の場合，常に，

$$\Pi_{FH} = H - Y < H - Y + S = \Pi_{FL}.$$

が成立するので，銀行のモニタリングがなければ低品質の財を生産するインセンティヴがある．

---

16) (17A) は $\lambda E \leq (\lambda H - S)$ と表記できるが，これは高品質財を国内市場で販売した場合の利益 $(H-Y)$ を基準として，高品質を生産したために海外市場へ輸出しなければならないことによる追加コスト λE と，低品質財の生産を選んで失うネットの利益 $(\lambda E - S)$ を比較すると，前者の方が小さいということを意味する条件である．

17) ここでは $(H-E) > S > 0$ であることを仮定している．この仮定が成立しない場合には，外国企業からの競争圧力が日本企業の生産行動に影響を及ぼさず，常に低品質の財を生産するという，つまらない場合しか取り扱えない．

家計の期待純効用

分析を単純にするために，家計は受動的に価格 H で財を購入せざるをえないものと仮定している．したがって家計の期待純効用 Π_H は，日本企業が高品質の財を生産する場合には，国内市場で供給される財がすべて高品質の財であるから，

$$\Pi_{HH} = U_H - H. \tag{18A}$$

また日本企業が低品質の財を生産する場合には，

$$\Pi_{HL} = \lambda U_H + (1-\lambda) U_L - H. \tag{18B}$$

と表される．ここで U_H は高品質の財を購入した場合の，そして U_L は低品質の財を購入した場合の効用であり，

$$U_H > U_L.$$

であると仮定する．

銀行のペイオフ

日本企業には自己資金がなく，生産費用 Y をすべて銀行からの借入で賄わざるをえないと仮定する[18]．銀行は企業に Y だけの融資をし，費用 C をかけて審査（あるいはモニタリング）することで，企業の生産した財の質を確実に知ることができるものとする．つまり，ここで考察されている銀行のモニタリングは，銀行の収益だけでなく，借手企業が高品質の財を生産するインセンティヴを与えることに貢献する．さらに銀行は「監督当局」の厳しい検査によって健全経営をもとめられる可能性があり，その場合には，銀行はコストをかけて企業の行動をモニターせざるをえないと考える．

しかし銀行が監督当局にサイドペイメントを支払うことによって結託し，モ

---

[18] 低品質の財を生産する場合の費用は $(Y-S)$ であるが，企業が正直にこの金額を借入れようとすることは，低品質財の生産というモラルハザード行為を銀行に知らせることになる．ここでは，そのような行動は回避され，低品質の財の生産の場合にも日本企業は Y を銀行から借入れようとすると仮定する．

ニタリングを怠ることもできる．この場合にはサイドペイメントと引き換えにモニタリング費用を節約できる．実際，以下に説明するように，ある条件の下では，銀行にはモニタリングを怠るインセンティヴが存在するのである[19]．ここでも銀行が支払うサイドペイメントの具体的な形としては，監督当局からの天下り役員の受け入れを考えている．

以上を総合すると，銀行のペイオフ関数は，銀行が日本企業をモニターする場合 Π_{BM} と，サイドペイメント X を監督当局へ支払ってモニタリングを懈怠する場合 Π_{BN} とに分けられ，各々次のように表現される．

$$\Pi_{BM} = Y - C, \tag{19A}$$
$$\Pi_{BN} = Y - X. \tag{19B}$$

監督当局のペイオフ

最後に監督当局のペイオフを仮定する．ここでは，監督当局が銀行を厳しく監督してモニタリングの懈怠を許さない場合のペイオフ Π_{GM} と，銀行からサイドペイメント X を受け取り，銀行と結託してモニタリングの懈怠を許す場合のペイオフ Π_{GN} とに分別され，それぞれ次のように仮定する．

$$\Pi_{GM} = \alpha SW, \tag{20A}$$
$$\Pi_{GN} = X + \alpha SW. \tag{20B}$$

SW は日本の経済を構成する主体，すなわち家計，日本企業，銀行，監督当局が獲得できる利得（ペイオフ）を総計した社会的厚生の水準であり，以下で説明するように，企業がどの品質の財を生産するか，また銀行がモニタリングを実行するか否かによって異なる値をとる．α は監督当局が「天下り」によって受ける私的利益 X に比べて，社会的厚生 SW をどれほど割り引いて考えているかを表すパラメータで，0から1の間の値をとる．α の値が高いほど，監督当局は経済全体の厚生に強い関心をもつことを意味している．なお銀行から官僚へのサイドペイメント X は，銀行と監督当局の間のナッシュ交渉解によ

---

[19] この条件は第5.2項の (29) の不等式，すなわち，$\lambda^* E < C$ で表される．

って決定されるものとする．

監督当局と銀行との結託の可能性

開放経済においても，監督当局と銀行とがサイドペイメントと甘い監督という取引を通じて結託する（天下りが実現する）可能性は存在する．両者が結託する（銀行によるモニタリングが実現されない）条件は，両者が併せて獲得できる利得が，結託しない（銀行によるモニタリングが実現する）場合よりも大きくなるというものである．

ただし上に述べたように，海外からの競争圧力が存在する場合には，銀行によるモニタリングがない場合にも，日本企業が高品質の財を生産する可能性がある．したがって，監督当局と銀行との間で銀行のモニタリングを妨げる結託が実現されたとしても，必ずしも日本企業が低品質の財の生産に奔るとは限らない．仮定によって，海外からの競争圧力が十分に高い場合，銀行のモニタリングがなくとも日本企業は高品質の財を生産するからである．

監督当局と銀行がこのような状況を察知する場合には，彼らの間では銀行のモニタリング懈怠を許容する（天下りを通じた）結託が形成されるであろう．なぜならば，モニタリングには費用 C がかかるが，日本企業が競争圧力の下にある場合には，その費用は無駄な出費になるからである．これらの点を考慮して次の項において，開放経済における均衡と社会的厚生の関係を考察する．

5.2　開放経済における均衡と社会的厚生

前項の説明によって，開放経済において成立する可能性がある均衡は次の三つである．

(A)　海外からの競争圧力が十分に高いために，日本企業は高品質の財を生産する．一方，監督当局と銀行の間では，企業の側のモラルハザードを心配することなく結託を結び，サイドペイメントとモニタリング懈怠の許容という交換を実行する．

(B)　競争圧力が不十分なために，銀行のモニタリングなしでは日本企業は低

品質の財を生産するが,にもかかわらず監督当局と銀行とが結託して銀行のモニタリングが実行されない.
(C) 競争圧力が不十分なために,日本企業には低品質の財を生産するインセンティヴがあるが,銀行によるモニタリングが実施されるために,日本企業は高品質の財を生産する.

均衡(A)の条件

均衡(A)では,前項で説明したように次の条件が成立している.

$$\lambda \geqq \frac{S}{H-E}. \tag{21}$$

日本企業は高品質の財を生産するから,銀行によるモニタリングは不必要であり,却ってモニタリング費用 C を社会的に発生させるために無駄である.監督当局と銀行は,この状況を的確に理解して,私的便益の追求,すなわち銀行から監督当局への(天下りを通じた)サイドペイメント X の支払いと,銀行によるモニタリングの懈怠が生じる.この条件の下で実現する社会的厚生 SW_{NH} は[20],

$$SW_{NH} = (U_H - H) + (H - Y - \lambda E) + (Y - X) + (X + \alpha SW_{NH}).$$

この式から,

$$SW_{NH} = \frac{U_H - \lambda E}{1-\alpha}, \quad \lambda \geqq \lambda^* \equiv \frac{S}{H-E}. \tag{22}$$

均衡(B)の条件

均衡(B)においては,日本企業は放っておけば低品質の財を生産してしまう.にもかかわらず,監督当局と銀行にとっては結託してモニタリングに費用をか

---

[20] 社会厚生 SW_{ij} の添え字 i, j は,銀行が企業をモニターするか否か($i=M$ のときはモニターする,N のときはモニターしない),そして企業が高品質財を生産するか,低品質財を生産するか($j=H$ のときには高品質財を生産,L のときは低品質財を生産する)を示している.たとえば SW_{NH} は銀行が企業をモニターしないが,企業は高品質財を生産するときの社会的厚生を表わしている.

けないほうが有利であるという状況である．ここでは，

$$\lambda < \frac{S}{H-E} \equiv \lambda^*. \tag{23}$$

が成立している．さらに，監督当局と銀行の結託が形成されるわけであるから，次の式が成立していなければならない．

$$(Y-C)+\alpha SW_{MH} < (Y-X)+(X+\alpha SW_{NL}).$$

あるいは，

$$C > \alpha(SW_{MH}-SW_{NL}). \tag{24}$$

ただし，SW_{MH} は銀行が日本企業をモニターし，それゆえに企業が高品質の財を生産せざるをえなくなる場合の社会的厚生，SW_{NL} は銀行がモニタリングを実行せず，そのため日本企業が低品質の財を生産するときの社会的厚生であり，

$$SW_{MH}=(U_H-H)+(H-Y-\lambda E)+(Y-C)+\alpha SW_{MH},$$
$$SW_{NL}=\lambda U_H+(1-\lambda)U_L-H+\{(1-\lambda)H-Y+S\}+(Y-X)$$
$$+(X+\alpha SW_{NL}).$$

と表現できる．したがって，

$$SW_{MH}=\frac{U_H-C-\lambda E}{1-\alpha}, \tag{25A}$$

$$SW_{NL}=\frac{\lambda U_H+(1-\lambda)U_L-\lambda H+S}{1-\alpha}. \tag{25B}$$

(25) を用いて (24) 式を書き直すと，

$$C > \alpha\{(1-\lambda)(U_H-U_L-S)+\lambda(H-E-S)\}.$$

あるいは，

$$\frac{C}{\alpha} > (1-\lambda)(U_H - U_L - S) + \lambda(H - E - S). \tag{26}$$

という条件が導き出せる．以上をまとめると，均衡(B)が成立するためには，(23) と (26) が必要であり，この均衡がもたらす社会的厚生 SW_{NL} は (25B) 式で与えられる．

均衡(C)の条件

均衡(C)においては，日本企業の直面している国際競争圧力が弱いため，彼らは低品質の財を生産するインセンティヴをもつ．つまり，上記の (23) 式が成立している．しかし，監督当局と銀行の間では結託は成立せず，銀行は企業に対してモニタリングを実施する．そのために，日本企業は高品質の財を生産する．

監督当局と銀行との間で結託が形成されない（したがって銀行が日本企業をモニターする）ためには，(24) の説明から明らかなように，

$$C \leq \alpha(SW_{MH} - SW_{NL}). \tag{27}$$

が成立しなければならない．これを書き直せば，

$$C \leq \alpha\{(1-\lambda)(U_H - U_L - S) + \lambda(H - E - S)\}.$$

または，

$$\frac{C}{\alpha} \leq (1-\lambda)(U_H - U_L - S) + \lambda(H - E - S). \tag{28}$$

となる．つまり均衡(C)が成立するための必要条件は (23) と (28) が同時に成立することである．また，この場合の社会的厚生 SW_{MH} は (25A) 式で与えられる．

競争圧力の重要性（図による説明）

開放経済における均衡とモニタリング費用 C，監督当局の忠誠度 α，そして

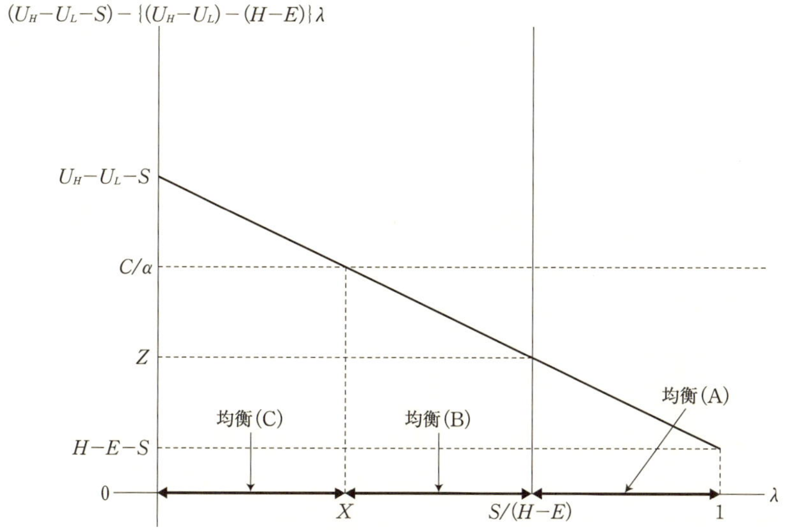

(注) $X=\dfrac{(U_H-U_L-S)-\dfrac{C}{\alpha}}{U_H-U_L-H+E}$, $Z=\dfrac{(U_H-U_L)(H-E-S)}{H-E}$

図1 競争圧力と均衡の関係

競争圧力 λ との関係に関するここまでの説明を図1で要約してみよう.

図1の右下がりの直線は λ の値 $(0\leqq\lambda\leqq1)$ に対応する (25) 式, ないし (27) 式の右辺,

$$(1-\lambda)(U_H-U_L-S)+\lambda(H-E-S)$$
$$=(U_H-U_L-S)-\{(U_H-U_L)-(H-E)\}\lambda.$$

の値である. ここでは,

$$(U_H-U_L)>(H-E).$$

を仮定している. これは, 高質財がもたらす消費者の効用社会的純余剰 U_H が低質財のもたらす効用 U_L を十分に上回っていること, そして, 外国企業のシェア λ が限界的に増加したときの高級品を生産することの追加費用の増分 E に比較して, 低質財を生産した場合の損失の増分 H があまり大きくないこと, というもっともらしい仮定の下では, 十分に許容できる条件である.

また $\lambda = \dfrac{S}{H-E}$ における垂直線は，この垂直線の右側の領域では (21) 式が成立し，日本企業が高品質の財を生産し，銀行がモニタリングを（心置きなく）懈怠する（監督当局から銀行への天下りが実現する）均衡(A)が成立することを示している．

一方，この垂直線の左側の領域では，日本企業が高品質の財を生産するためには，競争圧力が不十分な領域である．右下がりの直線が $\dfrac{C}{\alpha}$（図1の破線の水平線で示されている）よりも低い範囲では (26) が成立しており，監督当局と銀行との間に銀行によるモニタリングの懈怠を許容する結託が出現する．この均衡(B)では日本企業は低品質の財を生産する．

それでも，$\dfrac{C}{\alpha}$ よりも右下がりの直線が上になっている領域では，(28) が成立していることになり，銀行によるモニタリングが実施され，それゆえに日本企業が高品質の財を生産する均衡，すなわち均衡(C)が成立する．このような均衡が生まれるのは，モニタリングに規模の経済が働くと仮定されているからである．

モニタリング費用 C と監督当局の「忠誠度」の重要性

図1では，

$$\frac{(U_H - U_L)(H - E - S)}{H - E} < \frac{C}{\alpha} < U_H - U_L - S.$$

という関係を仮定しているが，以上の関係が常に成立する保証はない．このケースは，銀行のモニタリング費用 C が十分に低いか，あるいは監督当局の国民の経済的厚生への忠誠度が十分に高い（α の値が非常に大きい）場合に相当する．こうした条件が整えば，日本企業が直面する競争圧力が非常に弱い場合にこそ，銀行による的確なモニタリングによって，企業のモラルハザードが有効に抑制される[21]．

---

21) さらにモニタリング費用 C が非常に低いか，あるいは監督当局の忠誠度 α が非常に高いために $C/\alpha \leq (U_H - U_L)(H - E - S)/(H - E)$ が成立する場合には，監督当局と銀行との結託は成立しない（つまり均衡(B)は消滅する）．この場合には，競争圧力 λ が $S/(H-E)$ より低くとも，銀行のモニタリングによって日本企業のモラルハザードが抑止される．

論題I 誰がモニターをモニターするのか　　　　35

　むしろ競争圧力が非常に高く（高質財のマーケットシェアλが大きく），(21) 式の条件が成立する場合は，製品市場の競争が企業に対する規律づけ機能を担い，監督当局と銀行が結託してモニタリングの懈怠がおこる．この場合には，銀行のモニタリングは「無駄」であるわけであるから，その結託は非効率性をもたらさないのである．

　一方，銀行のモニタリング費用が非常に高いか，監督当局の社会的厚生への忠誠度が非常に低い場合には，

$$U_H - U_L - S < \frac{C}{\alpha}.$$

が成立し，銀行が日本企業をモニターする均衡(C)は消滅する．この場合，専ら製品市場の競争圧力が日本企業のモラルハザードを抑止する．言い換えると，競争圧力が不十分である場合には，日本企業の生産行動は非効率になる．

均衡の経済厚生の比較

　本項の掉尾として，最も重要な経済厚生の比較をしよう．まず低品質財が生産される均衡(B)に，パレート効率的な配分が存在しないことを示すのは容易である．すなわち均衡(B)との境界に位置する均衡(A)のひとつの要素は，そのε近傍に含まれるあらゆる均衡(B)よりもパレート優位である．これは条件 (21) によって保証される．同様に均衡(B)との境界点 (boundary point) である均衡(C)のひとつの要素は，そのε近傍にある均衡Cすべてに対してパレート優位である．これは条件 (28) によって保証される．さらに均衡(B)の中では，λの値が大きいほど経済厚生が高い．したがって，パレート効率的な均衡は，均衡(A)あるいは(C)にしか存在しない．

　さて均衡(A)においてもっとも効率的な点は，λが最小な点である．λは外国企業の国内マーケットシェアだが，外国企業が参入すると同じだけの日本企業が外国市場に押し出されてしまう．これが製品市場を用いて企業を規律づけすることの社会的費用である．したがってその最小費用は，(23) 式から次のように計算される．

$$\lambda^* E \equiv \frac{SE}{H-E}. \tag{29}$$

一方,均衡(C)でもっとも効率的なのは,外国企業のシェアλが0となる閉鎖経済の場合である.これは (25A) によって容易に確認できる.つまりモニタリングの実施に規模の経済性が存在するとしていることから,単位あたりのコストが最小となる(すべての日本企業をモニターする)ことが望ましいのである.したがって,この場合の社会的費用は,モニタリングコストCとなる.

以上の分析を総合してみよう.前項までの議論で明らかにしたように,外国企業からの競争圧力λの高低や,銀行のモニタリング費用C,監督当局の忠誠度aによって,企業の規律づけが製品市場経由でなされるか(均衡(A)),それとも国内の金融システム経由でなされるかが異なってくる.また,それぞれの規律づけメカニズムにおいてもたらされる経済厚生の水準も,それぞれの規律づけメカニズムに応じて差異がある.外国企業からの競争圧力が中途半端であると同時に,銀行のモニタリング費用がかなり高いか,あるいは監督当局の忠誠度がかなり低い場合には,銀行と監督当局の結託が銀行のモニタリングを妨げ,企業のモラルハザード行為を誘引するという非効率的な均衡をもたらす.国内市場を開放して日本企業を競争圧力にさらす政策(つまり,λの値を引き上げる政策)は,そのような非効率性を打破する上で有効である.しかし,その政策にはλEというコストを伴っている.もし銀行のモニタリングコストCを引き下げることができるのであれば,むしろ国内経済の開放度λを引き下げ,日本企業に対する規律づけを銀行に委ねさせるほうが,より効率的な均衡をもたらす可能性もある.

5.3 長期的視野からみた日本経済のパフォーマンスと銀行モニタリングとの関係

この節では,銀行のモニタリングを通じる企業統治と代替的な機能を演じるものとして開放経済における競争圧力を明示的に考慮するモデルを説明してきた.このように,日本経済のパフォーマンスを規定する要因として,海外企業との市場競争というメカニズムに着目することによって,高度成長期から今日

に至るまでの実体経済と金融システムの関連とその推移を一貫した形で解釈できる．

この視野（パースペクティヴ）に依拠すれば，銀行融資取引関係を中心とした日本の金融システムは，モニタリング費用 C が高いか，あるいは監督当局の社会的厚生への忠誠度 a が低いか，あるいはその両方のために，企業統治の手段としては有効ではなかったが，高度成長期には，海外企業との厳しい競争にさらされた製造業が日本経済の中心を占めていたために，非効率的な均衡を回避できたと考えられる．日本の金融システムは，製造業が経済発展の中核を形成した60年代，70年代には，急速な経済成長に貢献したとは言い難いばかりか，モニタリング能力を十分に発揮するインセンティヴを与えられなかった．その意味で，1980年代の末に露呈した金融システムの脆弱性は，実はそれ以前にも潜在していたと解釈できるのである．

金融システムの脆弱性が露呈するという意味での日本経済の屈曲は，1985年のプラザ合意以降の大幅な円高の影響で，基幹産業が，国際競争の激しい第二次産業から，国際間の取引が難しい建築・不動産などの第三次産業に移ったことによって生じた．すなわち，日本経済の中心において，国際競争圧力の低下が生じ，監督当局と銀行との非効率的な結託が続く中にあっては，日本経済を企業のモラルハザードが支配する非効率的な局面に移行させたのである．

6. 結論

経済学において情報に関する分析が進むにしたがって，金融システムを非対称情報など不完全情報の下で，企業行動を律する役割を果たす仕組みとする見方が有力になった．第二次大戦後の日本の企業部門の急速な発展と，その企業部門と有力な銀行との密接な取引関係（いわゆるメインバンク関係）との関連についても，銀行が企業統治の枠組みの中で，モニターとして重要な役割を担ったのだという仮説が有力な仮説として受け入れられてきた．しかしこの仮説は，モニターとしての銀行を有効にモニターできるのか，という問題に対する説得力のある解答を欠いている．

銀行経営に対する監視の役割を担う最も有力なプレーヤーは旧大蔵省（今日の金融庁）であるとみなせるが，監督当局が監督の対象となる銀行との，いわゆる「天下り」という関係を経由して結託する可能性が幅広く存在していたために，その評価は一部の専門家が（いささかナイーヴに）主張するようには自明のことではない．この論文では，銀行と監督当局との間の結託が，コストのかかる企業行動のモニタリングを回避する可能性があるという点を明示的に考慮した理論モデルをひとつは閉鎖経済モデル，もうひとつは日本企業と外国企業の競争関係を組み入れた開放経済モデルという形で展開した．

単純なモデル分析は，モニター（銀行）をモニターして効率的な企業統治を実現するという均衡の成立が，それほど自明ではないこと，特に天下り関係による銀行と監督当局との結託が，金融システムの効率性を低下させる可能性があることを示している．さらに第5節で展開された開放経済モデルは，むしろ外国企業からの競争圧力が日本企業の経営に規律を与える可能性があることを示唆している．

このような議論は，日本経済のパフォーマンスの長期的変化と金融システムの機能に関する「メインバンク仮説」，すなわち高度成長期の日本においては企業経営の規律づけメカニズムとしてメインバンク関係が有効であったが，80年代に推進された金融自由化を契機に，その有効性を失ったとする主張と対抗する仮説を示している．その仮説とは，日本が高度成長期にも「誰がモニターをモニターするのか」問題の解決に成功しなかったこと，それにもかかわらず，製造業を中心とする日本の企業部門が急速な発展を遂げることができたのは海外からの競争圧力による部分が大きかったこと，そして1980年代半ば以降，日本国内の産業の中心が製造業から非交易財産業へシフトし，そのために外国からの競争圧力が低減するとともに，金融システムの（企業統治における）無力さが露呈したことである．無論，ここで提示された通説に対抗する仮説は，現段階ではひとつの理論的スペキュレイションであり，その検証に当たってはさらなる実証分析の蓄積が必要であるが，そのような研究は金融システムの機能とその限界，とりわけ「誰がモニターをモニターするのか」問題の解明に資することになるであろうと期待される．

補論　日本の銀行の経営効率

　この補論では第3節で強調された仮説，すなわち融資取引関係の下で「囲い込まれ（entrenched）」，監督当局と天下りを通じた人的関係を構築した日本の銀行の経営効率が，国際的に見て必ずしも高くないという主張の妥当性を，(1)リストラクチャリング速度の国際比較，(2)日本と他国の銀行収支構造の比較，という二つの比較分析で再検討する．

　周知の通り，1980年代以降世界的な規模で金融危機が発生している．IMFが1996年に発表したレポートによれば，IMF加盟181か国のうち，実に133か国において程度の差こそあれ銀行部門に何らかの問題が発生している（Lindgren, Garcia and Saal (1996)）．そのような銀行部門の経営環境悪化に際して，各国の銀行はリストラクチャリングを積極的に進めることによって，経営の立て直しを図ってきた．

　1996年版のBIS年次報告書には，主要国の銀行部門で展開されたリストラクチャリングの動向がトピックスとして掲載されている．すなわち，同報告書においては，金融危機がかなりの程度普遍的に発生した1980年代から90年代半ば（94年または95年）までの期間において，各国の銀行セクターの機関数，支店数，雇用者数が，それぞれどのように変化してきたのかが考察されている．表1においては，1980年と90年代半ば時点のそれらの実数およびそれらに関してピーク時点と90年代半ば時点との変化が整理されている．

　まず銀行機関数についてみると，アメリカ，ドイツ，フランス，イギリスなどを中心に80年代初頭ないしは前半と比較して，90年代半ばには3, 4割というかなり大幅な減少が観察される．ところが日本では，80年以降90年代半ばまでの減少率は8％と，ベルギーとともに最も小幅にとどまっている．また，支店数に関しては，多くの国々において減少傾向がみられるのに対し，日本は金融危機からの立ち直りが比較的早かったアメリカなどとともに，90年代半ばにピークを迎えている．最後に，銀行業における雇用者数の推移をみると，ほとんどの対象国で80年代末から90年代初頭にピークを迎え，その後には減少しつつあるのに対して，日本はドイツやイタリアとともに，ピークに至る時期が遅れていることがみてとれる．

　すなわちBIS報告書の分析は，90年代に入って深刻な金融危機に陥っているにもかかわらず，日本のリストラクチャリングが総じて遅れ気味であることが示唆されている．

表1 BIS年次報告書 (1996) に基づく主要国銀行業リストラクチャリングの動向

	機関数（単位：行）				支店数（単位：千店舗）				雇用者数（単位：千人）			
	1980年[1]	1995年[2]	ピーク年	変化率(%)	1980年[3]	1995年[4]	ピーク年	変化率(%)	1980年[5]	1994年[6]	ピーク年	変化率(%)
アメリカ	35,875	23,854	1980	−34	58.3	69.6	1994	―	1,900	1,891	1987	−12
日本	618	571	1980	−8	18.5	25.7	1994	―	612	618	1993	−0.6
ドイツ	5,355	3,487	1980	−35	39.3	37.9	1985	−5	533	658	1994	―
フランス	1,033	593	1984	−43	24.3	25.5	1987	−2	399	382	1988	−5
イタリア	1,071	941	1987	−15	12.2	23.9	1995	―	277	332	1993	−0.3
イギリス	796	560	1983	−30	20.4	16.6	1985	−22	324	368	1989	−15
カナダ	1,671	1,030	1984	−38	8.8	9.4	1994	―	170	202	1990	−4
オーストラリア	812	370	1980	−54	6.3	6.7	1993	−6	265	311	1990	−13
ベルギー	148	150	1992	−8	7.8	7.8	1989	−8	68	76	1990	−5
フィンランド	631	352	1985	−44	3.4	2.1	1988	−39	42	36	1989	−32
オランダ	200	174	1980	−13	6.6	7.3	1986	−14	113	112	1991	−6
ノルウェー	346	148	1980	−57	1.9	1.6	1987	−27	24	23	1987	−34
スペイン	357	318	1982	−16	25.8	36.0	1995	―	252	245	1991	−4
スウェーデン	598	112	1980	−81	3.7	2.7	1980	−27	39	42	1991	−5
スイス	478	415	1990	−17	3.7	3.8	1990	−10	84	112	1990	−7

注1) フランス・カナダは1984年、イギリスは1983年、フィンランドは1985年、スペインは1981年。
2) 日本・フィンランド・スウェーデンは1994年。
3) フランス・オランダは1981年、オーストラリアは1987年。
4) アメリカ・日本・イギリス・カナダ・ベルギー・フィンランド・オランダ・スウェーデン・スイスは1994年。
5) フランスは1985年、オーストラリア・ノルウェー・オランダ・フィンランド・スウェーデン・スペインは1984年、スイスは1981年。
6) イタリア・オーストラリア・ノルウェー・スペインは1995年。
変化率は、ピーク時点から90年代半ばまでの減少率。
― は、ピーク年が90年代半ばであるケース。
(資料) The BIS 66th Annual Report, 1996.
(出所) 花崎・堀内 (2000).

次に，日本の銀行業の行動パターンが，経済合理性を有するものであるか否か，あるいは国際標準に合致しているか否かを，OECDの銀行業のデータを用いて検証してみよう．具体的には，OECD加盟22か国[22]の銀行業データを，概ね1989年から2003年までの期間に渡りプールし，人件費と税引前利益との関係について計測作業を実施する．計測モデルは，次の通りである．

$$SC_{it} = C_i + \alpha \times PR_{it} + \beta \times PR_{it} \times JD. \tag{30}$$

ここで，SC は人件費，C は定数項，PR は税引前利益，そして JD は日本ダミーである．なお，各国銀行業の人件費および税引前利益は，当該国のGDPデフレータを用いて実質化されている．また，添え字 i は国別のクロスセクション要素，また t は時系列要素を，それぞれ表している．

Arellano and Bond (1991) によるダイナミック・パネル・モデルに基づく人件費変動要因に関する計測結果が，表2に整理されている．同表から明らかな通り，計測期間が異なるすべての計測ケースにおいて，税引前利益はプラスで有意性の高い係数を示している．すなわち，銀行が増益になった時には人件費も上げ，減益に陥ると下げるという具合に，利益水準と人件費とがリンクして決まっているというのが国際標準であり，その関係は経済合理的であるといえる．

ところが，日本に関する人件費と税引前利益との関係を明らかにするために，税引前利益と日本ダミーとの交差項を説明変数に導入して分析すると，すべてのケースにおいてその係数は有意にマイナスの符号を示している．しかも，その係数の大きさは，日本を除く21か国のプラスの係数をかなりの程度相殺するか，1989-95年の計測のようにむしろ日本固有の係数がマイナスとなるものまである．事実90年代初頭にバブルが崩壊してから，日本の銀行業の利益水準は顕著に低下し，90年代後半には赤字にまで転落するに至ったが，銀行業の人件費はむしろ上がり続け，ようやく90年代末になって人件費が低下し始めたのが実態である．人件費と利益との関係でみる限り，日本の銀行業の行動様式が国際標準からみて異質であり，かつ経済合理性に合致していないことは明らかである．

続いて，日本の銀行業に焦点を当てた花崎・堀内 (2000) の計測を紹介しよう．基礎データは，全国銀行協会『全国銀行財務諸表分析』に掲載されている業態別データである．すなわち，都市銀行，地方銀行，第二地方銀行協会加盟行，信託銀行，

---

22) 日本，アメリカ，ドイツ，フランス，イギリス，オーストリア，ベルギー，カナダ，デンマーク，フィンランド，ギリシャ，アイスランド，イタリア，ルクセンブルク，メキシコ，オランダ，ノルウェー，ポルトガル，スペイン，スウェーデン，スイス，トルコの22か国である．

表2 銀行業における人件費と利益との関係（被説明変数：人件費$_{it}$）

	1989-1995	1989-1998	1996-2003	1999-2003	1989-2003
人件費$_{it-1}$	0.506*** (7.49)	0.720*** (13.27)	0.851*** (25.35)	0.750*** (13.58)	0.891*** (31.32)
	0.509*** (7.53)	0.705*** (12.91)	0.809*** (22.94)	0.700*** (12.48)	0.842*** (28.81)
税引前利益$_{it}$	0.032** (2.36)	0.060*** (5.97)	0.028*** (2.77)	0.021* (1.90)	0.049*** (6.25)
	0.040*** (2.80)	0.074*** (6.55)	0.087*** (4.52)	0.090*** (3.72)	0.086*** (8.47)
税引前利益$_{it}$×日本ダミー					
	0.054* (−1.90)	−0.048*** (−2.65)	−0.081*** (−3.58)	−0.087*** (−3.17)	−0.078*** (−5.58)
定数項	157.87*** (2.56)	102.81*** (2.65)	78.07* (1.86)	18.25 (0.26)	23.28 (0.92)
	116.98* (1.78)	67.62* (1.65)	40.04 (0.94)	7.62 (0.11)	−6.82 (−0.27)
データ数	110	176	172	106	282
AR(2) Test (p-value)	−0.79 (0.428)	−2.13 (0.033)	−1.19 (0.235)	0.51 (0.607)	−2.34 (0.019)
	−0.87 (0.387)	−2.38 (0.017)	−0.67 (0.500)	1.51 (0.130)	−1.64 (0.102)
Sargan Test (p-value)	89.67 (0.000)	149.40 (0.000)	167.71 (0.000)	88.16 (0.002)	247.87 (0.000)
	85.83 (0.000)	142.40 (0.000)	158.91 (0.000)	83.66 (0.006)	226.45 (0.000)

(注) ***, **, * は, それぞれ1%水準, 5%水準, 10%水準で有意であることを示す. 括弧内は z 値
Arellano and Bond (1991) によるダイナミック・パネル推計であり, 各説明変数は t 期と $t-1$ 期の階差の形で導入されている.
AR(2) Test は, 誤差項に二次の系列相関がないという帰無仮説が棄却される場合の有意性を示している.
Sargan Test は, 過剰識別制約が有効であるという帰無仮説が棄却される場合の有意性を示している.

(原データ) OECD, *Bank Profitability—Financial Statement of Banks*, IMF, *International Financial Statistics*.

および長期信用銀行に関して，1968年度から（ただし，第二地銀は設立年である89年度から）97年度までの長期データを収集して，パネル分析を施している．

最初の計測は，上述の国際比較と同様な人件費と利益との関係である．すなわち，日本の銀行業において，人件費の動向が利益水準によってある程度左右されているか否かを検証しようとするものである．推計式は，次の通りである．

$$SC_{it} = C_i + \alpha \times PR_{it} + \beta \times PR_{it} \times TD + \gamma \times TR. \tag{31}$$

ここで，SC は人件費，C は定数項，PR は当期利益，TD は1991年度から97年度までを1，それ以前の期間を0とするタイムダミー変数，TR はデータの初年度（68年度，ただし第二地銀は89年度）を1とし，以降の年度に1ずつ加算していくタイムトレンド変数である．また，添え字 i は業態別のクロスセクション要素を，また t は時系列要素をそれぞれ表している．

Variance Components (random effects) モデルに基づく計測結果が，表3-(1) に示されている．主なファクトとしては，次のようなものがあげられる．人件費と当期利益との間には有意な正の相関は観察されない．バブルが崩壊して金融危機に陥った91年度以降の時期においては，むしろ利益と人件費とが有意にマイナスに相関している．タイムトレンドは人件費の上昇傾向を有意に説明している．つまり，日本の銀行業においては，人件費が業績とは独立に上昇を続けていたことが示唆されている．

第二の計測は，営業経費と経常収益との関係である．ここで，営業経費とは人件費，物件費，税金といった銀行業を営むうえで必要とされる経費であり，経常収益とは貸出金利息などの資金運用収益に為替受入手数料や有価証券売買益などの各種非金利収益を合算したものである．標準的な銀行行動に基づくと，営業経費は経常収益の動向に主に左右されると考えられる．営業経費を OE，経常収益を CR とすると，推計式は (31) 式と基本的に同型の次式である．

$$OE_{it} = C_i + \alpha \times CR_{it} + \beta \times CR_{it} \times TD + \gamma \times TR. \tag{32}$$

表3-(2) をみると，経常収益が営業経費に対して有意性の高い正の相関を示していることがみてとれる．ただし，タイムトレンドも同様に営業経費に対して有意にプラスの効果を及ぼしている．また，91年度以降については，経常収益の営業経費に対する感応度が有意に低下しているという事実も観察される．経常収益と営業経費との関係からみる限り，日本の銀行業の動向が異質であるか否かは微妙なところである．

表3 日本の銀行業の業態別データに基づく計測結果

(1) 従属変数：人件費

説明変数	
定数項	10.7195 (19.71)**
当期利益	0.0157 (0.42)
当期利益×TD	−0.0646 (−9.53)**
タイムトレンド	0.1373 (22.79)**
R^2	0.2356

(2) 従属変数：営業経費

説明変数	
定数項	4.4558 (7.29)**
経常収益	0.5408 (12.61)**
経常収益×TD	−0.0128 (−2.95)**
タイムトレンド	0.0502 (6.44)**
R^2	0.6860

(3) 従属変数：役員数

説明変数	
定数項	455.904 (2.54)**
経常利益	0.0000 (0.39)
タイムトレンド	6.7570 (13.27)**
R^2	−0.0156

(4) 従属変数：職員数

説明変数	
定数項	84337.5 (2.84)**
経常利益	−0.0001 (−0.22)
タイムトレンド	285.997 (2.42)**
R^2	−0.0156

(注1) TD は，1991年度から97年度までを1，それ以前を0とする時間ダミー変数．タイムトレンドは，各業態の初年度を1とし，以降の年度に1ずつ加算する変数．
(注2) 括弧内は t 値．
** 5%水準で有意，* 10%水準で有意．
(出所) 花崎・堀内 (2000)．

続いての計測は，経常利益と役員数および職員数との関係である．つまり，標準的に経営されている企業体の場合には，利益が増加しつつある時期には役員数や職員数も増加するのが自然であるが，減益基調がはっきりとしている場合にはリストラクチャリングの一環として役員や職員を削減する傾向にあるものと理解される．

表3-(3)では役員数と経常利益との関係，また表3-(4)では職員数と経常利益との関係が計測されている．役員数を ND，職員数を NE，経常利益を CP とすると，推計式は次の通り，いずれもシンプルなものである．

$$ND_{it} = C_i + \alpha \times CP_{it} + \beta \times TR \tag{19}$$

$$NE_{it} = C_i + \alpha \times CP_{it} + \beta \times TR \tag{20}$$

計測結果をみると，役員数も職員数も経常利益とは全く相関することがなく，逆にタイムトレンドが高い説明力を有していることがわかる．つまり，90年代に入って利益水準が明らかに下降局面を辿っているにもかかわらず，役員数と職員数は依然として上昇トレンドを保っていたのである．

以上の計測結果から総合的に判断すると，日本の銀行業がバブル崩壊後の経営環境悪化の局面においても依然として旧来の拡張主義を続け，事態を悪化させてきた可能性が指摘できる．それらは，日本の銀行業における経営統治の問題に起因する規律づけメカニズムの欠如として捉えることができよう．

参考文献

[1] Allen, Franklin and Douglas Gale (2000), *Comparing Financial Systems*, MIT Press.
[2] Aoki, Masahiko ed. (1984), *The Economic Analysis of the Japanese Firm*, North-Holland.
[3] Aoki, Masahiko (1994), "Monitoring Characteristics of the Main Bank System: An Analytical and Developmental View," in Masahiko Aoki and Hugh Patrick (eds.), *The Japanese Main Bank System: Its Relevance for Developing and Transforming Economies*, Oxford University Press: 109-141.
[4] Aoki, Masahiko and Hugh Patrick eds. (1994), *The Main Bank System: Its Relevance for Developing and Transforming Economies*, Oxford University Press.
[5] Aoki, Masahiko, Hugh Patrick and Paul Sheard (1994), "The Japanese Main Bank System: An Introductory Overview," in Masahiko Aoki and Hugh

Patrick (eds.), *The Japanese Main Bank System: Its Relevance for Developing and Transforming Economies*, Oxford University Press: 3-50.

[6] Arellano, Manuel and Stephen Bond (1991), "Some Tests of Specification for Panel Data : Monte Carlo Evidence and an Application to Employment Equations," *Review of Economic Studies*, 58, 277-297.

[7] Diamond, Douglas W. (1984), "Financial Intermediation and Delegated Monitoring," *Review of Economic Studies*, 51, 393-414.

[8] Diamond, Douglas W. and Raghuram G. Rajan (2001), "Liquidity Risk, Liquidity Creation, and Financial Fragility: A Theory of Banking," *Journal of Political Economy*, 109(2), 287-327.

[9] Dinç, I. Serdar (2006), "Monitoring the Monitors : The Corporate Governance in Japanese Banks and Their Real Estate Lending in the 1980s," *Journal of Business,* 79(6), 3057-3081.

[10] Gerschenkron, Alexander (1967), "Economic Backwardness in Historical Perspectives," in *The Sociology of Economic Life*, edited by Granovetter, Mark and Richard Swedberg, Westview Press: 111-130.

[11] Hanazaki, Masaharu and Akiyoshi Horiuchi (2004), "Can the Financial Restraint Theory Explain the Postwar Experience of Japan's Financial System ?" in *Designing Financial Systems in East Asia and Japan*, edited by J. P. H. Fan, M. Hanazaki, and J. Teranishi, Routledge: 19-46.

[12] Hayashi, Fumio (2000), "The Main Bank System and Corporate Investment : An Empirical Reassessment," in *Finance, Governance, and Competitiveness in Japan*, edited by Masahiko Aoki and Gary R. Saxonhouse, Oxford University Press: 81-97.

[13] Hellmann, Thomas F., Kevin C. Murdock and Joseph E. Stiglitz (1997), "Financial Restraint: Toward a New Paradigm," in Masahiko Aoki, Hyung-Ki Kim and Masahiro Okuno-Fujiwara (eds.), *The Role of Government in East Asian Economic Development: Comparative Institutional Analysis*, Oxford University Press: 163-207.

[14] Hellmann, Thomas F., Kevin C. Murdock and Joseph E. Stiglitz (2000), "Liberalization, Moral Hazard in Banking, and Prudential Regulation: Are Capital Requirements Enough ?" *American Economic review*, 90(1), 147-165.

[15] Horiuchi, Akiyoshi and Katsutoshi Shimizu (2001), "Did Amakudari Undermine the Effectiveness of Regulatory Monitoring in Japan ?" *Journal of Banking and Finance*, 25(3), 573-596.

[16] Hoshi, Takeo, Anil Kashyap and David Scharfstein (1990), "The Role of Banks in Reducing the Cost of Financial Distress in Japan," *Journal of Financial Economics*, 27, 67-88.

論題I 誰がモニターをモニターするのか

[17] ────── (1991), "Corporate Structure, Liquidity, and Investment: Evidence from Japanese Industrial Groups," *Quarterly Journal of Economics*, February, 33-60.

[18] Lindgren, Carl-Johan, Gillian Garcia and Matthew I. Saal (1996), *Bank Soundness and Macroeconomic Policy*, International Monetary Fund.

[19] Morgan, D. P. (2002), "Rating Banks: Risk and Uncertainty in an Opaque Industry," *American Economic Review*, 92(4), 874-888.

[20] Myers, Stewart C. (1977), "Determinants of Corporate Borrowing," *Journal of Financial Economics*, 5, 147-175.

[21] Prowse, Stephen (1995), "A Survey of Corporate Control Mechanisms among Large Firms in the U. S. U. K., Japan and Germany," *Financial Markets, Institutions and Instruments*, 4(1), 1-63.

[22] Rajan, Raghuram G. (1998), "The Past and Future of Commercial Banking Viewed through an Incomplete Contract Lens," *Journal of Money, Credit, and Banking*, 30(3), 524-550.

[23] Schumpeter, J. A. (1934), *The Theory of Economic Development: An Inquiry into Profits, Capital, Interest and the Business Cycle*, Cambridge, Harvard University Press.

[24] Tirole, J. (2006), *The Theory of Corporate Finance*, Princeton University Press.

[25] Weinstein, David E. and Yishay Yafeh (1998), "On the Costs of a Bank-Centered Financial System: Evidence from the Changing Main Bank Relationships in Japan," *Journal of Finance*, 53, 635-672.

[26] 青木昌彦，ヒュー・パトリック，ポール・シェアード (1996),「日本のメインバンク・システム：概観」,青木昌彦，ヒュー・パトリック編『日本のメインバンク・システム』所収，東洋経済新報社：15-65.

[27] 猪木武徳 (2002),「経済学的視座から論点を整理する」,『日本労働研究雑誌』509号.

[28] 宇沢弘文 (2000),「プロローグ 社会的共通資本と金融制度」,宇沢弘文・花崎正晴編『金融システムの経済学──社会的共通資本の視点から──』,東京大学出版会：1-22.

[29] 大瀧雅之 (2000),「銀行に監視能力は存在したか？ 過剰債務問題の視点から」,宇沢弘文・花崎正晴編『金融システムの経済学 社会的共通資本の視点から』,東京大学出版会：113-127.

[30] 清水克俊・堀内昭義 (2000),「金融システムの脆弱性と天下り」,宇沢弘文・花崎正晴編『金融システムの経済学──社会的共通資本の視点から──』,東京大学出版会：83-112.

[31] 高木新二郎 (2006),『事業再生──会社が破綻する前に──』,岩波新書988,

岩波書店．
- [32] 花崎正晴・堀内昭義 (2000), 「銀行危機と経営統治構造」, 『社会科学研究』第51巻第2号：55-82．
- [33] 花崎正晴・堀内昭義 (2006), 「銀行融資中心の金融システムと企業統治――金融自由化によって銀行の機能は脆弱化したか――」日本銀行ワーキングペーパーシリーズ No. 06-J-07．
- [34] 堀内昭義・花崎正晴 (1998), 「なぜ日本は深刻な金融危機を迎えたのか――ガバナンス構造の展望――」, 日本政策投資銀行設備投資研究所『経営経済研究』Vol. 19-1．
- [35] ―――― (2000), 「メインバンク関係は企業経営の効率化に貢献したか――製造業に関する実証分析――」, 日本政策投資銀行設備投資研究所『経営経済研究』Vol. 21-1．
- [36] ―――― (2004), 「日本企業のガバナンス構造――所有構造, メインバンク, 市場競争――」, 日本政策投資銀行設備投資研究所『経営経済研究』Vol. 24-1．

[コメント]

櫻川昌哉

　報告者の大瀧氏は本稿において，企業経営の規律づけメカニズムとして有効であったとされる「メインバンク仮説」は，「誰がモニターをモニターするのか」問題の解決に成功していない不完全な仮説であり，日本企業が少なくとも1980年代半ば頃まで，急速な発展を遂げたようにみえたのは，銀行による有効な規律づけによるのではなく，海外からの競争圧力による部分が大きかったと主張している．

　銀行の情報生産活動は少なくとも1980年頃までは有効に機能していたという通説に対する挑戦であり，今後大いに議論されると予想される新たな仮説を提示している．しかしながら，海外からの競争圧力という金融の外部要因に企業経営への規律づけをもとめるという結論に至るまえに，金融の議論として展開すべき論理のなかにいくつか，補足すべき点，論理に整合性を欠く点，バランスを欠いた議論がみられる．以下，コメントを述べていきたい．

1. 情報生産に関するモデル上の仮定

　報告者は，モデルのなかで，銀行システムと市場システムを想定している．そして，金融取引に関わる情報の非対称性を解決する手段として，金融機関の審査活動は，情報の非対称性を有効に解決できるとしている一方で，「市場に銀行のモニタリングを委ねると，銀行は企業に対して有効なモニタリング機能を全く発揮できない」と仮定している．その根拠として，「融資を受ける企業の経営者の立場に立つと，私的情報は企業の長期的経営戦略や，経営者の能力・資質など，公開されることが望ましくない性質をもっている」と述べているが，公開されることが望ましくない情報があることと，非対称情報があることは同義ではないことに留意すべきである．非公開情報が，モラルハザードなどのエージェンシー問題の原因にならなければ，資金供給者はその情報を知らなくても全く問題にならないからである．したがって，非公開情報の存在が，銀行システムに比して市場システムが劣った仕組みであるとする論拠にはならない．

　また「銀行・金融機関によるモニタリングは，非公開情報（私的情報）の収集や分析に依拠する部分が大きいために，その内容を銀行と融資先企業との関係者以外が評価することは難しい」と述べているが，果たして銀行が貸出先の内部情報に精通することは可能であろうか？　数多くの産業を同時に取引相手としている銀行員が，各業種特有の情報（たとえば，繊維産業なら，問屋や繊維専門商社を含む複雑怪奇な流通経路，新合繊などの新製品開発にかかわる技術的特性，各生産工程の生産性を向上させる新型大型設備の技術的特性）について，たとえ情報を入手したとしても正確に理解・加工することは不可能であろう．またたとえどんなに審査に費用を費やしても，経営者がどの程度まじめに事業に専念するかはわからないであろう．銀行に，費用を掛ければ銀行の内部情報に無制限にアクセスできるとする設定は現実的とはいえないと思う．

2. なぜ，担保の役割を軽視するのか？

　1で述べているように，審査による情報開示には限界があると考えるのが自然であろう．その限界を補うために，経営者を適切に規律づけるためのツールとして，銀行は，担保を補完的に利用してきたと考えられないであろうか．現実には，土地担保が広範に利用されてきたが，裏を返せば，銀行による審査には限界があったことを物語っていると思われる．

日本の銀行貸し出しでは，土地担保が広範に利用されてきたが，それは，言い換えれば，日本の金融システムは地価変動のリスクをヘッジしない仕組みを採用してきたということでもある．1985年以降，急増した不動産融資によって地価リスクはさらに高まり，バブル崩壊によって現実のものとなる．その結果として，銀行部門は弱体化し，銀行へのガバナンス，そして銀行の情報生産機能は大きく影響を受け，また変容を迫られることになる．こうした点を考慮すれば，土地担保の果たした役割，さらに言えば土地担保とガバナンスの関係への論考をふまえたうえで，銀行の情報生産機能を評価すべきであろう．なお，土地担保への一貫した軽視は，花崎・堀内による一連の著作や論文にみられるが，それがために銀行の情報生産活動のなかで担保をどう位置づけるかという日本の金融の大きな課題の解明に，成功していないように思う．

3.「免許価値仮説」についてもう少し論考を加えるべきではないか？

　銀行の借り手企業への情報生産の効率性を考える上で，銀行に対するガバナンスの問題への考察が必須であるとする著者の認識は正鵠を得ていると思う．自己資本規制を中心とした「節度ある規制（prudential regulation）」を特徴とする現代の金融監督政策の考え方の希薄な70年代や80年代において，日本の金融発展の文脈の中で考えうるレジームとして報告者は2つのレジームを提示している．第1は，「銀行業や金融業における競争を規制によって制限し，既存の銀行に超過利潤を与えるという方法」で「免許価値仮説」と呼ばれる考え方であり，第2は，「政府（監督当局）と銀行の間に親密な人間関係を構築し，銀行に対する政府のモニタリングを容易にすると同時に，両者がそれぞれ共同利益に着目しつつ，……問題を有効に解決する」方法である．報告者は，第1の考え方は，花崎・堀内（2006）において，十分に批判されているとしてほとんど言及せず，当局による銀行への監督政策を「天下り」に象徴される銀行と当局の結託で特徴づけられるとする第2の考え方に依拠した考察を進めている．

　この論理の展開はやや唐突であり，もうすこし免許価値仮説への言及があってしかるべきであろう．花崎・堀内（2006）では，事後的に計算された普通銀行の収益率を銀行の免許価値の代理変数とみなし，その時系列的な動きから免許価値仮説の有効性に否定的な論考を進めているが，この仮説を排除するには十分議論が尽くされているとはいえない．銀行の評価する免許価値は"事前の"変数であり，"事後的"に計算された収益率と一致しない可能性は大いにある．1980年代初頭からの金

融自由化で優良な（製造業を中心とする）借り手を失った銀行は，免許価値の下落に直面していた可能性は高く，将来収益の下落を食い止めるために，不動産などの危険性の高い融資に賭けに出たと見ることもできる．免許価値の下落があったときには，ギャンブル投資を差し控えさせるためには，規制預金金利を引き上げるか，銀行に強制的に保有させる最低自己資本の額を引き上げる必要がある［e.g. Hellmann *et al.* (2000)］．金融自由化の進展によって「メインバンク性」が崩壊したとする低次元の話に拘泥するのではなく，1980年代以降金融自由化の進んだ銀行システムにおいて，最適な金融監督の枠組みはいかなるものであったのかをより包括的に論じ，そのうえで天下り仮説を位置づけた議論をすべきであろう．青木昌彦氏を批判したいという気持ちが強すぎるあまりに，天下り仮説に執着しすぎのように思われる．よりバランスの取れた論考が望まれる．

4.「無謀な」な銀行貸し出しや「貸し渋り」「貸し剥し」を理由に，それ以前の時期の銀行の情報生産まで否定されるか？

80年代後半の不動産貸し出しと90年代以降の不良企業に対する過剰融資を根拠にして銀行にはそもそもは効率的な情報生産をおこなう能力がなかったとする議論が最近多い．銀行の情報生産機能は「劣化しない」ことを前提とした話といえるが，時代によって，金融システムをとりまくパラメータの領域が変化している可能性が高いので，注意深い検討が必要である．バブル崩壊以降，銀行は大量の不良債権をかかえ，かつ地価が大幅に下落していたために，適切な情報生産活動を営むことが困難な状況に追い込まれていたのかもしれないからである．

「これが第3節で取り上げた『誰がモニターをモニターするのか』問題であり，その理論分析が，監督当局の銀行経営に対する行政のあり方如何では，銀行があたかも審査能力を具えていないかのような，非効率的な行動に走る可能性があることを示している」と報告者がいみじくも指摘しているように，たとえ銀行に情報生産機能が備わっていたとしても，その機能が発揮されるかどうかはガバナンスのあり方に依存することが多く，時代を経るにしたがって，「劣化した」かのように見えることはある．

80年代後半の銀行を取り巻く環境は，免許価値が下落する中で，銀行は自己資本の保有の圧力も無く，銀行行動を規律づける「担保」がなくなり，ガバナンスの空白状態が現出していたのかもしれない．預金保護で守られた銀行への適切なガバナンスが欠如したときに，銀行は安全な融資よりも危険な融資を選好することが理

論的に広く知られているが，80年代後半の不動産融資に傾斜した銀行行動は，この考え方で説明できる．だからといって，80年代以前の情報生産機能までも否定されるわけではない．

報告者は，銀行の情報生産機能の欠如の理由のひとつとして，90年代以降の中小企業への「貸し渋り」や「貸し剝がし」をあげているが，この時期における中小企業への貸出の減少は銀行の責にのみ帰すべきであろうか？ 90年代において，担保となるべき地価は下落を続け，一方で情報開示へ向けた制度改善はほとんどなされなかったので，銀行と中小企業の間の情報の非対称性の問題はより深刻になったと考えられる．貸出を減らすのは，エージェンシーコストを縮小するための銀行の最適行動の結果であり，情報生産機能の欠如の証左にはならない．さらに，マスコミが大騒ぎしたほどには，「貸し渋り」や「貸し剝がし」の証拠を示す実証結果はほとんど得られていない．価値フリーの言語を駆使することを生業としている経済学者が，「貸し渋り」や「貸し剝がし」といった価値判断を含んだ言葉を乱用することは慎まなければならない．

なお報告者は，「たとえ銀行に情報生産機能が備わっていたとしても，その機能が発揮されるかいなかはガバナンス次第であり」と主張しているが，その点から言えば，たとえ「貸し渋り」や「貸し剝がし」があったとしても，それは必ずしも銀行の情報生産機能の欠如を意味しないはずである．

5. 90年代以降の銀行の不良債権問題や過剰融資についての言及がない

銀行の情報生産機能の是非について一刀両断するのであれば，90年代以降の銀行の不良債権問題や「追い貸し」などの過剰融資についても，論考の対象にすべきであろう．たとえば，Peek and Rosengren (2003) は，メインバンク関係が強固であった融資関係において過剰融資が頻発したと報告しているが，90年代の銀行の情報生産機能をどのように評価するのか？ 銀行にはそもそも情報生産機能は備わっていなかったと断じるのか，あるいは不振企業に過剰な融資を続けたのは，不完全ながらも情報生産機能が備わっていたためと判断するのか（たとえば，Dewatripont and Maskin (1995))，論考を深めるべきであろう．また，90年代初頭に，新たな金融監督の枠組みとして，自己資本比率規制が導入されている．この新たなガバナンスの仕組みに対する評価や，80年代以前に支配的であったと報告者が主張する天下りシステムや銀行保護を前提とした免許価値仮説からの移行過程をどう捉えるのかについても論考が不可欠であると思われる．

6. 最後に

いわゆる「メインバンク仮説」には私はまったく興味がない．なぜなら，そうしたものが過去のある時期に成立していたかどうかについて何かわかったことがあったとしても，今後の金融の制度設計の中で生かせる余地はないからである．よって，この論文にリファーされている文献については，私はほとんど読んでいない．本来コメントを書くには不適当であったと思われる．

参考文献

花崎正晴・堀内昭義 (2006)，「銀行融資中心の金融システムと企業統治——金融自由化によって銀行の機能は脆弱化したか——」日本銀行ワーキングペーパーシリーズ No. 06-J-07.

Dewatripont, Mathias and Eric Maskin (1995), "Credit and Efficiency in Centralized and Decentralized Economies," *Review of Economic Studies*, 62, 541-555.

Hellmann, Thomas F., Kevin C. Murdock and Joseph E. Stiglitz (2000), "Liberalization, Moral Hazard in Banking, and Prudential Regulation: Are Capital Requirements Enough?" *American Economic Review*, 90(1), 147-165.

Peek, Joe and Eric S. Rosengren (2003), "Unnatural Selection: Pervasive Incentives and the Misallocation of Credit in Japan," NBER Working Paper Series, No. 9643.

[回 答]

大瀧雅之・花崎正晴・堀内昭義

1. はじめに

どんな文章でも，結尾に片言隻句の強烈な批判を盛り込むことで初学者に鮮烈な印象を与えようとするのは，多少物書きに慣れた者のいわば常套手段である．それ

が名うての論客櫻川教授のものであればなおさら効果的であろう．加えて報告者の一人である編者は，意ならずとも，櫻川教授に気に染まぬ仕事をお願いしたようで一層恐縮せざるをえない．

2. 先行研究の位置付けについて

しかし論文本体の意足らざる表現により，氏ばかりでなく一般読者にも，無用の誤解を与えかねない危険があれば，それを直ちに修正すべきは研究者として当然の責務であろう．

さて櫻川氏によれば，「メインバンク制」の存在の有無，およびそれが存在するとしたときいかなる内実を持っていたかを研究することは，将来の金融制度設計に全く資するところがないために，non-sense なそうである．

誠に大胆であり挑戦的仮説である．何人もそうであるように，経済もまた個別の「歴史」を背負っている．North 流の気取った言い方をすれば，制度の自律的生成には多様で膨大な埋没費用が投下されており，過去の制度・慣習は容易に綻びることはない．そうした動的な与件を，理論経済学では「歴史」と定義する．無論これらは制度改革に当たっての「摩擦」ないしは「制約」となるため，「歴史」をいかに認識するかは「改革」の指針を定める上で不可避と考えるのが穏当であろう．つまり世上憎悪の対象となっている「既得権益」とは，まさにこうした「歴史」の産物の一つである．

以上の認識に基づけば，青木昌彦教授の著作をコアとする一連の「メインバンク理論」と呼ばれる膨大な研究は，relevance の適否を別にして，唯一日本の金融制度に関して系統的な理解を与えようとした畏敬すべき先行研究である．これがわれわれ三人の偽らざる共通認識でもある．したがって櫻川氏が，何を根拠にされて，「青木氏を批判したいという気持ちが強すぎるあまりに，天下り仮説に執着しすぎている」と批判されるのか，理解に苦しむ．

われわれの論文の目的は，まさに櫻川氏がその必要性を説くように，銀行への監視ないし統治問題を中心に捉えた金融システムが，過去から現在に至るまでどのように機能したかを分析評価するところにある．結論は青木教授らとは全く異なるが，その魅力的で圧倒的な記述が著者三名の共同研究の大きな推進力となったのは，紛れもない事実である．

しかし新たな情報・理論に依拠した結果，先行研究と異なった命題が導かれることに，上記のような到底論理とは言えない批判が，職業的研究者から寄せられたこ

とは，われわれにとって実に驚倒すべき出来事であった．ここで，従来見落とされていたいくつかのファクトや新しい理論から，経済についての新たな系統的理解を紡ぎだすことを，「学問の進歩」と定義しよう．すると，こうした個人的好悪により後続研究がなされるとの誤解を生起させうる上記の批判は，確実に liberal で critical な討論・研究への恫喝として作用し，「学問の進歩」を遅滞させるという意味で，きわめて不適切とわれわれは考える（無論それが櫻川氏の本意でないことを祈るが）．

3. われわれの分析手法と価値判断

さて一読すれば直ちに明らかなように，本論文の議論はすべて平易な数理モデルを裏づけに展開整理されている．後に議論する仮定の relevance を除けば，報告者間の議論や検算ではモデルや均衡算出の手順に誤りは発見できなかった．したがって内的な不整合があるとは認めがたい．

また紙幅の関係で略述するに留めた「貸し渋り」「貸し剥がし」（報告者らもこうした新聞経済用語が醜悪で曖昧なことは，櫻川氏と認識を一にするが）と過剰債務問題および金融機関の審査能力との関係は，Meyers and Majlf (1984) をもとに大瀧 (2000) で同じく詳細に解説されており，後者は東京大学社会科学研究所のスタッフセミナーにおいて，討論者に櫻川氏をお招きし報告されている．少なくとも当時理論的な「不整合」をご指摘いただいた跡はない．

以上のような事情を鑑みると，櫻川氏のコメントに散りばめられている「不整合」・「バランスを欠く」という批判は，一体数理モデルのどこにそうしたものがあるか報告者にとっては理解しがたい．理論を洗練しより説得的な作品に高めるためにも，ぜひ具体的にご教授いただきたい．

ところで経済学者は value-free であるべしが，櫻川氏の motto のようにお見受けする．だが厚生経済学の体系そのものが value-free でないことは学部教育の重要ポイントであり，それを氏がご存じないとは考えにくい．さらに本論文中のシステム評価には，ごく標準的な Pareto efficiency の価値判断しか用いられておらず，われわれが恣意的・感情的に判断していないことは自明である．

蛇足だが value-free という言葉は剣呑である．すなわち value-free という名の value とは何かと自問すれば，irresponsibility や dissipation という言葉が浮かぶのは，われわれだけだろうか．実際自然科学でさえ，次のようなことが古くから厳しく認識されていることに読者諸賢は留意されたい．すなわち，

「先入見を無くして実験しなければならないとは,よく人のいうところである.それは可能ではない.それはあらゆる実験に結果を生まないようにさせるばかりでなく,なしえないことを欲するものである.一人一人がその世界観を自分のうちに蔵している,そう容易にこれを捨てるとはできない.たとえば我々は言葉を用いないわけにはいかない.そうしてわれわれの言葉はほかならぬ先入見をこね上げたものに過ぎない.ただこれは意識されない先入見で,そうでないものと比べて千倍も危険である.」アンリ・ポアンカレ『科学と仮説』のうち「物理学における仮説」より抜粋

参考文献

アンリ・ポアンカレ『科学と仮説』河野伊二郎訳　1938年　岩波文庫

論題 II　乗数理論およびインフレ理論の
　　　　　ミクロ的基礎
　　　　　デフレイションは本当に悪か？

　　　　　　　　　　　　　　　　　　　　　　［報告］大瀧雅之
　　　　　　　　　　　　　　　　　　　　　［コメント］田村正興
　　　　　　　　　　　　　　　　　　　　　　［回答］大瀧雅之

［報告］[†]

　　　　　　　　　　　　　　　　　　　　　　　　　　　　　大瀧雅之

1．はじめに

　本稿の第一の課題は，Mankiw (1988), Startz (1989), Reinhorn (1998) で開発された，所得と独占利潤の間の外部性（戦略的補完関係），いわゆる Keynesian cross の動学化にある．先行研究には，互いに関連する二つの未解

[†] 本稿は勤務先である東京大学社会科学研究所の紀要『社会科学研究』第57巻第5・6合併号（2006年3月）に発表された「乗数理論のミクロ的基礎について」という論文を基礎とし，以降の研究成果を加味しながら，大幅に加筆修正されて書かれている．なおここで展開される乗数理論の，より専門的で縮約された解説は Otaki (2007) を，また計算過程に及ぶ詳細な解説を求められる読者は大瀧 (2005) を，それぞれ参照されたい．
　また本稿に関連する一連の研究については，Robert M. Solow 先生から何度かにわたっていただいた適切かつ懇切なコメントと励ましが何よりの支えであった．筆者が何とか経済学への信頼を失わずにいられるのも，先生の誠実なアカデミズムの実践によるものである．ここに心からの謝意と深い敬意を表したい．

決な理論的課題が存在するからである．

　第一の課題は，先行研究では増税がもたらす余暇への負の所得効果が決定的であり，需要が供給を喚起するというケインズ経済学本来の考え方から距離があることである．つまり Matsuyama (1995) の解説とは異なり，実は課税により貧しくなるため働かざるをえなくなるというのが，当該理論を支配する因果関係である．

　これらの先行研究では確かに，見かけ上，自企業の独占利潤が他企業全体の独占利潤の増加関数となっている．これが当該理論の主張する戦略的補完性である．財政支出が増加し企業全体の独占利潤が高まると，それがさらに個別企業の独占利潤を押し上げ所得を増大させるという乗数的プロセスが，繰り返されるかの印象を受ける．だが，需要に供給も対応せねばならない．つまり労働供給の増加が必要である．そのインセンティヴが財政支出の裏側である増税にあるのである．したがって，先行研究は総需要外部性（戦略的補完性）に基づいたものとは言い難い．

　課題の第二は，政府支出が浪費に終わると財政拡張は経済厚生を低下させてしまうことである．これは，当該理論では財政支出の刺激効果が二次的であり，労働供給増加のための負の所得効果が支配的因果であることの証左である．たとえ陰伏的にせよ，入門的なケインズ解説で乗数過程が登場するとき，それは経済厚生の改善を示唆していると考えるのが自然である（失業の減少は経済厚生を高める）．この装いを凝らすため，Startz (1989) や Reinhorn (1998) では政府が提供する公共財から受ける効用がどのようなものであれば，経済厚生が上昇するかが検討されている．しかしわれわれは，これが根本的な問題の解決になっているとは考えない．

　そこで本稿では，貨幣を保蔵手段とした世代重複モデル（以下 OG モデル）により理論を動学化し，こうした課題の解決を図る．動学化により貨幣発行益 (seigniorage) が理論に出現するが，これは税負担なしに財政支出が醸出可能になることを意味する．このため増税による労働供給増加を挟まず，総需要外部性（戦略的補完性）だけで乗数が導出可能となる．関連して，生産経済のOGモデルにおける貨幣の非中立性はきわめて重要な性質である．すなわち Keynes (1936), Kahn (1984) では，寡占理論に依拠し貨幣数量説からの脱却

が試みられている．価格を支配するのは限界費用である名目賃金であり，貨幣数量ではないという考え方である．しかしながら，両者とも肝心の名目賃金がいかに決定されるかが不分明である．

そこで本稿では，名目賃金が労働供給の動学的最適化に基づくことを利用し，貨幣の非中立性を厳密に証明する．つまり労働供給は生涯効用を考慮してなされるために，名目賃金は現在の物価水準のみならず，老後の生活を考慮することから，将来の物価水準にも依存する．これをまとめると，以下の図式を得る．すなわち，

$$\text{現在の物価} \propto \text{現在の名目賃金} = W(\text{現在の物価, 将来の物価}).$$

である．この定差方程式は均衡価格の流列を示すが，明らかに貨幣数量とは無関係である．見方を変えれば，名目貨幣供給量が変化しても物価水準が不変に保たれる均衡が存在することを示している．すなわち貨幣の非中立性に他ならない[1]．このとき貨幣によって賄われた財政支出の増加は経済全体での有効需要を刺激し，景気を上向かせる．これが本論の消費と所得（有効需要）の戦略的補完性（総需要外部性）である．そしてここから動学的に，初等的なマクロ経済学に現れる財政乗数（限界貯蓄性向の逆数）が導かれる．さらに独占利潤が存在するため，家計の受け取る所得は労働の不効用をつねに上回る．したがって景気拡大により所得が増えると，経済厚生も高まる．すなわちたとえ財政支出が浪費されようと，不完全雇用下での拡張的財政政策は，資源配分をパレート改善することが厳密に証明される．

さて次に，第二の目的であるインフレ理論の概要とその政治経済学的インプリケイションを簡単に予告しておこう．端的に言って，現在のマクロ経済学におけるインフレ理論は貨幣数量説の複雑化というプリミティヴな域を脱していない．つまり貨幣数量が増え続けるから物価水準も上がり続けるというのである[2]．しかし多少深く考えてみると，こうした主張にはミクロ理論との深刻な齟齬が看取できる．

---

1) 現在の均衡物価水準（絶対価格）そのものは，無限に存在する．無限期間の OG モデルでは，終点条件 (end-point condition) を課すことができないからである．
2) たとえば，Woodford (2003) の第3章はこの典型である．

すなわちアーヴィング・フィッシャー流に「現在財」・「将来財」の交換として貨幣経済を捉えると，インフレ率はそれら二財間の相対価格である．この立場からは，たとえ名目貨幣供給量が不変であっても，インフレ・デフレが起きないこと（相対価格がつねに1であること）こそ，むしろ不自然である．そして貨幣錯覚を排除すれば，そうした相対価格の決定に与るのは効用関数・生産関数等の形状を決める「深いパラメータ」(deep parameters) であって，逆に貨幣数量は無関係とならねばならない．したがって理論的根拠薄弱な貨幣数量説に依拠しているという意味で，インフレ・デフレ理論はこの40-50年全く進歩していないとしても過言ではない[3]．

もちろん，こうした齟齬を率直に認め理論を彫琢すること自体有意義である．だがそれにも増して，インフレ・デフレのメカニズムの解明は，現代日本では政治経済学的に重要な意義を持つ．すなわち特に，日本のマクロ経済学者は，徹底した金融緩和下においてなおデフレ基調であり，かつ，にもかかわらず景気が回復するという新たな経済現象を説明することを，社会的に要請されているのである．

ところでこの問題の解明に当たっては，差し当たり，技術進歩などの非貨幣的要因によってデフレが発生していると考えるのが素直であろう．もしそれでデフレ下での好況が説明可能なら，導かれる経済政策のあり方も，巷間喧伝されているものとは，おのずと異なろう．

すなわち，2007年1月現在，政府はデフレを理由に日銀の引き締めを牽制しているが，第5節で展開されるインフレ理論に従えば，これは不適切である．実際，政権の覚えめでたきエコノミスト達やマスメディアで狂躁する大学教師は[4]，デフレ＝不況との図式を前提にインフレイションを推奨しているが，これは現実認識として無理がある．同時に古色蒼然たる理論に依拠し引き締めを強引に牽制する様には，インフレ待望の政治的意図を透かすことさえもできる．高齢化問題を抱えた今日の日本で，インフレイションによる課税はもっとも反

---

[3] 完全雇用均衡においては，Keynes (1936) が「真性インフレイション」(true inflation) と呼んだ，貨幣数量説的なインフレイションが発生することも示しうる．詳しくはOtaki (2006) を参照されたい．

[4] こうした人達にマクロ経済学の素養が皆無に近いこと，さらにそれを何とも思わない厚顔無恥には呆れるばかりである．

社会的政策であると筆者は憂慮する[5]。

本稿の構成は，以下の通りである．第2節では Mankiw (1988) らの研究が紹介され，批判的に検討される．第3節ではそれを受けて，厳密なミクロ的基礎のもとにケインズ的動学モデルを構築する．第4節は財政政策の経済厚生分析に充てられる．第5節では，第4節までで提示される理論全体の鳥瞰図を与え，後の現実経済への適用に備える．第6節では一般均衡分析における寡占の働きが，部分均衡からの類推と異なりうることが提示される．すなわち貨幣経済における寡占の存在が根本から問い直される．さらに第7節では，ミクロ的基礎づけのあるインフレ理論が提示され，その政治経済学的インプリケイションが紹介される．第8節は結論である．

2. 静学的理論

まずモデルの構造を簡単に述べよう．生産要素は労働のみとする．また財 z は $z \in [0, 1]$ の連続体だけの種類がありそれぞれの企業 z だけが独占的に供給する[6]。

代表的個人の効用関数, $U(X, N)$ は,

$$U(X, N) \equiv \alpha \ln X + (1-\alpha) \ln N, \quad X \equiv \left\{ \int_0^1 c(z)^{1-\eta^{-1}} dz \right\}^{\frac{1}{1-\eta^{-1}}}. \quad (1)$$

である．ここで $0 \leq \alpha < 1$ かつ $1 < \eta$ である．$c(z)$ は財 z の消費量であり N は余暇の消費である．

余暇の賦存量は L である．労働・余暇がここではニュメレールとなる．労働で測った一括税を T とする．さてその上で，財 z の価格を $p(z)$ としよう．すると予算制約式は,

---

[5] この問題に関しての筆者の見解は，大瀧 (2006b) を参照されたい．
[6] この節のモデルは，基本的に Matsuyama (1995), Reinhorn (1998) と同様のものである．

$$\int_0^1 p(z)c(z)dz + N \leq Y - T \Leftrightarrow PX + N \leq Y - T. \qquad (2)$$

となる.ここで Y は全所得 (full income) で,

$$Y \equiv L + \Pi.$$

として定義される.Π は企業全体を足しあわせた総独占利潤である.P は (1) から導かれた一般物価水準で,

$$P \equiv \left\{\int_0^1 p(z)^{1-\eta} dz\right\}^{\frac{1}{1-\eta}}. \qquad (3)$$

としてあらわされる.

個人は効用 (1) を予算制約 (2) のもとで最大化する.その結果

$$c(z) = \left(\frac{\alpha}{P}\right)\left(\frac{p(z)}{P}\right)^{-\eta}(Y - T), \qquad (4)$$

$$N = (1-\alpha)(Y - T). \qquad (5)$$

という消費需要関数・余暇需要関数が得られることになる.

ここで留意すべきは,余暇需要関数 (5) である.余暇が減少し労働供給が増加するためには,総所得 $Y - T$ が必ず減少し,そのため効用も低下する必要がある.これは Mankiw (1988) らの静学的分析が,増税による余暇への負の所得効果に決定的に依存していることを表している.

さて,企業の行動と市場均衡を描写しモデルを閉じよう.簡単化のために労働一単位で財一単位が生産されるとする.企業 z はその利潤 $\Pi(z)$ を最大化するように行動するから[7],

$$\max_{p(z)} \Pi(z) = \max_{p(z)} \frac{\alpha}{P}\left\{p(z)\left(\frac{p(z)}{P}\right)^{-\eta} - \left(\frac{p(z)}{P}\right)^{-\eta}\right\}$$
$$\cdot \left(L + \Pi - T + \frac{G}{\alpha}\right). \qquad (6)$$

---

7) ここで政府は代表的個人と同じ効用関数を持っているものとする.

よって，おなじみの独占価格の公式が導き出されて，

$$p(z) = \frac{1}{1-\eta^{-1}}, \quad \forall z. \qquad (7)$$

となる．

すると (6) と (7) から，財市場の均衡条件として，

$$Y \equiv L + \Pi = L + \alpha\eta^{-1}\left(Y - T + \frac{G}{\alpha}\right).$$

が，導き出される．この方程式を解くと，Reinhorn (1998) と基本的に同一な静学的乗数が，

$$Y = \frac{1}{1-\alpha\eta^{-1}}\{L + \eta^{-1}(G - \alpha T)\}.$$

として求まる．さらに $G=T$ を考慮に入れると，

$$Y - T = \frac{1}{1-\alpha\eta^{-1}}\{L - (1-\eta^{-1})G\}.$$

となり，確かに Reinhorn (1998) が証明したように，最適な財政政策は complete shutdown, $G=T=0$ であることが分かる．

また (6) だけを見れば，個々の企業の独占利潤 $\Pi(z)$ は企業全体のそれ Π に依存しており，戦略的補完性があることが分かる．したがって拡張的財政政策によって G が増加すると，独占利潤が上昇し所得も増えそれが消費を通じてさらに独占利潤を押し上げるというプロセスが存在するかの印象を受ける．

だが一般均衡的見地からは，増加した所得に見合うだけの生産を上げるために労働供給が増加しなければならない．そのためには増税が不可避である．言い換えれば，Mankiw (1988) らのモデルは，増税によって労働供給が増加し，その後に戦略的補完性によりそれに見合うだけの需要が形成されると解釈するのが妥当なのである．このように解釈すれば，増税による負の所得効果の重要性が浮き彫りにされるため，拡張的財政政策が経済厚生を低下させるという命題は，きわめて理解しやすい．

さて筆者の主張をより鮮明にするため，図1を参照されたい．図1の PP 線 (45°線) は，合成財 X と余暇 N の転形曲線である（生産関数）．財市場は独

図1 静学的乗数

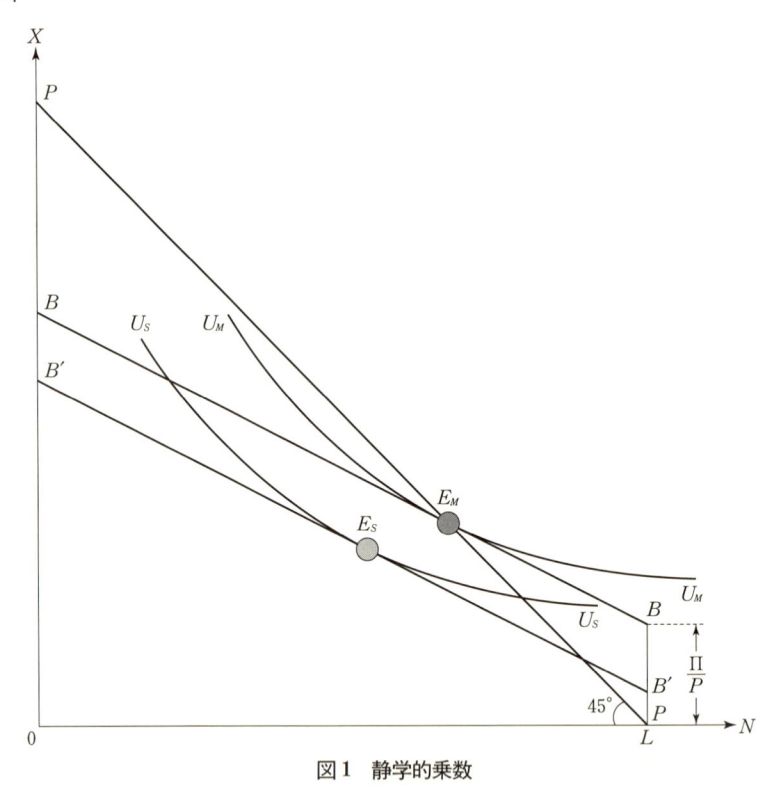

占的競争的であるから，代表的個人の直面する予算制約線は BB 線となる．この直線の傾きは転形曲線と比べ緩く $1-\eta^{-1}$ である．独占的価格づけ (7) の「歪み」によるものである．そして課税額が 0 であれば，均衡は点 E_M, すなわち無差別曲線 $U_M U_M$ と予算制約線 BB の接点である[8]．

一括税 T が賦課されると，予算制約線は $B'B'$ 線のように内側にシフトする．なおこのシフトが，乗数効果あるいは所得・独占利潤の戦略的補完関係とは無関係であることには注意を要する．仮に $\Pi-T$ が非減少であり予算制約は厳しくならないとしよう．すると消費も余暇も減少することはない．ところで $T=G$ であるから，それぞれの企業には増産の要があるが，それには追加的な労働供給が必要である．明らかにこれは矛盾である．したがって，予算制

---

[8] ここで曲線 $U_i U_i$ は消費と余暇に関する無差別曲線群である．

約線は必ず下方へシフトする．

　余暇と消費がともに上級財である限り，増税による負の所得効果により，新しい最適計画は，点 E_s に定まる．図より労働供給・財生産とも増える様子が分かる．だが得られる効用は，財政拡張により却って低下する．正の効用を生む公共財に支出されない限り (Startz (1989), Reinhorn (1998))，この性質が維持されるのは明らかである．

　本節では，既存の静学的手法に基づく Keynesian cross の導出には，財の需要側における所得・独占利潤の戦略的補完関係ではなく，供給側での増税による余暇への負の所得効果が不可欠であることが明らかにされた．したがって有効需要理論にミクロ経済学上の基礎を与えるには，総需要外部性（戦略的補完関係）に焦点を絞った理論構築が必要である．次節では，この問題が取り扱われる．

3. 世代重複モデルによる動学的乗数

　本節では，二期間の世代重複モデルを考える．財 z は前節と同様に $[0,1]$ だけの連続体の種類が存在し，それぞれ企業 z が独占的に供給する．さらに，$[0,1]\times[0,1]$ だけの連続体で個人が毎期生まれる．かれらは，「若年」と「老年」の二期間を生きるが，「若年時」に一単位だけの労働を供給できる．ここで生涯効用関数は同一で，

$$U(X_t^1, X_{t+1}^2, \delta, \beta) \equiv \alpha \ln X_t^1 + (1-\alpha) \ln X_{t+1}^2 - \delta_t \cdot \ln \beta, \quad (8)$$

$$X_{t+k}^i \equiv \left\{ \int_0^1 c_{t+k}^i(z)^{1-\eta^{-1}} dz \right\}^{\frac{1}{1-\eta^{-1}}}. \quad (9)$$

とする．ただし $0 \leq \alpha < 1$ かつ $1 < \eta$ である．$c_{t+k}^i(z)$ は，第 $t+k$ 期に人生の第 i（「若年」を1,「老年」を2とする）ステージにある個人の財 z の消費量である．$\ln \beta$ は労働の不効用を表している．δ_t は定義関数で，働いたとき1の値を，失業時に0の値をとる．これは Mankiw (1988), Startz (1989), Reinhorn (1998) で決定的役割を果たした労働供給（余暇）に関する所得効果を

取り除くための方便である．

予算制約式は

$$P_t X_t^1 + P_{t+1} X_{t+1}^2 \leq \delta_t \cdot W_t + \Pi_t. \tag{10}$$

である．ここで Π_t は個々の家計に平等に分配される利潤である．また P_{t+j} は効用最大化から導かれる一般物価水準で，

$$P_{t+j} \equiv \left\{ \int_0^1 p_{t+j}(z)^{1-\eta} dz \right\}^{\frac{1}{1-\eta}}. \tag{11}$$

として定義される．

容易な計算により，間接生涯効用関数 IU は，

$$IU(P_t, P_{t+1}, \delta_t \cdot W_t + \Pi_t) \equiv \ln A \left[\frac{\delta_t \cdot W_t + \Pi_t}{P_t^\alpha P_{t+1}^{1-\alpha}} \right]. \tag{12}$$

として表される．ただし $A \equiv \alpha^\alpha (1-\alpha)^{1-\alpha}$ である．これをもとに名目留保賃金 W_t^R を求めよう．するとそれは，

$$IU(P_t, P_{t+1}, W_t^R + \Pi_t) - \ln \beta = IU(P_t, P_{t+1}, \Pi_t). \tag{13}$$

という方程式を満足する．したがって，

$$W_t^R = A^{-1} P_t^\alpha P_{t+1}^{1-\alpha} \beta. \tag{14}$$

である．

個人は，将来「老年」になったときの消費も考慮して労働供給の意思決定をするから，名目留保賃金には現在の一般物価水準 P_t だけではなく，将来のそれ P_{t+1} も影響を与える．さらに不完全雇用均衡だけを取り扱うことにすれば，均衡名目賃金は名目留保賃金 W_t^R に等しい．

さて企業の最適化行動に移ろう．瞬時効用関数が CES 型であるから，t 期の財 z に対する需要 $c_t(z)$ は，

$$c_t(z) = \left(\frac{p_t(z)}{P_t} \right)^{-\eta} \frac{Y_t^d}{P_t}. \tag{15}$$

である．ここで $\frac{Y_t^d}{P_t}$ は実質有効需要である．それは，

$$\frac{Y_t^d}{P_t} \equiv \alpha\left(\frac{W_t^R}{P_t} L_t + \frac{\Pi_t}{P_t}\right) + \frac{G_t}{P_t} + \frac{M_t}{P_t}. \tag{16}$$

として表現される．L_t は現在の雇用水準であり，G_t は名目政府支出である．

(16) の右辺第1項が，「若年」の集計化された消費関数である．生涯効用関数が対数線形であることから，それは生涯総所得 $\frac{W_t^R}{P_t} L_t + \frac{\Pi_t}{P_t}$ に比例する．第2項は実質政府支出である．第3項が「老年」の集計化された消費で，彼らは前期から持ち越した貨幣 M_t をすべて (15) のルールに従い消費する他はない．

簡単化のため，労働一単位で財一単位が生産されとしよう．企業 z は，(16) と与えられた生産関数のもとで，利潤 $\pi_t(z)$ を最大化することになるが，これは，

$$\max_{p_t(z)} \pi_t(z) \equiv \{\max_{p_t(z)} p_t(z) c_t(z) - W_t^R c_t(z)\}. \tag{17}$$

として表され，その解は，

$$p_t(z) = \frac{W_t^R}{1 - \eta^{-1}}, \quad \forall z \tag{18}$$

である．すると (18) に (14) を代入することによって，

$$P_t = \frac{A^{-1} P_t^\alpha P_{t+1}^{1-\alpha} \beta}{1 - \eta^{-1}}.$$

であるが，これを P_t について解くと，

$$P_t = \left(\frac{A^{-1}\beta}{1-\eta^{-1}}\right)^{\frac{1}{1-\alpha}} P_{t+1}. \tag{19}$$

という均衡価格に関する差分方程式を導くことができる．

(19) の初期値あるいは将来の均衡価格の合理的予想 P_{t+1} は，任意に定めることができるから，均衡価格の流列は無数に存在する．そしてこれらの流列は一般に，名目変数である名目貨幣供給量とは無関係である．差分方程式 (19)

のこの性質こそが，貨幣が非中立的であることの数学的表現である．

ただし均衡インフレ率 ρ は，

$$\rho \equiv \frac{P_{t+1}}{P_t} = \left(\frac{A^{-1}\beta}{1-\eta^{-1}}\right)^{\frac{1}{1-\alpha}}. \tag{20}$$

となり，貨幣供給量とは独立に完全に deep parameters の関数として表現される．このように名目変数が相対価格である均衡インフレ率とは無関係となるから，非中立性が貨幣錯覚に依らないことも分かる．

最後に政府は，貨幣発行益（seigniorage）によって支出をファイナンスする．すなわち，

$$M_{t+j+1} - M_{t+j} = G_{t+j}. \tag{21}$$

である．ただし均衡が発散することを防ぐために，実質貨幣残高 $m_{t+1} \equiv \frac{M_{t+1}}{P_{t+1}}$ は今期（t 期）のみ任意に選ぶことができ，それ以降は時間を通じて m_{t+1} のもとで一定となるように制約を置く．すなわち，

$$m_{t+1} \equiv \frac{M_{t+1}}{P_{t+1}} = \frac{M_{t+j}}{P_{t+j}}, \quad \forall j \geq 1.$$

このもとで (21) は，(20) から，

$$(\rho - 1)m_{t+1} = \frac{G_{t+j}}{P_{t+j}} \equiv g, \quad \forall j \geq 1. \tag{22}$$

となる．

つまり今期以降は均衡インフレ率に比例して貨幣を発行し，それを財政支出に充てると想定するわけである．われわれは正の支出の効果を分析することが目的であるから，導かれた均衡インフレ率 ρ は 1 より大でインフレイションの均衡だけを扱う．ただし今期（t 期）のみは，実質貨幣残高を任意に選べるとしているから，政府の予算制約式 (21) は，

$$\rho m_{t+1} - m_t = g_t. \tag{23}$$

論題 II 乗数理論およびインフレ理論のミクロ的基礎

として表現される.

さていよいよ有効需要の決定メカニズムに移ろう. 財の実質総生産を $\dfrac{Y_t^s}{P_t}$ とすると,

$$\frac{Y_t^s}{P_t} \equiv \frac{W_t^R}{P_t} L_t + \frac{\Pi_t}{P_t}.$$

という恒等式が成立する. 均衡では,

$$\frac{Y_t^d}{P_t} = \frac{Y_t^s}{P_t}.$$

が成立しなければならない. すると (19) をみたす任意の合理的均衡価格の流列に対して初期時点の貨幣供給量 M_t と政府支出 G を十分小さく与えてやると, (16), (22) および (23) から,

$$\frac{Y_t^d}{P_t} = \alpha \frac{Y_t^d}{P_t} + m_t + g_t \equiv \alpha \frac{Y_t^d}{P_t} + \rho m_{t+1}, \quad \forall\, t \geq 0. \tag{24}$$

という方程式の解が $0 < \dfrac{Y_t^d}{P_t} < 1$ の範囲で求まる (図 2 の点 E). これがわれわれの理論での動学的な Keynesian cross (45°線分析: 図 2 を参照) である. つまり「若年層」,「老年層」の消費 ((24) の右辺第 1, 2 項) と実質政府支出 (右辺第 3 項) の和が均衡 GDP (均衡有効需要) となる[9].

(24) から実質財政支出 g に関する乗数が,

$$\frac{d}{dg_t} \frac{Y_t^d}{P_t} = \frac{1}{1-\alpha}. \tag{25}$$

として求まる. 不完全雇用下で貨幣を増発しても均衡価格には影響がないから, 損をする個人は存在しない. したがって, 税負担のない初等的な乗数が導出さ

---

9) ここで留意すべきは, 今期以降 (t 期) の均衡 GDP (均衡有効需要) を一定に保つには, 来期以降はより少ない財政支出で済ませられることである. その量は (22) および (23) より, $g_t - g = m_{t+1} - m_t$ である. すなわち, 財政支出の増加が同時に実質貨幣残高の増加をもたらすために, その有効需要刺激効果が来期以降も残るからである.

図2 45°線分析

$$\frac{Y_t^d}{P_t} = \alpha \frac{Y_t^d}{P_t} + \rho m_{t+1}$$

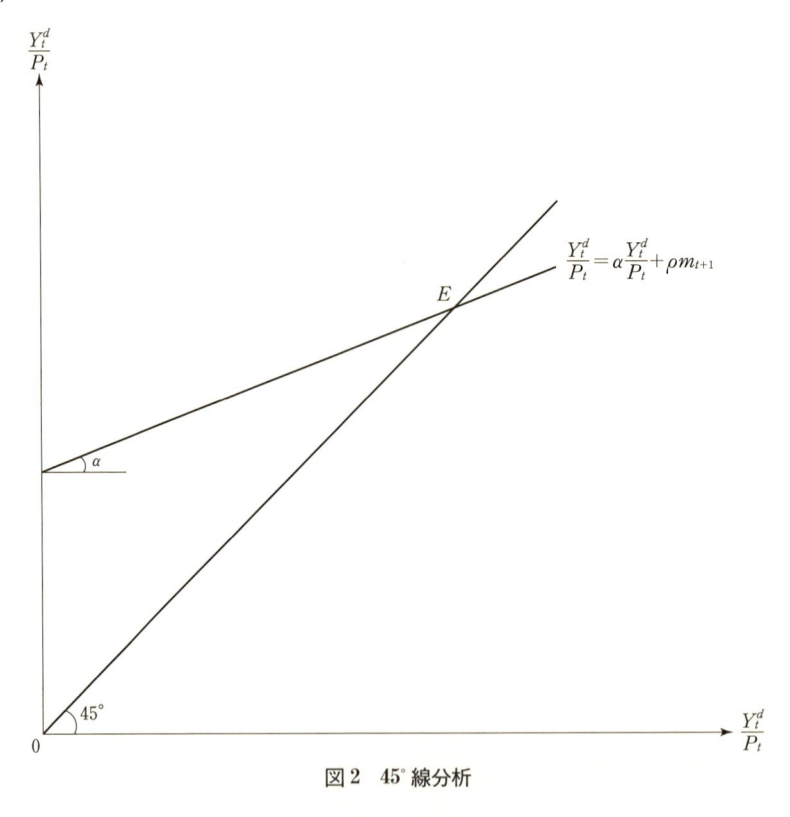

れる．すなわち政府支出の増大は第一次的に有効需要を刺激し所得（GDP）を上昇させるが，それは消費を刺激しさらに景気を拡大させるという，教科書的な乗数過程が表現されているのである．

4. 経済厚生

さて前節では，拡張的財政政策が有効需要を刺激しかつ雇用を改善することが確認できた．では経済厚生にはいかなる影響が及ぶのだろうか．検討してみよう．すると均衡名目賃金が名目留保賃金に等しいことから，すなわち方程式(13)が成り立つことから，雇用の増加によって効用は変化しない．したがっ

論題II 乗数理論およびインフレ理論のミクロ的基礎

て，独占利潤 Π_t の変化だけが問題である．

ところで，(17) に (18) を代入して企業に関して集計すると，

$$\frac{\Pi_t}{P_t} = \eta^{-1} \frac{Y_t^d}{P_t}.$$

であることが分かる．したがって，不完全雇用下における拡張的財政政策は，全く効用を生まない浪費に終わるとしても，必ず今期以降に誕生するすべての世代の生涯効用を高める．また財政支出が均衡物価水準に影響を与えないため，今期の「老年」世代の効用に変化はない．よって，**不完全雇用均衡における拡張的財政政策は，その使途を問わず，均衡をパレート改善する．**

この結論は，先行研究の結論ときわめて対照的である．既述のように，先行研究では増税が余暇に及ぼす負の所得効果が決定的存在であった．しかし本稿の理論では，財政支出が貨幣発行益によってファイナンスされるために，誰にも税負担は及ばない．つまり労働供給の増加は，ひとえに財政支出増が有効需要を刺激する結果である．このように増税に依らない有効需要の増加こそが，不完全雇用下において拡張的財政政策が経済厚生を改善するという命題の基本にあるのである．

5. 基礎理論の総括

前節までで，(1)市場均衡を前提とした伸縮的価格，(2)経済主体の動学的最適化，(3)合理的期待形成仮説，の三つの標準的な新古典派理論の上でケインズ理論を体系化した．本節では，より詳細な解析と現実問題への適用に備え十分深い理解を獲得するため，一旦ここまでの議論を整理しよう．

 1. 基礎的な乗数理論（有効需要理論）を動学的一般均衡ミクロ理論で解釈するには，次の手続きが必要である．
    （a） 労働供給意思決定の動学化＋独占的価格づけ
     ⇒貨幣価値と貨幣数量の独立性＋貨幣価値の不確定性
     ⇒貨幣の非中立性

（b） 独占的競争＋貨幣の非中立性
　　⇒総需要外部性
　　⇒flexible-price scheme における Keynesian cross の導出
2. ケインズ的経済政策の経済厚生上の意義
（a） 総需要外部性（消費と所得の戦略的補完関係）が，企業の意思決定に影響を及ぼしえるのは，直面する需要曲線が右下がりであり，それが経済全体での所得に依存するからである．したがって独占的競争の仮定は，有効需要管理政策の厚生経済学的意義を考える上でも，決定的に重要である．その意味でケインズ経済学は，寡占の経済学として解釈するのが自然であろう．
（b） 実際，財市場の均衡がワルラス的であれば，政策によって経済厚生の改善が見られないことを容易に示しうる．するとここでの理論も，寡占による過少生産が決定的な役割を果たしており，Mankiw (1988) らの乗数理論や Blanchard-Kiyotaki (1987) らのメニューコスト理論と何ほど変るまいとの批判が想起される．

　　だがそれは，正鵠を得ていない．つまり第4節の経済厚生分析で，過少生産の問題（すなわち不完全雇用均衡の存在）はいかなる原因によるものであれ，十分に大きな財政拡張（浪費的であっても）により解決できることが示されている．これはわれわれの過少生産を生むメカニズムが，従来の理論とは本質的に異なる証左である．
（c） 上記の性質を熟知する上でも，政府支出が浪費的であっても何故経済厚生の改善を見るのか，そのメカニズムをしっかり理解せねばならない．その因果をフローチャート風に記述すれば，
　　財政支出の増加
　　　⇒貨幣供給量の増加
　　　⇒乗数効果による所得増
　　　⇒貨幣供給量の増加は若年世代の貯蓄増により吸収
　　　⇒使途が浪費であっても，家計は貨幣を富として認識
（d） 家計が抱く，本来何の効用ももたらさない貨幣が富である，という予想は裏切られない．なぜだろうか？

論題 II 乗数理論およびインフレ理論のミクロ的基礎

⇒上の問いに答えるためには，貨幣供給量の変化により一人当たりの生涯消費可能性集合のシフトを数式で表しておくと便利である．するとそれは，財市場の均衡条件より，

$$y = ay + g + m_t$$
$$\Rightarrow \quad dc = dy - dg = \left(\frac{1}{1-a} - 1\right)dg, \tag{26}$$
$$ds = (1-a)dy = dg = \rho dm_{t+1}. \tag{27}$$

である．

(26) は拡張的財政政策の乗数効果による所得増に伴い，現在の若者の消費が増える様が描写されている．(27) は同時に貯蓄も増え，その額が財政支出の増加額に等しく，かつそれは貨幣の増発額であることを意味している．ここから増発された貨幣価値の裏付けは，来期の若者の貯蓄増によりなされることが理解できる．図式的には，

財政支出増・貨幣増発⇒乗数効果・若者の貯蓄増
⇒　**増発貨幣の吸収⇒若者の将来消費増**
⇒　**次世代若者の貯蓄増⇒増発貨幣の再吸収**

というループが無限に繰り返されることにより，浪費的支出であっても，それが有効需要刺激効果を持つ限り，家計に負担をかけることなく消費水準を引き上げるのである．つまりここでも，貨幣の持つバブル的性質（清算の日が来ない）が決定的な役割を果たしていることが分かる．

6. 一般均衡理論から見た寡占の機能

既述のように従来のニューケインジアンの多くは，寡占理論を独占的価格づけが実質賃金を低下させることで労働供給・財生産を減少させるという文脈で用いている．これは部分均衡理論における寡占の性質と同一である．しかし本稿の理論では，賃金は留保賃金に等しいために，実質賃金切り下げによる過少

雇用・生産の経路は存在しない．不完全雇用均衡は，総需要外部性により有効需要が不足することが原因である．

しかし一方第4節の分析により，適当な財政政策のもとで完全雇用均衡が達成され経済厚生を最大化できることが分かっている．したがって本理論では，寡占による過少雇用は本質的問題とはなり得ない．そうであるならば，従来のように部分均衡からの類推で，簡単に本稿でのナッシュ均衡がワルラス均衡に比べパレート非効率であると言い切ることはできないだろう．実際，本稿のモデルで個人の経済厚生を比較すると，ナッシュ均衡では正であるが，ワルラス均衡では0となる．つまり何と前者の方が効用が高いのである．これは一体どうした訳なのだろう．

まず以上の議論に誤りがないことを確認しよう．経済学的インプリケイションを探るのは，さしあたり後回しである．さて均衡価格の流列を指定する差分方程式 (19) から明らかなように，インフレ率を比較するとナッシュ均衡の方が低い．ところで所得は若年時に集中しているから，インフレ率が低いほど予算制約が緩む．このため上記の結論が得られるのである．言い換えれば，寡占が実質賃金が低下させる性質は旧理論と同一だが，本理論にとっては過少雇用を生む要因としてではなく，それは現在財が将来財に比べて高くなるという意味で重要なのである．

つまり独占的価格づけは，今期の一般物価水準が限界費用である名目留保賃金に比し高く形成されることを意味する．このとき名目留保賃金は生涯効用を考慮して決定されているため将来の一般物価水準にも依存する．したがって独占度 η^{-1} が高いほど，インフレ率は低いのである．

以上を数式（消費可能性集合）で表現しよう．ρ_i をそれぞれの均衡でのインフレ率とすると，完全雇用のナッシュ均衡における消費可能性集合 C_N では

$$C_N \equiv \{(c_{1N}, c_{2N}) | 1 \geq c_{1N} + \rho_N c_{2N}\}.$$

であり，ワルラス均衡のそれ C_W では，

$$C_W \equiv \{(c_{1W}, c_{2W}) | 1 \geq c_{1W} + \rho_W c_{2W}\}, \qquad \rho_N < \rho_W.$$

である．このとき，C_N の境界点を (c_{1N}^*, c_{2N}^*) とすると，

$$1 = c_{1N}^* + \rho_N c_{2N}^* > c_{1W} + \rho_N c_{2W}, \quad \forall (c_{1W}, c_{2W}) \in C_W.$$

となる．よって，$C_N \supset C_W$ である．つまりナッシュ均衡での消費可能性集合は，ワルラス均衡でのそれを必ず含む．したがって本理論ではナッシュ均衡の方が必ず経済厚生が高い．

しかし，ここで気にかかることがある．すなわち，厚生経済学の基本定理との対応である．まず，第一定理と矛盾しないかを検討しよう．結論を先にすれば，もちろん矛盾しない．つまり第一定理は，ある価格ヴェクトル $\overrightarrow{p_W^*}$ が与えられたとき，それがワルラス均衡であれば，**当該価格ヴェクトルのもとでは**，パレート効率的であると主張するものであり，別の価格ヴェクトル $\overrightarrow{p_N^*}$ のもとで別種の均衡が存在するとき，それとの比較でパレート効率的であると主張しているわけではない．

以上の結論が少なくとも筆者にとって意外に思えるのは，静学的な部分均衡分析から得られる寡占の弊害が，そのまま動学的一般均衡理論にも適応されるはずという素朴な直感によるものであろう．しかし動学理論では貨幣が本質的に非中立的であるため，過少雇用は本質的問題となり得ない．さらに独占価格の形成は，動学理論では異時点間の財価格，即ちインフレ率，にも影響を与えるのである．これが本理論において，部分均衡理論の結論が適用できない理由である．

さてこの節の最後に，第二定理との対応を確認しておこう．すなわち所得再配分と税制によりワルラス均衡でも同じ配分が達成できるか，という問題である．結論はもちろん肯定的である．

具体的手順を示そう．まず，以下のような税率 γ の売上税を採用する．

$$(1-\gamma)p_t = W_t^R, \quad \gamma = \eta^{-1}.$$

これにより，ナッシュ均衡と同一のインフレ率を達成できる．さらにこの税収を家計に移転することで，ナッシュ均衡における独占利潤と等価な所得を与えることになる．

7. 技術進歩とマクロ経済のパフォーマンス

これまでの分析では，労働生産性を1に固定してきた．本節ではそれを一般的にγというパラメータで置き換え，労働生産性の上昇（これを本稿では技術進歩と同一視する）がマクロ経済に与える影響を分析する．基本的な問題意識は，(1)労働生産性の上昇がつねに経済厚生を改善しうるかというきわめて現実的かつ深刻な疑問，(2)それに関連して現在のデフレ下での好況のメカニズムを探ることである．

7.1 技術進歩と物価のダイナミクス

具体的な分析に移ろう．さて上記の一般化により，各企業の均衡提示価格は，

$$p_t = \frac{W_t^R}{\gamma(1-\eta^{-1})}. \tag{28}$$

と変わる．一方，名目留保賃金の定義 (14) から，

$$A \frac{W_t^R}{p_t}\left(\frac{P_{t+1}}{P_t}\right)^{-(1-\alpha)} = \beta. \tag{29}$$

である．以上を踏まえると労働生産性の上昇を吸収するメカニズムとして，次の二つの場合が考えられる．

Case 1：生産性上昇が名目賃金の上昇に帰着する場合

$$-\frac{d\gamma}{\gamma} + \frac{dW_t^R}{W_t^R} = 0.$$

が成立すると，今期の物価水準 P_t は不変だが，名目留保賃金 W_t^R が生産性の上昇率 $\frac{d\gamma}{\gamma}$ と同じだけ上昇する．すなわち生産性上昇の成果が，名目賃金の上昇という直接の形で労働者に帰着する．

留意すべきは，技術進歩により均衡インフレ率が上昇する（インフレが加速する）ことである．これを確認しておこう．そこで (28) と (29) から，

$$\frac{dP_{t+1}}{P_{t+1}} = \frac{dW_{t+1}^R}{W_{t+1}^R} - \frac{d\gamma}{\gamma} = \left\{\frac{d\rho}{\rho} + \frac{dP_t}{P_t} + (1-\alpha)\frac{d\rho}{\rho}\right\} - \frac{d\gamma}{\gamma}$$

$$\Leftrightarrow \quad \frac{d\rho}{\rho} = \frac{d\rho}{\rho} + (1-\alpha)\frac{d\rho}{\rho} - \frac{d\gamma}{\gamma}$$

$$\Leftrightarrow \quad \frac{d\rho}{\rho} = \frac{1}{1-\alpha}\frac{d\gamma}{\gamma}. \tag{30}$$

である.

すなわち (30) を満足するように,インフレ率が決定されているとすると,

$$\frac{dW_{t+1}^R}{W_{t+1}^R} = \frac{d\rho}{\rho} + \frac{d\gamma}{\gamma}. \tag{31}$$

という美しい関係が成立する.すなわち来期の名目留保賃金の上昇率が,インフレ率と生産性上昇率の和として表現されるのである.言い換えれば,名目賃金の上昇率が (31) に従うとき,均衡インフレ率は (30) だけ上昇する.つまり生産性上昇率が将来でも名目賃金に織り込まれるため,インフレイションが加速するのである.

Case 2:技術進歩が物価水準の低下に帰着する場合

$$-\frac{dP_t}{P_t} - \frac{d\gamma}{\gamma} = 0. \tag{32}$$

が成立すると,名目賃金は不変で今期の物価水準だけが技術進歩率と同じだけ低下する.すなわちインフレイションの減速あるいはデフレイションが発生する.しかしながらこれは一時的なもので,来期以降は Case 1 と同率のインフレイションが発生する.すなわち (29) を (11) を考慮しながら微分すれば,

$$-(1-\alpha)\left(\frac{dP_{t+1}}{P_{t+1}} - \frac{dP_t}{P_t}\right) - \frac{dP_t}{P_t} = 0$$

$$\Rightarrow \quad \frac{dP_{t+1}}{P_{t+1}} - \frac{dP_t}{P_t} = -\frac{1}{1-\alpha}\frac{dP_t}{P_t} \tag{33}$$

である.

ここで重要なことは，製品価格は技術進歩により過去に比べてばかりでなく，将来に対しても低下することである．すなわち (32) の教えるところは，過去から予想されたものと比べれば，技術進歩により今期の物価水準は低くなっていることである．さらに，将来の物価水準に依存している名目賃金を一定としたもとで，今期の物価水準が低下するということは，将来財が現在財に比べより高価になることを意味する．したがって，技術進歩の成果が価格低下に帰着するとき，一時的なデフレイションを経由したのち，なんら金融政策の変更を要せず，インフレ経済へと移行するのである．

7.2 生産性上昇の帰着とマクロ経済のパフォーマンス

前項の分析から，生産性上昇の帰着に関する社会的規範 (social norm) が，マクロのパフォーマンスに大きな影響を与えうることが窺い知れる．すなわち一般物価水準が辿る時間的経路の違いは，資産効果を通じてマクロ経済に対して決定的な影響を及ぼしうる．本項では，これが分析の俎上に上る．

Case 1：労働生産性上昇は労働者の努力の賜物であり，名目賃金に反映されて彼らに帰属すべきであるという考え方が，社会通念となっているレジームと考えることができる．理論的なスペキュレイションが許されるなら，これはバブル崩壊以前すなわち80年代までの日本を描写しているとも考えられよう．すなわち，OJTなどの職場訓練が労働者の技術を練成しそれが賃金に反映されるというのは，「日本的雇用慣行」に関する通説であったことを，ぜひ思い出して欲しい．

こうした社会通念のもとでは，以下のマクロ現象が観察されるはずである．

1. 事後的にみるといわゆる **cost-push** 型インフレイションが観察される．
  すなわち，

  生産性上昇⇒名目賃金上昇⇒物価上昇⇒名目賃金上昇⇒…

  というループが繰り返される．

2. インフレ経済の下での政府規模（あるいは財政赤字）の拡大：大きな政府の必然性

ここで登場するのが，キー概念の資産効果である．すなわち Case 1 においては，生産性が上昇しても，当初物価水準は不変に保たれる．生産性向上分だけ名目賃金が上昇するからである．したがって実質貨幣残高も生産性上昇の影響を受けない．このため均衡実質 GDP も変化しない．つまりセイ法則が成立しないのである．

　一方労働者一人当たりで生産できる財の量は増えているわけであるから，結局労働生産性の上昇を放置すれば，失業をもたらすことになる．救済のためには，財政支出を増やし乗数効果により景気を浮揚させる必要がある．したがって Case 1 のような経済通念が確立している時代には，経済活動に占める政府のウエイトが大きくならざるを得ない．
これらはまさに高度経済成長期から 90 年初頭までの日本経済の特徴に他ならない．

　インフレイションと大きな政府の共存はなぜ起きるかというテーマは，全く理論的・思想的に正反対の文脈で語られることが多い．すなわち Buchanan and Wagner (1977) に象徴される，公的部門の非効率性がこれらのマクロ現象を生起させる元凶であるとの主張である．詳しくは別の機会に譲るが，彼らの論理構成は誠に粗雑でかつ歪曲された事実認識に基づいているが[10]，二度にわたる世界大戦の教訓に基づいた「福祉国家」の理念を葬り去るには，誠に時宜を得たルサンチマンに溢れた書物である．

　こうした考え方に対して，われわれの理論は経済発展に伴い政府の役割が大きくならざるをえないこと，そしてそれがむしろ経済厚生を高めうることを，厳密に証明している．大仰な言い方が許されるなら，「福祉国家」の理念は経済人（homo-economics）を仮定しても誤りではないことを提示していると解釈しても良いだろう．

　Case 2：労働生産性の上昇は，企業側のイノヴェイションによるものであり，高賃金ではなく価格の低下によって吸収されるべきという通念が存在する場合

---

10) たとえば彼らは，ケインズは現実の政策決定に当たって説得あるいは討論の役割を重視したという事実を以て，民主主義者ではなくエリート主義者であると論じている．しかし説得・討論の重視こそが民主主義の基本であり，選挙・多数決がその便法にしか過ぎないことは，政治哲学の常識である．また政治家の行動を楽観的に考えていたとの主張も見られるが，彼らは Keynes (1920) の義憤に充ちた内容をどう考えるのだろうか．

である．この時には，次のマクロ現象が予測される．すなわち，

1. **長期にわたるデフレイションを経てはじめてインフレイションが起きる．**
2. **デフレイションにもかかわらず，景気・雇用は改善する．**

したがって当初完全雇用均衡にあったとするなら，このような企業が権力を握ったレジームでは，デフレにもかかわらず金融・財政の引き締めが必要になる．すなわちその場合，小さな政府への移行が重要となりうるのである．

以上のようなある意味では斬新で，アジア金融危機以降の日本経済を説明するに好都合な結論を生む原動力は，やはり資産効果なのである．すなわち，生産性向上が価格の低下（デフレ）に反映されるときには，実質貨幣残高は上昇し有効需要の拡大を通じて，景気を刺激する．もちろん生産性の増加により潜在GDPも上昇しているが，正しく計算すると，有効需要刺激効果が潜在生産能力上昇効果を上回ることが示せる．

つまり従来のマクロ理論では，デフレ下の好況（あるいはその反対のスタグフレイション）を説明できなかった．しかしここでは

労働生産性上昇 ⇒ デフレイション ⇒ 貨幣購買力増 ⇒ 好況

という形で説明できる．この結論はデフレ＝不況の古色蒼然とした理論に対するカウンターパンチとして，きわめて有意義と考えられる．つまり技術進歩が急速に進展し物価水準が低下している局面では，国債や預金などの名目資産 (nominal assets) を糧に生計を立てている主体が多いほど，景気がよくなる．無論こうした主体は，引退した老年層に多いと考えられる．しからば高齢化の進展も考え合わせれば，デフレ下の好況はなんら不思議な存在ではない．

8. 結論

従来の Mankiw (1988) らの乗数理論は，増税による余暇への負の所得効果が労働供給を増加させる重要なインセンティヴになっていたため，財政支出の増加は，それがなにがしかの正の効用を生み出す財の供給に充てられないと，

経済厚生を低下させるという結論となっていた．

　本稿では OG モデルによって理論を動学化し，この問題を解決した．すなわち一般に OG モデルにおいては，供給方法により貨幣が非中立的となることが知られている．また同時に貨幣発行益の存在が重要であることも認識されている．

　本稿のモデルでは，財政支出を貨幣の発行益によって賄うという前提のもとで，税負担が労働供給に影響を与える効果を遮断した．さらに個人が合理的でかつ市場が均衡するのであれば，相対価格である均衡インフレ率はすべて効用・生産関数の形状を規定する deep parameters によって表現され，名目貨幣供給量とは独立になる．このことは，貨幣の非中立性が成立することを意味している．初期時点の均衡価格に比べて，名目貨幣供給量が十分少なければ，「老年」層の購買力が不足し不完全雇用均衡が現れる．

　このとき財政支出に伴い，名目貨幣供給量が増加すると有効需要が刺激され，産出量・雇用量とも上昇する．付随して導かれる動学的乗数は，直接の税負担がないために，初等的なそれすなわち限界貯蓄性向の逆数となる．さらに財政支出が何の効用も生まない浪費に終わったとしても，その増加は経済厚生を上昇させる．

　これは財政支出の上昇そのものよりも，不完全雇用下で貨幣の供給が増加することで，経済全体の有効需要が刺激されるからである．このとき雇用の増加は賃金が留保賃金に等しく決まっているために，経済厚生に資するところはない．しかしながら産出量の増大に伴い個人に配分される独占利潤が大きくなるために，経済厚生は必ず上昇するのである．

　纏めれば，Mankiw (1988) らの議論を動学化させたことにより，増税による所得効果を必要としない，消費と所得の間の総需要外部性（戦略的補完性）のみによって，経済厚生を上昇させる乗数理論の一つを作り上げたのが，本稿の第一の貢献であると考えられる．すなわち経済厚生を低下させる増税に代わって，購買力を持った貨幣が増発されることが，経済を拡張させる原因となっているところが，本稿の大きな特徴である．

参考文献

[1] Blanchard, O. J., and Kiyotaki, N., 1987. "Monopolistic competition and the effects of aggregate demand". *American Economic Review* 77, 647-666.
[2] Buchanan, J. M., and R. E. Wagner, 1977. *Democracy in deficit: The political legacy of Lord Keynes*. Academic Press.
[3] Kahn, R. F., 1984. *The making of Keynes' general theory*. Cambridge University Press.
[4] Keynes, J. M., 1920. *The economic consequences of the peace*. Harcourt, Brace and Howe.
[5] ———, 1936. *The general theory of employment, interest and money*. Macmillan.
[6] Mankiw, N. G., 1988. "Imperfect competition and the Keynesian cross". *Economics Letters* 26, 7-13.
[7] Matsuyama, K., 1995. "Complementarities and cumulative process in models of monopolistic competition". *Journal of Economic Literature* 33, 701-729.
[8] Otaki, M., 2006. "The dynamic microeconomics of the fiscal multiplier and a normative foundation for macroeconomic policy". *ISS Discussion Paper Series* F-128, University of Tokyo.
[9] ———, 2007. "The dynamically extended Keynesian cross and the welfare-improving fiscal policy". *Economics Letters* 96, 23-29.
[10] Reinhorn, L. G., 1998. "Imperfect competition, the Keynesian cross, and optimal fiscal policy". *Economics Letters* 58, 331-337.
[11] Startz, R., 1989. "Monopolistic competition as a foundation for Keynesian macroeconomic models". *Quarterly Journal of Economics* 104, 737-752.
[12] Woodford, N., 2003. *Interests and prices*. Princeton University Press.
[13] 大瀧雅之, 2005.『動学的一般均衡のマクロ経済学：有効需要と貨幣の理論』. 東京大学出版会.
[14] ———, 2006a.「乗数理論のミクロ的基礎について」. 東京大学社会科学研究所『社会科学研究』第57巻第5・6合併号：11-23.
[15] ———, 2006b.「現在の日本経済が直面する幾つかの経済問題に関する覚書」. DBJ Discussion Paper Series 0607, 日本政策投資銀行設備投資研究所.

[コメント]

田村正典

コメントとして2点を挙げる．まず，(1)「貨幣の非中立性」について，次に(2)デフレイションをどう考えるか，である．

1.「貨幣の非中立性」について

ここでは，論文中とは異なる角度からモデルの直感的な解釈をしていく．中心となるのは，「貨幣の非中立性」と「経済厚生を改善する財政支出」がどのように関係しているか，ということである．

Mankiw (1988) などによる Keynesian cross の理論は，過少生産の問題がある独占的競争下では財政支出がたとえ浪費的であっても生産・所得を増加させることを示しているが，Reinhorn (1998) は財政支出が浪費的であれば経済厚生は改善しないことを示している．これは論文中で述べられている通り，政府支出が税金でファイナンスされることが家計への負担となり，労働が増加してしまうことによる．Otaki (2007) およびその解説である本論文では，政府支出を税金ではなく貨幣発行益 (seigniorage) によりファイナンスすることで，浪費的であっても経済厚生は改善することを示した．貨幣発行益をモデルに導入するために，Reinhorn (1998) らのモデルを世代重複モデル (overlapping generation model) に書き直している．

では，シニョレッジを利用することで何故税のような家計への負担が避けられるのだろうか．追加的に貨幣を供給したとき物価が上がってしまえば，それはすなわち家計の保持している貨幣の価値を下げることを意味し，家計への負担となるはずである．それに対して本論文のモデルでは物価が上がらないため，家計に負担を与えることなくシニョレッジが得られることになる．では何故追加的な貨幣供給により物価が上がらないかというと，追加的な貨幣供給により貨幣が増加した際に，財市場でそれに対応する新たな財が生み出されるからである．財が増える理由は，独占下での過少生産の経済で政府支出（財源はシニョレッジ）が増加することにより，

財の生産が刺激されるためである．物価の系列を決定する差分方程式，すなわち，

$$P_t = \left(\frac{A^{-1}\beta}{1-\eta^{-1}}\right)^{\frac{1}{1-\alpha}} P_{t+1}. \tag{19}$$

に M が現れないのは以上のような理由による．貨幣量と物価の独立性に注目して，これを「貨幣の非中立性」と解釈している．

それに対して，他の OG モデルではどうなるだろうか．次のような例を考える．単純化のため，独占的競争，生産がなく，効用を生む財と貨幣が存在するワルラス的市場（個人は若年期に I という所得を与えられる）で 2 期間生きる個人のいる経済では均衡式は次のようになる．

$$S(P_t, P_{t+1}, I) = \frac{M_t}{P_t}.$$

ここで S は若年層の貯蓄関数であり，S は今期の物価 P_t，来期の物価 P_{t+1} そして所得 I の関数となっている．I と M は外生変数なので，これは均衡価格に関する差分方程式になっている．つまりこの式が本論文のモデルでの (19) 式に対応している．しかしこの式では (19) 式とは異なり，マネーサプライ M は均衡式の中に現れ，その量は物価を含む均衡経路に明らかに影響を与える．これは本論文のモデルとは異なり，貨幣の増加とともに財の量が変化することがないからである．

論文で示された主な結果は，(1)経済厚生を改善する財政支出および乗数効果，(2)貨幣の非中立性，の二つである．この二つの存在，また双方が密接に結びついていることを証明したことが本論文の貢献だと考えられる．いままで Keynesian cross の議論では貨幣を明示的には扱っていなかった．貨幣を動学的一般均衡モデルに組み込んだときに，たとえば IS-LM の論理とは異なる意味で，この二つが密接に結びついていたことはケインズ経済学の観点からも意義深いだろう．

2. デフレイションをどう考えるか

次に，複数均衡の問題と，本論文のモデルでデフレイションはどのようにして起こる現象なのかを考察する．特に論文中での「デフレ」以外の可能性も存在し，「長期」と「短期」のデフレに分けられることについて注目する．

一般に OG モデルは複数均衡の問題を伴うが，本論文においても OG モデルが用いられているため，同様の問題が発生している．具体的にここでは，物価 P の経

路の不決定性を見てみる．物価の均衡経路は差分方程式 (19) で記述されるが，初期値が与えられていないため，複数の経路が存在するのである．さて，7.2 項において生産性上昇の効果が分析されているが，ここで，Case 1 と Case 2，すなわち名目賃金の上昇が起こるケースと物価の下落が起こるケースが分析されている．どちらのケースになるかはモデルからはっきりと確定することはできない．これはまさに OG モデルが複数の均衡経路を持つ故に起こる解の不決定性による．論文では，どちらのケースになるのかは「社会的規範 (social norm)」によって決まる，として分析を進めている．だが，名目賃金率の決定が合理的主体である企業と消費者によってなされているならば，モデルの中で決定されるのが望ましいことは確かだろう．均衡の不決定性はモデルの興味深い点ではあるが，弱点でもあると言える．

均衡経路の不決定性を踏まえた上で，ここからはデフレイションの原因について考察する．上述の通り OG モデルには均衡経路の不決定性の問題があるため，モデル内での物価の経路・変動の分析は多少難しいものではあるが，日本経済を分析する上では重要なことなので，ここで少し考えてみたい．

理論的には二種類のデフレイションが起こり得る．それは，
（1）　短期的デフレイション
（2）　長期的デフレイション
の二つである．論文中で「デフレ」は，生産性の向上が起こったときにその期の物価が下がるという現象とされている．ただしこのとき，生産性とインフレ率の関係式，

$$\frac{d\rho}{\rho} = \frac{1}{1-\alpha} \frac{d\gamma}{\gamma}. \tag{30}$$

から分かる通り，生産性の向上によって均衡インフレ率 ρ はむしろ元の水準よりも上昇しているので，すぐにデフレイションを脱却することになる．つまりこれは生産性の向上がもたらした短期的デフレイションである．それに対して理論的には長期的デフレイションも起こりうることを指摘しておきたい．生産性 γ が小さくなったとき，(30) 式により均衡インフレ率自体が小さくなる[1]．このような生産性の低下によって均衡インフレ率が十分に小さくなったものを長期的デフレイションと見なすことができる．

この二種類のデフレイションは現実の日本経済を見る上でも重要だろう．生産性の増大も低下もともにデフレイションをもたらすのである．よって一概にデフレだ

---

1)　生産性の低下が賃金の低下に帰着しても，物価の上昇に帰着しても同様である．

からと言って悪とすることはできない．違いは，生産性の上昇によるデフレイションは短期的なものだが，生産性の低下によるデフレイションは長期化するという点にある．

ただし，注意が必要なのは，両方とも生産性というサプライサイドの変化によってデフレイションを説明しているという点である．財政・金融政策や需要不足によってデフレイションが引き起こされるのではない．モデルでは，不完全雇用均衡にある限り，財政・金融政策の変化がもたらすのは数量調整であり，価格調整ではないのである．現実との対応を探る際には注意を払うべきだろう．

まとめると，モデルの不完全雇用均衡ではディマンドサイドではなく，サプライサイドの変化がデフレイションを起こし，かつ生産性の低下，上昇どちらの場合でも起こり得るということである．では，不況期に起こる変化が数量調整ならば，何が価格の変動ないし価格水準を決めるのだろうか．ひとつはインフレ率を決めるサプライサイドの変化であり，もうひとつは論文中でCase 1とCase 2に分けたような，不決定性のある均衡経路の変化である．

最後に政策的インプリケイションについて見ていこう．初めに述べたように，Reinhorn (1998) と本論文では結論が異なる．それは財政支出が経済厚生を改善するか否かである．どのようにすれば経済厚生が改善されるかというと，政府支出をシニョレッジによってファイナンスすることである．Reinhorn (1998) のように税でファイナンスするならば財政支出は経済厚生を改善しない．つまり，有効な財政・金融政策とは，独占的競争下の市場で財政支出を増やし，その財政支出をシニョレッジでファイナンスすることである．このとき，この拡張的な金融政策はインフレイションを伴わずに実行できることになる．

参考文献

Mankiw, N. G., 1988. "Imperfect competition and the Keynesian cross". *Economics Letters* 26, 7–13.

Otaki, M., 2007. "The dynamically extended Keynesian cross and the welfare-improving fiscal policy". *Economics Letters* 96, 23–29.

Reinhorn, L. G., 1998. "Imperfect competition, the Keynesian cross, and optimal fiscal policy". *Economics Letters* 58, 331–337.

[回答]

大瀧雅之

コメントはいずれも正鵠を得ており，筆者に本質的な部分で異を唱える余地はない．ただ田村氏の指摘を受けてもう少し執筆に当たって書き込んでおくべきであった点を回答という形でお知らせしたい．

1. 貨幣の非中立性とバブル的性質について

田村氏の解説どおり，差分方程式 (19) に名目貨幣供給量が含まれないことが非中立性の数式上の表現であるが，この形の差分方程式（等比級数）は，経済学的にはいわゆる「バブル」をあらわす方程式であることに注目していただきたい．つまり一般になんら配当のような substance がない資産に正の価格が付くとき，それをバブルという．差分方程式 (19) はまさに貨幣のそうした性質を表している．

しかし大瀧 (2005) でも論じたように，貨幣の流通期限がありいつか通用しなくなる日がやってくると予想されると，貨幣は流通を止める．貨幣は永遠に交換され続けるという予想あるいは「信頼」のもとでのみ，価値を持つのである．だがそのコインの裏側として，本来の価値（intrinsic value）を持たないがゆえに，貨幣価値は貨幣量とは無関係に人々の考え方次第で変わりうるのである．

これが複数均衡と非中立性の理論的関連である．たとえば家計が貨幣の価値に不審を抱くと，物価の上昇とともに実質残高・有効需要が低下し，失業が増加する．これはいわゆる「スタグフレイション」に他ならない．つまり「スタグフレイション」は貨幣というバブルの破裂現象なのである．

2. デフレイションの原因

コメント論文のとおり供給サイドのみならず，需要不足による価格低落も有力な仮説である．ただこの現象を起こすには，生産関数の仮定を変える必要がある．つまり需要量の低下とともに価格が低下するには，生産関数を線形ではなく限界生産

力が逓減するものに置き換える必要がある．しかし需要停滞がデフレ＆不況の要因となることは自明に近く，そうした一般化によりモデルが entangle される費用に比し，得られるものは小さいと事前に判断した．

つまり数量調整のミクロ的基礎を「**貨幣への信頼**」というものによって**内生的に**導出した点も，筆者としてはオリジナルな視点として大いに強調したいのである．それを生産関数の非線形性の導入により，obscure なものにしたくはなかったのである．

論題III　90年代の日本の労働市場
技術進歩とグローバル化を中心に

[報告]　櫻井宏二郎
[コメント]　川口大司
[回答]　櫻井宏二郎

[報告]

櫻井宏二郎

1. はじめに

　1990年代は，日本の労働市場がかつてないほどの大きな変化を経験し，またかつてないほどの社会的関心を集めた時代と言ってよいだろう．大失業，リストラ，少子高齢化，ニート，フリーター，成果主義賃金制度，所得格差といった言葉は，今や専門用語の域を出て，誰でもが日常的に目にする一般用語と化している．こうした変化の直接の契機となったのは，言うまでもなく90年代初めのバブル崩壊に端を発する日本経済の長期低迷であるが，同時に生じていたさまざまな構造的変化の影響も受けながら，日本の労働市場は90年代に大きく変貌し，そしてその変化は現在もなお続いている．この間，経済学者による問題提起や分析，論争も精力的に行われ，90年代に何が起こったのかについて，実態が少しずつ解明されつつある[1]．

---

1) 代表的には，橘木 (1998)，樋口 (2001)，清家・山田 (2004)，玄田 (2001, 2004)，大竹 (2005)，阿部 (2005) などが挙げられよう．

しかし，90年代の日本の労働市場の問題は複雑かつ多岐に亘り，それを手際よく分析し解説することは，筆者の能力をはるかに超える．そこで本稿では，これまでの分析ではあまり注目されてこなかった，技術進歩，グローバル化という構造的要因に言及し，90年代の日本の労働市場の理解への一助としたい．これらの構造的要因は，労働需要サイドに影響を与えるものであり，とりわけ製造業における若年の雇用の問題や，熟練／非熟練労働者間の賃金格差を理解する際に重要な要因となろう．以下では，製造業における若年の雇用問題や，熟練／非熟練間の賃金格差の問題の背景に，技術進歩とグローバル化という構造的要因が存在することを示したい．

本稿の構成は以下の通り．第2節では，90年代の日本の労働市場の特徴を概観する．第3節では，構造的要因として，スキル偏向的技術進歩とグローバル化を取り上げ，製造業における労働需要への影響を中心に検討する．第4節では結語を述べる．

2. 90年代の労働市場の特徴

90年代の日本の労働市場の特徴として次の点が指摘できる．第1は，完全失業率の上昇である．図1にあるとおり，完全失業率は，バブル景気がほぼピークをつけた1990-91年に2.1%まで低下したものの，その後バブル崩壊に端を発する長期不況に突入した後は上昇の一途を辿り，2002年には年平均で5.4%と，戦後最悪の水準に達した．この間，1998年末には，好景気を持続していた米国との間で失業率の逆転現象が生じた．この現象は経済学において「日本の失業率は米国よりもはるかに低い」ことを半ば真理のように学んできた我々の世代にとっては，あまりにも衝撃的な出来事であった．完全失業率上昇の重要な原因の一つが需要不足であること言うまでもないが，『労働経済白書』等で用いられる標準的なUV分析からは，構造的・摩擦的失業率の上昇も示唆される[2]．

---

2) 例えば『平成16年版労働経済白書』(2004)．ただし，玄田・近藤 (2003) は，構造的失業は需要の変化が失業を持続的に発生させる動学的メカニズムの中で論じられるべきであり，これに

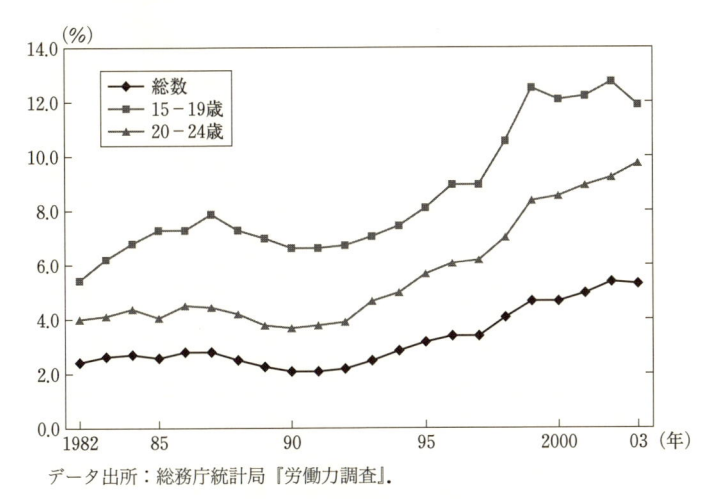

図1 完全失業率の推移
データ出所：総務庁統計局『労働力調査』．

　第2は，人口動態が大きく変化したことである．年齢階級15-64歳人口で見た生産年齢人口は戦後一貫して増加してきたが，少子化の影響を受け，1995年にピークをつけた後，減少に転じている．同時に，人口全体に占める65歳以上の人口の割合（老年人口割合）は90年代に大きく増加し，いわゆる高齢化が進んでいる．これに伴い，就業者の平均年齢も，全産業・男女計ベース（厚生労働省『賃金構造基本統計調査』）で，36.8歳（1980年）→38.3歳（1990年）→39.8歳（2000年）と上昇している．

　第3は，若年労働者の雇用状況が深刻化し，社会的にも大きな注目を集めたことである．図1にあるとおり，15-19歳，20-24歳の完全失業率は，全年齢階級平均を大きく上回って，特に90年代後半に急上昇している．これと軌を一にして，フリーターやニートといった新語が注目された．『平成16年版労働経済白書』(2004)は，フリーターを，「年齢15-34歳，卒業者であって，女性については未婚の者とし，さらに①現在就業している者については勤め先における呼称が『アルバイト』又は『パート』である雇用者で，②現在無業の者については家事も通学もしておらず『アルバイト・パート』の仕事を希望する

　従えば，UV曲線と45度線との交点から構造的・摩擦的失業率を測る静学的アプローチは構造的失業の本質を捉えていないとし，また現実的にも1999年以降，「希望する仕事がない」といったミスマッチと需要不足の両面を持つ失業が増加していることを指摘している．

者」と定義し，その推計値が，101万人（1992年）→ 151万人（1997年）→ 209万人（2002年）→ 217万人（2003年）と急上昇していることを示している．小杉（2004）は，NEET（Not in Education, Employment or Training）という呼称が，深刻な若年失業への対策として政府が職業訓練政策に力を入れてきたイギリスで生まれたという事情を踏まえて，「日本型ニート」を，「社会活動に参加していないため，将来の社会的なコストになる可能性があり，現在の就業支援策では十分活性化できていない存在」と捉え，具体的には「15-34歳の非労働力のうち，主に通学でも，主に家事に従事でもない者」と定義して，推計を行っている．これによると，日本型ニートは，40万人（1990年）→ 45万人（1995年）→ 44万人（2000年）→ 64万人（2003年）と，2000年以降の増加が目立つ．同一年齢人口に占める比率では，2003年で，1.9%（15-14歳），1.0%（15-17歳），2.4%（18-19歳），2.2%（20-24歳），2.0%（25-29歳），1.9%（30-34歳）となっており，15-17歳を除けば，若いほどニートになりやすい，と論じている．

こうした若年失業問題に対しては，当初は，若年の就業意識の変化や家庭環境の変化などを強調する社会的風潮があったように思われる．つまり，問題は労働供給側にあるとする見方である．しかし，これに対し玄田（2001, 2004）は一連の研究の中で，労働需要側の要因，とりわけ企業内の高齢化した従業員の雇用維持が若年の新規雇用にマイナスの影響を与えていること，すなわち「置換効果」を，統計的分析によって明らかにした．若年の雇用問題には，失業の他に，転職率が高いことが知られている．これについて太田（1999, 2002）は，不況期に学校を卒業した世代では，希望通りではない不本意な就職をした者が増えるために，その後の転職率が高まるとする「世代効果」を検証した．これらの分析は，若年問題における需要要因の重要性を示唆している．意識調査等においても，例えばフリーターの大半が正社員を希望していたこと（『国民生活白書』, 2003）など，労働供給側ではなく労働需要側からの説明と整合的な調査結果が報告されている[3]．一方で，若年の基礎学力の低下を懸念する見方も存在する．太田（2003）は，若年の学力の低下が，企業内の教育訓

---

[3] 小杉（2004）を参照のこと．

練コストの上昇というルートを通じて若年の労働需要を減少させることを，アンケート調査結果などを用いて論じている．ここには，労働供給側の要因が労働需要にフィードバックするメカニズムが存在していると考えられる．

第4は，非正規労働者の増加である．非正規労働者の明確な定義はないが，パート・アルバイト，派遣社員，契約社員，嘱託等で見た非正規労働者の雇用者に占める割合は，18.8％（1990年）→ 24.2％（2000年）と上昇し，2000年でその数は1273万人に達している[4]．非正規労働者は，以前から女性の社会進出，産業構造のサービス化などの構造的要因により増加傾向にあったが，90年代には企業サイドにおいて人件費の圧縮，変動費化や即戦力となる人材確保のニーズが高まったこと，IT技術の導入によって仕事が定型化されたこと，さらに法制度面で規制緩和が行われたことによって，一層の増加を見た．

第5は，所得格差への関心が非常に高まったことである．長期化する不況と高まる雇用不安の中で，日本の平等神話に警鐘を鳴らした橘木（1998）は経済書としては異例とも呼べる注目を集めた．今や所得格差の問題は，学力低下等の教育問題，若年労働問題，社会の階層化の問題などとの共鳴もあって，経済学の範囲を超えて，社会的な関心事となっている．一方で，大竹（2005）は，冷静なデータ分析により，所得格差の拡大が高齢化の影響を受けていること等を明らかにしている．データと認識とのギャップをどのように埋めるかは今後の興味ある課題である．

第6は，賃金制度において，いわゆる成果主義的な要素をより重要視する企業が増えたことである．何をもって成果主義と定義するかは，個別企業の運用によって異なるが，一般的には，賃金決定の要素として，年齢や勤続年数を重視する年功制に対し，個人の成果をより重視する制度と理解されよう．厚生労働省『就労条件総合調査』（2004年）によれば，過去3年間の賃金制度の改定において，「業績・成果に対応する賃金部分の拡大」を行った企業の割合は，15.5％（1999年）→ 20.7％（2000年）と増加している[5]．こうした成果主義賃金制度導入の背景としては，90年代の長期不況の中で，年功的な要素を持つ賃金制度によって人件費負担が増えたことや，日本的な経済システム・雇用

---

4) 『平成16年版労働経済白書』(2004).
5) 厚生労働省『平成17年版労働経済白書』(2005).

慣行に対する見直しがあったものと思われる[6].

3. 構造的要因

3.1 構造的要因の可能性

上で見た諸特徴は，それぞれ固有の原因や事情はあるものの，かなりの程度，相互依存的に関連している．例えば，非正規労働者の増加や成果主義賃金制度の導入は，企業収益悪化の影響を強く受けていると考えられるが，企業収益の悪化は需要不足の影響を受けているので，これらは失業の増加とも関連している．また若年労働者の問題や所得格差の問題は，需要不足だけでなく，高齢化の影響も受けているものと思われる．

本節では，こうした一連の諸特徴の中で，これまであまり注目されてこなかった構造的要因，すなわち技術進歩とグローバル化について検討する．これらの要因を追加的に考慮することによって，90年代の日本の労働市場に対する理解を多少なりとも深めたいというのがここでの目的である．

バブル崩壊後，日本経済が未曾有の長期不況に苦しんでいる頃，欧米先進国の労働市場では全く別の問題が進行しており，欧米の多くの労働経済学者の関心はこの問題へ向けられていた．それは熟練労働者（skilled labor）と非熟練労働者（unskilled labor）との間の賃金格差拡大，あるいは非熟練労働者の失業増大の問題である．この原因を巡って，当初は，途上国との貿易拡大等が原因であるとする貿易仮説，あるいはグローバル化仮説が主張されたが，その後，ITなど近年の技術進歩は熟練労働者に対する需要を相対的に高めるものであるとするスキル偏向的技術進歩仮説（Skill-Biased Technological Change: SBTC）が主張され，現在では，完全なコンセンサスは得られていないものの，後者の仮説がやや優勢を保ちながら，議論が続けられている[7].

---

6) 賃金制度改革に関する実証分析は未だ少ないが，例えば都留・阿部・久保（2005）が挙げられよう．
7) 代表的な研究をいくつか挙げると，グローバル化仮説としては，Sachs and Shatz (1994),

これらの，技術進歩，グローバル化といった要因は程度の差こそあれ先進国に共通の現象であることから，日本においても何らかの影響があることが推測される[8]．以下では，これらの構造的変化が上で見た90年代の日本の労働市場の特徴に影響を与えている可能性があることを示す．

3.2 若年労働問題への影響の可能性

若年労働問題が深刻であることは上で見たとおりである．しかし，需要が減少している若年の雇用状況を子細に見ていくと，学歴によって問題の深刻さが異なる傾向があるように思われる．図2は，事業所による新規学卒者の採用計画の有無の割合を学歴別に調べたアンケート調査結果である．これを見ると，90年代初頭以降，高卒，大卒（文科系），大卒（理科系）のいずれにおいても

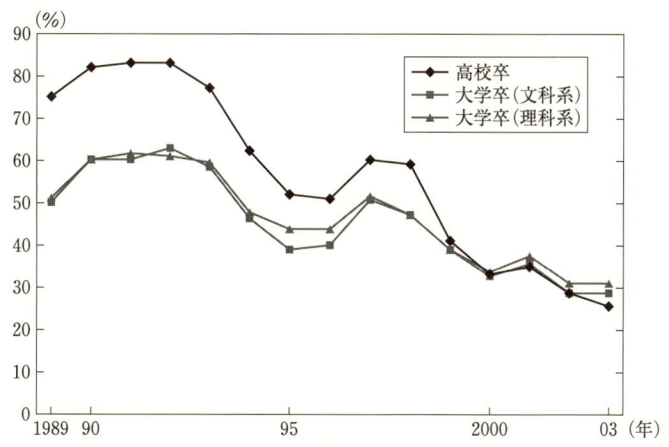

注：新規学卒者の採用計画があると回答した事業所の割合．
データ出所：厚生労働省『労働経済動向調査』（各年2月調査）．

図2 新規学卒者の採用計画

Leamer (1994), Wood (1994) など，スキル偏向的技術進歩仮説としては，Berman, Bound and Griliches (1994), Autor, Katz and Krueger (1998), Berman, Bound and Machin (1998) などがある．

8) 日本を対象とした実証研究はそれほど多くないが，これまでの研究によれば，技術進歩，グローバル化（貿易構造の変化）の影響は，労働需要へのインパクトとしては必ずしも小さくないが，賃金格差への影響としては大きくないというものである．詳しくは，櫻井 (1999, 2000c, 2004) などを参照されたい．

表1　新規学卒就職者の学歴別構成比

(単位：％)

	暦　年	全　産　業			製　造　業		
		男女計	男子	女子	男女計	男子	女子
高等学校	1985年	55.5	51.2	59.9	64.6	60.1	71.4
	1990年	53.7	52.4	55.1	62.4	60.1	66.0
	1995年	44.1	45.3	42.7	55.0	53.8	57.1
	2000年	36.3	38.2	34.0	50.5	49.2	52.9
	2003年	34.0	35.8	32.0	47.8	47.0	49.7
高等専門学校	1985年	0.7	1.3	0.0	1.3	2.1	0.1
	1990年	0.7	1.3	0.1	1.3	2.0	0.1
	1995年	0.8	1.3	0.2	1.4	1.9	0.5
	2000年	0.8	1.2	0.4	1.6	2.0	0.9
	2003年	0.8	1.2	0.4	1.8	2.2	1.0
短期大学	1985年	13.9	1.8	26.4	8.6	1.0	20.1
	1990年	15.6	1.9	29.2	9.3	1.1	22.0
	1995年	16.9	2.0	33.6	9.2	1.1	23.6
	2000年	14.2	1.8	28.0	6.4	0.9	17.2
	2003年	11.0	1.5	21.8	3.9	0.6	11.3
大学	1985年	28.4	42.8	13.4	23.2	33.2	8.2
	1990年	28.0	40.9	15.3	24.0	32.1	11.5
	1995年	34.7	45.6	22.5	28.3	34.3	17.7
	2000年	42.8	49.5	35.2	31.0	33.6	25.9
	2003年	46.3	49.8	42.2	32.1	32.0	32.4
大学院修士	1985年	1.3	2.4	0.2	2.2	3.5	0.2
	1990年	1.6	3.0	0.3	2.9	4.5	0.4
	1995年	2.9	4.8	0.8	5.7	8.4	1.0
	2000年	5.0	7.7	2.0	9.9	13.4	3.0
	2003年	6.7	9.9	3.1	13.7	17.4	5.5
大学院博士	1985年	0.3	0.5	0.0	0.1	0.2	0.0
	1990年	0.3	0.6	0.1	0.1	0.2	0.0
	1995年	0.5	0.9	0.1	0.3	0.4	0.0
	2000年	1.0	1.6	0.3	0.6	0.8	0.1
	2003年	1.2	1.8	0.5	0.7	0.9	0.2
合　計	1985年	100.0	100.0	100.0	100.0	100.0	100.0
	1990年	100.0	100.0	100.0	100.0	100.0	100.0
	1995年	100.0	100.0	100.0	100.0	100.0	100.0
	2000年	100.0	100.0	100.0	100.0	100.0	100.0
	2003年	100.0	100.0	100.0	100.0	100.0	100.0

注：1)　新規学卒者のうち中学卒は含まれていない．
　　2)　1985年の高校卒には通信制が含まれていない．
データ出所：文部科学省『学校基本調査報告書』．

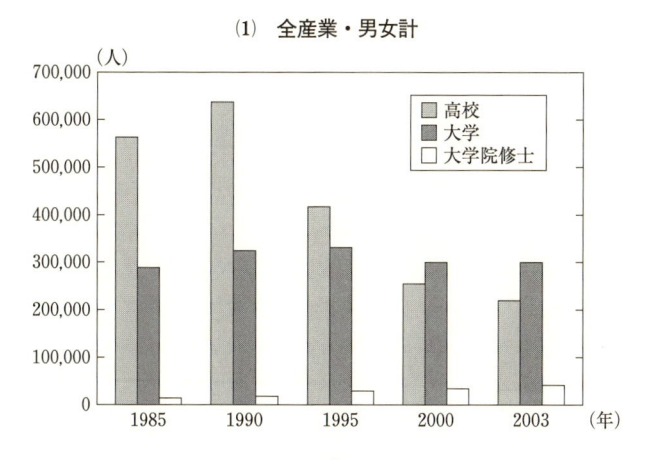

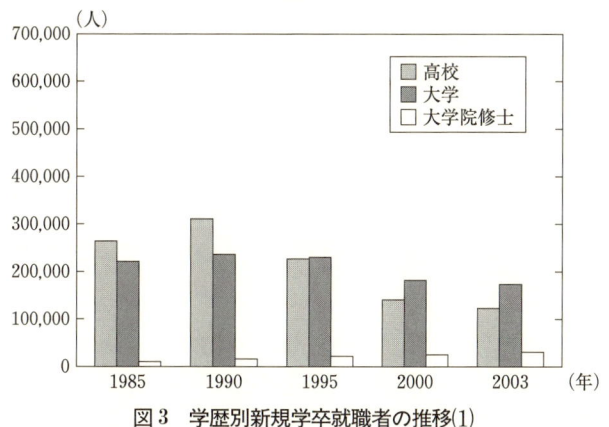

(1) 全産業・男女計

(2) 全産業・男子

図3 学歴別新規学卒就職者の推移(1)

採用計画が循環的変動を伴いながら減少しているが，高卒の減少率が最も顕著であることがわかる．このことは，高卒への相対需要の減少を示唆している．

表1は，実際に就職した新規学卒者の学歴別構成比（高卒以上）の推移を，全産業，製造業について示したものである．人数ベースの動向は図3に示してある．表1を見ると，男女計では，全産業，製造業ともに1985年以降，新規学卒就職者に占める高卒，短大卒の構成比が趨勢的に減少し，代わって大卒，大学院卒の構成比が上昇していることがわかる．ただし製造業男子においては，大卒の構成比はほぼ横ばいで推移している．

(3) 製造業・男女計

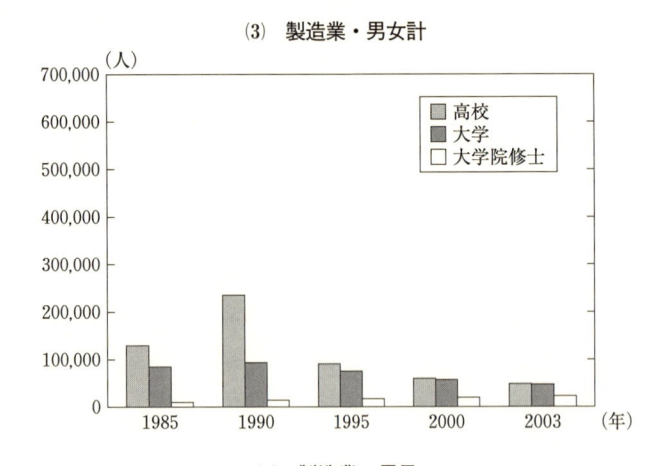

(4) 製造業・男子

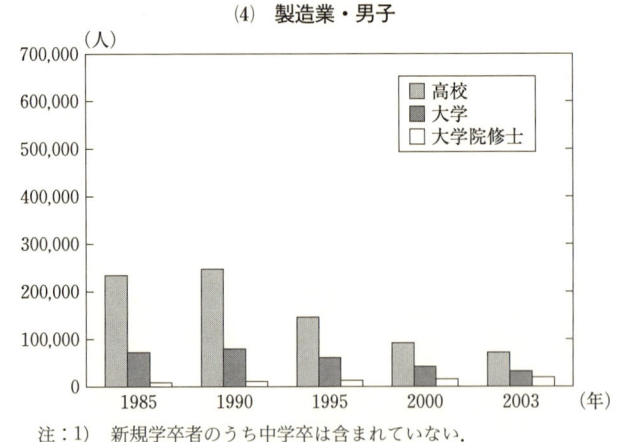

注：1）新規学卒者のうち中学卒は含まれていない．
　　2）1985年の高校卒には通信制が含まれていない．
データ出所：文部科学省『学校基本調査報告書』．

図3　学歴別新規学卒就職者の推移(2)

　製造業男子の構成比に注目すると，高卒男子の減少が著しい一方で，大学院卒の伸びが目覚ましい．1985年には新規採用の60％が高卒であったが，2003年にはその構成比は47％にまで低下しており，代わって大学院卒の構成比は修士・博士計で1985年の3.7％から2003年の18.3％へ急上昇している．このことは他の条件を一定とすれば，労働需要が相対的に高学歴労働者にシフトしたことを示している．ただし，実現した労働者の構成比が労働供給側の要因や景気循環の影響も受けていることには留意を要する．

表2 学歴別卒業者数の構成比

(単位:%)

	暦　年	高等学校	高等専門学校	短期大学	大　　学	大学院	卒業者総計
男　子	1985年	60.8	1.0	1.5	34.2	2.5	100.0
	1990年	66.3	0.9	1.5	28.7	2.7	100.0
	1995年	58.1	0.9	1.9	34.9	4.2	100.0
	2000年	48.1	1.0	2.0	42.3	6.6	100.0
	2003年	47.5	1.1	1.4	42.3	7.8	100.0
女　子	1985年	63.9	0.0	22.7	12.9	0.4	100.0
	1990年	64.4	0.0	22.4	12.7	0.5	100.0
	1995年	52.3	0.2	27.4	19.1	1.1	100.0
	2000年	47.5	0.3	22.1	27.9	2.3	100.0
	2003年	49.4	0.3	15.6	31.5	3.2	100.0
男女計	1985年	62.2	0.5	11.4	24.3	1.5	100.0
	1990年	65.4	0.5	11.1	21.3	1.7	100.0
	1995年	55.4	0.6	13.8	27.5	2.8	100.0
	2000年	47.8	0.6	11.7	35.3	4.5	100.0
	2003年	48.4	0.7	8.1	37.2	5.6	100.0

注:1) 中学卒業者を除く．
　　2) 高等学校については卒業者から大学等進学者を除く．大学等は，大学，短期大学，高等学校の専攻科．
データ出所:文部科学省『学校基本調査報告書』．

　表2は，高卒以上の新規学卒者の学歴別卒業者数の構成比を1985年から示したものであり，学歴別の労働供給に対応している．これを見ると確かに，高校卒業者（大学等進学者を除く）は減少し，大卒以上の卒業者は増加している．よって，表1で見た男子製造業の就職者が労働供給側の影響も受けていることが推測される（ただし厳密には，大学進学か就職かという決定も景気変動の影響を受けている面があることには留意を要する）．

　そこで，需要と供給の両方の要因を同時に考慮するために，賃金が労働市場の需給を反映して決まるとする均衡分析のフレームワークを想定して，学歴別の労働市場を考えてみよう．図4は，男子製造業における勤続年数0年の大卒／高卒所定内給与の相対賃金を，年齢階級別に1985年から2004年までのデータで示したものである．勤続年数0年のデータを選んだのは，内部労働市場の影響を極力排し，外部労働市場の条件だけで賃金の動向を見たいからである．

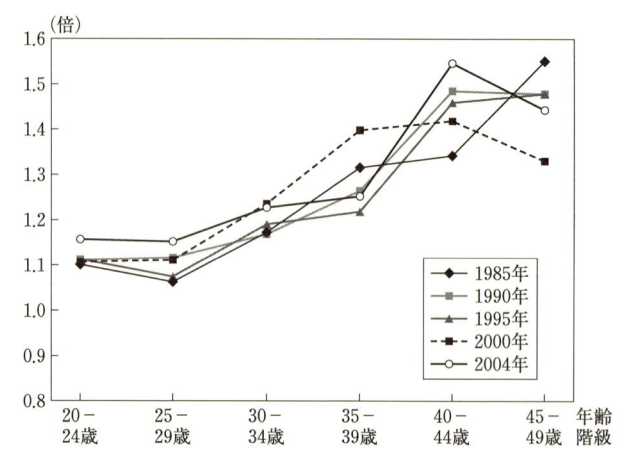

注：データは勤続年数0年の所定内給与額の大卒/高卒倍率。
データ出所：厚生労働省『賃金構造基本統計調査』。

図4　大卒／高卒賃金格差（男子，製造業）

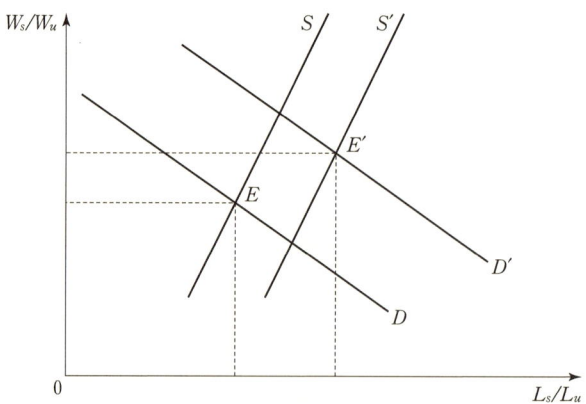

注：L_s, L_u, W_s, W_u はそれぞれ熟練，非熟練の労働者と賃金を示す。

図5　労働市場の描写（男子，製造業）

　図を見ると，年齢階級によって動きが異なるが，20-24歳，25-29歳の若い年齢階級においては，1985年から2004年にかけて大卒／高卒賃金格差が概ね拡大傾向にあることがわかる[9]。このことを単純な需要と供給の分析フレームワークで考えると，図5にあるとおり，大卒の高卒に対する相対労働需要が相対

---

9) 櫻井 (2004) は，ミンサー型賃金関数を推計し，年齢や勤続年数をコントロールした上で，製造業における学歴間賃金格差が1985-2000年に僅かであるが拡大したことを分析している。

労働供給を上回って増加したために,相対賃金が上昇したものと理解することができよう.ただし,日本においては,何らかの理由により,米国等に比べて相対労働需要の変化に対する相対賃金の変化が小さいように思われる(もし日本における学歴間の相対賃金が,日本的な雇用慣習等の存在によって硬直的な場合は,異なった解釈が必要となろう).しかし,このフレームワークを想定する限り,仮に相対賃金が不変であると解釈した場合でも,相対供給曲線のシフトと同じ幅だけ相対需要曲線もシフトしていることになる.

3.3 スキル偏向的技術進歩

では,大卒への相対需要シフトの要因は何なのだろうか.欧米の研究では,スキル偏向的技術進歩とグローバル化の要因が指摘されている.スキル偏向的技術進歩とは,スキル(技能)を持った労働者(熟練労働者)への需要が相対的に高まるような技術進歩と定義され,単位等量曲線を使った説明では,図6にあるとおり,曲線 $Y_0 Y_0$ から曲線 $Y_1 Y_1$ へのシフトで示される.B, C, D 点においては A 点に比べ,熟練労働者への賃金分配率が上昇している.このような技術進歩は以前からあるとされるが,コンピュータやデジタル技術に代表

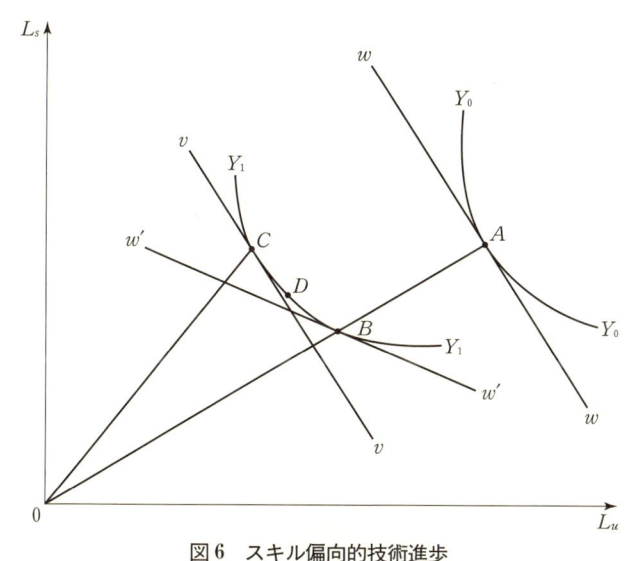

図6 スキル偏向的技術進歩

されるITなどの近年の技術進歩は特にこうした特徴が強いとされている．スキル偏向的技術進歩に関する欧米の実証研究は多いが，日本については，櫻井 (1999, 2004)，Sakurai (2001)，佐々木・桜 (2004) は，80年代以降の製造業の業種別データを用いて，コンピュータ投資等に積極的な業種ほど熟練労働者（非生産労働者，大卒労働者）の賃金シェアの増加が大きいことなどを検証し，近年の技術進歩が熟練労働者への需要シフトの重要な要因であるとしている．また阿部 (2005) は，アンケート調査を用いた分析により，情報機器の導入が，派遣社員やアウトソーシングの活用を促すと同時に，コア人材への需要を高め，中間管理職の仕事の高度化をもたらしていることを示唆する結果を得ている．この結果はスキル偏向的技術進歩仮説と整合的であると見ることができよう．

3.4 経済のグローバル化と防衛的技術進歩

　熟練労働への相対需要シフトを引き起こしているとされるもう一つの要因は経済のグローバル化である．ここでグローバル化は，途上国との貿易の拡大や途上国への海外直接投資やアウトソーシング，オフショアリングの増大を意味することが多い．グローバル化が先進国の労働市場に影響を与えるメカニズムの考え方には，いくつかのヴァリエーションがあるが，代表的には，ヘクシャー＝オリーン＝サムエルソン理論によるフレームワークを想定し，途上国からの非熟練労働集約財の輸入が先進国の財市場を通じて，財の派生需要である労働需要に影響を与えると考えるものである[10]．しかし，こうしたグローバル化要因は，これまで技術進歩要因と独立にモデル化され，議論されており，理論的にも，現実的にも改善の余地があると認識されていた．そこでここでは，この点の改善に貢献し，グローバル化がスキル偏向的技術進歩を誘発するメカニズムを理論化した Thoenig and Verdier (2003) に基づき，「防衛的技術進歩」について簡単に紹介しよう[11]．

---

10)　日本の実証分析としては，櫻井 (2000c)，Sakurai (2004) は，1980年代の貿易の拡大が，ファクター・コンテントの変化を通じて，製造業における非生産／生産労働者の賃金格差に僅かに影響を与えたことを分析している．

11)　詳しくは櫻井 (2005) を参照のこと．

一般に経済学においては，情報や技術を完全に占有することは困難であり，この部分的な非排除性の性質ゆえ，技術のスピルオーバー効果や模倣の問題が生じると考えられている．よって競争に晒されている企業は，自社技術がライバル企業に流出したり，模倣されたりしないように，技術を模倣されにくいように工夫するインセンティブを持つ．そして模倣されにくい技術を創造するためには，一般に熟練労働者（skilled labor）が必要であると考えられる．

　経済のグローバル化は，国際間の競争を激化させると同時に，財の供給や経営資源の移転等を通じて，技術の模倣の可能性を高める．知的財産権の保護されていない途上国が含まれる場合は，模倣の可能性は一層高まる．よって，いま技術を模倣可能な技術と模倣不可能な技術に分けると，グローバル化は，模倣可能な技術の価値を低めることにより，先進国企業の技術をより模倣されにくいスキル集約的な技術に偏向させる効果を持つと考えられる．Thoenig and Verdier (2003) は，このような技術進歩を防衛的技術進歩（Defensive Technological Change），または防衛的SBTC (Defensive Skill-Biased Technological Change) と呼んだ．

　近年のグローバル化は，途上国を含むアジア諸国の国際経済への統合で特徴づけることができるが，このようなグローバル化が進む一方で，知的財産権に対する企業の意識の高まりもあり，日本においても生産技術の流出や模倣の問題を重要視する企業が増えてきている．例えば，1990年代において日本の半導体製造技術に関するノウハウが製造装置の販売を通じて台湾，韓国のメーカーに流出したケースは大きな教訓として認識されている．技術進歩のスピードが速く国際競争が激化している今日の製造業において，技術の流出は企業にとっての死活問題なのである．現在，こうした問題に直面している日本企業の多くは，特許非出願，製造装置等の内製化，マニュアルの不作成，工場立ち入り禁止の徹底化などの「技術のブラックボックス化」や，人材流出の防止などの対策に積極的に取り組んでいる．

　こうした企業戦略のうち，「技術のブラックボックス化」戦略の一つである「生産設備の内製化」が熟練労働の需要増をもたらしているキヤノン（株）のケースを簡単に紹介しよう．

キヤノン（株）のケーススタディ[12]

　キヤノン（株）は今日の日本製造業を代表するエクセレントカンパニーの一つである．同社は，1937年（昭和12年）に小型カメラの製造メーカーとして設立されたが，事業多角化の一環として70年代から事務機事業を積極的に展開し，現在では複写機，プリンターを主力とする総合事務機器メーカーとして，世界に冠たる地位を築いている．優れた研究開発力と効率的な生産工程を武器に，日本経済が低迷した90年代以降も順調に業容を拡大し，近年では経営トップの強力なリーダーシップの下，1998年以降連続で最高益（純利益ベース）を更新している．経済がグローバル化する中，海外生産も積極的に進め，近年の海外生産比率は4割強に達している．

　2006年から始まる新経営計画において，同社は一層の業容拡大を目指しており，その中で，国内工場組み立てラインの無人化による生産革新が重要な柱の一つとして位置づけられている．これは，複写機・プリンター基幹部品の中核工場である大分（大分キヤノンマテリアル（株））等の生産子会社において，カートリッジ等の組み立て工程を無人化・自動化するという計画である．部分的自動化は既に導入されているが，本件計画により国内生産額（約1兆円）の約25％が無人化されることになる．これに伴い，約5千人の組立工をデジタルカメラ等他分野へ配置転換する方針であるが，一方で製造技術の国外流出を防ぐ必要がある等の背景から，自動化設備を自社で生産するため，技術者を現在の400人から早期に1000人まで増やす計画である．新聞報道によれば，2006年春入社の新卒採用（大卒，高卒など）計画では，全採用730人のうち，大卒の技術系は過去最大となる前年比100人増の600人を採用する方針である．さらに，自動化の範囲を他製品や他工程へ拡張するため，生産技術者を2007年以降に新設する生産技術センターに集約するという計画を有している．

　キヤノンのこうした無人化・自動化計画は，次のようなねらいとメリットを持つと考えられる．第1に，生産コスト削減により，中国等海外製品（自社製品を含む）に対してコスト競争上優位に立てる．第2に，生産コストに占める

---

[12] 以下の内容は基本的に『日本経済新聞』(2004年11月22日付，2005年3月15日付)，『週刊ダイヤモンド』(2005年1月15日号)，『キヤノン史』(1987年)，および有価証券報告書に負っている．

1. 自動化前の生産方法

製　品　◀──　生産関数X
　　　　　　・生産労働者(多い)
　　　　　　・通常の資本設備

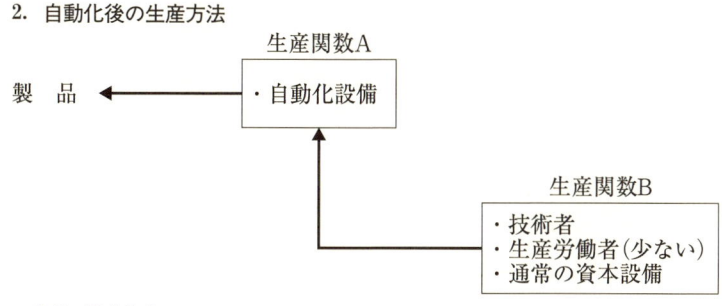

2. 自動化後の生産方法

製　品　◀──　生産関数A
　　　　　　・自動化設備
　　　　　　　　▲
　　　　　　　　│　生産関数B
　　　　　　　　　　・技術者
　　　　　　　　　　・生産労働者(少ない)
　　　　　　　　　　・通常の資本設備

出所：筆者作成.

図7　生産設備自動化の事例の概念図

人件費のウエートを極限まで下げることによって，安い人件費を求めて生産拠点を移動させる必要性がなくなる．第3に，製造技術の国外流出を防ぐことができる．以上により，国内工場の優位性を中長期的に維持することができる．

　ここで議論している熟練労働への相対需要シフトとの関連で，この生産設備自動化の事例は図7のように概念的に捉えられる．組立工を生産労働者（unskilled labor）とみなすと，自動化設備導入前においては，企業は生産労働者と通常の資本設備をインプットとする生産関数Xを用いて製品の生産を行っている（ここでは簡単化のために原材料等他のインプットは省略してある）．自動化設備導入後は，製品を直接に生産する生産工程において必要なインプットは自動化生産設備のみである（生産関数A）．しかしこの自動化生産設備を生産するためには，生産関数Bにおいて，技術者（skilled labor），生産労働者（unskilled labor），通常の資本設備の投入が必要である．ここで自動化設備の生産は技術集約的なプロセスと考えられるので，生産関数Bで投入される生産労働者は，自動化前の生産関数Xで投入される生産労働者よりも少ないと仮定するのが妥当であろう．以上より，自動化後の生産関数は，生産関数

Aと生産関数Bを合体させたものと考えられる．したがって，自動化前から自動化後への移行においては，生産労働者の人数が減少する一方で，技術者の人数は増加することとなり，これが熟練労働者に対する相対的な需要シフトを示していると考えられるのである．

キヤノンの事例は，グローバル化が進行する中で，製造技術の流出防止や国内技術の優位性の維持を強く意識した企業が，技術をよりスキル集約的な方向に偏向させていることを示した事例である．このような「防衛的技術進歩」は技術の模倣や流出に焦点を当てた概念であるが，経済のグローバル化は一般に，国際的な技術競争の激化を通じて，技術の高度化を促進し，もって技術者等熟練労働者に対する需要シフトをもたらすと考えることができる．表1で見たとおり，近年，製造業就職者に占める大学院卒の割合が上昇しているが，その背景の一部にはこうしたグローバル化の要因があるものと思われる．

4. 結 語

本稿では，1990年代の日本の労働市場に関する議論の中ではあまり注目されてこなかった技術進歩とグローバル化という二つの構造的要因を取り上げ，これらがどのように製造業における熟練／非熟練別の労働需要に影響を与えるかを検討した．若年失業問題の中でも学歴別には低学歴労働者において問題がより深刻であるという印象があるが，その背景の一部にスキル偏向的技術進歩やグローバル化の要因がある可能性があるというのが本稿の主たる主張である．しかし，本稿の議論が有効であるのは主として製造業であり，労働市場全体に占める製造業のウエートは就業者ベースでせいぜい2割前後であるので，ここでの議論には自ずから限界がある．ただし，製造業への雇用依存度が高い地域において問題は非常に深刻になりえるし，また労働市場が産業間で分断されていなければ製造業での需要減の影響は他の産業に波及することになる．

失われた十数年を経て日本経済はようやく正常な状態に回帰しつつある．労働市場においても経済の回復を受けて雇用情勢の改善が見られる．しかし，本稿で取り上げたスキル偏向的技術進歩やグローバル化の要因は構造的であり，

今後一層影響が強まる可能性も否定できない．労働需要に対するこれらの要因の効果は偏向的で非中立的であるので，必ずしもすべての労働者が経済回復の恩恵に浴するとは限らない．本稿での分析からは，熟練／非熟練労働者間の賃金格差が拡大していくことが予想される．一方，賃金が労働需給によって決まるとするならば，労働需要とともに労働供給にも注意を払わなければならない．そこでは単に高卒や大卒など学歴別労働供給の「量」だけではなく，「質」も重要となってくる．大卒の供給が質の向上を伴わずに増加していけば，大卒／高卒間の賃金格差が縮小に向かうことも全くないとは言えない．今後の労働市場を見る上では，経済の底流にあるこうした構造的変化にも留意が必要であろう．

参考文献

Autor, D., Katz, L. F., and Krueger, A. (1998). "Computing Inequality: Have Computers Changed the Labor Market?," *Quarterly Journal of Economics*, 113, 1169-1213.

Baldwin, R. E., and Cain, G. G. (1997). "Shifts in U. S. Relative Wages: The Role of Trade, Technology and Factor Endowments," NBER Working Paper 5934.

Berman, E., Bound, J., and Griliches, Z. (1994). "Changes in the Demand for Skilled Labor Within U. S. Manufacturing: Evidence from Annual Survey of Manufacturers," *Quarterly Journal of Economics*, 109, 367-397.

Berman, E., Bound, J., and Machin, S. (1998). "Implications of Skill-Biased Technological Change: International Evidence," *Quarterly Journal of Economics*, 113, 1245-1279.

Feenstra, R. C., and Hanson, G. (1996). "Globalization, Outsourcing, and Wage Inequality," *American Economic Review*, 86, 240-245.

Ito, K., and Fukao, K. (2004). "Physical and Human Capital Deepening and New Trade Patterns in Japan," NBER Working Paper 10209.

Krugman, P. (1995). "Growing World Trade: Causes and Consequences," *Brookings Papers on Economic Activity*, 1, 327-377.

Krugman, P. (2000). "Technology, Trade, and Factor Prices," *Journal of International Economics*, 50(1), 51-71.

Lawrence, R. and Slaughter, M. (1993). "International Trade and American Wages in the 1980s: Giant Sucking Sound or Small Hiccup?," *Brookings Papers on*

Economic Activity, 2, 161-226.
Leamer, E. E. (1994). "Trade, Wages, and Revolving Door Ideas," NBER Working Paper 4716.
Sachs, J. D., and Shatz, H. J. (1994). "Trade and Jobs in U. S. Manufacturing," *Brookings Papers on Economic Activity*, 1, 1-84.
Sakurai, K. (2001). "Biased Technological Change and Japanese Manufacturing Employment," *Journal of the Japanese and International Economies*, 15, 298-322.
Sakurai, K. (2004). "How Does Trade Affect the Labor Market? Evidence from Japanese Manufacturing," *Japan and the World Economy*, 16, 139-161.
Thoenig, M., and Verdier T. (2003). "A Theory of Defensive Skill-Biased Innovation and Globalization," *American Economic Review*, 93, 709-728.
Ueshima, Y., Funaba, T., and Inoki, T. (2006). "New Technology and Demand for Educated Workers: The Experience of Japanese Manufacturing in the Era of High-Speed Growth," *Journal of the Japanese and International Economies*, 20, 50-76.
Wood, A. (1994). *North-South Trade, Employment, and Inequality*, Clarendon Press, Oxford.
阿部正浩 (2005).『日本経済の環境変化と労働市場』東洋経済新報社.
深尾京司 (2002).「直接投資と雇用の空洞化」『日本労働研究雑誌』No. 501, 日本労働研究機構.
樋口美雄 (2001).『雇用と失業の経済学』東洋経済新報社.
玄田有史 (2001).『仕事の中の曖昧な不安——揺れる若年の現在——』中央公論新社.
玄田有史 (2004).『ジョブ・クリエイション』日本経済新聞社.
玄田有史・近藤絢子 (2003).「構造的失業とは何か」『日本労働研究雑誌』No. 516, 日本労働研究機構.
泉谷渉 (2004).「技術流出を止めろ! ニッポン半導体が決意した戦略大転換」『週刊東洋経済』2004年6月5日号, 東洋経済新報社.
キヤノン株式会社 (1987).『キヤノン史』.
小池和男 (1994).『日本の雇用システム』東洋経済新報社.
小杉礼子 (2004).「若年無業者増加の実態と背景」『日本労働研究雑誌』No. 533.
香西泰・鈴木玲子・伊藤由樹子 (1998).『貿易の雇用と賃金への影響』JCER DISCUSSION PAPER No. 51, 日本経済研究センター.
『日本経済新聞』2004年11月22日付, 2005年3月15日付, 日本経済新聞社.
太田聰一 (1999).「景気循環と転職行動—— 1965-94 ——」中村二郎・中村恵編『日本経済の構造調整と労働市場』所収, 日本評論社.
太田聰一 (2002).「若年失業の再検討:その経済的背景」玄田有史・中田喜文編『リストラと転職のメカニズム』所収, 東洋経済新報社.

太田聰一（2003）．「若者の就業機会の減少と学力低下問題」伊藤隆敏・西村和雄編『教育改革の経済学』所収，日本経済新聞社．

大竹文雄（2005）．『日本の不平等——格差社会の幻想と未来——』日本経済新聞社．

櫻井宏二郎（1999）．「偏向的技術進歩と日本製造業の雇用・賃金——コンピュータ投資にみる技術進歩の影響——」『経済経営研究』Vol. 20-2，日本開発銀行設備投資研究所．

櫻井宏二郎（2000a）．「90年代の日本の労働市場——賃金プロファイルはどのように変化したか——」『社会科学研究』第51巻第2号，東京大学社会科学研究所．

櫻井宏二郎（2000b）．「偏向的技術進歩と雇用——日本の製造業のケース——」吉川洋・大瀧雅之編『循環と成長のマクロ経済学』東京大学出版会．

櫻井宏二郎（2000c）．「グローバル化と労働市場——日本の製造業のケース——」『経済経営研究』Vol. 21-2，日本政策投資銀行設備投資研究所．

櫻井宏二郎（2002）．「貿易と雇用——グローバル化の産業と地域への影響——」『経済経営研究』Vol. 23-1，日本政策投資銀行設備投資研究所．

櫻井宏二郎（2003）．「産業空洞化が日本経済に与えた影響——貿易と雇用を中心に——」岩田規久男・宮川努編『失われた10年の真因は何か』東洋経済新報社．

櫻井宏二郎（2004）．「技術進歩と人的資本——スキル偏向的技術進歩の実証分析——」『経済経営研究』Vol. 25-1，日本政策投資銀行設備投資研究所．

櫻井宏二郎（2005）．「防衛的技術進歩——グローバル経済下の内生的技術進歩——」『経済経営研究』Vol. 26-3，日本政策投資銀行設備投資研究所．

佐々木仁・桜健一（2004）．「製造業における熟練労働への需要シフト：スキル偏向的技術進歩とグローバル化の影響」日本銀行ワーキングペーパーシリーズ，No. 04-J-17，日本銀行調査統計局．

清家篤・山田篤裕（2004）．『高齢者就業の経済学』日本経済新聞社．

『週刊東洋経済』2004年8月28日号，東洋経済新報社．

『週刊ダイヤモンド』2005年1月15日号，株式会社ダイヤモンド社．

橘木俊詔（1998）．『日本の経済格差——所得と資産から考える——』岩波新書．

橘木俊詔・森川正之・西村太郎（1996）．『貿易と雇用・賃金』研究シリーズ28，通商産業研究所．

都留康・阿部正浩・久保克行（2005）．『日本企業の人事改革』東洋経済新報社．

第1部 ポストバブル期のマネタリーマクロエコノミクス

[コメント]

川口大司

1. はじめに

　近年日本ではニートと呼ばれる若年無業者やフリーターと呼ばれる非正規雇用就業者が増加しており、その実情は数多くの著作の中で記述されている．また，図1に示されるように若年層の失業率は1990年代に増加し，ことに高卒・中卒の低学歴労働者にその傾向は顕著である．ニート・フリーター層の拡大，ならびに若年失業率の増加がどのような要因により引き起こされてきたか，さまざまな仮説が提唱

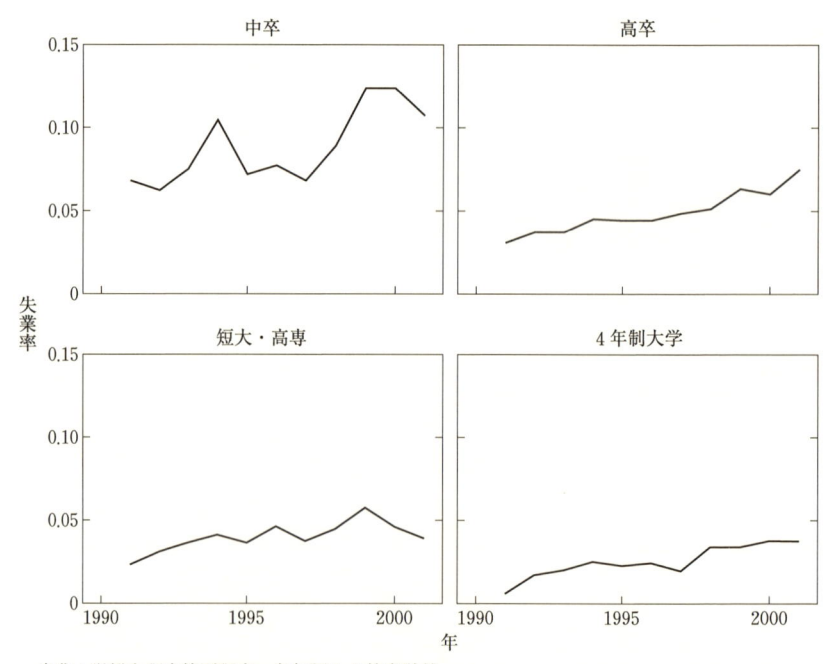

出典：労働力調査特別調査，各年版より筆者計算．
図1　20歳-29歳の学歴別失業率（男女計）

男子新卒労働者の初任給前年比変化率

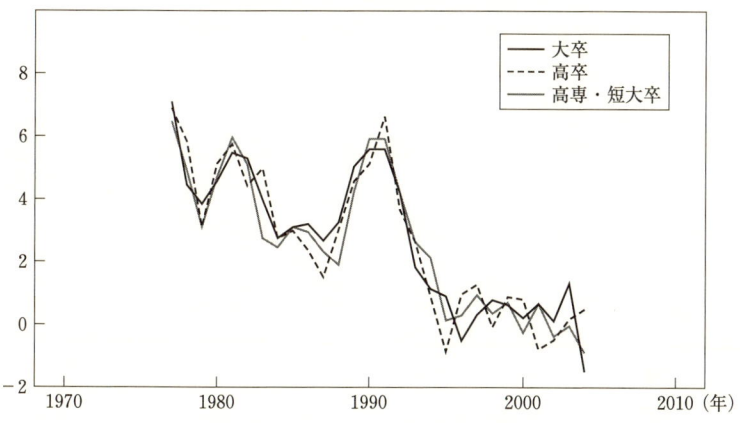

女子新卒労働者の初任給前年比変化率

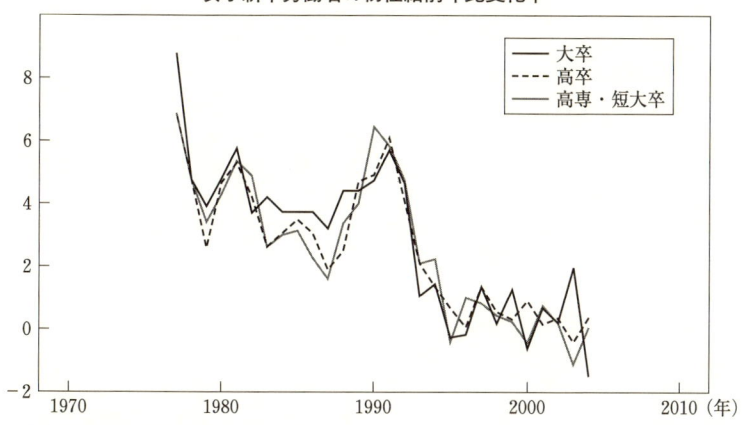

出所：賃金構造基本調査　各年版．

図2　前年比初任給変化率

されてきた．まず，若者の仕事に対する選好の変化や，親の所得の増大に伴う予算制約の変化に説明を求めるいわゆるパラサイトシングル仮説が供給側に要因を求める仮説として提唱された．しかしながら，図2に示されるように1990年中盤以降，新卒労働者の賃金はほとんど上昇しなかった．よって，若年層の雇用減少が労働供給曲線の左シフトによるものだという仮説はあまり説得力がないことがわかる．一方で，雇用調整費用が高い中高年労働者の増加により，短期的な需要ショックが若年労働需要の減退により吸収されたとする説が需要側に要因を求める仮説として玄

田 (2004) により提唱されている．この説は有力であり，2007年から起こるといわれる団塊の世代の定年退職や，景気の好転による需要の回復が，ニート・フリーター問題を解決するのではないかという淡い期待を抱かせる．

このような研究の文脈の中で，櫻井論文はニート・フリーター問題を考える上で，労働需要の構造的な変化に対する配慮も欠かせないという立場をとる．特筆すべきは，未熟練労働者への需要シフトの原因が，技術革新や国際貿易の増大，直接投資の拡大に伴う製造拠点の途上国への移転といった，先進国が共通して経験してきた構造変化によって引き起こされているとする主張である．すなわち，昨今の技術革新は熟練労働と補完的である一方，未熟練労働とは代替的な特性をもつ技能偏向的な技術革新であり，技術進歩の結果として，熟練労働者の未熟練労働者に対する相対的な生産性は増加し，賃金も増加する．また，発展途上国からの労働集約的な財の輸入の増加と，これらの国への技能集約的な財の輸出は日本の熟練労働者の未熟練労働者に対しての相対賃金を増加させる．櫻井 (2005) は生産に占める輸出入が大きな産業ほど労働者の大卒比率が高く，研究開発投資を盛んに行っていることを示すことで，仮説が棄却されないことを示している．また，IT技術への投資量で測定した技能偏向的な技術進歩の指標が，熟練労働者の未熟練労働者に対しての相対投入量を増加させるという点を櫻井 (2004) は示している．これらの自身の研究を踏まえて，この論文では，1990年代の熟練労働者（大卒労働者）の未熟練労働者（高卒労働者）に対する相対賃金がどのように変化したかを論じている．

2. なぜ大卒・高卒間賃金格差は拡大しなかったのか？

この櫻井論文における驚くべき発見は，技術偏向的な技術進歩が起こったという状況証拠がそろっているにもかかわらず，製造業における大卒・高卒賃金比率が1990年代にはほんの少ししか拡大しなかったということだ[1]．特に20歳代の若年層においてこの傾向は顕著である．これはなぜだろうか．以下で3つの可能性について検討する．

大卒の相対供給の増大

櫻井自身が指摘するように新卒労働者に占める大卒労働者の比率は1990年から2000年の間におよそ21.3%から35.3%に拡大した．その一方で，高卒労働者の

---

1) 1990年と2000年の比較では20歳代において，賃金構造基本統計調査の所定内給与額の大卒・高卒比率はほぼ変わらない．一方で，2004年に若干の拡大が認められる．

比率は 65.4% から，47.8% に下落した[2]．この大卒労働者の高卒労働者に比べての相対供給の拡大が，大卒相対賃金の上昇を抑えたということが言える．2000 年代に入り，新卒者に占める大卒者と高卒者の比率はほぼ一定になっているが，これが 2000 年代に入ってからの大卒高卒賃金比率の増加をもたらしたとも考えられる．仮に今後，大学進学率の上昇がないとすると，大卒・高卒の賃金格差は拡大していくかもしれない．

構内請負工の増大

中馬（2003）が指摘するように 1990 年代に製造業の現場には構内請負工が多数入るようになった．賃金構造基本統計調査において，構内請負労働者は製造業の一般労働者として分類されず，他に分類されない事業サービス部門に分類される．こ

表1 製造業における大卒・高卒相対賃金比率の変化

	(1)	(2)	(3)	(4)	(5)
	製	造	業		
	高卒労働者数	高卒賃金率	大卒労働者数	大卒賃金率	大卒・高卒賃金比率
1990年	321042	1536	117682	1943	1.26
1995年	335392	1800	137146	2245	1.25
2000年	300945	1888	131492	2354	1.25

	(6)	(7)	(8)	(9)
	その他事業サービス業		製造業とその他事業サービスの加重平均	
	高卒労働者数	高卒賃金率	高卒賃金率	大卒・高卒賃金比率
1990年	18123	1264	1522	1.28
1995年	24517	1494	1779	1.26
2000年	30755	1492	1851	1.27

出典：『賃金構造基本統計調査（賃金センサス）』各年版．
注：製造業における構内請負工として雇用される労働者はその他事業サービスに分類される産業で雇用されている．ここでは，その他事業サービス業で働く高卒労働者が仮にすべて構内請負工であるとしたときの賃金率を計算している．加重平均を計算する際のウエイトは(1)列の製造業の高卒労働者数と(6)列のその他事業サービス業の高卒労働者数を用いて計算した．賃金率とは「決まって支給する現金給与額」を「所定内労働時間数＋超過実労働時間数」で割ったものである．

---

[2] 高卒・大卒の数字ともに男女計．櫻井論文表2より．

れらの部門で働く労働者は製造業に直接雇用される一般労働者に比べて低い賃金を得ているため，これら労働者の構成比率の増加が実質的に製造業の現場で働く高卒労働者の賃金を下落させているかもしれない．表1は「他に分類されない事業サービス部門」で働く高卒労働者はすべて構内請負工であるという極端な仮定の下で，製造業の現場で働く高卒労働者の実質的な平均賃金がどの程度かを計算したものである．確かに「他に分類されない事業サービス部門」で雇用される高卒労働者の賃金率は製造業部門で雇用される高卒労働者の賃金率よりも低いが，その構成比率が2000年でも10％前後であるため，大卒・高卒賃金比率には大きな影響を与えない．また，このように調整された賃金率を用いても，大卒・高卒賃金比率は1990年代を通じてほとんど変化しなかったといえる．

高卒失業者の増大，高卒製造業一般労働者の質の向上

図1に示したように高卒者の失業率は，大卒者のそれよりも速いスピードで1990年代に上昇した．よって，高卒労働者のうち製造業で一般労働者として働くものは，より優秀なものだけとなった可能性がある．労働政策研究・研修機構(2005)によると，高卒をとる企業は特殊な技能を社内訓練で身につけさせる企業に偏っている．よってより選ばれたものだけが，高卒後製造業で一般労働者として働く機会を得ている可能性がある．また，1990年代の大学進学率の上昇により，大卒者の質も変化した可能性がある．もっとも，大学進学の有無が能力だけで決まっており，大学進学のカットオフのポイントが下にずれただけと考えると，大卒者の平均能力が下がる一方で，高卒者の平均能力も下がるため，二つの効果がちょうど打ち消しあい大卒・高卒賃金比率には変化をもたらさない．しかしながら，従来の高卒者の中から能力に無関係に大学進学するものが出てくることによって，大学進学率が上昇しているとするならば，大卒者と高卒者の能力の平均値は近くなるため，大卒・高卒賃金比率は1に近づくこととなる．これは良質な高卒者が優良な就業機会を得て就職する一方で，その機会からあぶれたものが大学進学を選択しているという状況で起こりうる．しかしながら，高卒者・大卒者の能力の変容といった要因に関してはIQスコアを記録したミクロデータなどがない限り，その影響の大きさを数量的に把握することは難しい．

3. 結　語

　櫻井の分析は，技術進歩ならびにグローバル化といった要因により1990年代の日本で，熟練労働者（大卒労働者）の未熟練労働者（高卒労働者）に対する相対需要が増大したことを説得的に示している．相対需要曲線が右にシフトしたにもかかわらず，大卒者の高卒者の相対賃金を上昇させなかったのは相対供給曲線も右にシフトしたためであろう．そのため，大学進学率が伸び止れば，大卒・高卒賃金格差は拡大していく可能性がある．また，構内請負工の増大の影響も検討したが，それほど大きな影響は与えていないようである．高卒・大卒労働者それぞれの質の変容に関しては今後，一層の研究の進展が期待される．
　今日のニート・フリーター問題の根源には，櫻井の指摘する構造変化があることを認識することが，政策的な対応を考えるうえできわめて重要である．ニート・フリーター問題の深刻化に伴う所得格差の拡大を防ぐためには，対症療法的な政策のみならず，国民の幅広い層に高い質の高等教育就学機会を与えるような文教政策の充実が求められているのではなかろうか．

参考文献

玄田有史（2004）『ジョブ・クリエイション』，日本経済新聞社．
櫻井宏二郎（2004）「技術進歩と人的資本」，『経済経営研究』，25巻，1号，日本政策投資銀行　設備投資研究所．
櫻井宏二郎（2005）「防衛的技術進歩――グローバル経済下の内政的技術進歩――」，『経済経営研究』，26巻，3号，日本政策投資銀行　設備投資研究所．
中馬宏之（2003）「労働市場における二極分化傾向：構内請負工急増の事例から」，『フィナンシャル・レビュー』，財務省財務総合政策研究所，1月号．
労働政策研究・研修機構（2005）『新規学卒採用の現状と将来――高卒採用は回復するか――』，労働政策研究報告書．

[回答]

櫻井宏二郎

　まずは，拙稿のみならず関連論文まで読んで頂き，ていねいに論点を整理してコメント頂いた川口氏に御礼を申し述べなければならない．

　拙稿の主たる主張は，近年の若年雇用問題の背景には一般的な景気要因だけでなく，スキル別労働需要に非中立的な影響を与える技術進歩やグローバル化などの構造的な要因が存在するというものであったが，川口氏は，それを前提にして，拙稿では明示的に触れられていないいくつかの重要な論点を指摘してくれた．主たるコメントは，大卒／高卒労働者間の賃金格差を拡大させる構造要因が存在したにもかかわらず，90年代に格差があまり拡大しなかったのは，大卒労働者の相対供給が増加したからではないか，というものである．これは検討すべき重要な論点であり，私も基本的に同意する．相対賃金が需給均衡を反映して決まるとする分析フレームワークを完結させるには，労働供給の動向も明示的に分析に取り込まなければならない．恐らくそこでは，人口動態という外生的要因に加えて，例えば高卒者が目の前の就職先と大学教育の収益率をどのように考えて就職と進学の選択を行っているかという内生的なメカニズムも検討しなければならないだろう．

　また，データの制約はあるものの，学歴別労働者の質が90年代にどのように変化したかという指摘も重要な論点である．

　なお，本稿では触れなかったが，日本で熟練／非熟練労働者間の賃金格差があまり拡大していないもう一つの理由として，企業特殊的技能や長期勤続などを特徴とする日本的な雇用慣行や内部労働市場の存在が，可能性として考えられるだろう．

　以上の点の検討は本格的な分析を必要とし，今後の課題としたい．

論題 IV 抵当権に関する優先権侵害が企業価値に及ぼす影響について

[報告] 太田智之・杉原茂・瀬下博之・山崎福寿
[コメント] 隋清遠

[報告]†

太田智之・杉原茂・瀬下博之・山崎福寿

1. はじめに

 90年代以降の深刻な不良債権処理の中で,担保権者の優先弁済権は深刻な浸食を受けた.日本の融資契約で最も広く利用されてきた抵当権については,90年代のはじめの短期賃借権に関する判例が抵当権侵害を助長し,抵当権行使は実質的に機能不全に陥った[1].また,裁判所が管理する競売市場も最低売却価格制度のために機能せず,無剰余の抵当権者が優先抵当権者から判子代と呼ばれる所得移転を引き出せる土壌を作り上げた.
 また,住宅金融専門会社の破綻処理(1996年)を巡っては,政治的な圧力によって,本来負担すべきでないメインバンクに,劣後する立場の農協系金融

---

† 本稿は太田・杉原・瀬下・山崎 (2006) を大幅に加筆訂正したものである.また本稿の基礎となる研究に対しては,平成19年度財政・金融・金融法制研究基金研究助成を受けている.
1) 短期賃借権やその他の優先権侵害の実態については,鈴木・福井・山本・久米 (2001) や山崎・瀬下 (2002) を参照.

機関が被るべき損失の大部分を負担させるという異常な事態が生じた．これらの事件は，債権者間の抵当権侵害や優先権侵害を意味し，瀬下・山崎（2004）や Seshimo and Yamazaki（2005）が明らかにしたように，追い貸しや貸し渋りの原因となっている．

　優先権侵害は，事後的には債権者間の所得分配の問題にすぎないが，事前には，この所得分配を利用した非効率な資金調達を企業経営者に許すことになる．また，優先債権者たる銀行は，そのような優先権侵害に伴う損失を回避し，不良債権を顕在化させないように，非効率企業の破綻処理の先送りを認め，さらには追い貸しを実施するなどの非効率性を生み出している可能性が高い．

　このような理論的な分析を基礎にして，山崎・瀬下・太田・杉原（2005）では，優先権侵害が非効率な企業への「追い貸し」や破綻処理の先送りを生み出している点について，貸し出し関数を推定することによって，実証的に検討した．こうした状況では，事後的に不可避な優先権侵害に伴うコストの上昇を恐れて，効率的な企業プロジェクトへの融資自体を躊躇するという事態が起きるかも知れない．このような「貸し渋り」が生じるかどうかについて検証した．

　しかし，これまでの実証研究は，銀行の貸し出し行動に焦点を当てており，負債構成や資本構成上の優先劣後関係が，企業の投資行動や企業価値に，どのような影響を及ぼしているかは分析されていない[2]．また，優先権に影響を及ぼす法律の施行が，将来倒産する企業を含めて，企業の株価にどのような影響を及ぼしたかについては，必ずしも明らかではない．

　本稿では，債権者間の優先権侵害が投資決定にどのような影響を及ぼしたかについて，統計的に検証する．財務データを用いて，企業の負債構成やメインバンクの存在が，企業価値や投資の効率性（トービンの q）にどのような影響を及ぼしているかを検証する．優先権侵害がいま述べたような深刻な事態を招いているとすると，非効率な企業において，負債の増加は侵害の可能性を高める結果，企業の価値を低下させるはずである．

　これに対する仮説としては，有名なデット・オーバーハングの議論がある．その仮説のもとでは，効率的な投資のための資金が負債によって調達できない

2）　追い貸しの実証研究については，櫻川（2002）の第5章を参照．

ために，企業価値は低下する．したがって，効率的な企業において，負債が低い企業の価値は低迷する．これとは別に，企業の救済や再建に関して，メインバンクは重要な貢献をしたとする議論がある．メインバンクの存在が企業価値にどのような影響を及ぼしたかについても検証した．

その結果，デット・オーバーハングを支持する証拠やメインバンクが企業価値に重要な影響を及ぼしているとする根拠は得られなかった．むしろ，負債の増加が企業価値を低下させるという優先権侵害と整合的な結果が得られた．

本稿の構成は以下のとおりである．第2節では，日本の担保法制における優先権侵害の代表的な事例を説明する．第3節では，瀬下・山崎（2004）の議論を紹介することによって，優先権侵害の可能性が貸し渋りや追い貸しをもたらす原因になることを，理論的に明らかにする．そのうえで第4節では，トービンの q を用いて企業価値と負債の関係について検証する．最後に結論が要約される．

2. 優先権侵害の事例

2.1 短期賃借権

短期賃借権とは，抵当権の設定後に契約された賃借権を保護する規定である．すなわち，抵当権と賃借権の間における権原の帰属は，通常，時間的順序に従って優先順位が認められている．賃借権が抵当権より先に設定されている場合には，抵当権者が抵当資産を売却しても，その買い受け人にも賃借権を解除する法的な権原はない．

これに対して，賃借権が抵当権より後に設定されている場合には，本来，抵当権は賃借権に優越し，抵当資産を売却する際に賃借権を解除する法的権原を有するはずである．すなわち，抵当権が実行されて競売に付された場合には，抵当権設定後の賃借権は買い受け人に対抗できず，買い受け人に土地・建物を明け渡さなければならない．

しかし，日本では短期賃借権という例外規定が認められ，抵当権に設定され

ている建物の賃借権については3年間，土地については5年間，抵当権者（と競売後の買い受け人）に対抗しうることが認められてきた．この権利が短期賃借権である．

たとえば，市場価格9000万円のマンションを債務者が保有していたとしよう．いまこのマンションには，ちょうど1億円の債務に対する抵当権が設定されているとしよう．債務者は他の資産を全く保有していないとする．債務者は返済能力がないため，1億円の債務を弁済することはできない．抵当権が設定されているから抵当権が実行されて競売に付されてしまうと，市場価格9000万円で売れても債務者には当然のことながら，1銭の配当も残らない．

このような状況の下でも，短期賃借権を利用すると，債務者はさらに追加的な資金を借り入れることができる．債務者は，別の金融業者と自分が保有するマンションの賃貸借契約を結び，その敷金や保証金を受け取ることができる．日本の法律上は，この敷金や保証金を債務者財産と分別管理する義務はないので，事実上，敷金や保証金という債務の形で債務者は資金を借り入れることができる．

もう少し，この点を詳しく説明しよう．たとえば，1000万円の保証金として資金を借りたとしよう[3]．この資金を貸した金融業者は自ら，もしくは他の主体に転貸してそこに居住させる．しかも，しばしばその転貸先は暴力的集団であったり，日本語の分からない外国人であったりする[4]．暴力的集団に利用させることで競売を不成立に終わらせたり，こうすることで，市場価格より大幅に安い価格で金融業者と結託した不動産業者に落札させたりすることが可能になる．この理由は，立ち退き時のトラブルやリスクを恐れる結果，そのようなマンションを購入しようとする主体はほとんど現れないからである．

---

3) 内田（1996）pp. 391-392 の濫用事例等を参照．
4) 暴力的集団による短期賃借権は，詐害的な短期賃借権として裁判所によって解除される可能性が高い（以下の本文の説明参照）のに対して，善意の転借人の場合，詐害的であるかどうか裁判所はほとんど判別できない．さらに，仮に競売が実施されて短期賃借権の保護期間がすぎても，買い受け人は賃借人が占有をし続ける限り，立ち退きは裁判所に占有者排除を申し立てなければならない．しかし，旧執行法の下では，占有者が特定できない限り，立ち退きの執行手続きを申し立てること自体が事実上できなかった．このような理由から日本語が通じない外国人（を次々に替えて）占有させる事例も多く見られた．宮部みゆき著『理由』は，こうした事情を背景にしたミステリー小説で，90年代にベスト・セラーになったほどである．

競売が不成立に終わると予想する抵当権者は，転借人に金銭を払っても契約を解除してもらおうとするだろう．すなわち，このような立ち退き交渉では，抵当権者は圧倒的に不利な立場にある[5]．転借人に立ち退いてもらうには，本来の賃借人である金融業者との転貸借契約を解除してもらい，さらに金融業者と所有者（債務者）の間の賃貸借契約も解除してもらわなければならない．

転借人の立ち退き料を負担したうえで，さらに金融業者から債務者に預けた保証金や敷金の返還等を要求されるだろう[6]．無資力の債務者にそのような資金が残っているはずもなく，保証金や敷金の一部は抵当権者が負担しなければならなくなる．抵当権者から見れば，債権回収が進まず一銭も回収できないよりは，これらの濫用者に多額の資金を支払っても立ち退いてもらうことを選択せざるをえなくなる．金融業者にとって，この濫用による利得が1000万円以上になると予想できれば，この利得と引き替えに，たとえ事実上無資力の債務者であっても，融資に応じようとするだろう．

こうした濫用的な短期賃借権は，しばしば詐害的短期賃借権と呼ばれる．詐害的な短期賃借権については，民法395条の但し書きでその解除が認められていたが，実際に詐害的かどうかを立証することはきわめて難しい．日本語の分からない外国人を住まわせれば，詐害的な目的で入居しているわけではないと思わせられるため，その立証はいっそう困難になる．

さらに問題を深刻化させたのは，平成3年の最高裁判決である．この判決によって，抵当権者は詐害的な短期賃借権を抵当権者が解除することができても，当該抵当資産を占有し続ける占有者を排除する権利を持たない（最判平成3年3月22日民集45-3-268）と判示した．その結果，395条の但し書きの効力は実質的に無力化し，抵当権者は濫用的な賃借権設定に対抗する手段をまったく失ってしまい，金銭的な解決に頼らざるをえなくなった（詐害的短期賃借権についての裁判例は内田（1996）等を参照）．

これが，その後の不良債権処理において，無視できない障害となったのは言

---

[5] 有名な『ナニワ金融道』（青木雄二作）という漫画には，街金業者が短期賃借権を利用して回収を図る場面が描かれている．脚色されている部分があるとはいえ，短期賃借権が街金業者にとってかなり有力な債権回収手段と認識されていたのは確かであろう．

[6] 保証金や敷金の額自体，実際の金額よりも大幅に高い金額で契約書が作成されている事例も多い．

うまでもない（しかも，この判例は最高裁判例としては異例の，わずか8年ほどで修正された）．このように，短期賃借権を利用した抵当権の執行妨害は，抵当権者から劣後する金融業者らに所得移転をもたらすという点で，優先弁済権を覆しうる力を持っていたのである．

2.2 無剰余の抵当権（競売市場の不備）

1990年代以降の不動産価格の低迷にともなって発生した無剰余の抵当権や判子代目当ての濫用的な抵当権設定によって，不良債権処理が停滞するという事態も，法律家や実務家等からたびたび指摘されてきた．短期賃借権を巡る濫用でも説明したように，競売市場が十分に機能しない，あるいは意図的に機能させないようにできる状況下では，このような不良債権の処理を進めるために，銀行等の優先抵当権者は，その多くを任意売却に頼ろうとしてきた．

任意売却では，売却後も弁済を受けられなかった抵当権が不動産に残ったままとなるため，売却に先立ってこれらの抵当権を解除しておく必要がある．売却後にも抵当権が残っていると抵当権行使の可能性があり，また購入者はそれに対抗できないために，不慮の損失を招くおそれがある．したがって，抵当権をすべて解除しないと任意売却は実行可能ではない．その結果，抵当権を解除する際に，抵当権者から金銭的な補償が要求されるだろう．このような抵当権解除のために支払われる金銭が，しばしば判子代などと呼ばれた[7]．

こうした状況は一見，デット・オーバーハングの議論に類似している．そう見えるのは，本来返済される見込みのない債権に判子代という形で弁済が生じるからである．しかし，このような不良債権処理を進めるのは通常，銀行などの優先抵当権者である．優先抵当権者がより多く債権を回収する目的のために，抵当不動産をより高く売る必要がある．このため，判子代の形で金銭を支払って，劣後する無剰余の抵当権を解除してもらうのである．この点で，無剰余の抵当権を解除するための補償金はデット・オーバーハングとは決定的に異なっている．

---

7) 無剰余の抵当権の問題については森田（2000）参照．

さて，次のような例を考えてみよう．市場価格では10億円の価値のある不動産に対し12億円の第1順位の抵当権（以下優先抵当権と呼ぶ）と8億円の第2順位の抵当権（以下劣後抵当権と呼ぶ）が設定されていたとしよう．すでに債務者自身は破綻しており，債務の返済能力は全くないとする．さらに，競売市場は有効に機能しておらず，競売で売ると半分の5億円でしか落札されないと予想されているとしよう．

このとき，この不動産はいくらで売却できるだろうか．購入者は，この不動産を購入しても抵当権が残っている限り，追求効によって再度差し押さえられて，競売等を実施されてしまうと考えるだろう．このとき，優先抵当権者が最初の任意売却の時点で抵当権を解除すると申し出ても，この不動産は10億円の値段では決して売れない．なぜなら優先抵当権がはずされても，なお劣後抵当権が今度は第1順位の抵当権となって残るからである．

この抵当権の債務は8億円であるから，仮にその後この劣後する抵当権が行使されて，10億円で資産が再度売却されたとしても，任意売却で購入した購入者には2億円の残金しか手元に残らない．そうであるとすると，最初の任意売却の時点で購入者は，2億円以上の価格では不動産を購入しようとはしないだろう．したがって，優先抵当権者は，一定の金銭を劣後抵当権者に支払うことによって，その抵当権を解除してもらおうとするはずである．これによって売却価格は10億円になるからである．

ところで，劣後抵当権者は，いくら払えば抵当権の解除に同意するだろうか．劣後抵当権者は，不動産が競売にかけられてしまえば一銭も手にすることはできない．そのため少なくとも，5億円以上の弁済が優先債権者に残る水準までしか，金銭を要求できないであろう．逆に，優先債権者は劣後抵当権者に5億円までなら支払っても，競売を利用するより，多く回収することができる．

最終的な結果は両者の交渉力によって決まる．もし両者の交渉力が対等ならば，劣後抵当権者は2.5億円，優先抵当権者はこの結果7.5億円の回収ができることになる．競売市場が有効に機能していれば何も得られなかった劣後抵当権者が，これによって2億5000万円もの回収が可能となる．実際には，これを見越して，もともと配当の可能性のない不動産にも濫用的に劣後する抵当権が設定される．

すでに述べたように，このような所得移転はデット・オーバーハングの想定とは異なっている．つまり，これは，後で貸すことになる劣後融資者から先に貸していた優先債権者への所得移転ではない．ここでは，優先抵当権（優先債権）者が本来得られたはずの所得（返済額）が，劣後抵当権者（劣後債権者）へ移転される．したがって，無剰余の抵当権や濫用的な劣後抵当権設定の問題を，デット・オーバーハングと同義にとらえるのは明らかに誤解であり，むしろ債権者間の優先権侵害の問題として理解されなければならない．

2.3 住宅金融専門会社問題（政治的介入事例）

日本では，政治的にもしばしば優先弁済権に対する介入が行われる．その最も典型的な例は，住専（住宅金融専門会社）処理である．1995年9月12日付『日本経済新聞』（朝刊3面「住専処理年内に決着へ 処理方法で負担に差 母体行責任・貸し手責任」）によると，1995年3月末時点の金融機関の住専7社への貸出残高は12兆9000億円であり，農林系金融機関の融資残高は5兆5000億円であったという．これに対して，決定された損失負担（1995年6月時点の6兆4100億円に基づく）の内訳は，母体行が債権全額の3兆5000億を放棄し，農林系金融機関は5300億円を住宅金融債権管理機構に贈与する．そのうえで，預金保険機構が住宅金融債権管理機構に助成金6800億円を交付し，一般行は1兆7000億円の債権を放棄するというものであった[8]．

この数字は基本的に1995年12月に政府が与党に示した住専処理策そのままである[9]．多くのケースで母体行の方が先に融資していることを考えると，債権の大部分の優先弁済権は，母体行側にあったと考えられるが，いま述べたように，母体行が全債権を放棄したのに対し，劣後しているはずの農林系金融機関の負担は，融資額の1割弱にすぎない．

母体行に特別な責任があることを仮に認めたとしても，一般行より多くの債権を持ちながら，それよりもはるかに少ない負担で済んだのは，政治的な配慮

---

[8] 中坊他（1999）p.46を参照．同書の一般行負担は，1兆8000億となっているが，『朝日新聞』1996年6月18日朝刊1面記事では，1兆7000億となっていたので，こちらを採用した．

[9] 『日本経済新聞』1995年12月19日夕刊1面記事．

が働いたと考えざるをえない．当時，与党自民党の支持基盤の一つが農協など の関係者であったことから，自民党がこれらの処理策に積極的に関与したと考 えられる．

この住専処理が，その後の企業破綻処理に及ぼした影響も大きかった．地方 銀行やその他の金融機関は，資金繰りに行き詰まった企業を私的に処理する過 程で，しばしばメインバンクの責任を持ちだし，債権放棄などの処理策に容易 には応じなくなった．メインバンクにとっては，抵当権を前提とした担保権の 優先弁済権が事実上機能しなくなる状態を予想せざるをえなくなったと考えら れる．「メイン寄せ」と呼ばれる事態は優先債権者であるメインバンクが劣後 債権を買い取ることを言う．この現象はこうした優先権侵害を前提にすると， きわめてよく理解することができる．

3. 優先権侵害がもたらす非効率な銀行行動　数値モデル

以下では瀬下・山崎（2007）11章の数値モデルを用いて優先権侵害が銀行 の貸し出し行動に及ぼす影響を説明しよう[10]．

新規投資

いま企業Xは時点0で新規プロジェクトに30億円投資すると，時点1で確 率$\frac{4}{5}$で40億円のキャッシュ・フローを生み出し，確率$\frac{1}{5}$で10億円のキャッ シュ・フローを生み出すとする．この新規投資プロジェクトをプロジェクト Aと呼ぶと，プロジェクトAの期待値は，以下のように書ける．

$$E_A = \frac{4}{5} \times 40億円 + \frac{1}{5} \times 10億円 = 34億円. \qquad (1)$$

この投資プロジェクトAは，投資コスト30億円を上回る効率的な投資であ る．

---

10) 瀬下・山崎（2004）では，一般的な数式モデルで分析しているが，以下では数値モデルを用い て直感的に説明する．

この他に企業は時点1で21億円の価値となる固定資産を有しているとする．投資プロジェクトAは，時点1にならないと成果をもたらさないから，以下では銀行と企業の間で結ばれる負債契約の満期は時点1であるとして議論しよう．

銀行はこの企業の固定資産21億円に担保権を設定し，30億円の元本に対して1億円の利息を付けた負債契約によって融資するとする．この負債を優先債権と呼び，その保有者を優先債権者と呼ぶ．プロジェクトAが失敗しても，負債は元利合計で31億円であるのに対し，10億円しかプロジェクトからの利益は得られないが，担保権の設定された固定資産を売却すれば21億円の価値があるので，銀行の債権は完全に弁済される．担保権の優先弁済権が満たされている場合には，銀行は何のリスクも被らない．

非効率な追加投資機会

ところで，この新規投資は実際の成果は時点1にならないと実現しないが，それよりも前にはその成果が確実に分かるとしよう．優先権侵害の問題を扱うために，このプロジェクトAの成果が明らかになった直後に，追加投資プロジェクトの機会が生じるとする．この追加投資をプロジェクトBと呼ぶ．

追加投資プロジェクトBは時点1の成果が実現する前に20億円の投資を実施すると21億円の固定資産とあわせて[11]，時点2において確率$\frac{1}{2}$で64億円の成果をもたらすが，確率$\frac{1}{2}$で0の成果をもたらすとする．簡単化のため，この投資プロジェクトは時点1には何の成果も生み出さないとする．

したがって，このような追加投資の成果の期待値は，

$$E_B = \frac{1}{2} \times 64\text{億円} = 32\text{億円}$$

であり，固定資産を含めて41億円の投資コストに対して32億円の成果しかなく非効率な投資である．プロジェクトBを実施するよりは，企業を清算する方が効率的である．

---

11) この設定は，追加投資が非効率であるだけでなく，企業の継続が企業資産そのものを劣化させる可能性をも考慮に入れたものである．

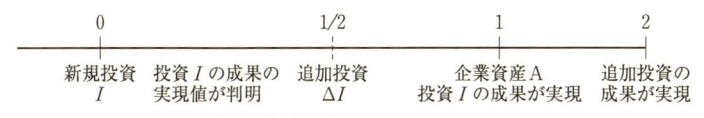

```
   0              1/2              1               2
───┼───────────────┼────────────────┼───────────────┼───
 新規投資  投資Iの成果の  追加投資   企業資産A     追加投資の
   I    実現値が判明    ΔI   投資Iの成果が実現  成果が実現
```
図1　投資と成果のスケジュール

このような投資プロジェクトAとBの投資と成果についての時間的な関係は図1のようになる．

優先弁済権と外部の投資家

ここで債務者企業は，プロジェクトAが成功するかぎり，このような非効率な投資プロジェクトBを決して実施しようとはしない．非効率な投資のコストは債務者企業自らが被ることになるからである[12]．

しかし，プロジェクトAが失敗すると分かると，債務者企業は時点1の債務返済後に何も得ることができなくなる．このとき有限責任を前提とすると，債務者企業（の経営者や株主）に，非効率な投資プロジェクトを実施しようとするインセンティヴが生じる．

しかし，優先債権者は10億の弁済がなされた残りの債権21億円に対しては，担保権を行使して回収することができるから，この追加投資20億円に応じる新たな融資者は現れない．担保権行使による企業の清算を回避するためには，債務者企業は，少なくとも企業を清算した場合に優先債権者が得られる弁済額21億円を上回る期待弁済を時点2に優先債権者に支払う必要があるが，そのような債権の額面額は42億円以上になり[13]，新規の融資者に約束できる弁済額は，成功時でもせいぜい22億円（期待値で11億）にすぎないからである．

優先権が維持されれば，非効率な事業継続を許す「追い貸し」や外部からの資金提供はなされない．この場合，効率的な投資機会に対しては「貸し渋り」も生じない．

問題先送りの構造

優先権の侵害が可能な場合には，このように追加投資が非効率であっても，

---

12) 詳しくは瀬下・山崎（2004）のlemma 0を参照．
13) $\frac{1}{2} \times D \geq 21$億円より，$D \geq 42$億円．

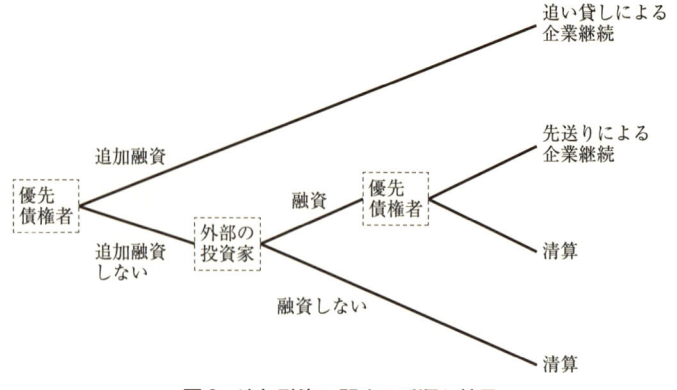

```
                                              追い貸しによる
                                              企業継続

                                         先送りによる
                                         企業継続
           追加融資        融資    優先
    優先           外部の        債権者
    債権者          投資家                 清算
           追加融資
           しない
                        融資しない
                                         清算
```

図2　追加融資に関する手順と結果

そのための資金調達が可能になる．以下では非効率な「追い貸し」の発生を説明するために，図2に示すような手順で経営者が資金調達する場合を分析しよう．

まず，経営者は優先債権者に追加融資を依頼する．このとき優先債権者が資金提供に応じれば，追い貸しによって企業は継続される．もし，優先債権者が資金提供に応じないならば，外部の投資家に資金提供を依頼する．このとき，外部の投資家も資金提供に応じなければ，企業は清算される．他方，外部の投資家が資金提供に応じても，企業は継続されるとは限らない．

なぜなら，時点1で優先債権者は経営者の債務不履行を理由に企業を清算することができるからである．しかし，優先債権者が清算するよりも追加融資からの成果の分配を受ける方が利得が高くなれば，「先送り」を選択する．その場合，企業は継続される．

非効率な先送り

いま，投資プロジェクトBに対する追加融資がなされたとしよう．この追加融資に対する債権を劣後債権と呼び，その保有者を劣後債権者と呼ぶ．

この追加融資後に，時点1で担保権が行使されるとすると，プロジェクトBはまだ何の成果も生み出さないが，固定資産の売却価値21億円のうち，劣後する貸し手に11億円の弁済が優先的に支払われるものとしよう．これが担保権の優先弁済権の侵害を意味する．この結果，優先債権者への弁済額は21億

円から10億円に減少する．

　このような優先権侵害が可能な場合，債務者企業が外部から資金調達をした場合に，優先債権者は担保権を行使せず，残った債権の額面額も変えることなく，この企業の継続に応じてしまう．担保権を行使した場合の回収額が10億であるのに対して，企業継続を許した場合の回収額の期待値は $\frac{1}{2} \times 21$ 億＝10.5億となるからである．

　このように，優先債権者が，現在の残債権の額面額を維持したまま企業を継続させると予想すると，新規の融資者へ約束できる成功時の弁済額は最高で43億円（64億円－21億円）となる．そのため劣後債権の元利金額の額面を40億円以上に設定することができ，その返済額の期待値は融資額の20億円より大きくすることができる．さらに債務者自身も期待値で正の利得を得ることが可能になる[14]．

　優先債権者は時点0で貸した債権に対する不履行を理由に，時点1で担保権を行使して企業を清算できる権利を有している．しかし，優先権の侵害が十分に大きいとき，このような非効率な追加投資に基づく企業継続を許す，いわゆる「先送り」が発生してしまう．

　優先権侵害が「先送り」を引き起こすメカニズムには次の二つの効果が働いている．一つは所得移転効果であり，本来優先債権に帰属すべき価値を劣後する債権者に移転させる効果で，この効果は経営者に非効率な企業継続のための資金調達を可能にさせる．もう一つはリスク負担効果であり，継続時のリスク負担を侵害者に一部移転させることで，優先権侵害の損失を優先債権者が減らすことができるため，企業継続を受け入れる効果である．

「追い貸し」と清算

　いま説明した手順の場合には，こうした企業が外部資金を調達する前に，優先債権者がみずから追い貸しに応じてしまう方が有利である．上の数値例では，追い貸しによって得られる利得は，追加融資の額面を40億円以上（たとえば41億）とすれば，優先債権者の期待利得は，

14）このような所得移転の問題は Schwartz (1989) 参照．

$$\frac{1}{2} \times (41\,億円 + 21\,億円) - 20\,億円 = 11\,億円$$

となり，追加融資が外部の投資家によってなされたのを受けて，先送りする場合の 10.5 億円よりも高くなる[15]．この条件は，実は外部の投資家が融資に応じる条件（新規融資の元利合計の額面額が 40 億以上となること）と一致する．すなわち，外部の投資家が融資に応じる場合には，優先債権者自身にも「追い貸し」に応じるインセンティヴがある．優先権侵害にともなう所得移転の損失はリスク移転の効果によって回復できる利益より常に大きい．そのため優先債権者は自らの追い貸しで所得移転を防止しようとする．

すなわち，優先権が侵害され，外部の投資家から資金調達ができるとき，優先債権者は残債権の債務の返済繰り延べを認めた上で，自ら非効率な追加融資を実施する[16]．ここに非効率な追い貸しが発生する．

もちろん，このような非効率な追い貸しが行われることを，事前に優先債権者である銀行が予想するようになると，銀行の当初の貸出インセンティヴも変化してしまう．これが「貸し渋り」と呼ばれる現象である．

非効率な追い貸しによる期待損失が，当初投資の純利得を上回ると債務者企業が利益を上げつつ，融資者（銀行）の参加制約を満たせる契約は作れなくなる．その結果，効率的な新規投資機会が存在しても新規の融資は実行されない．この場合には，当初の投資が効率的であっても，借り手が十分な資金を調達できないという深刻な問題が生じる．逆に，当初の投資プロジェクトが期待値で見て効率性が十分大きいとき，そのプロジェクトが失敗した場合の非効率な追い貸しを覚悟で貸し出すケース（追い貸し）も存在する．

この結果は，追い貸しと貸し渋りという相反する非効率な現象が同時に発生する可能性を示唆するものである．

---

15) 追加投資後の残債権は 72 億円であるから，企業資産 21 億円はすべて債権に分配されることに注意．

16) 優先権者は，追い貸しを実行した上でなお時点 1 で企業を清算する可能性が残る．この場合にはリスク移転効果が発生しないからである．しかし，その場合には経営者に優先債権者からの追い貸しを受けるインセンティヴがなくなり，外部の投資家から資金調達を受けることを選択する．ここでは議論が複雑にならないように，優先債権者が追い貸しをすると同時に，既存債権については返済の繰り延べを認めることで清算できなくなるので，この可能性を排除できる．

借り手が，将来の非効率な追加投資や企業継続を実施しないことを債権者にコミットできないならば，潜在的な貸し手はその可能性を考慮して融資の意思決定をしなければならない．その結果，たとえ，現在の新規投資そのものは効率的であったとしても，資金調達が難しくなる．優先権侵害は，単に所得分配の問題ではなく，それによって借り手の上記のようなコミットメント手段を排除してしまい，「貸し渋り」を生じさせる．そして，その侵害の程度が大きくなるほど，貸し渋りの問題は深刻化する結果となる．

4. 優先権侵害が企業価値や効率性に及ぼした影響

以下では，さきに説明したような優先権侵害が，企業の資金調達や経営の効率性にどのような影響を及ぼしたかについて，企業財務データを用いて統計的に検証しよう[17]．

まず，本稿の議論のインプリケイションを説明しよう．さきの議論に従えば，本来市場で資金調達できないような非効率な企業が，優先権侵害を利用することで資金を調達することが可能になる．このことは，そもそも収益性の低い企業において，負債の水準が高い企業ほど債権者間の優先権侵害の可能性が高くなる結果，その効率性が低下することを意味する．**このことはもともと収益性が低い企業で業績が悪化している企業については，負債水準と企業価値の間に負の相関があることを意味している（仮説1：追い貸しの非効率性仮説）．**

このような本稿の議論に基づく仮説1に対して，完全競争的な資本市場においては，Modigliani and Miller (1958, 1963) が示したように，資金調達方法は負債の法人税節税効果以外には企業価値や経営の効率性には影響を及ぼさない（MM命題）．このことは，法人税の節税効果をコントロールすれば，**負債水準が高いこと自体は，企業価値を低下させる効果を持たないことを意味する（仮説2：中立性仮説）．**こうしたMM命題に対しては，負債水準が高いほど倒産確率が上昇しその結果，企業価値を低下させる効果が考慮されていないと

---

17) 優先権侵害と銀行の貸し出し行動については，山崎・瀬下・太田・杉原（2005）を参照．

いう批判もありえるだろう．そのため，このような倒産コストの可能性もコントロールしたうえで，企業経営の効率性と負債水準の関係を検証する必要がある．

このほか，企業の効率性と負債水準の関係を検証する仮説としては，デット・オーバーハングを支持する立場からの説明がある．デット・オーバーハングとは，新規融資の成果が既存債務の弁済へ充てられるために，企業が効率的な投資機会を持っていても，借り入れができないという議論である．

もしこの議論が正しいならば，収益性の高い企業にもかかわらずその負債水準が低い企業はデット・オーバーハングに直面しており，潜在的に効率的な投資機会を利用できない結果，高い企業価値を実現できないことになる．言い換えると，もともと収益性の高い企業だが，業績が悪化している企業では，負債水準が低い企業ほど，効率性や企業価値は低い水準にあることになる．すなわち，負債水準と企業価値の間に正の相関が見られることなる（仮説3：デット・オーバーハング仮説）．

これに対して本稿の議論では，優先権侵害にともなう非効率な追い貸しを事前に回避するために貸し渋りが生じていると考えられる．そうであれば，**収益性が低い企業で，業績が改善している企業は，負債水準が低いほど企業価値が高まる．このことは，負債水準と企業価値の間に負の相関が見られることを意味する**（仮説4：非効率な追い貸し回避仮説）．

ここでデット・オーバーハングが生じている場合には，よく知られているように，（正しいかどうかは大いに議論があるが）メインバンクが問題を解決するうえで有効かもしれない[18]．メインバンクは優先債権者でもあり，デット・オーバーハングの問題を内部化することが可能だからである．

そこで，メインバンクからの借り入れ比率が，企業経営の効率性にどのような影響を及ぼしているかについても検証してみたい．もちろん，MM命題が成立している場合には，資金調達方法は企業価値や企業の投資決定に影響を及ぼさないから，**メインバンクからの借り入れ比率が上昇しても，企業の効率性には影響しない**（仮説5：メインバンク中立性仮説）．

---

18) Hoshi, Kashyap and Scharfstein (1990) などを参照．

表1 検定仮説とその対象企業の分類

	収益悪化	収益改善
低収益企業	仮説1(優先権侵害による非効率な追い貸し仮説)と仮説7(優先権侵害回避仮説)	仮説4(優先権侵害による貸し渋り仮説)と仮説6(メインバンク理論)
高収益企業	仮説3(デット・オーバーハング仮説)	
倒産企業	仮説1と仮説7	

注:仮説2(MM命題)と仮説5(MM命題)はすべての企業を対象とする.

これに対してメインバンク理論が成立している場合には,メインバンクによる効率的な情報生産にともなう資金提供がなされたり,暗黙の契約による効率的な救済等が実現したりする.このことは,収益性の低い企業で業績が改善している企業では,メインバンクからの借り入れ比率が高いほど,企業経営の効率性は高くなることを意味する(仮説6:メインバンク効率性仮説).

メインバンクからの借り入れ比率と経営の効率性の関係を検証することは,優先権侵害の仮説を検証するうえでも重要である.すなわち,優先権侵害に陥る事態を回避するために,優先債権者であるメインバンク自身が非効率な追い貸しを実施することをつうじて,「メインバンク寄せ」と呼ばれる現象が生じているならば,メインバンクによる借り入れ比率の上昇は,企業経営の効率性や企業価値を低下させる結果になるだろう(仮説7:優先権侵害回避仮説).すなわち収益性が低い企業で業績が悪化している企業では,メインバンク比率と企業の効率性は負の相関をもつ[19].

これまで説明した仮説とそのサンプル企業は表1にまとめておいた.

推定式と推定方法

仮説1〜7を実証的に検討するため,企業価値関数を推定する.企業価値はトービンのqで表されると想定する.ただし,仮説2における負債の法人税

---

[19] ただし,これらの仮説を識別するためには,債権放棄がなされていないことが前提となる.実証結果の解釈の際に説明するように,債権放棄がなされると,これらの効果を識別することがしばしば困難になる.

節約効果を考慮するため，法人税節約効果分を調整した q を用いる．第 i 企業の第 t 期の企業価値（q_{it}）を決定する要因は，仮説1～4に関連する負債総資産比率（D_{it}），仮説2に関連する1期前に予測された倒産確率（DF_{it}），仮説5～7に関連するメインバンクからの借り入れが総借り入れに占める比率（MB_{it}）を基本とし，その他の決定要因として，売上高総資産比率（SA_{it}）及び従業員の平均年齢（Age_{it}）を説明変数とする．

なお，企業価値には粘着性があることを考慮して，1期前の被説明変数（$q_{i,t-1}$）も説明変数に加える．各観測値に固有の観測されない異質性（η_i）は，時間とともに変化しないと仮定する．また，明示的に示していないが，年ダミーを説明変数に加えてある．

$$q_{it} = \alpha + \beta \cdot D_{it} + \gamma \cdot DF_{it} + \theta \cdot MB_{it} + \phi \cdot SA_{it} + \varphi \cdot Age_{it} + \kappa \cdot q_{i,t-1} + \eta_i + \nu_{it}.$$

法人税節約効果は，法人税率に負債総額を掛けたものを q の分子から差し引くことによって調整した．

倒産確率は，大村・楠美・水上・塩貝（2002）におけるロジット・モデルによる1期先における倒産確率の推定結果のうち，有意な変数（使用総資本売上高比率，売上高短期借入金比率，使用資本純運転資本比率）を採用して推計した．

企業価値関数を推定するためのサンプルとして，まず，現時点で存続している企業と既に倒産した企業の二つに分割した．さらに，存続した企業は，仮説1および3,4を検証するために，総資産収益率（ROA）が産業平均よりも高いか低いかという基準と，ROA が推定期間の期末に期初よりも改善しているか悪化しているかという基準の二つの基準を組み合わせることにより，四つのカテゴリーに分割した．

すなわち，ROA が産業平均より高くかつ改善している企業（便宜的に，高収益・改善企業と呼ぶ．以下，同じ），産業平均より高いが悪化している企業（高収益・悪化企業），産業平均より低いが改善している企業（低収益・改善企業），産業平均より低くかつ悪化している企業（低収益・悪化企業）の四つである．

（仮説1：追い貸しの非効率性仮説）は（低収益・悪化企業）のグループ企

業を対象とし，（仮説3：デット・オーバーハング仮説）は（高収益・悪化企業）のグループ，（仮説4：非効率な追い貸し回避仮説）は，（低収益・改善企業）のグループをそれぞれ対象とすることで検証することができる．

また，（仮説6：メインバンク効率性仮説）は，（低収益・改善企業）のグループで，（仮説7：優先権侵害回避仮説）は（低収益・悪化企業）を対象に検証することができる．もちろん（仮説2：中立性仮説）と（仮説5：メインバンク中立性仮説）は，すべてのグループが対象となる．

太田・杉原・瀬下・山崎（2006）では，第1節で説明した短期賃借権の判例の影響を考慮して，推定期間を80年代と90年代に分割した．本稿では，さらに90年代のデータを5年間ごとに分割し推計する．

負債水準は企業価値と同時に決定される内生変数であることから，操作変数を使って内生性をコントロールする．操作変数としては，借り入れに影響するが企業価値に影響しないものとして，キャッシュ・フロー総資産比率，短期資産比率，広告宣伝費を使用した．

また，推定式には被説明変数の1期ラグが説明変数に含まれているので，Blundell and Bond (1998) のシステム推定を行った．ソフトウエアは，DPD (Dynamic Panel Data) プログラムを利用した（Doornik, Arellano and Bond (2002))．推定方法の基本的な考え方は，次のようなものである．まず1階の階差をとることにより，観測されない異質性を除去する．

次に，1階の階差をとると，説明変数 $q_{i,t-1}-q_{i,t-2}$ と誤差項 $v_{it}-v_{i,t-1}$ の間に相関が生じるので，被説明変数の2期以上のラグを操作変数として，一般化モーメント法（GMM）を用いて推定する．さらに，被説明変数の1階の階差 $q_{it}-q_{i,t-1}$ は，観測されない異質性 η_i と相関を持たないので，元々の階差をとらない推定式の操作変数として使うことができる．これにより追加的なモーメント条件が得られ，有効な推定量を得ることができる．

つまり，階差をとった推定式に被説明変数のラグを操作変数としたものと，階差をとらない推定式に被説明変数の階差をとったものを操作変数としたものを組み合わせるのが，システム推定と呼ばれる方法である．GMM推定は2段階で行うが，小標本では標準誤差の推定値にバイアスがあるため，小標本バイアスの修正を施す．また，不均一分散に対して頑健な標準誤差を使用した．

過剰識別制約の検定は Sargan test により行う.また,被説明変数の2期以上のラグが操作変数として適切なものであるためには,v_{it} が系列相関を持ってはならない.もし v_{it} が系列相関を持たないなら,階差をとった $v_{it}-v_{i,t-1}$ は1次の系列相関を持つが,2次の系列相関は持たないはずである.

これに対して,階差をとった $v_{it}-v_{i,t-1}$ が2次の系列相関を持てば,v_{it} が系列相関を持ち,ラグ付の被説明変数は操作変数として適切なものではないことになる.この系列相関の有無は,自己共分散の推定量が標準正規分布に従うという性質を使って検定できる.

対象サンプル

推計に際しては,政策投資銀行・日本経済研究所編「企業財務データバンク2001」を用いた.同データベースは,東証および地方証券取引所の1部・2部上場企業2599社(上場廃止企業も含む)の決算データを1956年から2000年まで収録したものである.このうち推計では,現時点で存続している企業396社とすでに倒産した企業106社(2000年までに倒産した企業54社,2001年以降倒産した企業52社)の計502社を対象とした.

存続企業については,1977年から2000年まで決算データが揃っている企業で,かつ決算期変更や買収・合併を実施していない企業のみを取り上げている.1977年以降としたのは,当該年度より資産タイプ別の有形固定資産額のデータが入手可能となったことによる.また,恒久棚卸法を用いて実質固定資産ストックを計算する場合,ベンチマークとなる初期値を統一することが恣意性を排除するという点で望ましい.

こうした理由から,このような絞込みを行った[20].また,決算期を変更した企業についても,年度値を補完する際に恣意性が入ってしまうとの理由から排除している.企業の買収・合併については,データの連続性が保証されないことに加え,合併・買収の前後で企業価値が変化する可能性があるためサンプルから除いている.

他方,倒産企業については,合併・買収企業は除いたものの,サンプル数を

---

20) もちろん,このような制約を課すことで80年代,90年代に設立された比較的若い企業がサンプルから漏れてしまうおそれもある.

確保するため，決算期変更や掲載開始年については企業の絞込みを行っていない．決算期変更があった企業については，前後2期の決算データを年度補完し，掲載開始年が78年以降の企業については初めて掲載された年の決算値を初期値として各系列を計算している．

作成データ

推計には上記データベースの数値を利用しているが，以下の3系列については，細野・渡辺 (2002) の作成方法を引用して別途計算した．

【①実質 (名目) 固定資産ストック】

建物・構築物・機械・輸送用機械・工具器具備品・賃借用固定資産・その他償却資産の各資産について，前期末からの増減額に当期償却額を加えて当期の名目投資額を求める（建設仮勘定については，当期の増減額を建物・構築物の比率に基づき配分した）．

各資産の名目投資額をそれぞれ対応するデフレイターで実質化し，1976年度末値の簿価をベンチマークとした恒久棚卸法で実質固定資産ストックを作成した．なお，各資産の償却率 δ は，建物 4.7%，構築物 5.64%，機械 9.489%，輸送用機械 14.7%，工具器具備品 8.838%，賃借用固定資産・その他償却資産 7.72% と仮定した．

実質固定資産ストックを各資産のデフレイターで除したものが，名目固定資産ストック（再取得価額）である．

$$\sum_{i=1}^{7} 実質固定資産ストック\,i(t)$$
$$= \sum_{i=1}^{7} \{(1-\delta i) \times 実質純固定資産ストック\,\mathrm{i}(t-1)\} + \underline{実質投資額\,i(t)}\},$$
$$\sum_{i=1}^{7} 実質固定資産ストック\,i\,(1976)$$
$$= \sum_{i=1}^{7} \{有形固定資産額\,i\,(1976) / デフレイター\,i\,(1976)\}.$$

……初期値

【②実質土地ストック】

1970年をベンチマークとして恒久棚卸法で作成した．1970年の時価は，小川・北坂 (1998) の全産業時価簿価比率 5.37 をもとに計算した．

実質土地ストック(t)＝実質土地ストック$(t-1)$＋｛土地資産(t)
　　　　　　　　　－土地資産$(t-1)$｝÷市街地価格指数$(t-1)$
実質土地ストック(70)＝簿価実質土地ストック(70)×5.37

【③トービンの q】

トービンの q は以下のように定義される．経済的償却率は，小川・北坂 (1998) で全産業平均として使用されている 0.0772 を用いた．また，株価は期中最高値と最安値の平均値を用いた．

$$q=\frac{(時価総額＋負債総額－流動資産－無形固定資産－投資その他資産－繰延資産)}{(1-経済的償却率)×(名目固定資産ストック)＋実質土地ストック}$$

推定結果

太田他 (2006) ではサンプルを 80 年代と 90 年代に分けて分析した．推定結果の基本的な内容をまとめておくと以下のとおりである[21]．

高収益・悪化企業について負債総資産比率が 90 年代に有意に負となり，90 年代の貸し渋りとして，仮説 3 のデット・オーバーハング仮説が棄却された．これに対して低収益・改善企業についても 90 年代に負で有意となり，仮説 4 の非効率な追い貸し回避のための貸し渋りが 90 年代に生じていたことを支持する結果であった．

低収益・悪化企業では 80 年代はマイナスで有意であり，80 年代に非効率な追い貸しが生じていたが，90 年代には有意でなくなっていた．ただし，この結果を直ちに，90 年代後半に仮説 2 の中立性仮説を支持する結果とみることは難しい．むしろ，この結果は，このカテゴリーの企業を対象に 90 年代後半に債権放棄が行われたことと関連していると考えられる．

本推定に当たっては，企業の効率性が借り入れ条件等に影響を及ぼす点を考慮して，負債水準の内生性の問題は操作変数を使うことで一応回避されている．

---

21) 詳しくは，太田他 (2006) の表 2 を参照．

しかし，債権放棄は債権者間の合意が成立するか否かという点で，モデルからみるとむしろ外生的な特殊要因である．そのため，債権放棄という特殊な状況下では，優先権侵害の効果をうまく捉えられなかったと考えられる．なお，倒産企業では，80年代も90年代も負債総資産比率は有意とはならなかった．

太田他（2006）の結果をふまえて，本稿ではサンプルをさらに90年代の前半と後半に分けて推計した．この理由は，債権放棄が広範に実施されるようになるのは，住専処理後の90年代後半であること，また，Ishikawa and Tsutsui（2005）によると，90年代の銀行行動として，前半は銀行の貸し出し供給曲線が右に大きくシフトし，逆に後半に借り入れ需要とともに貸し出し供給曲線が左にシフトしたと報告している．太田他（2006）の分析では，このような銀行行動を十分にとらえきれていない可能性が高い．そこで，このような90年代の銀行行動をふまえて，90年代のサンプルを前半と後半に分けて，仮説の検証を試みた．

この結果は表2にまとめられている．まず，モデルの特定化について，その妥当性の検定結果をみる．Sargan統計量及びAR（2）統計量の下のかっこ内の数字は，検定統計量のp-valueである．これによると，過剰識別条件はすべてのケースで棄却されず，また誤差項の階差についても，その2次の系列相関がゼロであるという仮説はほとんどのケースで棄却されない．したがって，モデルの特定化は適切であると言える．係数の下のかっこの中は標準誤差である．年ダミーについての結果は省略した．

負債総資産比率の係数は，倒産企業以外のすべてのケースで90年代前半に負で有意となっている．したがって，このことから90年代前半については，仮説3のデット・オーバーハング仮説が棄却され，また低収益・改善企業でもこの係数の符号は負で有意であるから，仮説4の非効率な追い貸し回避のための貸し渋りが90年代前半に生じていたことが支持される．

低収益・悪化企業でも，90年代前半は，同じく負債資産比率の係数の符号は有意に負であることから，この時期，非効率な追い貸しが生じていたことが確認できる．太田他（2006）の結果では，90年代にはこの係数が負の値を示したが有意ではなかった．しかし，本稿でデータをさらに分割したことで，90年代前半には，なお非効率な追い貸しがあったことがデータから支持されたと

表 2　企業価値関数

1. 高収益・改善企業

(1) 90 年代前半

	係　数	標準誤差	p-value
被説明変数 1 期ラグ	0.318326	0.2103	0.132
負債総資産比率	−1.69691	0.7881	0.033
倒産確率（1 期前）	12.7914	17.64	0.469
メインバンク比率	3.93739	2.822	0.164
売上高総資産比率	2.33663	1.541	0.131
従業員平均年齢	0.2119	0.2119	0.321
定数項	−13.8988	6.703	0.039
no. of observations	208	no. of parameters	12
number of individuals	47		
Sargan test: Chî2 (174) = 15.06 [1.000]			
AR (2) test: N (0,1) = −2.378 [0.017]*			

(2) 90 年代後半

	係　数	標準誤差	p-value
被説明変数 1 期ラグ	0.416261	0.2304	0.072
負債総資産比率	2.7927	3.651	0.445
倒産確率（1 期前）	−5.17072	24.55	0.833
メインバンク比率	4.97415	3.276	0.13
売上高総資産比率	0.200026	1.266	0.875
従業員平均年齢	0.295855	0.1687	0.081
定数項	−12.3651	13.29	0.353
no. of observations	274	no. of parameters	12
number of individuals	47		
Sargan test: Chî2 (174) = 10.48 [1.000]			
AR (2) test: N (0,1) = 0.3072 [0.759]			

2. 高収益・悪化企業

(1) 90 年代前半

	係　数	標準誤差	p-value
被説明変数 1 期ラグ	0.540349	0.1108	0
負債総資産比率	−3.40944	1.361	0.013
倒産確率（1 期前）	13.7053	13.45	0.309
メインバンク比率	0.204105	1.289	0.874
売上高総資産比率	1.9103	1.881	0.311
従業員平均年齢	−0.03256	0.0793	0.682
定数項	−3.52168	7.389	0.634
no. of observations	293	no. of parameters	12
number of individuals	65		
Sargan test: Chî2 (174) = 9.695 [1.000]			
AR (2) test: N (0,1) = −0.3905 [0.696]			

(2) 90 年代後半

	係　数	標準誤差	p-value
被説明変数 1 期ラグ	0.644267	0.1745	0
負債総資産比率	−0.83535	1.095	0.446
倒産確率（1 期前）	5.08211	14.71	0.73
メインバンク比率	−0.40951	1.776	0.818
売上高総資産比率	−0.87612	2.208	0.692
従業員平均年齢	−0.01527	0.07864	0.846
定数項	0.011983	8.954	0.999
no. of observations	366	no. of parameters	12
number of individuals	65		
Sargan test: Chî2 (174) = 5.959 [1.000]			
AR (2) test: N (0,1) = −0.6281 [0.530]			

141

3. 低収益・改善企業

(1) 90年代前半

	係　数	標準誤差	p-value
被説明変数1期ラグ	0.493226	0.1199	0
負債総資産比率	−2.82893	1.204	0.019
倒産確率 (1期前)	13.8556	9.198	0.133
メインバンク比率	1.42249	1.469	0.333
売上高総資産比率	2.02205	1.741	0.246
従業員平均年齢	0.041351	0.1063	0.698
定数項	−6.75343	3.527	0.056
no. of observations	469	no. of parameters	12
number of individuals	104		
Sargan test: Chi^2 (174) = 12.27 [1.000]			
AR (2) test: N (0,1) = −1.014 [0.311]			

(2) 90年代後半

	係　数	標準誤差	p-value
被説明変数1期ラグ	0.656188	0.1218	0
負債総資産比率	−2.72896	2.269	0.23
倒産確率 (1期前)	3.00236	5.59	0.591
メインバンク比率	−1.3203	1.386	0.341
売上高総資産比率	1.13539	0.9641	0.239
従業員平均年齢	−0.02809	0.08165	0.731
定数項	1.02561	4.339	0.813
no. of observations	601	no. of parameters	12
number of individuals	104		
Sargan test: Chi^2 (174) = 13.66 [1.000]			
AR (2) test: N (0,1) = −1.344 [0.179]			

4. 低収益・悪化企業

(1) 90年代前半

	係　数	標準誤差	p-value
被説明変数1期ラグ	0.43282	0.1023	0
負債総資産比率	−1.76256	0.7291	0.016
倒産確率 (1期前)	9.70741	7.236	0.18
メインバンク比率	−0.53973	1.398	0.7
売上高総資産比率	0.490866	0.7465	0.511
従業員平均年齢	−0.0129	−0.012	0.556
定数項	−1.55002	2.933	0.597
no. of observations	716	no. of parameters	12
number of individuals	157		
Sargan test: Chi^2 (174) = 15.53 [1.000]			
AR (2) test: N (0,1) = −0.9819 [0.326]			

(2) 90年代後半

	係　数	標準誤差	p-value
被説明変数1期ラグ	0.595767	0.1462	0
負債総資産比率	0.759079	1.174	0.518
倒産確率 (1期前)	7.30121	8.192	0.373
メインバンク比率	0.053859	1.313	0.967
売上高総資産比率	0.436467	0.5724	0.446
従業員平均年齢	0.015462	0.1245	0.901
定数項	−3.90542	6.813	0.567
no. of observations	923	no. of parameters	12
number of individuals	158		
Sargan test: Chi^2 (174) = 12.95 [1.000]			
AR (2) test: N (0,1) = −0.2479 [0.804]			

言えるだろう．

　Ishikawa and Tsutsui (2005) によると，90年代後半については貸し渋りが生じていたとされているが，本研究では，その理由が優先権侵害によるものなのか，デット・オーバーハングによるものなのかについて十分な証拠を見出すことはできなかった．実証データでは，有意ではないが低収益改善企業の係数が負でp-valueが他と比較して低い．この点では，優先権侵害による貸し渋りの可能性が相対的には強く検出されているように思われるが，十分な証拠とはいえない．すでに述べたように，この理由として，この時期に債権放棄が広く行われたことなどが影響していると考えられるが，今後，さらに詳細な分析を進めたい．

　またメインバンク比率の係数は，すべてのケースにおいて90年代の前半，後半ともに有意でない．メインバンクは90年代を通じて，企業価値に対して有意な影響を及ぼしていないことがわかる．90年代の前半はメインバンクによる救済が多く実施され，後半は債権放棄が広範に観察されたにもかかわらず，サンプルを分けても，なおメインバンクの貸し出し比率は，企業の効率性に対しては何の影響も与えていなかったことがわかる．

5. 結　論

　本稿では，まず担保法制や破産法制の不備の結果生じる債権者間の優先権侵害が，企業価値や企業の投資行動にどのような影響を及ぼすかについて検討した．担保法制下における優先権侵害の実態をいくつか紹介したうえで，瀬下・山崎 (2004) の議論を簡単な数値例を用いて，優先権侵害がどのように追い貸しや貸し渋りを招くかについて明らかにした．次に，優先権侵害が企業の投資決定に影響を及ぼす結果，企業価値にどのような影響を及ぼすかについて実証的な観点から検討した．

　実証研究では，企業のサンプルを五つのカテゴリーに分割して推定した．これは七つの代替的な仮説を検証するためである．90年代の初めに，優先権侵害を助長するような判例が出された点を考慮して，データを90年代前半・後

論題IV 抵当権に関する優先権侵害が企業価値に及ぼす影響について 143

半に分割して推定した．

第1の仮説は，非効率な経営状態（低収益）にある企業において，負債の水準が高い企業ほど，債権者間の優先権侵害の可能性が高くなる結果，その効率性が低下する（収益悪化）という追い貸しの非効率仮説である．第2は，伝統的なMM命題である．この仮説のもとでは，法人税の節税効果をコントロールすれば，負債水準が高いこと自体は，企業価値を低下させる効果を持たない．90年代のサンプルを前半と後半に分けた実証分析では，90年代の前半について第1の仮説を支持した．このことは，素朴なMM命題は成立せず，太田他（2006）で確認した80年代だけでなく，90年代の前半についても優先権侵害によって追い貸しが生じていた可能性が高いことを示している．

第3と第4は，貸し渋りについての仮説である．デット・オーバーハング仮説によれば，効率性の高い企業（高収益）にもかかわらず，その負債水準が低い企業はデット・オーバーハングに直面しており，潜在的に効率的な投資機会を利用できない結果，高い企業価値を実現できない（収益悪化）．しかし，こうした企業をサンプルにえらんで，さらに90年代のサンプルを全後半に分けて分析しても，太田他（2006）と同様に，デット・オーバーハング仮説を支持する結果は得られなかった．

他方，優先権侵害によって貸し渋りが生じているという第4の仮説については，貸し渋りによって，非効率な追い貸しを回避することができる結果，その後良好な成果を収めている企業（低収益・改善企業）を対象にする必要がある．その上で，負債が低い企業ほど良好な成果をもたらすといえる．90年代前半の実証結果はこの仮説を支持している．

第5, 6, 7の仮説はメインバンクに関するものである．ここでも，MM命題が成立するならば，メインバンク比率は企業価値に何らの影響も及ぼさない（仮説5）．これに対して，デット・オーバーハングが生じているような場合には，メインバンクが問題を解決するうえで重要だと言われている．メインバンクは優先債権者でもあり，デット・オーバーハングの問題を内部化することが可能だからである．こうしたメインバンク理論が妥当するならば，メインバンクからの借り入れ比率が高いほど，企業経営の効率性は高くなる（仮説6）．

ところで，メインバンクからの借り入れ比率と経営の効率性の関係を検証す

ることは，優先権侵害の仮説を検証するうえでも重要である．優先債権者であるメインバンク自身が非効率な追い貸しを実施することをつうじて，「メインバンク寄せ」と呼ばれる現象が生じているのであれば，メインバンクによる借り入れ比率の上昇は，企業経営の効率性や企業価値を低下させる結果になるだろう（仮説 7）．

しかし，仮説 6 と仮説 7 のいずれかの仮説も支持する結果は得られなかった．メインバンクは企業の救済や再建において，重要な機能を果たしているという結果も得られなかったが，優先権侵害を回避するための行動も取っていないといえるのかも知れない．

参考文献

Blundell, R. and S. Bond (1998) "Initial Conditions and Moment Restrictions in Dynamic Panel Data Models", *Journal of Econometrics* 87, 115-143.

Doornik, J., M. Arellano and S. Bond (2002) "Panel Data Estimation Using DPD for Ox", available at www.doornik.com/download.html.

Myers, S., (1977) "Determinants of Corporate Borrowing", *Journal of Financial Economics* 5, 147-175.

Modigliani, F. and M. H. Miller (1958) "The Cost of Capital, Corporate Finance and the Theory of Investment", *American Economic Review* 48(3), 261-297.

Modigliani, F. and M. H. Miller (1963) "Corporate Income Taxes and the Cost of Capital: A Correction", *American Economic Review* 53(3), 655-59.

Hoshi, T. and A. Kashyap and D. Scharfstein (1990) "The Role of Banks in Reducing the Costs of Financial Distress in Japan", *Journal of Financial Economics*, 27.

Ishikawa, D. and Y. Tsutsui (2005) "Has the Credit Crunch Occurred in Japan in 1990s ?", *RIETI Discussion Paper Series* 06-E-012.

Schwartz, A. (1989) "A Theory of Loan Priorities," *Journal of Legal Studies*, 18, 209-261.

Seshimo, H. and F. Yamazaki (2005) "Perverse Incentives of Loan Supply and Violation of the Absolute Priority Rule in Japan—Credit Crunch and Excessive Additional Loan—". Mimeographed.

Stiglitz, J. E. and A. Weiss (1981) "Credit Rationing in Market with Imperfect Information," *American Economic Review* 71, 393-410.

伊藤眞・松下淳一・山本和彦編 (2005)『Jurist 新会社更正法の基本構造と平成 16 年改正』有斐閣．

井出多加子・田口輝幸 (2006)「不動産競売市場の規制改革——最低売却額の検証と価額変更ルールの提言」『日本経済研究』No. 53, 98-124.

内田貴 (1996)『民法III 債権総論・担保物権』東京大学出版会.

太田智之・杉原茂・瀬下博之・山崎福寿 (2006)「日本の破綻法制が企業の価値とその効率性に及ぼす影響についての理論と実証」『日本経済研究』No. 53, 72-97.

大村敬一・楠美将彦・水上慎士・塩貝久美子 (2002)「倒産企業の財務特性と金融機関の貸出行動」景気判断・政策分析ディスカッション・ペーパー, DP/02-5, 内閣府.

小川一夫・北坂真一 (1998)『資産市場と景気変動』日本経済新聞社.

小川一夫 (2003)『大不況の経済分析』日本経済新聞社.

櫻川昌哉 (2002)『金融危機の経済分析』東京大学出版会.

鈴木禄弥・福井秀夫・山本和彦・久米良昭 (2001)『競売の法と経済学』信山社.

瀬下博之 (2004)「担保執行制度の改正の経済分析」『月刊金融ジャーナル』金融ジャーナル社.

瀬下博之・山崎福寿 (2002)「民事再生法の経済分析」『日本経済研究』No. 44, 日本経済研究センター.

瀬下博之・山崎福寿 (2004)「『追い貸し』と『貸し渋り』——優先権侵害の経済分析——」CIRJEディスカッション・ペーパー http://www.e.u-tokyo.ac.jp/cirje/indexj.html

瀬下博之・山崎福寿 (2007)『権利対立の法と経済学』東京大学出版会.

福井秀夫 (2003)「担保執行法制改革の法と経済分析 (上)」および「同 (下)」『税務経理』時事通信社.

細野薫・渡辺努 (2002)「企業バランスシートと金融政策」『経済研究』53巻2号, 117-133.

中坊公平・住管機構顧問弁護団 (1999)『住管機構 債権回収の戦い——司法の理念と手法を持って——』ダイヤモンド社.

森田修 (2000)「倒産手続と担保権の変容——優先弁済権の範囲と任意売却」『倒産手続きと民事実体法』別冊NBL 60号, 73-101.

山崎福寿・瀬下博之 (2000)「抵当権と短期賃借権」『社会科学研究』51巻3号, 59-83, 東京大学社会科学研究所.

山崎福寿・瀬下博之 (2002)「担保権消滅請求制度の経済分析」『Jurist』1216号, 107-118, 有斐閣.

山崎福寿・瀬下博之・太田智之・杉原茂 (2005)「優先権侵害が追い貸しと貸し渋りに及ぼす影響についての実証研究」未定稿.

[コメント]

隨清遠

1. はじめに

　経済学の理論を大きく分けると，市場メカニズムが機能する諸前提が満たされたとき，自由な取引を通じて効率的な資源配分が達成されるという議論と，何らかの理由でこのような諸前提の一部が満たされない場合，それでも取引を継続しようとすればどのような弊害が生じるか，またこのような弊害を解消ないし緩和するためにどのような代替措置が考えられるかという議論に分けることができる．後者の議論は，前者よりはるかに重要でかつ難しい．太田・杉原・瀬下・山崎論文（以下単に「論文」と呼ぶ）は，融資契約における抵当権に関する優先権が侵害された場合，どのような問題が生じるかを理論的に分析し，そして実証的に理論分析の結論を裏付けようとしている．市場メカニズムが機能する前提条件の一つは，契約の作成・行使が問題なく保証されることであるから，理論的にはこの論文は契約行使が保証されない場合の問題を分析していると見ることができる．上記の分類では，この論文の議論は後者に当たる．

2. 貢　献

　著者たちの貢献は，まずこの種の契約行使の問題と 1990 年代後半日本経済に広く流布されていた「貸し渋り」および「追い貸し」論議と結びつけて考えるところにある．大型金融機関の倒産・破綻や巨額不良債権の発生などにともなって銀行の「貸し渋り」，「追い貸し」ないし「問題の先送り」に関して，ほとんどの議論は経営者のモラルハザード問題に集中している．規制当局の「手心」の結果と指摘する議論もあるが，法律遵守や契約整合性維持の立場からの議論はほとんど聞かない．論文で指摘された状況においては，「貸し渋り」ないし「追い貸し」は経営者の合理的な選択であり，ともに銀行の利潤を最大化する行為でもある．したがって，これらの問題を改善するためには，ひたすらに銀行経営陣を非難するのではなく，法

律の整備と遵守を厳しく求めなければならない．また，資金仲介が大きく銀行部門に依存し，担保融資の原則が重視されている日本では，今後とも他の国以上にこの種の対応が求められるであろう．

第3節までの理論的議論では，抵当権に関する優先権侵害によって引き起こされる貸し渋りないし追い貸しの問題をわかりやすく解説している．契約の実行段階において，当初の約束と異なる事態が起きれば，当事者たちは契約を結んでいなければとるはずのない行動をとったり（数値例の説明ではプロジェクトBの受け入れ），あるいは契約を結んでいない状態の金融機関は，効率的な取引を拒否したり（プロジェクトAの拒否）する可能性が出てくる．論文ではそれぞれのケースを追い貸しと貸し渋りとしてとらえた．

産業における債権回収の場合，優先権侵害の問題は，かつて短期賃借権を盾にして，物件を占用し続け，抵当権の行使を妨害するようなケースよりも，同じ物件を何重もの抵当権を設定し，そして何らかの理由で抵当権を優先的に持つ債権者の権利が守られないケースのほうがずっと重要であるように思われる．これについては，民法で抵当権の順位設定と優先権を持つものの権利がはっきり規定されている．もちろん，どんな法律でも，法律で規定した通りの秩序が100％守られることもなければ，法的規定が全く守られていないこともまれである．論文では，政府当局まで時々政策的裁量で法の精神を守ろうとしないことが問題視されているが，問題はこの種の「違法」行為がどの程度深刻であるか，まして経済全体の貸し渋りないし追い貸し問題にどの程度の影響をしたか．著者たちは，かなりのウエートを実証部分においているのも，非常に納得できる．

3. 評　価

残念ながら，著者たちが得た実証結果と著者たちが結論づけようとしている部分との間に大きなギャップが感じる．

まず，仮説の設定から見ておこう．論文では，pp. 131-133において，次の7つの仮説が提示されている．

仮説 1. 追い貸しの非効率性仮説
仮説 2. 中立性仮説
仮説 3. デット・オーバーハング仮説
仮説 4. 非効率な追い貸し回避仮説
仮説 5. メインバンク中立性仮説

仮説6. メインバンク効率性仮説
仮説7. 優先権侵害回避仮説

これほど包括的な仮説が提示されているにもかかわらず,「抵当権に関する優先権侵害が企業価値に及ぼす影響」という論文の中心テーマにとって,いずれも直接関係していないように思われる.本文の説明では,これらの仮説に「優先権侵害による」と追加表現するところもあるが,次の検証方法に関する検討で見るように,実際に行われた検証作業は一部の企業の負債比率と企業価値との相関を確認することであった.仮に負債比率水準に優先権侵害の影響に関する重要な情報が含まれたとしても,こうした検証法はあまりに間接的過ぎるのではないか.優先権侵害の問題がどのように負債水準に依存して深刻になるか,論文にとって重要課題だと思われるが,論文ではこのような確認作業はなされていない.

仮説5と6については,確かに著者たちが主張するように,優先権侵害の問題にとってメインバンクの存在が重要な意味を持つかもしれない.しかし,これはあくまで優先権侵害問題がメインバンクおよびメインバンク以外の借手からの融資に与える影響を,たとえ事例研究であるにせよ,より直接的に確認できた上の話である.これについても論文ではほとんど検討されていない.そうすると,仮説5,6について仮に期待した結果を得たとしても,それを優先権侵害問題の影響と関連させるのには,今少し慎重な議論が必要であろう.

また,仮説検討の中で「デット・オーバーハング」,「貸し渋り」,「追い貸し」などに関する表現も気になる.例えば,仮説4は「非効率な追い貸し回避仮説」と表現されているが,定義上,「追い貸し」自体は「非効率」であり,効率な追加融資は「追い貸し」といわないはずである.また同仮説は表1で「優先権侵害による貸し渋り仮説」とも別名で表現されている.もともと貸し渋りと追い貸しは両立しうる話なので,追い貸しの回避と貸し渋りの発生は同等ではない.さらに,p.138で「デット・オーバーハング」と「貸し渋り」と混同して表現されている.これも通常の理解と異なるように思われる.貸し渋りはもともと貸し手側の一方的事情(財務健全性の悪化と見る場合が多い)による貸出の減退を指す.それに対してデット・オーバーハングは逆に借り手側の事情(既存債務が高すぎる)によって新規の資金調達が困難になっている状態を指す.両者は同じものではない.もっとも,一つの研究で「デット・オーバーハング」,「貸し渋り」,「追い貸し」,「メインバンクの効率性」を同時に検証するのはかなり難しい作業である.これらの問題は日本の金融仲介にとっていずれも最重要級の問題であるが,この論文のテーマにとって,必ずしもすべて取り上げる必要はないのではないか.

論題IV 抵当権に関する優先権侵害が企業価値に及ぼす影響について　149

4. 検証方法の検討

　次に検証方法を検討してみよう．いずれの仮説に対しても類似した検証方法で行われているから，それぞれに関する検討は類似した内容になる．ここで仮説1の検証方法だけについて，詳細に見ておこう．

　「仮説1」はp. 131で「追い貸しの非効率性仮説」と表現されている．また，表1では「優先権侵害による追い貸しの非効率性仮説」とも表現された．この仮説を検証するために，論文は収益性が低く業績が悪化している企業を対象に，負債比率と企業価値との間の相関をもって判断しようとした．もしその相関が負であれば，仮説が支持されるという．

　推計結果では，「80年代に非効率な追い貸しが生じていたが，90年代には有意でなくなっていた」(p. 138)．90年代の結果については，著者たちは，銀行による債権放棄の可能性を考慮して結論を保留している．

　低収益・業績悪化企業について負債比率が企業価値に負の影響を及ぼす可能性は，90年代よりも80年代のほうが強く観察される．この発見自体は興味深い．問題は，(I) そのような負の影響はなぜ追い貸しの結果と見なせるのか，(II) そのような追い貸しはなぜ優先権侵害によるものだと判断できるのか，(III) そのような結果はなぜ非効率的だといえるのかである．以下逐次検討しよう．

　(I) について．著者たちは，低収益・業績悪化企業がそもそも借入（負債）を増やすべきではない，したがってもしこれらの企業の負債が現に増えたとすれば，それは追い貸しの結果に違いないと考えているようである．しかしこのような考え方を支持する理由は示されてない．その理論的根拠を提示するのが，まず研究の前提ではないかと評者は考える．

　(II) について．もし優先権侵害の問題の深刻さは負債水準に比例するなら，貸し手である金融機関は優先権侵害が起きることを知りながら，資金を供給していることになる．こうした非合理とも思える行動を，著者たちがどう捉えているかは必ずしも明らかではない．もしこうした行動を否定するなら，なぜ上記の結果を優先権侵害の結果と解釈できるのか．すなわち評者には，著者たちは優先権侵害の度合いを負債水準のみで代理していることが，優先権侵害を中心問題にした実証研究としては，あまりにも安易に見える．今少し代理変数のヴァリエイションに関して工夫があってもよかったと思慮する．

　(III) について．負債比率が企業価値に負の影響を及ぼすこと自体は非効率性の証拠だと見る必要はないのではないか．想定しているモデルによってそれは効率性

の証拠にも非効率性の証拠にもなりうる．例えば，論文で触れたデット・オーバーハング問題が支配的影響を及ぼすなら，既存負債は新しい資金調達の障碍になり，企業価値に対して負の影響を与えるであろう．逆にJensen流のfree cash flow仮説で想定した問題が無視できないなら，負債を高めることはむしろエージェンシー問題を緩和する有効な手段になり，企業価値に対して正の影響を与えるであろう．問題は，どのような前提条件を想定しているかによる．この点についても，著者たちの考え方を正当化する議論は見あたらない．

他の仮説2-7の実証結果に関する検討も類似した内容になるのでここで繰り返さない．

貸し渋りや追い貸しは最近の日本経済を翻弄してきた問題だといわれる．これについて銀行経営者のモラルハザードに原因を求める議論が多いのに対して，この論文では契約遵守の立場から，その可能性を求めている．理論的分析は興味深い．しかし，それを裏付ける実証部分については，著者たちの主張は客観的データによって裏付けられたとはまだいえない．今後の研究ではもっと実証課題のターゲットを絞って正面から検証することが望まれる．

論題Ⅴ　金融の不安定性と景気循環
Bernanke and Gertler (1989, AER) の確率的動学分析

[報告] 櫻川昌哉
[コメント] 大瀧雅之
[回答] 櫻川昌哉

[報告]

櫻川昌哉

1. はじめに

　Bernanke and Gertler (1989, AER, 以下 B-G) は，その先駆的論文で，銀行部門とマクロ経済の相互作用を分析し，銀行貸出，総投資，総産出の間にある景気循環の波及メカニズムを明らかにしている．借り手の自己資本の増加が銀行貸出を促進するチャネルに着目することによって，銀行依存型経済が持続的な景気循環を実現するメカニズムを解明し，そしてその成果はその後多くの興味深い研究を生み出すことになる[1]．B-G が提示したのは，Diamond (1965) モデルに貸出市場の不完全性を導入し，さらにマクロ的な生産性ショックを導入した確率的世代重複モデルである．景気循環と銀行部門の不安定性（例えば，銀行破綻や取り付けなど）の相互作用を理解するための格好の分析

---

1) 例えば，Calstrom and Fuerst (1997).

道具を提示しているのだが，B-G はこの課題に答えていない．

　銀行は，預金者との間で預金契約を締結するに際して，マクロショックに条件づけした契約を結ぶことはむずかしい．マクロリスクを預金者に移転できない銀行はその影響を直接受けることとなり，自由競争の銀行システムでは，景気停滞の局面で銀行危機が頻発することになる．Gorton (1988) は，アメリカの歴史を例に取りながら，銀行危機は景気循環の下方局面で生じていると指摘している．最近起きたいくつかの金融危機もこの説と整合的である．1990年初頭にフィンランド，スウェーデン，日本で起きた金融危機は，いずれも株価や不動産価格などの資産価格の下落に端を発している．マクロリスクの対処に弱点をもつ銀行依存型経済を念頭におきつつ，金融危機と景気循環の相互作用を分析することは重要でかつ興味深い課題といえる[2]．

　B-G は，金融部門をモデル化するにあたって，Townsend (1979) を嚆矢とする CSV (Costly-State-Verification) アプローチを利用しているが，銀行の内生的導出を論じている Diamond-Williamson モデルの性質を必ずしも踏襲していない．B-G は，むしろ投資家によってなされる債権回収活動は外部から観察可能であると仮定することによって銀行の存在には明示的には触れていない[3]．B-G はさらに，マクロショックが起きるタイミングを金融契約が履行されて収益が分配されたのちであると仮定することによって，金融契約がマクロショックの変動に影響を受けないように工夫を試みている[4]．B-G は，こ

---

[2] もう一方の研究の流れは，金融部門の不安定性を銀行パニックの議論として位置づけ，Diamond-Dybvig タイプの銀行取り付けモデルのなかで分析している．例としては，Diamond and Dybvig (1983), Chari and Jagannnathan (1988), Hellwig (1994), Alonso (1996), Allen and Gale (1998) などを挙げることができる．

[3] B-G は脚注 7 (p. 17) でこの点を指摘している．「"銀行"によってなされる債権回収活動が外部から観察可能であれば，"銀行"の行動は"預金者"からガラス張りであり，費用をかけて"銀行"を監視する必要がなくなるため，銀行を設立する根拠がなくなる」．

　Diamond-Williamson モデルでは，この監視費用を節約する制度的工夫として，大規模な銀行の存在が位置づけられている．

[4] こうした時間の流れを仮定することによって，金融契約はマクロショックの平均値をもとに締結されかつ履行されることになる．ショックが生じるのは生産の次の局面であり，B-G では，最終財を生産する企業がショックを被ることになる．彼らは以下のように記述している．"it makes things a bit simpler to assume that project outcomes are realized, announcements are made, and auditing takes place before the current value of $\tilde{\theta}$ is known; thus, incentive constraints relevant to decisions in t need depend only on expected values of functions of $\tilde{\theta}_{t+1}$" (p. 17). しかしながら，B-G は，最終財企業がマクロショックをどのように生産要素への

うした設定上の工夫をへて，借り手の資産内容が銀行の貸出行動を通じてマクロ経済全体に及ぼす影響に焦点をあてている．

この論文の目的は，B-G と異なり，銀行がマクロリスクの影響を直接被る経済における景気循環メカニズムを分析することである．そのために，投資家の債権回収活動は投資家自身の私的情報であると仮定し，さらにマクロショックは金融契約が終了する以前に生じると仮定している．これら2つの仮定を設けることによって，銀行部門の不安定性と景気循環の相互作用を理解するための枠組みを提示することが可能となる．

マクロショックは一般に，契約の当事者にとって観察可能（observable）ではあるが，裁判所などの第3者が立証不可能（unverifiable）な事象であり，マクロショックに条件づけした契約を締結することは困難である．実際，銀行と借り手の間で，マクロ経済変数に条件づけした債務契約が締結されることはまれであり，むしろ将来のマクロ経済状態とは独立に一定の支払いを義務づける契約を結ぶのが一般的である．

こうした環境のもと，Krasa and Villamil (1992) や Sakuragawa (2002) が分析しているように，銀行は，借り手企業だけでなく預金者との間にもインセンティヴ問題に直面し，最適契約の組み合わせを同時に設計しなければならない[5]．預金者は，不況期に元利の支払不能に陥る銀行に対して取り付けをおこなうことによって，好況期に約束された金額を支払うように規律付けをはかる[6]．Diamond (1984) や Williamson (1986) が銀行破綻のない世界を描いているのとは対照的に，費消的な銀行取り付けが最適契約として位置づけられ

支払いに反映させるのか正確な記述がない．特に，平均よりも低いショックが生じたとき，資本財に対して平均値 $\bar{\theta}$ に条件づけして支払ってしまうと，もし実際の限界生産性に等しい賃金を労働者に支払おうとすれば，企業は赤字になってしまう．

5) Krasa and Villamil (1992) と Sakuragawa (2002) はいずれも，Diamond-Williamson モデルの枠組みで，銀行が信用リスクを十分に分散できないときの借り手企業，銀行，預金者の間の最適契約を分析しており，銀行は，借り手企業だけでなく，預金者との間でも債務契約を結ぶことになり，最適契約が預金者による取り付けを許容することを明らかにしている．なお，Krasa and Villamil (1992) は，借り手企業家の数が有限であるために，銀行が信用リスクを十分に分散できない世界を描写し，Sakuragawa (2002) は，マクロショックに条件づけした契約を結べない世界を仮定することによって，銀行が信用リスクを十分に分散できない世界を描写している．

6) 取り付け行動が銀行のモラルハザードを防ぐ規律づけ機能を果たすという視点は，Diamond and Rajan (2000) にも見られる．

る．

　銀行取り付けの過程で資本が費消すると仮定すると，取り付けによって生じる資本の"喪失"と借り手の自己資本の減少が引き起こす負のバランスシート効果の相互作用によって，B-G が描写した世界よりも，不況はより持続的にかつ深刻になることが明らかにされる．

　論文の構成は以下の通りである．第2節ではモデルの説明をおこなう．第3節では金融契約について分析する．第4節では，モデルの確率的性質が分析される．

2. モデル

　無限期間にわたって存続する世代重複経済（an economy of overlapping generations）を想定する．各期 $t=0,1,2\cdots,\infty,$ において，毎期，無数の経済主体が生まれ，かれらは2期間生きる．人口成長はない．

　最終財を生産する企業は，毎期，資本と労働を生産要素として最終財を生産する．企業の技術は規模に関して収穫一定であり，$Y_t = \theta_t F(K_t, N_t)$ で表される．ここで K_t と N_t はそれぞれ総資本と総労働，Y_t は最終財の総産出量である．k_t を一人当たり資本，y_t を最終財の一人当たり産出量とすると，生産関数はさらに一人当たりを単位として，$y_t = \dfrac{Y_t}{L_t} = \theta_t F\left(\dfrac{K_t}{L_t}, 1\right) \equiv \theta_t f(k_t)$ と表される．ここで y_t は最終財の一人当たり産出量を，k_t は一人当たり資本を表す．総要素生産性を表す θ_t は，i.i.d. の確率変数であり，確率 q_H で θ_H の値を，確率 q_L で θ_L の値をとる．θ_H は θ_L に比べて十分に大きな値であると仮定する．$f(.)$ は微分可能で増加的で，凸性を満たし，$f(0)=0$ と $\lim\limits_{k_t \to 0} f'(k_t) = +\infty$ を満たす．生産技術は一次同次性を満たしており，最終財の生産は，競争的な市場で価格受容者（price taker）として行動する唯一の巨大企業の行動として記述することができる．その企業の利潤最大化行動の結果として，各生産要素は限界生産性に等しい支払い額を受け取る．

$$R_t = \theta_t f'(k_t), \tag{1a}$$

and

$$W_t = \theta_t\{f(k_t) - k_t f'(k_t)\} \equiv \theta_t w(k_t), \tag{1b}$$

なお R_t は資本に対する収益率を,W_t は賃金率を表す.資本は1期間生産で使われた後に完全に減耗するとする.最終財をニュメレールとする.投資財の価格は資本の限界生産性 R_t に等しい.

第1期目の始めに,各主体は1単位の労働時間を労働市場で非弾力的に供給し,賃金所得を稼ぐ.t 期に生まれた主体は効用 $u_t \equiv c_{t+1} - e_{t+1}$ の期待値を最大にするように行動する.ここで c_{t+1} は老年期の消費を,e_{t+1} は情報開示活動に費やされた労力の大きさを表す.若い世代が稼いだ賃金所得はすべて貯蓄される.主体は「有限責任性 (limited liability constraint)」で保護されている.

各主体は I 単位の最終財を1期後に資本財に変換させる投資プロジェクトを着手することができる.この投資プロジェクトは投入量に関して分割不能であり,投入量が I 単位に満たないとき,産出量はゼロである.資本財の産出量は確率変数であり,確率 π_2 で x_2 の値を,また確率 π_1 で $x_1(<x_2)$ の値をとる.産出量の平均値を $x \equiv \pi_2 x_2 + \pi_1 x_1$ としるす.単純化のために,$x_1 = 0$ であると仮定する.投資サイズ I は主体ごとに異なっており,その分布は $[\underline{I}, \overline{I}]$ の領域で正の密度 $g(I)$ をもつ連続微分可能な確率分布関数 $G(I)$ で表される.各 I ごとに,加算無限個の主体が存在する.

すべての主体が企業家になるわけではない.企業家になると決めた主体は投資プロジェクトを他人からの借入れで企てる.一方,投資家になると決めた主体は,若年期に稼いだ所得を他人に貸すか,あるいは金利ゼロの海外資産に投資する.

情報構造は標準的な CSV (costly-state-verification) アプローチの世界を想定する.この手法は Townsend (1979) に始まり,その後 Gale and Hellwig (1985) and Williamson (1986) によって発展を見ることになる.投資プロジェクトの収益は外部の人間からは立証不可能であるとする.立証には費用がかかり,他人の投資収益を立証するために,γR_t の努力を費やさなければならない.立証費用は投資財を基準に測られるが,これは計算上の便宜である[7].

3. 金融契約

　Diamond (1984) や Williamson (1986) に代表される CSV モデルの世界では，投資家が個別に貸し付けをおこなったとき，借り手の破産に際して発生する立証費用の重複を除去する制度的工夫として銀行が位置づけられる．彼らが導き出した銀行は貸出リスクの除去にほぼ成功しているけれども，マクロショックに条件づけした契約を結ぶことができないとき，銀行は貸出リスクを完全に除去することができない．Krasa and Villamil (1992) や Sakuragawa (2002) が分析しているように，銀行が貸出リスクを完全に除去できないとき，銀行となる投資家は，借り手企業だけでなく預金者との間にもインセンティヴ問題に直面し，最適契約の組み合わせを同時に設計することになる．

　まず，借り手企業と銀行との間の契約について考えてみよう．なお，契約に際しては，銀行が確率的に立証活動をおこなう混合戦略を考える[8]．投資サイズ I の借り手企業家と銀行の間で結ばれる契約を $(X(R_j\chi_i, I), S(I), p(I))$ で表す．ここで $X(R_j\chi_i, I)(i=1,2, j=H, L)$ は，この企業家の支払関数を表し，有限責任性の仮定から，実現可能性 $X(\cdot, I) \leq R_j\chi_i$ を満足する．$S(I)$ は立証が生じるマクロ変数の事象の部分集合を表す．最後に $p(I)$ は立証が生じる確率を表す．$p(I)$ は本来は $p(I, R_j, \chi_i)$ と表記すべきかもしれないが，ここでは非完備契約の考え方を借用して，借り手が破産するときは同じ確率で立証が生じると仮定する．

　以下，誘因両立性を満たす契約 (incentive-compatible contracts) に限定して議論を進める．$X(I)$ を借り手が銀行に支払うと約束した一定額とすると，誘因両立性の条件は，$S(I) = \{R_j\chi_i : R_j\chi_i < X(I)\}$ で表される．$R_j\chi_i \geq X(I)$ のときはいつでも借り手は $X(I)$ を支払い，逆に $R_j\chi_i < X(I)$ のとき，借り手は支払い不能に陥り，確率 $p(I)$ で立証が生じる．実際に立証が生じるとき，銀

　7）B-G は，立証のための費用は資本財を消費するという定式化をおこなっている．この定式化に従うと，以下の述べる資本の定義式が若干複雑となるが，付加価値はない．

　8）Border and Sobel (1987) and Mookerjee and Png (1989) は，立証活動に関して混合戦略がとられるときの最適契約を一般的な枠組みで分析している．

行は借り手の収益をすべて回収する.

立証が生じる集合が $S(I)=\{R_L x_1, R_H x_1, R_L x_2\}$ となり,その補集合が $S^c(I)$ $=\{R_H x_2\}$ となるケースを以下考えていく.不況期におけるマクロの事象の値 θ_L は,好況期の値 θ_H よりも十分に小さいと仮定されているので,このケースに限定して議論することは自然であろう.なお,$x_1=0$ と仮定して分析を進める.有限責任性のもとで,投資が失敗したときは,いずれのマクロの事象でも支払いはゼロとなる,すなわち $X(R_L x_1, I)=X(R_H x_1, I)=0$ となる.そして $S(I)=\{R_L x_1, R_H x_1, R_L x_2\}$ であることから,誘因両立性が意味を持つのは,状態 θ_H のときだけである.よって,誘因両立性を表す制約条件は

$$R_H x_2 - X(I) \geq R_H x_2 \{1-p(I)\}, \qquad (2)$$

で与えられる.ここで左辺は,借り手が投資に成功したと正直に申告したときの収益を表し,右辺は,投資は成功したにもかかわらず,借り手が嘘をついたときの期待収益を表す[9].

次に,銀行の参加条件を述べたいのであるが,分析の見通しをよくするために,先に銀行とこの銀行の"預金者"となる他の投資家との間の契約について述べる.非常に多数の借り手企業家と同時に契約を結ぶ銀行は,各投資に固有のリスク (idiosyncratic risk) は完全に除去することができるので,預金契約は"マクロの事象 θ_j に依存した"形で表すことができる.ただし,マクロの事象 θ_j に依存した形で表されるということが,"マクロの事象 θ_j に条件づけした"形で預金契約が結ばれるという意味ではないことに十分に注意されたい.

個々の投資家は銀行に約束を履行させるべく費用をかけて"脅迫"することになる.投資家が取り付けで銀行の資産を略奪したとすると,その資産のうち $100 \times \beta$ $(0<\beta<1)$% は喪失すると仮定する.取り付けにあった銀行の資産の清算には資本の喪失というコストがかかるという仮定は,Diamond and Dybvig (1983) を彷彿とさせる.

銀行と預金額 $(I-W_t)$ に対する請求権の間で結ばれる契約を $\{Z(I), Z(\theta_j, I), S^*(I)\}$ で表す.ここで $Z(I)$ は,銀行が預金請求権に支払うと約束

---

9) より正確に言えば,右辺は,借り手が嘘をついたことがばれたとき,借り手の利得はゼロであると言外に述べている.これは容易に証明可能であるので割愛する.

した一定額を表す．$Z(\theta_j, I)$ は，事象 θ_j において銀行が支払うことのできる最大額を表す．そして $S^*(I)$ は，預金者が銀行に取り付けをおこなう事象の部分集合を表す．なお預金者による取り付けは確率ゼロか1で起きると仮定して，混合戦略の可能性は考えない．預金者が取り付け行動について混合戦略をとると想像するのは現実的でないと思われる．誘因両立性の条件は，$S^*(I) = \{\theta_j : Z(\theta_j, I) < Z(I)\}$ で表される．銀行取り付けが起きるのは，銀行が預金の元利合計額を支払えないときに限られる．

Krasa and Villamil (1992) によってなされたアプローチにしたがって，銀行は，誘引両立性条件が満たされているという条件のもとで，銀行の参加条件と預金者の参加条件という2つの参加条件を制約として，借り手企業家の期待利潤を最大化するように契約問題の解決をめざすことになる．事象 θ_j における，投資サイズ I の借り手企業家 N 人との貸出契約からの銀行の収入を $\Pi_N(I, \theta_j)$ とする．「大数の法則 (law of large numbers)」から，$\lim_{N\to\infty} \frac{\Pi_N(I, \theta_H)}{N} = \pi_2 X(I)$ と $\lim_{N\to\infty} \frac{\Pi_N(I, \theta_L)}{N} = p(I)\pi_2 x_2 R_L$ が導き出される．M を支払い不能に陥った借り手企業家の数とする．投資サイズ I の借り手を立証するに際して，銀行が被ることになる一契約当たりの（効用で測った）期待費用は $p(I)\frac{M\gamma R_j}{N}$ である．再び，「大数の法則」を使うと，$\lim_{N\to\infty} p(I)\frac{M\gamma R_H}{N} = p(I)\pi_2\gamma R_H$ と $\lim_{N\to\infty} p(I)\frac{M\gamma R_L}{N} = p(I)\gamma R_L$ が導き出される．

次に，マクロのどの事象で銀行取り付けが起きるのかを分析する．事象 θ_H においては，取り付けが起きないと考えて差し支えないであろう．以下，事象 θ_L では常に取り付けが起きると仮定して議論を進めよう．

銀行が解決すべき問題は以下のように定式化される．

$$\max_{X(I), p(I), Z(I), Z(\theta_L, I)} q_H \pi_2 \{x_2 R_H - X(I)\} + q_L \pi_2 \{1 - p(I)\} x_2 R_L,$$

subject to

$$q_H\{\pi_2 X(I) - p(I)\pi_1\gamma R_H - Z(I)\} + q_L \partial K p(I)\pi_2 x_2 R_L$$
$$- p(I)\gamma R_L - Z(\theta_L, I)\} = 0, \tag{3}$$
$$q_H Z(I) + q_L\{Z(\theta_L, I) - \beta x R_L\} = I - W_t, \quad \text{and} \tag{4}$$
$$0 \leq p(I) \leq 1 \tag{5}$$

(3) 式は銀行の参加条件を表す．銀行となる投資家によって提供される資金の比重は，銀行の規模が大きくなるにつれて単調に小さくなるので，$N \to \infty$ のとき，銀行資本の機会費用はゼロとなる．(3) 式が等号で成立するということは，投資家のあいだで銀行になるための競争が"超過利潤"がゼロになるまで繰り広げられることを意味する．(4) 式は，預金額 $(I-W_t)$ の参加条件を表す．最後に (5) 式は確率の定義である．

(3) 式と (4) 式を統合して得られる預金者と銀行で「統合された (integrated)」参加条件は，次のようにまとめることができる．

$$q_H\{\pi_2 X(I) - p(I)\pi_1 \gamma R_H\} + q_L\{\pi_2 p(I) x_2 R_L \\ - p(I)\gamma R_L - d_L \beta x R_L\} = I - W_t. \qquad (6)$$

もし $x_2 R_L$ が $(I-W_t)$ より少ないなら，事象 θ_L における投資サイズ I の借り手から銀行が獲得可能な収入の最大額 $p(I)(\pi_2 x_2 - \gamma)R_L$ は，$(I-W_t)$ を下回る．銀行収入の最大可能額 $(\pi_2 x_2 - \gamma)R_L \int_I^{I^*} p(I)dG(I)$ は，このとき総預金 $\int_I^{I^*}(I-W_t)dG(I)$ を下回る．したがって，事象 θ_L において銀行取り付けが起きる．

銀行はマクロ変数に条件付けした預金契約を提示できないとき，最適契約において取り付けが起きる[10]．不況時における取り付け行動は，好況時において銀行に正直に支払いをさせるためのインセンティヴスキームである[11]．仮に，銀行がマクロ変数に条件付けした契約を提示することができていれば，不況時において支払を少なくする代わりに好況時に多く支払うことで預金者を納得させることができ，取り付けを防ぐことができたであろう．

なお，(2) 式が等号で成立するとき，立証が生じる確率は次式のようになる．

$$p(I) = = \frac{I - W_t + q_L \beta x R_L}{(x - \pi_1 \gamma)(q_H R_H + q_L R_L) - \pi_2 \gamma q_L R_L}\text{[12]}. \qquad (7)$$

---

[10] Allen and Gale (1988) は，Diamond-Dybvig タイプの銀行取り付けモデルにマクロショックを導入したとき，やはり最適契約において銀行取り付けが生じることを明らかにしている．

[11] ここでのモデルは，マクロショックについて事象が2つしかない最も単純なケースを扱っているが，Sakuragawa (2002) は，事象が無限個になるケースを分析しており，マクロの事象がある水準を下回るとき取り付けが起きることを示している．

[12] 厳密に言えば，(7) 式は次式のように書くべきかもしれない．

立証が生じる確率 $p(I)$ は，借入額 $(I-W_t)$ が多いほど，取り付けの費用 $\beta x R_L$ が高くなるほど，そして立証費用 γ が高くなるほど，上昇する．投資サイズ I の借り手の支払額 $X(I)$ は，やはり (2) 式が等号で成立するとき，$p(I)$ と正比例の関係となる．両者の関係は $X(I)=R_H x_2 p(I)$ で表され，立証確率が高くなるほど，銀行への支払額もまた増加する．具体的には，次のように表される．

$$X(I)=R_H x_2 p(I)=\frac{R_H x_2 (I-W_t+q_L \beta x R_L)}{(x-\pi_1 \gamma)(q_H R_H + q_L R_L) - \pi_2 \gamma q_L R_L}. \qquad (7')$$

貸し手と借り手の間で結ばれる契約は，銀行は借り手が破産したときに債権回収について混合戦略をとるという点を除けば，いわゆる「債務務約 (debt contract)」の性質を満たしている[13]．

この節の最後に，投資サイズ I の企業家の期待利潤をもとめておく．それは次式で与えられる．

$$\begin{aligned}
& q_H \pi_2 \{x_2 R_H - X(I)\} + q_L \pi_2 \{1-p(I)\} x_2 R_L \\
&= \pi_2 x_2 (q_H R_H + q_L R_L)\{1-p(I)\} \\
&= x(q_H R_H + q_L R_L)\left\{1-\frac{\beta x q_L R_L}{(x-\pi_1 \gamma)(q_H R_H + q_L R_L) - \pi_2 \gamma q_L R_L}\right\} \\
&\quad - \frac{x(q_H R_H + q_L R_L)}{(x-\pi_1 \gamma)(q_H R_H + q_L R_L) - \pi_2 \gamma q_L R_L}(I-W_t). \qquad (8)
\end{aligned}$$

最初の等号は (2) 式を利用しており，2 番目の等号は (7) 式を使っている．最後の式の第 1 項の括弧内の表現は，投資からの期待収入 $x(q_H R_H + q_L R_L)$ から取り付けの費用が控除されていることを表しており，第 2 項の借入額 $(I-W_t)$ の係数は 1 を上回っており，外部資金は内部資金より割高であるこ

$$p(I) = \min\left\{1, \frac{I-W_t+q_L \beta x R_L}{(x-\pi_1 \gamma)(q_H R_H + q_L R_L) - \pi_2 \gamma q_L R_L}\right\}.$$

しかしながら，最適契約では決して $p(I)=1$ は選択されない．仮に $p(I)=1$ としてみよう．そのとき $(x-\pi_1 \gamma)(q_H R_H + q_L R_L) - \pi_2 \gamma q_L R_L - q_L \beta x R_L = I - W_t < I$ となり，融資を受けた企業家の期待利潤が負になってしまう．

13) Krasa and Villamil (1992) や Sakuragawa (2002) は，借り手の収益が無限の事象を持つより一般的なケースを分析しており，銀行が信用リスクを完全に分散できないとき，銀行は，借り手との間でかつ預金者の間で，負債契約 (debt contract) を結ぶことを証明している．

とを表している.

4. 確率的性質

この節では,自由競争下にある銀行システムで特徴づけられる経済の動学がどのような確率的性質をもつのかを分析する.まず,借金をして企業家になるかそれとも投資家にとどまるのかについて無差別な人を「限界的な企業家 (marginal entrepreneur)」と定義しよう.限界的な企業家は,その投資サイズで,次式を満たすように決められる.

$$x(q_H R_H + q_L R_L)\left\{1 - \frac{\beta x q_L R_L}{(x - \pi_1 \gamma)(q_H R_H + q_L R_L) - \pi_2 \gamma q_L R_L}\right\}$$
$$- \frac{x(q_H R_H + q_L R_L)}{(x - \pi_1 \gamma)(q_H R_H + q_L R_L) - \pi_2 \gamma q_L R_L}(I_t^* - W_t) = W_t, \tag{11}$$

ここで左辺は,投資サイズ I_t^* の企業家の期待利益を表し,右辺は自己資金を貸し出したときの粗収益 W_t を表す.式 (11) の意味することは,投資サイズが $I \in [\underline{I}, I_t^*]$ の人々のみが投資プロジェクトに着手し,投資サイズが $I \in [I_t^*, \overline{I}]$ の人々は着手しないということである.

「大数の法則 (law of large numbers)」から,事象 θ_H における総資本は,投資の期待値 k に実施された投資数 $G(I_t^*)$ を掛けた値に等しくなる.事象 θ_H における $t+1$ 期の期首における資本は次のように表される.

$$k_{t+1}(\theta_H) = kG(I_t^*), \tag{12a}$$

他方,事象 θ_L における $t+1$ 期の期首における資本は次のように表される.

$$k_{t+1}(\theta_L) = x(1-\beta)G(I_t^*), \tag{12b}$$

なお,事象 θ_L における資本は,$k_{t+1}(\theta_H)$ に比べて β の割合だけ小さい.これは銀行取り付けの際に生じる資本の喪失を反映している.(12a) 式と (12b) 式から,以下の関係式が得られることは容易に示される.

$$k_{t+1}(\theta_L)=(1-\beta)k_{t+1}(\theta_H). \tag{13}$$

この経済の均衡は，i.i.d.の性質をもつマクロショック $\theta_t \in \{\theta_L, \theta_H\}$ と初期値 $k_0>0$ を所与として，(1a), (1b), (11), (12a), (12b) の4つの式を満足する系列 $\{k_t\}_{t=0}^{\infty}$ で定義される．確率密度関数 $g(.)$ は，任意の I について符号は正となるので，確率分布関数 $G(.)$ は逆関数をとることができ，(12a) 式は以下のように変換される．

$$I_t^* = G^{-1}\left(\frac{k_{t+1}(\theta_H)}{\chi}\right), \tag{14}$$

なお $G^{-1}(.)$ は，$G(.)$ の逆関数であり，増加関数である．

マクロ的不確実性のある経済を分析する前に，まずマクロ的不確実性のない $\theta_L=\theta_H=1$ で表される不確実性のないケースを分析してみよう．銀行は信用リスクを完全に除去することができるので，取り付けは起きない．(11) 式は次式のように単純なかたちで表すことができる．

$$\chi R_{t+1} - \frac{\chi}{\chi-\pi_1\gamma}(I_t^* - W_t) = W_t. \tag{15}$$

(1a), (1b), (13) の3式を利用して，(15) 式を整理すると，次式のように表すことができる．

$$\chi f'(k_{t+1}) = G^{-1}\left(\frac{k_{t+1}}{\chi}\right) + \frac{\pi_1\gamma}{\chi-\pi_1\gamma}\left\{G^{-1}\left(\frac{k_{t+1}}{\chi}\right) - w(k_t)\right\}, \tag{16}$$

B-G の命名によれば，左辺は，「資本の需要曲線 (capital demand curve)」を，右辺は「資本の供給曲線 (capital supply curve)」をそれぞれ表す．(16) 式が資本の需給を表しているにもかかわらず，賃金率 $w(k_t)$ が右辺に存在することに注目されたい．ここにエージェンシー問題が反映されている．

図1に，右上がりの「資本の供給曲線」SS と，右下がりの「資本の需要曲線」DD が描かれている．自己資本の少ない限界的な企業家がより多額の借入れを需要すると，SS 曲線は上方にシフトし，交点は左にシフトする．このこ

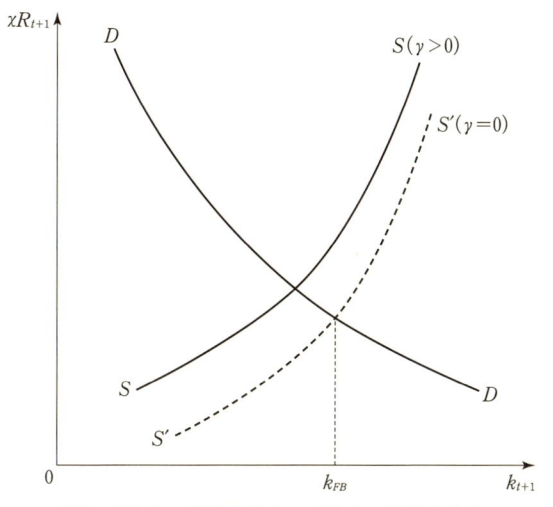

図1 「資本の供給曲線」と「資本の需要曲線」

とは，SS 曲線と，$\gamma=0$ で表される完全資本市場のときの曲線 ($S'S'$) を比較してみれば容易にわかる．

確率的動学均衡を一般形のままで解くのは難解をきわめるので，これ以降は生産関数を $f(k)=k^a$ ($0<a<1$) と特定化して分析を進める．(13) 式を使うと，$(q_H R_H + q_L R_L)$ は以下のように書き表すことができる．

$$q_H R_H + q_L R_L = \{q_H \theta_H a + q_L \theta_L a(1-\beta)^{a-1}\}\{k_{t+1}(\theta_H)^{a-1}$$
$$\equiv C \times \{k_{t+1}(\theta_H)\}^{a-1}. \tag{17}$$

(1a), (1b), (14), (17) の 4 式を (11) 式に代入すると次式のように表される．

$$\chi C\{k_{t+1}(\theta_H)\}^{1-a}(1-\beta A)$$
$$= BG^{-1}\left(\frac{k_{t+1}(\theta_H)}{\chi}\right) - (B-1)\theta_t(1-a)k_t^a = 0. \tag{18}$$

ここで A と B はともに定数で以下の式で表される．

$$A \equiv \frac{xq_L\theta_L(1-\beta)^{a-1}}{(x-\pi_1\gamma)\{q_H\theta_H+(1-\beta)^{a-1}q_L\theta_L\}-\pi_2\gamma q_L\theta_L(1-\beta)^{a-1}}, \text{ and}$$

$$B \equiv \frac{x\{q_H\theta_H+(1-\beta)^{a-1}q_L\theta_L\}}{(x-\pi_1\gamma)\{q_H\theta_H+(1-\beta)^{a-1}q_L\theta_L\}-\pi_2\gamma q_L\theta_L(1-\beta)^{a-1}} > 1.$$

t期の資本k_tと続けて生じるマクロショックθ_tとθ_{t+1}を所与として，(13)式と(18)式の2本の式がk_{t+1}を決定する．θ_tとk_tで表される今期の状態が，借り手の自己資本の大きさと総投資を決め，次期の資本ストックk_{t+1}に影響を与える．さらに，次期のショックθ_{t+1}が，銀行取り付けの生起を決め，k_{t+1}を決める．今期のショックはいわば「賦存量ショック (endowment shock)」であり，次期のショックは「資本減耗ショック (capital depreciation shock)」とみなすことができ，それぞれのショックがk_{t+1}に影響を与える．したがって，元問題をあたかも2つの異なるショックが生じるかのように書き換えたほうがわかりやすい．さらに付け加えると，"資本減耗"が生じるのは事象θ_Lだけであるという事実は，関数形の若干の手直しを必要とする．確率的動学経路を一本の式で示そうとすると，次式のように表すことができる．

$$xC\left\{\frac{k_{t+1}}{1-\beta\frac{\theta_H-\zeta_t}{\theta_H-\theta_L}}\right\}^{a-1}\left(1-A\beta\frac{\theta_H-\zeta_t}{\theta_H-\theta_L}\right)$$

$$=BG^{-1}\left\{\frac{k_{t+1}}{x\left(1-\beta\frac{\theta_H-\zeta_t}{\theta_H-\theta_L}\right)}\right\}-(B-1)\theta_t(1-a)k_t^a, \qquad (19)$$

ただし$\zeta_t=\theta_{t+1}$であり，$\theta_t \in \{\theta_H, \theta_L\}$かつ$\zeta_t \in \{\theta_H, \theta_L\}$である．「陰関数定理 (*Implicit Function Theorem*)」を適用すると，(19)式は最終的に以下のような一般形で表される．

$$k_{t+1}=\phi(k_t; \theta_t, \zeta_t). \qquad (20)$$

政策ルール$k_{t+1}=\phi(k_t; \theta_t, \zeta_t)$は，$k_t$, θ_t, ζ_tのいずれに関しても増加関数である．k_Hを$k_H=\phi(k_H; \theta_H, \theta_H)$で定義される長期的に存続可能な最大値，$k_L$を$k_L=\phi(k_L; \theta_L, \theta_L)$で定義される長期的に存続可能な最小値としよう[14]．

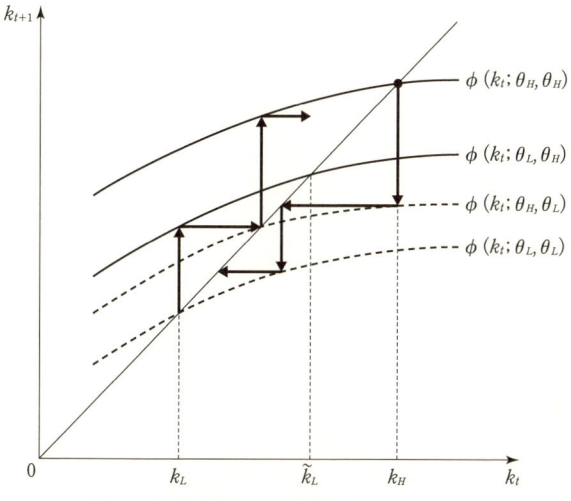

図2 資本の動学的な軌道 (典型的なケース)

 図2は，資本の動学的な軌道の典型的なケースを例示している[15]．4つの政策ルールによって資本の動学的軌道が特徴づけられ，資本は長期的に k_L と k_H の間をいったりきたりする．対照的に，銀行取り付けが起きないケースでは，$\phi(., \theta_L, \theta_H)$ と $\phi(., \theta_H, \theta_H)$ の2つの政策ルールによって資本の動学的軌道は特徴づけられ，資本は $\tilde{k}_L$ と k_H の間を移動する．銀行取り付けが生じるときのほうが，不況は深刻化する．

 この点を確認するために，k_H を始点として，1回限りの事象 θ_L を経てその後事象 θ_H を繰り返すときの，資本の動きをみてみよう．図3に示されるように，事象 θ_L に直面して，銀行取り付けが生じ，政策ルールは $\phi(., \theta_H, \theta_H)$ から $\phi(., \theta_H, \theta_L)$ へと下方にシフトする．$T+1$ 期には，資本は k_{T+1} へと下落する．

---

14) Hillier and Rougier (1999) は，B-Gが潜在的に複数定常均衡の可能性があることを指摘している．この問題は本論文の興味の対象を外れるので，ここでは非確率モデルでの定常均衡は唯一であるケースに限定して分析を進める．

15) 資本の長期的な軌道に関して定常確率分布が存在することが確認される．手順としては，Hopehayn and Prescott (1992) によって展開された「単調性 (monotonicity)」を使うアプローチを応用して，定常確率分布の存在と収束を証明することになる．なお，固定費用 (銀行取り付けのコスト) が事象 θ_L のときにのみかかるという性質のために，Futia (1982) や Stokey and Lucas (1989) によって概観された「連続性 (continuity)」に依拠したアプローチを応用することはできないことを留意しておく．分析の詳細は，Sakuragawa (2005) を参照されたい．

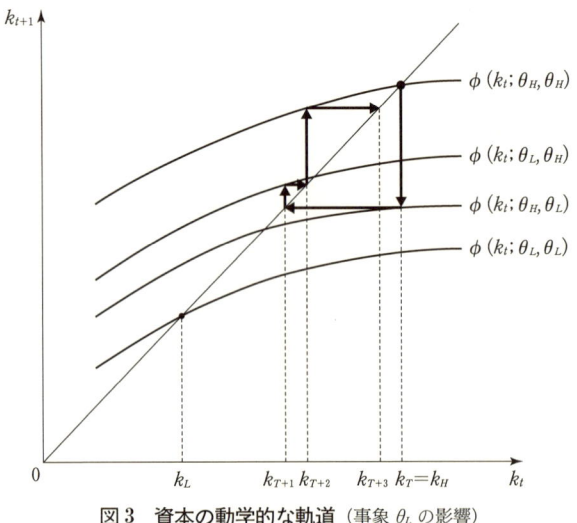

図3 資本の動学的な軌道（事象 θ_L の影響）

横軸: k_t, 縦軸: k_{t+1}
曲線: $\phi(k_t; \theta_H, \theta_H)$, $\phi(k_t; \theta_L, \theta_H)$, $\phi(k_t; \theta_H, \theta_L)$, $\phi(k_t; \theta_L, \theta_L)$
横軸の点: k_L, k_{T+1}, k_{T+2}, k_{T+3}, $k_T = k_H$

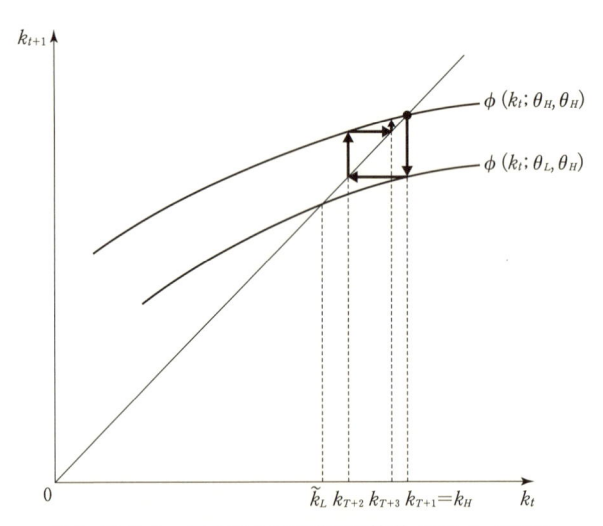

図4 B-Gケースの資本の動学的な軌道（事象 θ_L の影響）

横軸: k_t, 縦軸: k_{t+1}
曲線: $\phi(k_t; \theta_H, \theta_H)$, $\phi(k_t; \theta_L, \theta_H)$
横軸の点: $\tilde{k}_L$, k_{T+2}, k_{T+3}, $k_{T+1} = k_H$

$T+2$ 期には，政策ルールは $\phi(., \theta_H, \theta_L)$ から $\phi(., \theta_H, \theta_H)$ にもどることなく $\phi(., \theta_L, \theta_H)$ へとシフトし，資本は k_{T+1} の近傍である k_{T+2} にとどまる．この持続的な不況は，負のバランスシート効果を反映している．$T+3$ 期にいたって，政策ルールは $\phi(., \theta_H, \theta_H)$ にもどり，資本は k_{T+3} へと回復する．図では，k_{T+2}

図5 資本経路の違い

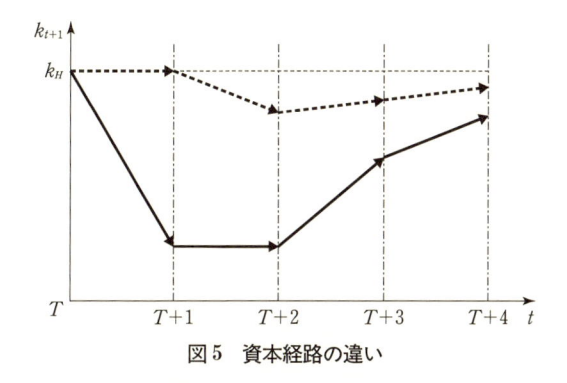

は k_{T+1} を上回るように描かれているが，銀行取り付けの負の効果がそれほど大きくないとき，逆のケースも考えられる．このとき $k_{T+1}=\phi(k_t, \theta_H, \theta_L)$ は $k_{T+1}=\phi(k_t, \theta_L, \theta_H)$ の上方に位置し，k_{T+2} は k_{T+1} を下回ることになる．

図4は，B-Gにおける1回限りの事象 θ_L の影響を例示している．$T+1$ 期に政策ルールはシフトせず，k_{T+2} は k_H にとどまる．$T+2$ 期に政策ルールは $\phi(., \theta_L, \theta_H)$ へと下方シフトし，資本は k_{T+2} へと下落する．$T+3$ 期以降，政策ルールは $\phi(., \theta_H, \theta_H)$ へもどり，資本は回復することになる．銀行取り付けがないために，資本が減少し始めるのが1期間遅れることになる．なお，産出量は $T+1$ 期から下落を始めることに注意されたい．図5では，銀行取り付けがあるときとないときの資本の動きが比較されている．太線で描かれているのが取り付けのあるケースで，点線で描かれているのが取り付けのないケースである．バランスシート効果と銀行取り付けの負の効果の相互作用が，不況を深刻にかつ持続的にする[16]．

5. 結 論

この論文では，Bernanke and Gertler (1989, AER) の確率的動学モデルの分析を通じて，銀行部門の不安定性と景気循環の相互作用のメカニズムを明ら

---

16) 任意の微小の $\varepsilon>0$ について，k_t が $(k_H-\varepsilon, k_H)$ の領域へもどるのに，取り付けがあるときのほうがより多くの期間を要することで，不況の持続性を示すことができる．

かにしている．ここで展開されたモデルは，銀行部門への政府による規制や介入の効果を評価するうえで適切な分析道具を提示しているといえる．銀行業への参入規制や預金保険，資本規制などのさまざまな規制の枠組みが，個人の効用や経済変動へ及ぼす影響を分析することは興味深い[17]．モデル上では，銀行部門の破綻は，銀行の債権者たる預金者が，銀行が被るリスクを一切負担しないことに起因している．したがって，規制の枠組みは，銀行が被るマクロリスクを銀行以外の部門の間でどのように再配分させていくかという視点から議論されることになろう．さらに，貨幣経済モデルへの拡張は，「最後の貸し手」としての中央銀行の役割を分析する上で適切な枠組みを提示するかもしれない．

参考文献

Allen, F. and D. Gale (1998), "Optimal Financial Crisis," *Journal of Finance* LIII, No. 4, 1245-84.

Alonso, I. (1996), "On Avoiding Bank Runs," *Journal of Monetary Economics* 37, 73-87.

Bernanke, B. and M. Gertler (1989), "Agency Costs, Net Worth, and Business Fluctuations," *American Economic Review* 79, 14-31.

Border, K. and J. Sobel (1987), "Samurai Accountant: A Theory of Auditing and Plunder," *Review of Economic Studies* 54, 525-40.

Carlstrom, C. T. and T. S. Fuerst (1997), "Agency Costs, Net Worth, and Business Fluctuations: A Computable General Equilibrium Analysis," *American Economic Review* 87, 893-910.

Chari, V. and R. Jagannathan (1988), "Banking Panics, Information, and Rational Expectation Equilibrium," *Journal of Finance* 43, 749-60.

Diamond, D. W. (1984), "Financial Intermediation and Delegated Verification," *Review of Economic Studies* 51, 393-414.

Diamond, D. W. and P. H. Dybvig (1983), "Bank Runs, Deposit Insurance and Liquidity," *Journal of Political Economy* 91, 401-419.

Diamond, D. W. and R. G. Rajan (2000), "A Theory of Bank Capital," *Journal of Finance* 55, 2431-65.

---

17) Sakuragawa (2002) は，Diamond-Williamson モデルにリスク分散が不可能なマクロリスクを導入したとき，銀行は倒産のコストを最小化するために，負債（預金）だけでなく自己資本を発行して資金を調達しようとすること明らかにしている．

論題 V 金融の不安定性と景気循環　　　169

Diamond, P. (1965), "National Debt in a Neoclassical Growth Model," *American Economic Review*, Vol. LV, 1026-1050.

Futia, C. A. (1982), "Invariant Distributions and the Limiting Behavior of Markovian Economic Models," *Econometrica* 50, 377-408.

Gale, D. and M. Hellwig (1985), "Incentive-Compatible Debt Contracts: The One-Period Problem," *Review of Economic Studies* 52, 647-663.

Gorton, G. (1988), "Banking Panics and Business Cycles," *Oxford Economic Papers* 40, 751-781.

Hellwig, M. (1994), "Liquidity Provision, Banking and the Allocation of Interest Rate Risk," *European Economic Review* 38, 1363-1389.

Hillier, B. and J. Rougier (1999), "Real Business Cycles, Investment Finance, and Multiple Equilibria," *Journal Economic Theory* 86, 100-122.

Hoggarth, G., R. Reis and V. Saporta (2002), "Cost of Banking System Instability: Some Empirical Evidence," *Journal of Banking & Finance* 26, 825-855.

Hopenhayn, H. and E. Prescott (1992), "Stochastic Monotonicity and Stationary Distribution for Dynamic Economies," *Econometrica* 60, 1387-1406.

Krasa, S. and A. P. Villamil (1992), "Verifying the Monitor: An Incentive Structure for a Financial Intermediary," *Journal of Economic Theory* 57, 197-221.

Mookerjee, D. and I. Png (1989), "Optimal Auditing, Insurance, and Redistribution," *Quarterly Journal of Economics* 104, 399-415.

Sakuragawa, M. (2002), "Bank's Capital Structure under Non-Diversifiable Risk," *Economic Theory* 20, pp. 29-45, 2002.

Sakuragawa, M. (2005), "Agency Costs, Net Worth, and Business Fluctuations: Stochastic Characterization," mimeogralph.

Stokey, N. L. and R. E. Lucas (1989), *Recursive Methods in Economic Dynamics*, Harvard Univ. Press, Cambridge.

Townsend, R. (1979), "Optimal Contracts and Competitive Markets with Costly State Verification," *Journal of Economic Theory* 31, 265-293.

Williamson, S. D. (1986), "Costly Monitoring, Financial Intermediation, and Equilibrium Credit Rationing," *Journal of Monetary Economics* 18, 159-179.

[コメント]

大瀧雅之

1. モデルの構造

　論文がかなり足早に書かれているために，評者も含めてであるが，こうしたタイプの金融理論に不慣れな一般読者には，モデルの構造およびそこから導かれる新しい視点が何処にあるかが，いささか不分明となっている憾みがある．

　このため標準的な学部生を読者と考えると，かなり粘り強い学生でも本論文の真価を正確に評価するのは難しかろう．そこでまずコメント論文としては，評者が理解し得たモデルの構造を詳述し，いかなる因果関係を辿ってどんな結論が得られているのかを解説する．その上で節を改め本論文が現実の日本経済を理解する上で，どれほどの意味を持つのかを考えることにしたい．

1.1　同世代間の貸借関係

　モデルで想定されている経済には，同じ人数の「若者」と「老人」が住んでいるものとする．すべての「若者」は働いて賃金 W を獲得する．その賃金を元手に「老年期」における生計の立て方を，二つの選択肢から選ぶと想定する．選択肢は具体的には次の二つである．

① **企業家への道**：自己資金 W の他に銀行から資金を借用して企業を設立する．企業家になると，用立てた資金で企業の実物資本（経営ノウハウなどを含む）を蓄積し，一つ下の世代の「若者」を雇い，資本と結合して財を生産する．そして生産量から「若者」への賃金支払総額を減じたものが，老年期の所得（＝消費）となる．

② **預金者への道**：自己資金 W をすべて実質金利0の銀行預金（経済状態に依存しない名目金利の預金）に託す．ただし企業家の資本蓄積と生産過程に不確実性があるため，銀行を通じて企業に貸し出される預金の元本が確実に返済される保証はない．そのため元本割れが予想されると直ちに「取り付け」という強硬手段

に訴えざるをえない．

ここで企業家と預金者の道を分けるのは，当該家計の endowment である実物資本の投資機会の大きさ（I の大きさ）である．つまりあまりに投資機会が大きいと，企業家になるために必要な資金 $I-W$ が，対応する資本の限界生産力に比べ過大になり採算が合わないのである．したがってある規模以下の投資機会に恵まれたもののみが企業家となり，残りが預金者となるのである．以上の議論から明らかなように，貸借は同世代のみで発生する．

1.2 異世代間の取引関係

「若者」と「老人」間の異世代間取引は，労働市場のみでなされる．「老人」が前期に蓄積した資本 K_t が今期の生産に寄与し，利潤最大化行動を通じて，「若者」の賃金 $W(K_t)$ を決定する．ところで先に述べたように若者の貯蓄行動が次期の資本蓄積量 K_{t+1} を決めるわけであるから，資本には以下の因果関係に基づき動学的な変動が発生する．すなわち，

$$K_t \longrightarrow W(K_t) \longrightarrow K_{t+1}.$$

である．
このとき $\dfrac{dW(K_t)}{dK_t}>0$ であるから，前期に蓄積した資本が大きければ，環境が同一である限り，今期に蓄積する資本も大きくなる．つまり前期に資本が充分蓄積されたおかげで，今期は高賃金の社会が現出すると「若者」の貯蓄も増えるために，来期はより豊かな社会となるのである．

1.3 取り付けのマクロ的影響

さて生産過程に不確実性があるため，何らかの生産性低下が予想されると銀行取り付けが発生する．つまり来期に元本が戻らないことが確実に分かると，投資家である家計は予め損害を局限するために，銀行から預金を引き出すことになる．無論個々の主体としては合理的行動であり，また論文でも繰り返し強調されているように，取り付けという戦略が銀行経営に規律を与える役割をしているという意味でも経済合理的である．

しかしながら経済全体から見れば，これが合理的とならないように仮定が仕組まれている．すなわち論文では，取り付けが発生し銀行から預金が引き出されると，その β パーセントだけ預金（あるいは資本の原料と考えても良い）が目減りする

と仮定されているのである．

　本文中では全く論じられていないが展開されている数式から察するに，取り付けで預金を手元に戻した預金者は銀行を通さず何らかの方法で手持ちの財を企業家に貸し付けると想定されている．見方を変えると，取り付けによる銀行倒産は，より経営効率の悪い金融仲介機関を使っての資金貸借を強いると仮定されているといっても良かろう．

　ここまでの議論と 1.2 で論じられた資本蓄積の特徴を総合すると，本論文の最も重要なメッセイジと見られる，

「銀行取り付けの発生は不況を深刻化させ，かつ景気回復を遅らせうる」

の仕組みを容易に理解できる．

　さて現在突如何らかの要因で生産性が低下して不況が訪れたとしよう．すると「若者」の所得である賃金 $W(K_t)$ が低下する．したがってこのままでも貯蓄が減少し来期の資本ストック K_{t+1} が低下するため，不況は継続する．しかし取り付けが発生するとき，事態はより深刻化する．すなわち金融仲介の効率が低下することで，来期の資本ストック量 K_{t+1} は β パーセントだけ減少することが現時点で確定してしまうのである．まとめれば，

① 生産性低下により賃金が低下する
② 生産性低下が企業収益の悪化を通じ取り付けを発生させ，金融仲介効率を低下させる

本論文では生産性低下による不況は，この二つの経路を通じて発生する．無論②の効果が，櫻川氏が強調している経済的メカニズムである．

2. 理論の relevance：特に日本経済との関連において

　モデル自身は上述のように，特に取り付けの経済的影響に関する分析としては興味深いものである．しかし論理的な可能性とその relevance（現実妥当性）とはまた別物である．したがってこの章では展開されたモデルに即して，本論文が日本経済それも金融システムと景気循環という問題に対して，どれほどのインサイトを持つかを検討しよう．

2.1 取り付けの可能性は非効率をもたらすか：正確な歴史理解の重要性

　評者の第一の疑問は，取り付けが現代の経済においてそれほど深刻な検討に値す

論題Ⅴ　金融の不安定性と景気循環

るかということである．櫻川氏によればマクロすなわち景気のフェイズに条件づけした契約が締結できないために，取り付けという行動が最適戦略の一部を形成するという．しかしながら，ここには一つの大きな陥穽がある．

　政府・中央銀行の存在が完全に無視されている点である．つまり「日銀特融」に見られるように，取り付けを未然に防ぐために政府・中央銀行が（民間では不可能！）金融政策を通じて，事実上（de facto）預金契約を景気に連動したものに書き換えることが可能なのである．実際われわれの日常の平穏は，こうした「最後の貸し手」(lender of last resort) としての中央銀行の役割にきわめて強く依存していることは，己が胸に尋ねてみれば自明であろう．

　さらに評者の深く憂慮するところは，無論櫻川氏の意図ではなかろうが，事実に基づく歴史理解がこうしたパニック（たとえば一頃喧しかったデフレスパイラル論もこの類である）分析に欠けがちなことである．

　ことに昨今，現在の日本経済を昭和恐慌から忌まわしい戦争にいたる戦前の金本位制・統制経済に安易に擬える分析が後を絶たない．こうした分析は俗耳に馴染みやすいが，到底，アカデミックなアクティヴィティーからは程遠い．たとえば日露戦争の賠償金の当てがはずれたため，発行した戦時外債の償還問題は戦間期日本の宿痾であった．浜口内閣における大幅な円高平価での金本位制への復帰は，一見実情から完全に遊離して見えるが，外債償還問題を視野に入れれば，それなりに得心がいこう．

　むろん無理な平価での金本位制復帰は，直ちに金の急速な流出とそれに伴う信用収縮を発生させ，不況の奈落へ落ち込むアメリカ経済での絹相場の下落と相俟って，昭和恐慌の引き金を引いた．このように超金融緩和状態の現在の日本とは全く異なり，金本位制と多額の外債の存在のために生じた異様というべき緊縮的金融政策が昭和恐慌の特徴である．つまり金と円との桎梏が断ち切れなかったがゆえに，デフレ・取り付けによる銀行の連鎖倒産が発生したと考えるのが至当であろう．

　とすれば，金とのリンクが全く切断された管理通貨制・変動レート制をとる現在の日本において取り付けの影響はどれほど深刻なのだろうか．むしろ評者には，政府が不況とともに経営危機に立ち至っても何らかの forbearing policy を発動してくれるという暗黙の読みが，逆に金融機関の経営規律・綱紀を弛緩させる危険こそが大きく映るのである．こうした金融機関の moral hazard こそが，1980年代後半の狂奔を招いたことを，われわれは強く記憶すべきである．

　ちなみにすこし古くなるが，翁（1993）ではこうした懸念が仄めかされている．そもそも昨今声高に叫ばれる金融当局の「市場との対話」とはいったい何なのだろ

う．その昔日銀貸出しが大きな役割を果たしていたころ，公定歩合の変更は秘中の秘とされていたことは，櫻川氏もよくご存知だろう．

2.2 生産性の確率的ショックと何か：金融パニックは real な現象か

　本論文は金融的なマクロモデルの体裁をとっているが，第1節での解説から明らかなように，実質的には「実物的景気循環理論」(real-business-cycle theory) の exercise である．つまり金融機関の「期待の誤り」・bandwagon effect や政府中央銀行と民間金融機関の金融政策ゲームにより，景気循環が起きるわけではない．生産関数の確率的変動により企業の産出物が変動することに端を発し，金融パニックが起きるわけである．2.1 で議論した昭和恐慌には，日本が戦前農業国であり生産性が低く，かつ産業の性質上たいそう生産性の変動が激しかったことを鑑みれば，こうしたファクターを無視はできなかろう．

　しかし 90 年代以降の約 15 年にわたるきわめて深刻な長期不況を，こうした誠に茫漠とした設定で捉えるのは，あまりに観念的 (idealistic) である．確かに農業に豊作・不作はある．だが輸入原材料費の外生的変動を除いたとき，第二次・第三次産業の生産性を低下させるファクターとは何なのだろう．またそれが原因で倒産の危機に至った企業はどれほど存在し，当該企業の倒産・不振がいかなるメカニズムにより，あのおぞましいほどの不良債権に転じたのだろうか．金融理論専攻の櫻川氏であれば，ぜひそうした茫漠としたものの陰に潜む何かをいつもの快刀乱麻な論法で，バッサリと切って欲しかったと思うのは，評者だけではなかろう．

　こうした実物的景気循環理論に依拠し長期不況を説明しようというのが，最近の日本人経済学者の流行であり，数え切れないほどの論文・研究書が巷に溢れている．しかし不良債権の発生が本質的に土地・株投機の「期待の誤り」や引き締め政策の遅延であると考える方が，頑固な評者にははるかに自然に思えてならない．櫻川氏には，ぜひこうした有力な「通説（俗説？）」の vital point を明確にし，90 年代日本での金融パニックが real な現象でありうることの relevance を提示し，われわれの蒙を啓いていただきたいと思慮する次第である．

参考文献

1. 翁邦雄『金融政策：中央銀行の視点と選択』，1993 年，東洋経済新報社．
2. 高橋亀吉・森垣淑『昭和金融恐慌史』，1983 年，講談社学術文庫．
3. 長幸男『昭和恐慌：日本ファシズム前夜』，1973 年，岩波新書．

[回答]

櫻川昌哉

　この論文の意図は，確率的動学モデルであるはずのBernanke and Gertler (1989, AER) を精密に記述することによって，銀行部門がマクロショックをヘッジできない経済における銀行部門の不安定性と景気循環の相互作用のメカニズムを明らかにすることである．はじめに言っておくが，評者は，「本論文が現実の日本経済を理解する上で，どれほどの意味を持つのかを考えることにしたい」と述べているが，日本経済への直接的な含意を念頭において書かれたものではない．

　評者は，「評者の第一の疑問は，取り付けが現代の経済においてそれほど深刻な検討に値するかということである」としているが，取り付けが起きて経済が混乱するモデルが，金融不況を考える上でのベンチマークであると私は考えている．そしてそのコストがあまりにも大きいために，「取り付けを未然に防ぐために政府・中央銀行が金融政策を通じて，事実上 (de facto) 預金契約を景気に連動したものに書き換え」ようとするのであり，あるいは，セーフティーネットの一環として「政府が不況とともに経営危機に立ち至っても何らかの forbearing policy を発動」するのであり，その政府の対応が，所得再配分とモラルハザードを通じた新たな歪みを資源配分上に引き起こすこととなるという現実のプロセスを私は否定する気はない．むしろその歪みの大きさを取り付けの起きる経済と比較するというのが，この問題における標準的な手順であると考えている．

　さまざまなセーフティーネットが拡充した現代の経済において，銀行取り付けは，"オフパス"だから議論するのは時代遅れであるとするなら，それは誤った認識であろう．実際，最近起きたサブプライムローン問題に端を発して，イギリスの中堅銀行が取り付け騒ぎに発展したのは記憶に新しい．証券化の発達で進化を遂げたはずの金融システムがリスクの管理を誤ったときに，その影響は銀行取り付けというかたちをとって現代に蘇ったのは興味深い．現代における発達した金融システムですら，銀行取り付けを潜在的なリスクとして内包していることを示す証左であり，取り付けの発生するモデルがベンチマークとしての価値をいまなお保持していることを再認識させる事件であったといえる．

櫻川（2007，「銀行救済政策のマクロ経済的影響」）は，さらなるステップへ向けた作業に着手している．この論文での計算によると，1992-2004年の期間で低金利による所得移転額の累計は52.2兆円であり，不良債権額の累計，約110兆円の約50％弱を占めることになる．評者の楽観的な見方とは異なり，中央銀行によって金融政策を通じて吸収・移転された費用はせいぜい半分程度にすぎない．

なお，文頭に述べた大瀧氏の挑発を受けて改めて考えてみたのだが，実はこのモデルは日本経済のバブルの崩壊過程を記述する有効なツールになる可能性を秘めている．評者は，「不良債権の発生が本質的に土地・株投機の『期待の誤り』や引き締め政策の遅延であると考える方が，頑固な評者にははるかに自然に思えてならない．櫻川氏には，ぜひこうした有力な『通説（俗説？）』のvital pointを明確にし，90年代日本での金融パニックがreal な現象でありうることのrelevanceを提示し，われわれの蒙を啓いていただきたいと思慮する次第である」と痛烈にモデルの設定を批判しているが，銀行部門がヘッジできないリスクに直面しているというのがこのモデルにとって本質的に重要であり，ショックの原因が実物的要因なのか貨幣的な要因なのか，あるいは期待の誤りなのかは2次的な問題であるというのが私の認識である．

マクロショックに条件づけした預金契約を結んで負のマクロショックの発生に応じて，金利の支払いを減免すれば，金融機関の破綻を避けることができる．しかしながら，短期間のうちにその時々のマクロショックを立証するのは技術的に難しいので，こうした契約の設計は難しい．実は，こうした契約上の性質を，土地担保契約は内包している．土地担保契約は，将来の期待地価を担保にして今期の金利支払額を決めるのが典型的で，実現した地価が予想地価と食い違ったときに，金利支払額を修正するようなことはしない．したがって，マクロショックを地価ショックと読み替えれば，本質的に両者は同じ構造を持つことがわかる．ちなみに，Kiyotaki and Moore (1997) では，実現した地価と予想地価の食い違いが，借り手企業家に内部留保の蓄積（取り崩し）をもたらし，これを引き金として景気循環が引き起こされる．逆に，実現した地価に応じて金利支払額が再調整されれば，土地担保契約に起因する景気循環は消滅する（Sakuragawa and Sakuragawa (2008) 参照）．

こうしてみてくると，評者が批判するように，日本経済のバブル崩壊過程を描写するうえで不適切なモデルであるどころか，むしろその本質的な構造を内包したモデルといえる．むろん，世代重複モデルを利用しているので，Tirole (1985) やWeil (1987) あるいはCaballero and Krishnamurthy (2006) のように，バブル

を巧みにモデルに取り込むことによって，よりすぐれたモデルに発展させる余地を否定するものではない．

評者は，前書きで「このため標準的な学部生を読者と考えると，かなり粘り強い学生でも本論文の真価を正確に評価するのは難しかろう」と書いているが，私はそもそも学部学生に向かって学術論文を書いていない．大学院で教育を受けた大学院生を含む経済学の素養を持った読者に向かって書いている．特に，金融の実証研究を専門としているはずの多くの研究者に是非読んでいただきたいと考えて本稿を書いたつもりである．

最後に，日本経済研究においてあくまでも理論分析が大事であるとの一貫した強い意思をもって，必ずしも読みやすいとはいえない拙稿を辛抱強く読んでいただき，かつ書き手の心をも鷲づかみにするような迫力ある批評をしていただいた大瀧雅之先生に深く敬服と感謝の念を抱いたことを述べさせていただく．

参考文献

櫻川昌哉，2007,「銀行救済政策のマクロ経済的影響」，大瀧雅之氏編集予定の著書に所収の予定．

Caballero, R. J., and A. Krishnamurthy, 2006, "Bubbles and Capital Flow Volatility: Causes and Risk Management," *Journal of Monetary Economics* 53, 35-53.

Kiyotaki, N. and J. Moore, 1997, "Credit Cycles," *Journal of Political Economy*, Vol. 105, pp. 211-248.

Sakuragawa, M,. and Y. Sakuragawa, 2008, "Land Price, Collateral, and Economic Growth," forthcoming in the *Japanese Economic Review* 59.

Tirole, J., 1985, "Asset Bubbles and Overlapping Generations," *Econometrica* 53, 1499-1528.

Weil, Philippe,. 1987, "Confidence and the Real Value of Money in an Overlapping Generations Economy," *Quarterly Journal of Economics* 102, 1-22.

第2部

ポストバブル期の
フィスカルエコノミクス

論題VI　社会資本の生産性効果の非線形性
　　　　　大都市圏データを用いた再検証
　　　［報告］塩路悦朗
　　　［コメント］岩本康志

論題VII　分野別社会資本の限界便益に関する地域間比較
　　　　　地価関数と税収関数を用いた推計
　　　［報告］三井　清
　　　［コメント］水野利英／［回答］三井　清

論題VIII　実証分析で明らかにした我が国の地方債制度の問題点
　　　［報告］土居丈朗
　　　［コメント］今　喜史／［回答］土居丈朗

論題IX　競争促進的な公共投資と経済厚生
　　　［報告］松村敏弘
　　　［コメント］阿部顕三

論題 VI 社会資本の生産性効果の非線形性
大都市圏データを用いた再検証

[報告] 塩路悦朗
[コメント] 岩本康志

[報告]†

塩路悦朗

1. はじめに

　本論文は社会資本の生産力効果に非線形性が認められるか否かを，大都市圏のデータを用いて検証する．近年，公共事業予算の大きさに対する批判が高まっているが，その背景には「経済的に豊かになった今日においては，（生産関連の）社会資本の増加がかつてほど大きな経済成長に結びつかなくなったのではないか」，という人々の疑問があると考えられる．このような非線形の効果が存在するかどうかをデータをもとに検証することは，今後の政策立案において重要な意味を持つと考えられる．本論文では「所得収束」のモデル（Barro

---

† 本論文の初稿に対して東京大学社会科学研究所コンファレンス「1990年代日本の財政・金融・労働を考える」における討論者，岩本康志先生より貴重なコメントを数多く頂き，改訂に役立てることができた．ここに感謝したい．本論文執筆のモチベーションのひとつは，第1回TCER-CIRJE共催 マクロコンファレンス（1999年9月）における Shioji（2001）の草稿に対する福田慎一氏（東京大学）のコメントであった．ここに同氏に感謝したい．また，この研究に対して，科学研究費補助金および清明財団より援助を受けた．ここに記して感謝したい．

and Sala-i-Martin（1992a）ほか）を用いてこの点の検証を行う．

　社会資本の生産性効果を所得収束モデルを推定することで評価しようとする試みは，塩路（2000a）や Shioji（2001）で展開された．そこでは，経済成長論における「所得収束」の式の中に，社会資本を組み込んだものを推定する，というアプローチがとられた．具体的には，これらの論文では，一人あたり生産の成長率を被説明変数，一人あたり生産の初期値（対数値）と一人あたり社会資本の初期値（対数値）を説明変数とした，対数線形型の式を推定した．伝統的な，社会資本を組み込んだ地域生産関数を推定するアプローチ[1]と比較した場合のこの収束アプローチの利点は，社会資本が生産に及ぼす効果の動学的経路を導くことができる点にある．すなわち，社会資本が増加したとき，直ちに生産がどのくらい増加するか（短期的効果）だけではなく，生産が時間とともにどのような経路をたどって増加していくか，そして最終的にはどのくらいまで増加するのか，を明らかにすることができる．上記の研究では，日本の都道府県（およびアメリカの州）のパネル・データを用いて，さまざまな動学的パネル・データ・モデルの分析手法を使って分析がなされた．その結果，確かに社会資本の増加は経済成長に貢献することが確認された．しかしこの分析においては，社会資本が1%増加すると一人あたり生産が常に同一の率で増加するという対数線形型の定式化が先験的に仮定されていた．

　本節冒頭における議論からもわかるとおり，この定式化はあまりに制約が強すぎるかもしれない．この点を検証するために塩路（2000b, 2001）は都道府県データを用いて「日本の社会資本の生産力効果には強い非線形性が存在し，現在までに社会資本は経済成長に対して貢献する役割を失った」という仮説を検証した．具体的には上述の所得収束のモデルに一人あたり社会資本と一人あ

---

[1]　近年，この分野では，Aschauer（1989）の時系列分析が社会資本が強力な生産増大効果をもたらすという結果を導いたのに刺激されて，数多くの研究が行われている．最近では地域のパネル・データを用いた研究が主流になってきている．そのような研究として，アメリカのデータを使ったものとして Holtz-Eakin（1994），Evans and Karras（1994），Garcia-Milà, McGuire, and Porter（1995）などがあげられる．日本でも社会資本のデータの充実を背景に数多くの研究がなされており，これらは岩本（2002）において詳細にサーベイされているので興味のある読者はそちらを参照されたい．地域パネル・データを用いたものに限っても，浅子・坂本（1993），浅子・常木・福田・照山・塚本・杉浦（1994），土居（1998），岩本・大内・竹下・別所（1996），三井・太田（1995），大河原・山野（1995），吉野・中島（1999），吉野・中野（1996）をはじめとして，多くの論文がある．

たり生産の交差項が入った形の式を都道府県のパネル・データを用いて推定した．その結果，交差項の係数は有意に負であることが示された．つまり，確かに経済が豊かになるにつれて社会資本が経済成長に与える影響力は低下するという意味での非線形性が存在することが示された．

しかし，こうした地域データを用いた分析において，都道府県がもっとも意味のある単位なのかどうかについては議論の余地がある．往々にして都市圏は都道府県をまたがって形成されたり，単一の都道府県内に複数の性質の異なった都市圏が存在したりする．そこで本稿では，最近になって利用可能となった都市圏データを用いて上記の仮説を再検証する[2]．その際，4つの推定方法による推定が行われる．それは(1)ランダム効果モデル，(2)固定効果モデル，(3) Arellano and Bond (1991) タイプの階差 GMM モデル，(4) Blundell and Bond (1998) タイプのシステム GMM モデルである．これらの手法による検証は互いに相反する結論を導くことが示される．また，そのうち固定効果モデルと Arellano and Bond (1991) タイプの GMM による推定は社会資本の生産力効果の非線形性という議論を支持する結果をもたらすことが示される．

以下では次のような順序で議論が展開される．第2節では理論モデルが展開される．第3節では，モデルの解をもとにして実証研究において推定される式が導かれる．第4節は，実証研究で用いられるデータを解説する．第5節では，第3節で導いた式を推定し，その結果を検証する．第6節で結論を述べる．

2. 理論

本節では，本論文で推定されるモデルの理論的基礎を与えるものとして，地域間の資本移動の存在によって一人あたり生産の収束がもたらされるモデルが展開される．民間資本の収益率が低い地域から高い地域へと（民間）資本が移動していくことを通して，地域間で収益率が徐々に均等化していく．これに伴って一人あたり生産の「収束」が起きる．ただしこの収束は必ずしも一人あた

---

[2] 都市圏データを用いることの問題点としては，都市圏に属さない地域，例えば農村部などが分析対象から外れてしまうことを挙げられる．

り生産の均等化を意味しない．生産性が高い地域ほど資本の収益率が高くなり，より多くの民間資本を呼び込むことができるために，一人あたり生産のより大きな定常状態に収束することを示すことができる．この生産性に影響を与える要素として，社会資本が導入される．以下で展開されるモデルの特徴は，この社会資本が生産性に与える影響に，非線形性が導入されることである．すなわち，少なくともポテンシャルには，民間資本が蓄積されるに従って社会資本が生産性を増進する効果が弱まっていく（このことの意味は後に正確に定義される）可能性があることがモデル化される．

このモデルを解いて，一人あたり生産に関する動学方程式を導く．その結果得られる式は，「所得収束」の式の一種の変形型となることが示される．スタンダードな所得収束の式との違いは，説明変数のひとつとして，一人あたり生産の初期値（対数値）と一人あたり社会資本の初期値（対数値）の交差項が登場することである．一方，それ以外の非線形の項は右辺に現れない．この交差項の係数の符号，有意性，およびサイズが，民間資本の蓄積に伴って社会資本の生産性効果が弱まっていくかどうかを判断するかぎとなる．この式を次節以降で推定していくことになる．

2.1　生産関数

生産関数アプローチをとった多くの論文と同じように，この論文では，社会資本の量が地域の生産量に直接影響を与えるものと仮定する．まず，各地域の代表的企業の生産関数の形状は次のようなコブ・ダグラス型であるとする．

$$Y_{it} = A_{it} \cdot K_{it}^{\alpha} \cdot (\Gamma_{it} \cdot L_{it})^{1-\alpha}. \tag{1}$$

ここで，Y_{it}, K_{it}, Γ_{it}, L_{it} はそれぞれ地域 i の第 t 期における生産量，民間資本ストック，技術水準，労働である．A_{it} はあとで述べるように社会資本の影響を表す生産性項目であり，企業はこの値を所与として行動する．すなわち，社会資本は民間企業に外部経済を通して生産性向上をもたらすものとしてモデル化されている．パラメータ α は 0 と 1 の間の値をとる定数である．技術水準と労働量の成長率（対数差分）を次のように x と n で表すことにしよう．

$$x_{it} \equiv \Delta \ln \Gamma_{it} (\equiv \ln \Gamma_{it+1} - \ln \Gamma_{it}),$$
$$n_{it} \equiv \Delta \ln L_{it}.$$

ここで Δ は時間に関する差分を表している.

2.2 地域間資本移動のモデル

所得収束の推定式は,さまざまなモデルから導くことができる.主なものとしては,ソロー・スワンの成長モデル (Solow (1956), Swan (1956)),技術伝播のモデル (Nelson and Phelps (1966)),2種類の資本財が入った内生的成長モデル (Mulligan and Sala-i-Martin (1993)) があげられる.これらのモデルについては,Barro and Sala-i-Martin (1995) が詳細に説明している.ここでは,地域経済が閉鎖経済とは考えにくい,という点を考慮して,開放経済のモデルを展開する.特に,(民間)資本移動の役割を重視する.地域の間にはかなりの程度の資本移動があると考えられるから,このようなモデルを考えることには十分意味があるであろう.そこで,各地域は小「国」開放経済であり,この地域にとっては国全体の利子率 r は所与であるとしよう.簡単化のためにこの利子率は時間を通して一定であるとする.ある地域 i の資本ストックは次のような式に従って変化すると仮定する.

$$\Delta \ln K_{it} \equiv \ln K_{it+1} - \ln K_{it} = \phi \cdot [\ln MPK_{it} - \ln r]. \tag{2}$$

ここで ϕ は資本ストックの地域間移動のスピードを表す正の定数であり,MPK は民間資本の限界生産性を表している.ただしこれは民間企業の立場から見た限界生産性であり,社会資本の影響を表す項 A_{it} を所与として計算されるものである.

$$MPK_{it} = \left.\frac{\partial Y_{it}}{\partial K_{it}}\right|_{A_{it} given} = \alpha \cdot \frac{Y_{it}}{K_{it}}. \tag{3}$$

式 (2) は,この地域の民間資本の収益率が国全体の利子率を上回るときに,資本はこの地域に流入し,逆の場合には資本は流出することを表している.こ

の定式化は民間経済主体の最適化行動を明示的に取り入れていないという意味でアドホックなものであるが，その代わりに，後で見るように，結果として線形の推定式を導けるという利点を有している．なお，Shioji (2001) では，投資の調整費用を導入して，代表的企業の最適化行動から推定式を導いている．

2.3　一人あたり生産のダイナミックス

さて，一人あたり生産と一人あたり民間資本を次のように小文字を使ってあらわすことにしよう．

$$y_{it} \equiv \frac{Y_{it}}{L_{it}}, \quad k_{it} \equiv \frac{K_{it}}{L_{it}}.$$

式 (1) より「一人あたり生産関数」は次のように書ける．

$$y_{it} = A_{it} \cdot k_{it}^{\alpha} \cdot \Gamma_{it}^{1-\alpha}. \tag{1'}$$

また式 (2) を一人あたり民間資本ストックに関する式に直すと，

$$\Delta \ln k_{it} = \phi \cdot [\ln MPK_{it} - \ln r] - n_{it}. \tag{2'}$$

を得る．一方，(3) より，

$$MPK_{it} = \alpha \cdot \frac{y_{it}}{k_{it}}. \tag{3'}$$

である．ここから一人あたり生産のダイナミックスを表す式を導くことを考える．まず，式 (1′) と (2′) より，次の式を得る．

$$\begin{aligned}\Delta \ln y_{it} &= \Delta \ln A_{it} + \alpha \cdot \Delta \ln K_{it} + (1-\alpha) \cdot \Delta \ln \Gamma_{it} \\ &= \Delta \ln A_{it} + \alpha \cdot \{\phi \cdot [\ln MPK_{it} - \ln r] - n_{it}\} + (1-\alpha) \cdot x_{it}.\end{aligned} \tag{4}$$

一方，式 (1′) と (3′) より，

$$MPK_{it} = \alpha \cdot A_{it}^{\frac{1}{\alpha}} \cdot y_{it}^{-\frac{1-\alpha}{\alpha}} \cdot \Gamma_{it}^{\frac{1-\alpha}{\alpha}}. \tag{5}$$

式 (4) と (5) をあわせて,

$$\Delta \ln y_{it} = -(1-\alpha)\phi \cdot \ln y_{it} + \phi \cdot \ln A_{it} + \Delta \ln A_{it}$$
$$+ (1-\alpha)\phi \cdot \ln \Gamma_{it} + (1-\alpha) \cdot x_{it} - \alpha \cdot n_{it} - \alpha\phi \cdot \ln r + \alpha\phi \cdot \ln \alpha. \quad (6)$$

を得る.

2.4 社会資本の役割のモデル化

次に,社会資本が民間企業の生産関数を表す式 (1) における社会資本の外部効果を表す項,A_{it} にどのように影響を与えるかをモデル化する.社会資本の総量を G_{it} で表すことにしよう.この値は外生変数であると仮定する.塩路 (2000a) や Shioji (2001) では A_{it} は次のような一人あたり社会資本の増加関数であると仮定された.

$$A_{it} = \left(\frac{G_{it}}{L_{it}}\right)^{\gamma}. \quad (7)$$

ここでパラメータ γ は正の定数である.すなわち,生産量の一人あたり社会資本に関する弾力性は,経済の発展度にかかわらず常に一定であると仮定されていた.この式を (6) に代入すると,一人あたり生産の成長率の一人あたり社会資本に関する弾力性も,経済の発展度にかかわらず常に一定になることが証明できる.この意味で,上記の論文では,社会資本の成長に果たす役割は常に不変であることを先験的に仮定してきたことになる.しかし,既に述べたように,社会資本の果たす役割は経済が成長していくにつれて次第に低下してくる,という見方もある.この可能性を考慮に入れるために,この論文では,上記の弾力性一定の制約を緩めて,次のような定式化を考える.

$$A_{it} = \left(e^a \cdot \frac{G_{it}}{L_{it}}\right)^{\gamma + \rho \ln \left(\frac{Y_{it}}{L_{it}}\right)}. \quad (8)$$

ここで a, γ, ρ は定数である.もし ρ の値が 0 であるとすると,このモデルはこれまでのモデルに帰着し,一人あたり生産の成長率の一人あたり社会資本に

関する弾力性は常に一定になる．もし $\rho<0$ であるとすると，経済が成長するにつれて，生産量の社会資本に関する弾力性が低下する．この意味で，社会資本の生産量に対する影響が低下していく．もし逆に $\rho>0$ であるとすると，経済成長とともに社会資本の影響が増大していくことになる．この論文のひとつの大きな目的は，ρ の値をデータから推定することを通して，このうちのどの可能性がもっともらしいかを検証することである[3]．

2.5 社会資本を組み入れた，一人あたり生産のダイナミックス

表記を簡単にするために一人あたり社会資本をやはり小文字で表すことにしよう．

$$g_{it} \equiv \frac{G_{it}}{L_{it}}.$$

式 (8) の両辺の対数をとると

$$\begin{aligned}\ln A_{it} &= (a + \ln g_{it}) \cdot (\gamma + \rho \cdot \ln y_{it}) \\ &= a\gamma + \gamma \cdot \ln g_{it} + a\rho \cdot \ln y_{it} + \rho \cdot \ln g_{it} \cdot \ln y_{it}. \end{aligned} \quad (9)$$

となり，これが式 (6) 右辺第 2 項に入ることになる．一方，式 (6) 右辺第 3 項にある $\Delta \ln A_{it}$ の項は扱いに注意が必要である．本来，この項を求めるには式 (9) の両辺の階差を取ればよいはずだが，そうすると同式最右辺第 4 項から $\rho \cdot \Delta(\ln g_{it} \cdot \ln y_{it})$ という項が出てくることになる．これを式 (6) に代入して推定しようとすると，右辺の説明変数に $\Delta(\ln g_{it} \cdot \ln y_{it})$ が入ってくることになるのだが，これと左辺の被説明変数 $\Delta \ln y_{it}$ との間で深刻な同時決定の問題が発生してしまい，推定にバイアスが出てくることになってしまう．この問題を回避するため，式 (9) の階差を取る前に次のような処理を行う．まず，$\ln g_{it}$ のサンプル平均値を $\overline{\ln g}$，$\ln y_{it}$ のサンプル平均値を $\overline{\ln y}$ と書くことに

---

[3] 式 (8) のような定式化の問題点は，$\rho<0$ の場合，あまりに一人あたり生産が大きくなると，生産量が社会資本の減少関数になってしまうことである．これはあまり現実的とは思われない．上の定式化は，あくまで，社会資本の影響の非線形性をとらえるための近似であると解釈されるべきである．

する．$\ln g_{it} \cdot \ln y_{it}$ をこのサンプル平均の周りで線形近似すると，

$$\ln g_{it} \cdot \ln y_{it} \fallingdotseq \ln g_{it} + c_2 \cdot \ln y_{it} - c_1 c_2$$
$$c_1 = \overline{\ln y}, \quad c_2 = \overline{\ln g}.$$

となる．この近似を適用した上で式 (9) の両辺の階差を取ると

$$\Delta \ln A_{it} \fallingdotseq (\gamma + \rho c_1) \cdot \Delta \ln g_{it} + \rho(a + c_2) \cdot \Delta \ln y_{it}. \tag{10}$$

が導かれる．式 (9)，(10) を式 (6) に代入し整理すると，

$$\Delta \ln y_{it} = \frac{1}{1 - \rho(a + c_2)} [-(1 - \alpha - a\rho)\phi \cdot \ln y_{it} + \phi\gamma \cdot \ln g_{it} + \phi\rho$$
$$\cdot \ln g_{it} \cdot \ln y_{it} + (\gamma + \rho c_1) \cdot \Delta \ln g_{it} + (1 - \alpha)\phi \cdot \ln \Gamma_{it}$$
$$+ (1 - \alpha) \cdot x_{it} - \alpha \cdot n_{it} - \alpha\phi \cdot \ln r + \alpha\phi \cdot \ln \alpha + a\phi\gamma]. \tag{11}$$

このようにして，一人あたり生産の成長率を，今期の一人あたり生産の関数として表すことができた．この式が推定されることになる．注目すべきは，右辺に一人あたり生産（対数値），一人あたり社会資本（対数値及び成長率）だけでなく，両者の交差項 $\ln g_{it} \cdot \ln y_{it}$ が現れていることである．この項が現れるのは，生産関数の定式化の中で，社会資本の影響を表す項を (7) のように定式化する代わりに (8) を用いたためである．定数 ρ の値が 0 のとき式 (8) は式 (7) に帰着するが，このとき，式 (11) において，交差項の係数も 0 となってその経済成長に与える影響が消滅することに注意されたい．したがって，実証研究のひとつの焦点は，交差項の係数が有意に 0 と異なるかどうか，ということになる．

3. 推定式と推定方法

上の式 (11) をパネル・データの推定方法を用いて推定するにあたり，人口成長率，技術進歩率，技術水準に関して次の仮定を置く．

$$n_{it}=n_i+n_t, \quad x_{it}=x_i+x_t, \quad \ln \Gamma_{i0}=\ln \overline{\Gamma_i} \quad (\text{すべての } i \text{ と } t \text{ について})$$

ただし，$n_i, x_i, \overline{\Gamma_i}$ は地域固有の定数であり，n_t と x_t は期間固有の定数である．2番目と3番目の仮定から，

$$\ln \Gamma_{it}=\ln \Gamma_i+\ln \Gamma_t.$$

と書ける．ただし，$\ln \Gamma_{it}$ は地域固有の定数であり，$\ln \Gamma_t$ は期間固有の定数である．これらの仮定のもとでは，式 (11) は次のように書き換えられる．

$$\ln y_{it+1}=a_1 \cdot \ln y_{it}+a_2 \cdot \ln y_{it} \cdot \ln g_{it}+a_3 \cdot \ln g_{it}+a_4 \cdot \Delta \ln g_{it} \\ +\overline{c}+c_i+c_t. \quad (12)$$

ただし，$\mu \equiv (1-\rho(a+c_2))^{-1}$ として，

$$a_1=1-(1-\alpha-a\rho) \cdot \mu\phi, \quad a_2=\mu\phi\rho, \quad a_3=\mu\phi\gamma, \quad a_4=\mu(\gamma+\rho c_1),$$
$$\overline{c}=\mu(\alpha\phi(-\ln r+\ln \alpha)+\alpha\phi\gamma),$$
$$c_i=\mu((1-\alpha)\phi \cdot \ln \Gamma_i+(1-\alpha)x_i-\alpha n_i),$$
$$c_t=\mu((1-\alpha)\phi \cdot \ln \Gamma_t+(1-\alpha)x_t-\alpha n_t).$$

ここで表記を簡単にするために，

$$cross_{it} \equiv \ln y_{it} \cdot \ln g_{it}.$$

という変数を定義し，攪乱項を付け加えると，式 (12) は，

$$\ln y_{it+1}=a_1 \cdot \ln y_{it}+a_2 \cdot cross_{it}+a_3 \cdot \ln g_{it}+a_4 \cdot \Delta \ln g_{it} \\ +\overline{c}+c_i+c_t+u_{it+1}. \quad (12')$$

となる．ただし u_{it+1} は期待値ゼロの攪乱項である．実際の推定に際しては，まず各 t について，式 (12′) の両辺の全地域 i 間の平均を計算する．

$$\overline{\ln y_{t+1}}=a_1 \cdot \overline{\ln y_t}+a_2 \cdot \overline{cross_t}+a_3 \cdot \overline{\ln g_t}+a_4 \cdot \overline{\Delta \ln g_t}+\overline{c}+\overline{c_i}+c_t. \quad (13)$$

ただし上付きのバーは所与の期における地域間の平均値を表している．(12′) 式の両辺から式 (13) の両辺を差し引くと，

論題 VI 社会資本の生産性効果の非線形性

$$\ln \hat{y}_{it+1} = a_1 \cdot \ln \hat{y}_{it} + a_2 \cdot cr\hat{o}ss_{it} + a_3 \cdot \ln \hat{g}_{it} + a_4 \cdot \Delta \ln \hat{g}_{it} + \hat{c}_i + u_{it+1}. \quad (14)$$

ここで上付きのハット（^）は平均からの乖離を表している．ただし，この式を推定することを考えたとき，右辺第4項の $\Delta \ln \hat{g}_{it}$ は，現実には一人あたり生産の成長と同時決定の関係にあると考えられる．したがってこの項を含めた推定を行うと結果にバイアスが生じる恐れがある．この問題を回避するため当面は，

$$\Delta \ln \hat{g}_{it} \fallingdotseq 0. \quad (15)$$

と考えることにしてこの項を無視することとする．よって推定式は，

$$\ln \hat{y}_{it+1} = a_1 \cdot \ln \hat{y}_{it} + a_2 \cdot cr\hat{o}ss_{it} + a_3 \cdot \ln \hat{g}_{it} + \hat{c}_i + u_{it+1}. \quad (16)$$

となる．後に5.5項で，同時決定の問題を論理的には回避できる手法を用いて，この項の影響を推定することを試みる．

推定方法としては次の4つを考える．
① ランダム効果モデル：この手法においては地域固有の効果を表す項が説明変数と相関を持たないことが仮定される．上の理論に即して言えば，例えば技術水準のうちで地域固有の部分 $\ln \Gamma_i$ が一人あたり社会資本の地域配分を表す $\ln g_{it}$ と相関を持っていないことを前提とする．
② 固定効果モデル：この手法においては①における無相関の仮定はゆるめられる．地域固有の効果を表す $\hat{c}_i$ が地域固有の定数項として処理される．この手法を式 (16) のような動学的な式に応用した場合，被説明変数のラグの係数 (a_1) の推定量に問題が発生することが知られている．すなわちサンプル期間の数（これを T とする）が無限に大きくなったときにはこの係数は真の値に収束する（一致性を持つ）が，T が有限である限りサンプルにおける個体数（これを N とする）が無限に大きくなっても一致性を持たない．後に見るように本論文の固定効果モデルによる分析においては T はわずか3であるから（N は118），この問題は深刻になる可能性がある．この手法の問題点については筆者も Shioji (1997, 2004) で論じたことがある．

③ Arellano and Bond (1991) の階差GMM：この手法では式 (16) の両辺の階差をとることからスタートする．

$$\Delta \ln \hat{y}_{it+1} = a_1 \cdot \Delta \ln \hat{y}_{it} + a_2 \cdot \Delta \hat{cross}_{it} + a_3 \cdot \Delta \ln \hat{g}_{it} + \Delta u_{it+1}. \quad (17)$$

このとき，攪乱項 Δu_{it+1} は説明変数 $\Delta \ln \hat{y}_{it}$ と相関を持つので，操作変数を用いる必要がある．この手法においては説明変数のレベルの $t-1$ 期およびそれ以前の値を操作変数として用いて GMM 推定することを提案している．つまり操作変数のリストは，

$$\ln \hat{y}_{it-1}, \ln \hat{y}_{it-2}, ..., \ln \hat{y}_{i1}, \ln \hat{g}_{it-1}, \ln \hat{g}_{it-2}, ..., \ln \hat{g}_{i1},$$
$$\hat{cross}_{it-1}, \hat{cross}_{it-2}, ..., \hat{cross}_{i1}.$$

である．この手法においては a_1 の推定量はたとえ T が有限であっても N が無限に大きくなれば一致性を持つことが示されている．ただし，T も N も有限であるような小標本においては著しい下方バイアスを持つことも知られている．

④ Blundell and Bond (1998) のシステム GMM：この手法では，上述の階差をとった式 (17) と連立させて式 (16) を階差をとらずにレベルのまま推定する．式 (16) に対応する操作変数としては，各説明変数の階差のラグを用いる．つまり操作変数のリストは，

$$\Delta \ln \hat{y}_{it}, \Delta \ln \hat{y}_{it-1}, ..., \Delta \ln \hat{y}_{i2}, \Delta \ln \hat{g}_{it}, \Delta \ln \hat{g}_{it-1}, ..., \Delta \ln \hat{g}_{i2},$$
$$\Delta \hat{cross}_{it}, \Delta \hat{cross}_{it-1}, ..., \Delta \hat{cross}_{i2}.$$

である．この手法は③の階差 GMM に比べて有限の N，T のもとで a_1 の下方バイアスがより小さくなることが知られている．筆者の知る限り，この手法を最初に経済成長の問題に応用したのは Blundell, Hoeffler and Temple (1998) である．

4. データ

4.1 データソース

この論文では金本良嗣によってインターネット上で提供されている大都市雇用圏データベースを用いる．2008年6月時点でのこのデータベースのURLはhttp://www.urban.e.u-tokyo.ac.jp/UEA/である．このデータは金本・徳岡(2002)によって提案された「都市雇用圏」の概念に基づいている．上記URLによれば都市雇用圏(UEA)とは，「(1)中心都市をDID人口によって設定し，(2)郊外都市を中心都市への通勤率が10%以上の市町村とし，(3)同一都市圏内に複数の中心都市が存在することを許容する」都市圏設定である．このうち中心都市のDID人口が5万人以上の都市圏を大都市雇用圏 (Metropolitan Employment Area, MEA) と呼んでいる．データ内にこのような大都市雇用圏は118ヶ所含まれている．このうち1995年時点の常住人口でみて最大は「東京23区」圏の約3093万4千人であり，最小は「碧南市」圏の約6万9千人であった．南関東1都3県を例にとると，最大はこの4都県にまたがる「東京23区」圏であるが，その他に「熊谷市」，「行田市」，「銚子市」，「木更津市」，「小田原市」の各圏が設定されている．

上記URLではこの大都市雇用圏について，常住人口，就業者数，生産額，民間資本ストック，社会資本ストック，面積，可住地面積のデータが提供されており，面積，可住地面積を除いては1980年，1985年，1990年，1995年の4年分のデータが利用可能である．

また就業者数については総計のほか製造業・非製造業の別ごとの数値と，非製造業の内訳として農林水産業（農業，林業，水産業の内訳も利用可能），鉱業，建設業，電気，運輸，卸売，金融，不動産業，サービス，公務，分類不能のデータが利用可能である．

生産額についてはやはり製造業・非製造業の分類のほか，非製造業の内訳として農林水産業（農業，林業，水産業の内訳も利用可能），鉱業，建設業，電気・ガス・水道業，卸売・小売業，金融・保険業，不動産業，運輸・通信業，

サービス業，政府サービス生産者，対民間非営利サービス生産者，輸入税，その他．帰属利子のデータが利用可能である．

民間資本ストックの内訳としては製造業・非製造業の別にデータが利用可能である．

社会資本ストックの内訳としては①農林水産基盤，②道路（国県道），③道路（有料道路），④空港・港湾，⑤運輸・通信（旧2公社），⑥運輸・通信（その他），⑦道路（市町村道），⑧都市公園・自然公園，⑨上水道・下水道，⑩社会保険・社会福祉施設・学校・病院，⑪一般行政資産，⑫治山・治水の12カテゴリーについてデータが利用可能である．

データ作成の詳細は来間・大河原（2001）に記されている．就業者数データは国勢調査従業地別集計より作成されており，生産額データは原則として県内総生産（実質，平成2年基準）を就業者数を用いて按分している．民間・社会資本は電力中央研究所推定の都道府県データ（1990年価格，その推定方法は大河原・山野・Kim（2001）に記載）を按分している．社会資本について言えば，①は農林水産業生産額で，②～⑥は製造業生産額で，⑦～⑩は常住人口で，⑪～⑫は総生産額で按分している．

4.2 本論文で用いる変数の定義

本論文では，一人あたり生産 y_{it} の指標として，上記の「生産額」（総額，データセット中で用いられているコード番号は MEA_Y1）を「就業者数」（総数，コード MEA_N1）で割ったものを用いる．社会資本の指標としては次の二つを考える．第1は「社会資本ストック」総額（コード MEA_G1）をそのまま用いたものである．

第2は上記の社会資本の分類のうち②～⑥（コード MEA_G12 から 16）の合計である．社会資本のうちには都市公園や病院などの生活基盤関連社会資本のように，少なくとも直ちには地域の生産性に貢献しないと思われるものが含まれるので，第2の分類のように生産基盤関連社会資本と見なせるものに限った指標を用いたほうが分析の趣旨にはより適合している可能性がある．いずれの場合も，社会資本の指標を就業者数で割って一人あたり社会資本を求めた．

論題 VI　社会資本の生産性効果の非線形性

GMM 推定においては，社会資本変数と交差項はともに先決変数として扱われている．

　推定にあたっては，追加的な説明変数として，産業固有の生産性ショックの影響を考慮することとする．このようなショックが与える影響の強さは当該期間におけるショックの符号と大きさ，および各都市圏の産業構造によって変わる．例えば農業生産性の上昇スピードが全産業の生産性の上昇を上回った期間においては農業のシェアが大きい都市圏の一人あたり生産が相対的に上昇する傾向があるであろう．一方，逆の場合には農業のシェアが大きい都市圏の一人あたり生産は相対的に下降する傾向があるであろう．このことを考慮しないで推定を行った場合，農業のシェアの大きい（あるいは小さい）都市圏同士の誤差項には正の相関が発生するであろうし，農業のシェアの大きい都市圏と小さい都市圏の間では誤差項に負の相関が発生するであろう．この問題を最小限に抑えるために，各都市圏の産業構造を表す代理変数を推定式の右辺に追加する．具体的には，農林水産業変数と製造業変数を導入する．これらは，各期間について（都市圏の生産額に占める当該部門のシェア（期初で評価））＊（期間ダミー）として定義される．したがって農林水産業，製造業とも，期間の数だけ説明変数が発生させられることになる．GMM 推定においてはこれらは Strictly Exogenous な変数として扱われている．

5. 推定結果と含意

5.1　ランダム効果モデル

　表 1-1 は，ランダム効果モデルによる推定結果を表している．社会資本の指標としては，社会資本ストック総額を用いている．第 1 列から第 3 列は，産業構造変数を入れなかった場合の結果を示しており，第 4 列から第 6 列は産業構造変数を加えた場合の結果を示している．第 1・4 列においては社会資本を加えなかった場合の結果を，第 2・5 列目においては一人あたり社会資本を加えた場合の結果を，第 3・6 列目では一人あたり生産と一人あたり社会資本の交

差項をさらに加えた場合の結果を示している．先に述べたようにデータは1980, 1985, 1990, 1995の4年分存在するが，1期前の被説明変数を説明変数としている関係上，実際の推定は3期間分のデータを用いて行われている．

これらの表を参照するに当たって注意すべきは，表1-1，1-2それぞれにおいて第1列と第4列では社会資本の入っていないモデルを推定しているので，社会資本の指標の選択の影響を受けないことである．したがって，表1-1と1-2の間で第1列と第4列の結果はそれぞれ全く同一である．同様のコメントは以下の表すべてについて当てはまる．

表1の結果によれば，1期前の一人あたり生産はすべてのケースにおいて有意に正であり，表1-1，表1-2とも第6列を除いては点推定値は0.7を上回っている．したがってこの手法による推定は一人あたり生産がゆっくりと収束していくという考えを支持している．一方で，表1-1と1-2の両方で，第2列と第5列において一人あたり社会資本の係数はマイナスであり，表1-1，第2列においては有意である．この結果は社会資本の生産力効果の存在そのものを否定するものである．ただしこれはランダム効果モデルのもたらすバイアスによるものである可能性が大きい．岩本（2002）にサーベイされている多くの既存研究で指摘されているように，日本の社会資本は一人あたり所得の低い地域に相対的に（一人あたりで見ると）手厚く配分される傾向があり，このことが社会資本の生産力効果の推定にバイアスをもたらしうると考えられる．すなわち，ランダム効果モデルにおいては地域固有の効果が説明変数（この場合は一人あたり社会資本）と無相関であると仮定されるが，この仮定が満たされていない可能性が強い．なお，ランダム効果モデルと固定効果モデルを比較するハウスマン検定はすべてのケースでランダム効果モデルを棄却している．

第3列と第6列において一人あたり生産と一人あたり社会資本の交差項を含めた場合の結果を見ると，一人あたり社会資本の係数が負であるのに対して交差項の係数は正である．この効果はいずれの表においても第3列では有意でないが，第6列では表1-1において10％水準で，表1-2では5％水準でも有意である．したがって，当初の予想に反して，社会資本の生産力効果は平均的にはマイナスだが一人あたり生産の増加とともに増加する，という結論が得られている．

表1-1 ランダム効果モデルの推定結果，社会資本＝総計 （括弧内は標準誤差）

	(1)	(2)	(3)	(4)	(5)	(6)
一人あたり生産	0.850 (0.022)	0.844 (0.022)	0.707 (0.139)	0.784 (0.028)	0.782 (0.028)	0.537 (0.142)
一人あたり社会資本		−0.042 (0.015)	−0.159 (0.120)		−0.020 (0.015)	−0.231 (0.121)
生産・社会資本交差項			0.068 (0.070)			0.122 (0.070)
農業シェア ×(1980-85 ダミー)				−0.062 (0.079)	−0.077 (0.080)	−0.122 (0.084)
農業シェア ×(1985-90 ダミー)				−0.166 (0.087)	−0.173 (0.087)	−0.165 (0.087)
農業シェア ×(1990-95 ダミー)				0.028 (0.102)	0.028 (0.102)	0.066 (0.104)
製造業シェア ×(1980-85 ダミー)				0.229 (0.042)	0.216 (0.043)	0.216 (0.043)
製造業シェア ×(1985-90 ダミー)				0.302 (0.041)	0.285 (0.043)	0.285 (0.043)
製造業シェア ×(1990-95 ダミー)				0.022 (0.044)	0.001 (0.047)	0.012 (0.047)
決定係数（グループ内）	0.017	0.016	0.013	0.070	0.071	0.064
決定係数（グループ間）	0.956	0.960	0.960	0.960	0.961	0.962
決定係数（全体）	0.860	0.864	0.864	0.888	0.889	0.890

表1-2 ランダム効果モデルの推定結果，社会資本＝生産基盤関連 （括弧内は標準誤差）

	(1)	(2)	(3)	(4)	(5)	(6)
一人あたり生産	0.850 (0.022)	0.848 (0.022)	0.790 (0.050)	0.784 (0.028)	0.777 (0.028)	0.688 (0.052)
一人あたり社会資本		−0.015 (0.010)	−0.124 (0.086)		−0.012 (0.009)	−0.175 (0.082)
生産・社会資本交差項			0.063 (0.049)			0.093 (0.047)
農業シェア ×(1980-85 ダミー)				−0.062 (0.079)	−0.086 (0.081)	−0.128 (0.083)
農業シェア ×(1985-90 ダミー)				−0.166 (0.087)	−0.185 (0.088)	−0.183 (0.088)
農業シェア ×(1990-95 ダミー)				0.028 (0.102)	0.011 (0.103)	0.037 (0.103)
製造業シェア ×(1980-85 ダミー)				0.229 (0.042)	0.225 (0.042)	0.226 (0.042)
製造業シェア ×(1985-90 ダミー)				0.302 (0.041)	0.296 (0.041)	0.294 (0.041)
製造業シェア ×(1990-95 ダミー)				0.022 (0.044)	0.015 (0.044)	0.018 (0.044)
決定係数（グループ内）	0.017	0.017	0.014	0.070	0.072	0.071
決定係数（グループ間）	0.956	0.957	0.957	0.960	0.960	0.960
決定係数（全体）	0.860	0.861	0.862	0.888	0.889	0.890

5.2 固定効果モデル

表2-1,表2-2は,固定効果モデルによる推定結果を表している.表1と同じく,2-1では社会資本の総額が,2-2では生産基盤関連社会資本のみが用いられている.各列の意味は表1と同じである.

一人あたり生産の係数を表1と表2の間で比較すると,表2のほうがその値が一律に小さくなっていることがわかる.産業構造変数を入れたケースでは有意性を失っている場合が多い.これはIslam (1995) や Caselli, Esquivel and Leffort (1996) が主張しているように,地域固定効果を無視することが収束スピードを過小評価するバイアスをもたらす,ということを示唆しているのかもしれないが,一方で固定効果モデルにおけるラグつき被説明変数の係数の下方バイアスを反映しているのかもしれない.

一人あたり社会資本のみを追加した第2列,第5列の結果をみる限り,この変数は有意にはならない.しかし,さらに交差項を追加した第3列,第6列の結果を見ると,表2-1と2-2で結果が異なってきている.社会資本総額を用いた表2-1においては一人あたり社会資本の係数が正で有意に転じ,交差項の係数は負で有意である.これは,社会資本の生産力効果は正だが経済発展とともにその役割が小さくなっていくのではないか,という当初の予想と整合的であり,塩路 (2001) の結果とも整合的である.一方,生産基盤関連社会資本のみを用いた表2-2でもいずれの係数とも符号は表2-1と同じである.しかし係数の有意性は落ちており,第3列では一人あたり社会資本の係数は10%水準で有意ではなく(ただし P 値は10.8%),交差項の係数は10%水準では有意だが5%水準では有意ではない.第6列ではいずれの係数も全く有意ではなく,社会資本の生産力効果の存在自体を否定する結果となっている.

5.3 階差GMMモデル

表3-1,表3-2は,階差GMMによる推定結果を表している.これまでと同じく,3-1では社会資本の総額が,3-2では生産基盤関連社会資本のみが用いられている.各列の意味は表1,表2と同じである.先に述べたようにデータ

表 2-1 固定効果モデルの推定結果，社会資本＝総計 （括弧内は標準誤差）

	(1)	(2)	(3)	(4)	(5)	(6)
一人あたり生産	0.106 (0.053)	0.108 (0.054)	0.523 (0.126)	0.024 (0.028)	0.025 (0.055)	0.360 (0.134)
一人あたり社会資本		0.014 (0.048)	0.391 (0.114)		−0.017 (0.055)	0.295 (0.127)
生産・社会資本交差項			−0.238 (0.066)			−0.185 (0.068)
農業シェア ×(1980-85 ダミー)				−0.390 (0.272)	−0.389 (0.272)	−0.252 (0.273)
農業シェア ×(1985-90 ダミー)				−0.400 (0.292)	−0.396 (0.293)	−0.335 (0.290)
農業シェア ×(1990-95 ダミー)				−0.191 (0.338)	−0.183 (0.340)	−0.154 (0.335)
製造業シェア ×(1980-85 ダミー)				0.406 (0.239)	0.414 (0.241)	0.482 (0.239)
製造業シェア ×(1985-90 ダミー)				0.584 (0.232)	0.587 (0.232)	0.656 (0.230)
製造業シェア ×(1990-95 ダミー)				0.485 (0.240)	0.484 (0.241)	0.547 (0.238)
決定係数（グループ内）	0.017	0.017	0.069	0.232	0.232	0.256
決定係数（グループ間）	0.956	0.900	0.511	0.501	0.499	0.398
決定係数（全体）	0.860	0.808	0.343	0.485	0.484	0.390

表 2-2 固定効果モデルの推定結果，社会資本＝生産基盤関連 （括弧内は標準誤差）

	(1)	(2)	(3)	(4)	(5)	(6)
一人あたり生産	0.106 (0.053)	0.106 (0.053)	0.163 (0.063)	0.024 (0.028)	0.028 (0.055)	0.051 (0.065)
一人あたり社会資本		0.002 (0.033)	0.145 (0.090)		−0.025 (0.034)	0.034 (0.127)
生産・社会資本交差項			−0.082 (0.048)			−0.032 (0.049)
農業シェア ×(1980-85 ダミー)				−0.390 (0.272)	−0.374 (0.272)	−0.328 (0.282)
農業シェア ×(1985-90 ダミー)				−0.400 (0.292)	−0.383 (0.293)	−0.349 (0.298)
農業シェア ×(1990-95 ダミー)				−0.191 (0.338)	−0.170 (0.340)	−0.141 (0.343)
製造業シェア ×(1980-85 ダミー)				0.406 (0.239)	0.443 (0.245)	0.464 (0.248)
製造業シェア ×(1985-90 ダミー)				0.584 (0.232)	0.613 (0.235)	0.637 (0.238)
製造業シェア ×(1990-95 ダミー)				0.485 (0.240)	0.509 (0.243)	0.534 (0.246)
決定係数（グループ内）	0.017	0.017	0.029	0.232	0.232	0.235
決定係数（グループ間）	0.956	0.952	0.879	0.501	0.496	0.467
決定係数（全体）	0.860	0.855	0.732	0.485	0.481	0.454

表 3-1 階差 GMM の推定結果,社会資本＝総計 (括弧内は標準誤差)

	(1)	(2)	(3)	(4)	(5)	(6)
一人あたり生産	0.564 (0.283)	0.129 (0.132)	0.503 (0.159)	0.426 (0.152)	−0.072 (0.166)	0.251 (0.172)
一人あたり社会資本		0.347 (0.085)	1.146 (0.215)		0.656 (0.182)	1.161 (0.244)
生産・社会資本交差項			−0.609 (0.140)			−0.370 (0.105)
農業シェア ×(1985-90 ダミー)				0.034 (0.094)	−0.015 (0.098)	−0.074 (0.093)
農業シェア ×(1990-95 ダミー)				0.344 (0.117)	0.129 (0.138)	0.058 (0.131)
製造業シェア ×(1980-85 ダミー)				0.149 (0.052)	0.403 (0.082)	0.436 (0.076)
製造業シェア ×(1990-95 ダミー)				−0.051 (0.078)	0.454 (0.143)	0.529 (0.134)

表 3-2 階差 GMM の推定結果,社会資本＝生産基盤関連 (括弧内は標準誤差)

	(1)	(2)	(3)	(4)	(5)	(6)
一人あたり生産	0.564 (0.283)	0.020 (0.171)	−0.359 (0.207)	0.426 (0.152)	0.141 (0.148)	0.090 (0.143)
一人あたり社会資本		0.330 (0.077)	0.720 (0.169)		0.275 (0.109)	0.374 (0.172)
生産・社会資本交差項			−0.281 (0.088)			−0.104 (0.066)
農業シェア ×(1985-90 ダミー)				0.034 (0.094)	0.006 (0.094)	0.010 (0.086)
農業シェア ×(1990-95 ダミー)				0.344 (0.117)	0.253 (0.124)	0.268 (0.115)
製造業シェア ×(1985-90 ダミー)				0.149 (0.052)	0.259 (0.062)	0.269 (0.062)
製造業シェア ×(1990-95 ダミー)				−0.051 (0.078)	0.181 (0.103)	0.204 (0.107)

は4年分存在するが,1期前の被説明変数を説明変数としているため1期分のデータが失われる.GMM 推定では階差をとる関係上,さらに1期分のデータが失われる.この結果,推定は2期間分のデータを用いて行われている.これまでの表よりも推定期間が短くなっているので注意を要する.

　まず一人あたり生産の係数から見ていくと,多くの場合において固定効果モデルの場合よりも値が大きくなっており,この係数の下方バイアスがある程度修正されたのではないかと思われる.しかし,それでも係数の値はかなり小さく,負であるケースもある.

　一人あたり社会資本のみを加えた第2列,第5列をみるとその係数は有意に正であり,社会資本の生産性効果の存在を支持する結果となっている.さらに

交差項を加えた第3列,第6列をみると,一人あたり社会資本の係数は正,交差項の係数は負であり,表3-2の第6列以外では5%水準で有意になっている.表3-2の第6列では一人あたり社会資本の係数は有意であるが,交差項の係数は有意ではない(P値は11.3%).これらの結果は概して,社会資本の生産力効果の非線形性を支持するものであるといえる.

なお,誤差項の系列相関をチェックするAR (1) テスト(サンプルが2期間しかないのでAR (2) テストは不可能である)は,全てのGMM推定を通じて(つまり次にみるシステムGMMを含めて),表3-1の第5列,第6列においてのみ,系列相関が存在しないという仮説を棄却しなかった.また,サーガンの過剰識別制約の検定は,全てのGMM推定を通じて,表3-1の第6列においてのみ,制約を棄却しなかった.これらの結果はこの表3-1,第6列の結果をより重視すべき理由をひとつ与えるといえよう.

5.4 システムGMMモデル

表4-1,表4-2は,システムGMMによる推定結果を表している.やはり4-1では社会資本の総額が,4-2では生産基盤関連社会資本が用いられており,各列の意味もこれまでと同じである.推定期間はやはり1985年〜1990年の期間と1990年〜1995年の期間の2期間である.

まず,期初の一人あたり生産の係数が,固定効果や階差GMMのケースと比べて,軒並み上昇しているのが目を引く.これは,やはりこれらのケースにおいて推定された係数に下方バイアスがかかっていたのではないかという疑いを抱かせる.

一方,一人あたり社会資本,交差項はすべてのケースにおいて有意ではなくなっている.これは実際に社会資本には生産力効果がない,という結果として捉えることもできるが,一方で,ランダム効果モデルに関して指摘された,地域固有効果と一人あたり社会資本の間の相関が,操作変数によってうまくコントロールできていなかった,という可能性も残されている.

表 4-1 システム GMM の推定結果，社会資本＝総計 （括弧内は標準誤差）

	(1)	(2)	(3)	(4)	(5)	(6)
一人あたり生産	0.801 (0.079)	0.894 (0.069)	0.818 (0.168)	0.844 (0.061)	0.874 (0.166)	0.786 (0.169)
一人あたり社会資本		−0.042 (0.052)	−0.093 (0.150)		−0.084 (0.044)	−0.132 (0.158)
生産・社会資本交差項			0.033 (0.085)			0.056 (0.089)
農業シェア×(1985-90 ダミー)				−0.076 (0.102)	−0.060 (0.100)	−0.028 (0.093)
農業シェア×(1990-95 ダミー)				0.139 (0.125)	0.192 (0.117)	0.231 (0.114)
製造業シェア×(1980-85 ダミー)				0.199 (0.048)	0.143 (0.052)	0.166 (0.048)
製造業シェア×(1990-95 ダミー)				−0.055 (0.055)	−0.149 (0.058)	−0.112 (0.051)

表 4-2 システム GMM の推定結果，社会資本＝生産基盤関連 （括弧内は標準誤差）

	(1)	(2)	(3)	(4)	(5)	(6)
一人あたり生産	0.801 (0.079)	0.935 (0.108)	0.852 (0.062)	0.844 (0.061)	0.878 (0.055)	0.840 (0.058)
一人あたり社会資本		−0.001 (0.052)	−0.077 (0.112)		−0.034 (0.024)	−0.093 (0.113)
生産・社会資本交差項			0.039 (0.063)			0.050 (0.064)
農業シェア×(1985-90 ダミー)				−0.076 (0.102)	−0.065 (0.103)	−0.040 (0.094)
農業シェア×(1990-95 ダミー)				0.139 (0.125)	0.165 (0.123)	0.204 (0.113)
製造業シェア×(1985-90 ダミー)				0.199 (0.048)	0.175 (0.048)	0.185 (0.046)
製造業シェア×(1990-95 ダミー)				−0.055 (0.055)	−0.100 (0.053)	−0.083 (0.049)

5.5 社会資本の直接的生産力効果を考慮した場合：階差 GMM による分析

　これまでは社会資本の成長が直接的に同期間内の経済成長に与える影響は充分小さいものと仮定することによって（第3節の式 (15)）これを推定式 (16) から落とし，これによって社会資本の成長と経済成長の同時決定性の問題を回避してきた．しかし，本来は式 (14) に見られるように社会資本の成長率 $\Delta \ln \hat{g}_{it}$ は推定式の右辺に含まれるはずのものである．そこでここではこれを説明変数に含めた式の推定を考える．ここまで検討してきた4種類の推定方法のうち，階差 GMM が理論から期待される結果に最も近い結果を生み出してきた．また，この手法は操作変数を用いることにより，内生性の問題を原則的

には回避できるはずである．そこでここではこの推定方法を用いた推定を試みることとする．すなわち表3-1, 3-2の第3列，第6列に新たに社会資本の成長率を説明変数に加えた分析を行うこととする．

結果の詳細は省略するが，推定結果は基本的に表3-1, 3-2の第3列，第6列にみられるものと大きく変わらなかった．社会資本の成長率の係数はほとんどの場合有意にはならなかった．唯一の例外は，表3-2の第6列の分析に社会資本の成長率を加えたケースであり，このときのみ，社会資本の成長率の係数は有意に正となった．このように，これまでの結論の大勢が変更されることはなかったものの，それに加えて社会資本の直接的生産力効果を推定しようとする試みは必ずしも期待した成果を生み出さなかった．その理由としては社会資本の直接的生産力効果が働くには現実には数年程度の遅れが存在する可能性が考えられる．

6. 結　論

本論文では，大都市圏のデータを用いて，社会資本に生産力効果があるか，もしあるとしたらその効果に非線形性があるかを，動学的パネル・データ・モデルを4つの異なったアプローチで推定することによって分析した．その結果，用いられる推定手法によって結論が変わってくることがわかった．一人あたり生産と一人あたり生産のレベルからなる式（16）を，地域固定効果をコントロールせずに推定するランダム効果モデルにおいては，社会資本の生産力効果そのものを否定する結果が得られた．もっとも，これは，地域固有効果と一人あたり社会資本の地域間配分の間の相関を無視したためである可能性が強い．階差からなる式（17）と同時にレベルからなる式（16）を操作変数を用いて推定するシステムGMMにおいても，やはり社会資本の生産力効果そのものが否定された．

これに対して，固定効果モデルにおいては，社会資本総額のデータを用いた場合のみ，そして交差項を含めた場合のみ，社会資本に生産力効果があること，またその効果には非線形性があって所得が増加するにつれて効果は小さくなっ

ていくこと，が支持された．生産基盤関連社会資本を用いた場合にはあまり明確な結論は得られなかった．

この論文で当初設定した仮説と最も整合的な結果をもたらしたのは階差GMMであった．このケースにおいては一人あたり社会資本の係数は正，交差項の係数は負という結果を得た．AR (1) テストやサーガンの過剰識別制約の検定は，システムGMMよりも階差GMMを支持するようである．もっとも，階差GMMは期初の一人あたり生産の係数を過小評価しているのではないかという疑いもあり，この推定方法に全面的に頼るべきかどうかは明らかではない．

今後の研究課題は，これらの手法のうちどの結果がもっともらしいか，あるいはいずれかの方法を改善してより信頼できる結果を得られないか，を検討することである．そのためには追加的な操作変数が必要となってくる可能性が高いが，これには大都市圏データだけでは不充分である可能性が高い．したがって，この有用な新しいデータセットを他の既存のデータと巧妙に組み合わせることによってそれぞれの推定手法の問題点を解決していくような，創造性の高い研究が求められていくことになるであろう．

参考文献

Arellano, Manuel, and Stephen Bond, "Some Tests of Specification for Panel Data: Monte Carlo Evidence and Application to Employment Equation", *Review of Economic Studies*, 58, 277-297, 1991.

Aschauer, D. A., "Is Public Expenditure Productive ?", *Journal of Monetary Economics*, 23, 177-200, 1989.

Barro, Robert J., and Xavier Sala-i-Martin, "Convergence", *Journal of Political Economy*, 100, 233-251, April 1992 (a).

Barro, Robert J., and Xavier Sala-i-Martin, "Regional Growth and Migration : A Japan United States Comparison", *Journal of the Japanese and International Economies*, 6 (December), 1072-1085, 1992 (b).

Barro, Robert J., and Xavier Sala-i-Martin, *Economic Growth*, McGraw-Hill, 1995.

Blundell, Richard and Stephen Bond, "Initial Conditions and Moment Restrictions in Dynamic Panel Data Models", *Journal of Econometrics*, 87, 115-143, 1998.

論題 VI 社会資本の生産性効果の非線形性　　　205

Bond, Stephen, Anke Hoeffler, and Jonathan Temple, "GMM Estimation of Empirical Growth Models", Paper Presented at the European Meeting of the Econometric Society, Berlin, September 1998.

Caselli, Francesco, Gerardo Esquivel and Fernando Lefort, "Reopening the Convergence Debate: A New Look at Cross-Country Growth Empirics", *Journal of Economic Growth*, 1, 363-389, September 1996.

Evans P. and Karras G., "Are Government Activities Productive? Evidence from a Panel of U. S. Sstates", *Review of Economics and Statistics*, 76 (1), 1-11, 1994.

Garcia-Milà, Teresa, Therese J. McGuire and Robert H. Porter, "The Effects of Public Capital in State-Level Production Functions Reconsidered", *Review of Economics and Statistics*, 1995.

Holtz-Eakin, Douglas, "Public Sector Capital and the Productivity Puzzle", *Review of Economics and Statistics*, 76, 12-21, 1994.

Hsiao, Cheng, *Analysis of Panel Data*, Cambridge University Press, Cambridge, UK, 1986.

Islam, Nazrul, "Growth Empirics: A Panel Data Approach", *Quarterly Journal of Economics*, 110, 1127-1170, 1995.

Kiviet, Jan F., "On Bias, Inconsistency, and Efficiency of Various Estimators in Dynamic Panel Data Models", *Journal of Econometrics*, 68, 53-78, 1995.

Merriman, "Public Capital and Regional Output: Another Look at Some Japanese and American Data", *Regional Science and Urban Economics*, 20, 437-458, 1990.

Mulligan, Casey B., and Xavier Sala-i-Martin, "Transitional Dynamics in Two-Sector Models of Endogenous Growth", *Quarterly Journal of Economics*, 108, 3 (August), 737-773, 1993.

Nelson, Richard R., and Edmund S. Phelps, "Investment in Humans, Technological Diffusion, and Economic Growth", *American Economic Review* 56, 2 (May), 503 -530, 1966.

Nerlove, Marc, "Further Evidence on the Estimation of Dynamic Relations from a Time Series of Cross Sections", *Econometrica*, 39, 2, 359-382, March 1971.

Nickell, Stephen, "Biases in Dynamic Models with Fixed Effects", *Econometrica*, 49, 6, 1417-1426, 1981.

Shioji, Etsuro, "Convergence in Panel Data: Evidence from the Skipping Estimation", Universitat Pompeu Fabra Working Paper 235, August 1997.

Shioji, Etsuro, "Public Capital and Economic Growth: a Convergence Approach", *Journal of Economic Growth*, 6, 205-227 (2001), Kluwer Publishers.

Shioji, Etsuro, "Initial Values and Income Convergence: do "the Poor Stay Poor?", *Review of Economics and Statistics*, 86 (1), 444-446 (2004).

Solow, Robert M., "A Contribution to the Theory of Economic Growth", *Quarterly*

Journal of Economics, 70, 65-94, February 1956.

Swan, Trevor W., "Economic Growth and Capital Accumulation", *Economic Record*, 32, 334-361, November 1956.

赤木博文,「生活基盤型の社会資本整備と公共投資政策」,『フィナンシャル・レビュー』第41号, 68-80, 1996.

浅子和美, 坂本和典,「政府資本の生産力効果」,『フィナンシャル・レビュー』第26号, 97-102, 1993.

浅子和美・常木淳・福田慎一・照山博・塚本隆・杉浦正典,「社会資本の生産力効果と公共投資政策の経済厚生評価」,『経済分析』135号, 1994.

土居丈朗,「日本の社会資本に関するパネル分析」, 国民経済研究協会『国民経済』161, 27-52, 1998.

岩本康志,「社会資本の経済分析:展望」日本経済学会2001年度春季大会特別報告, 改訂版2002年5月 (ホームページよりダウンロード可能, URL: http://www.e.u-tokyo.ac.jp/%7Eiwamoto/Docs/2002/ShakaiShihonnoKeizaiBunseki.pdf).

岩本康志・大内聡・竹下智・別所正,「社会資本の生産性と公共投資の地域間配分」,『フィナンシャル・レビュー』第41号, 27-52, 1996.

林正義・三井清,「社会資本の地域間・分野別配分について」,『社会科学研究』52 (4), 3-29, 2001.

金本良嗣・徳岡一幸,「日本の都市圏設定基準」,『応用地域学研究』No.7, 1-15, 2002.

来間玲二・大河原透,「都市圏経済データの作成について」, インターネット掲載論文 (URL: http://www.urban.e.u-tokyo.ac.jp/UEA/ARSC1104.pdf), 2001.

経済企画庁,『長期遡及推計 県民経済計算報告 昭和30年〜昭和49年』, 1991.

経済企画庁,『県民経済計算年報平成10年版』, 1998 (a).

経済企画庁,『日本の社会資本:21世紀への資本ストック』, 1998 (b).

三井清・太田清,『社会資本の生産性と公的金融』, 日本評論社, 1995.

大河原透・山野紀彦,「社会資本の生産力効果:地域経済への影響分析」,『電力経済研究』34, 45-57, 1995.

大河原透・山野紀彦・Kim Yoon Kyung,「財政再建下の公共投資と地域経済」,『電力経済研究』No. 45, 2001.

塩路悦朗,「日本の地域所得の収束と社会資本」,『循環と成長のマクロ経済学』吉川洋・大瀧雅之編, 東京大学出版会, 第8章, 2000a.

塩路悦朗,「社会資本の生産性効果に非線形性はあるか?」,『エコノミック・リサーチ』No. 9, 35-41, 2000b.

塩路悦朗,「経済成長の源泉としての社会資本の役割は終わったか」,『社会科学研究』52 (4), 3-29, 2001.

吉野直行・中島隆信,『公共投資の経済効果』, 日本評論社, 1999.

吉野直行・中野英夫,「公共投資の地域配分と生産効果」,『フィナンシャル・レビュー』第41号, 16-26, 1996.

[コメント]

岩本康志

1.

　バブル崩壊後，1990年代の後半には政府は景気対策のために公共事業を大きく増加させた．しかし，期待されたほどの景気刺激効果は現れず，むしろ無駄ではないかと国民が感じるような公共事業の事例が相次いだこともあって，公共事業に対する否定的な見方が強まった．21世紀に入って公共事業への支出額は減少を続け，今後の財政再建過程でさらに減少させることが議論されている．こうした政策議論を受けて，学界でも社会資本に関する研究が活発におこなわれた．

　都市と地方の間での社会資本の配分が重要な論点となったこともあり，岩本(2005)，林(2003)で展望されたように，地域データを用いて社会資本の限界生産性を計測した研究は，多くの数にのぼっている．岩本(2005)で説明されているように，社会資本の地域間配分については，堀(1989)，大河原・山野(1995)，土居(1995)等の初期の研究以来，社会資本は都市圏で過小であり，地方圏で過大であるという結論で一致している．また，地域間の所得格差を是正するために，わが国の公共事業が効率性をある程度犠牲にしてきたことも確認されている．時系列的な傾向を見ると，1980年代は都市圏への配分比率が高まったが，1990年代はこれが反転して，地方圏への配分比率が高まる傾向にあった．これには，バブル崩壊後の景気対策が地方の公共事業を大幅に増加させたことも寄与している．

　1980年代までのデータで地方圏の過剰という結果がすでに得られていることから，1990年代の経験を加えても，その結論が追認されることが予想される．実際，最近なされた本間・田中(2004)，中東(2004)，林(2004)は，そのような結果を得ている[1]．これに対して，塩路論文は，地域データによって社会資本の生産性を計測する点では同じ範疇に属しながら，先行研究にはなかった新たな視点を導入し

---

1) 余談ではあるが，地域間配分の研究は最近でも多数なされているが，予想される範囲内で従来からの結論を確認するにとどまり，それ以上の学術的貢献がなかなか見られない．他にも重要な研究課題が存在するなかで，やや過剰に学界の資源が投入されているのではないかと感じる．

ていることに，筆者は注目している．ただし残念なことに，論文では筆者が注目する点が明確に説明されていないことから，読者がそれに気がつかないおそれがある．そこで，本稿では塩路論文が従来の研究と違う方向に踏み出した点を明らかにしていきたい．

2.

塩路論文では，生産量の社会資本に対する弾力性を，生産力効果と呼んで分析の中心的な対象に据えている．しかし，社会資本の適切な整備を考えるときには，単に社会資本が生産力をもつかどうかに注目すればよいわけではない．望ましい社会資本の供給水準がどう決定されるのを考えないといけない．こうした規範的な判断の基準となるのは，生産力効果ではなく，社会資本の限界生産力である．このことを，まず簡単なモデルを定式化して確認しておこう．

社会資本の効率的配分は，総量での効率的な水準決定の問題と，総量一定のもとでの地域間（あるいは分野間）配分の問題がある．前者の効率性は，後者の効率性を前提にしている．

地域間の配分の効率性をモデル化しよう．各地域の生産関数を，

$$Y_i = F(K_i, G_i, L_i).$$

とする．ここで，Y は生産量，K は民間資本，G は社会資本，L は労働，i は地域を示す．社会資本の総量を G として，

$$\sum_i G_i = G.$$

のもとで，各地域の生産量の合計を最大化すると，各地域の社会資本の限界生産力を均等化することが求められる．一方，総量としての社会資本の適正な水準はさまざまな条件によって決まるので，ここではくわしい説明は省略する．岩本 (2005) で説明されているように，この場合も社会資本の限界生産力についての条件という形で，望ましい社会資本水準が与えられる．

生産関数がコブ・ダグラス型で，

$$Y = K^\alpha G^\gamma L^{1-\alpha-\gamma}$$

で表される（これは塩路論文の (7) 式に相当する）とすると，社会資本の限界生産力は，

論題VI 社会資本の生産性効果の非線形性

$$\frac{\partial Y}{\partial G} = \gamma\left(\frac{Y}{G}\right). \tag{1}$$

で表される．産出量に対する社会資本の比率が上昇すれば，限界生産力が低下することがわかる．

わが国の社会資本の動向を見ると，マクロの時系列では，社会資本比率が上昇してきたことが観察されている．一方，横断面で都市圏と地方圏を対比させると，地方圏の社会資本比率が高いことが観察できる．(1) 式を踏まえると，このことは，社会資本の生産力が近年低下していることと，地方圏で社会資本の限界生産力が低いことを意味している．したがって，コブ・ダグラス型生産関数を用いても，社会資本の相対的賦存量の動きに着目することで，われわれの感覚に合致した説明を与えることができる．

ところで，コブ・ダグラス型生産関数では，塩路論文のいう生産力効果はつねに一定である．ところが，本間・田中 (2004) は，都道府県を都市圏・地方圏の2つに分類してコブ・ダグラス型生産関数を個別に推定して，都市圏の生産力効果が高いことを示している．この結果は，地方圏では社会資本の整備が生産量の増加に結びついていないという実感とは親和性がある．生産関数の形状が異なるという説明以外で，このような現象を理論的に説明するとすれば，社会資本が他の生産要素にとってかわって生産に貢献する余地が少なくなっている（生産要素間の代替の弾力性が小さい）という技術的関係が存在することが考えられる．そのような状況を表現するためには，吉野・中野 (1994) 等のように translog 型生産関数を当てはめるなどして，代替の弾力性がより一般的な値をとれるような推定がおこなわれてきており，やはり首都圏での生産力効果が地方圏よりも高いという結果が導かれている．

これに対して，塩路論文は，生産量の社会資本に対する弾力性が生産量水準の上昇とともに低下する定式化をデータに当てはめて推定しようとしている．相対的賦存量に着目する議論では，都市圏の社会資本が相対的に少ないことは都市圏の生産力効果を引き上げる方向に働くが，塩路仮説では逆に都市圏の生産量水準が高いことが生産力効果を押し下げることを意味している．このことは非常に重要な政策的含意をもつ．塩路仮説が正しいとすれば，都市圏の社会資本を充実させるべきという最近の意見も修正を迫られるかもしれない．しかし残念ながら，塩路論文ではこの論点は十分に議論されておらず，またそれを検討するための十分な情報も与えられていない．

3.

　社会資本の生産力効果が逓減していく定式化は塩路論文の独創的な貢献であり，巧みに推定可能な式を導出している．ただし，モデルが本質的に非線形なことから，斉一成長経路が記述できないことが弱点であると考えられる．ここで定式化された生産関数では，所得が上昇すると，やがて社会資本の限界生産力が負になってしまうのだが，塩路論文ではこの生産関数の定式化は社会資本の影響の非線形性をとらえるための近似であるという立場をとっている．すると，塩路論文の立場を受け容れて従来のモデルを捨ててしまうと，われわれは，整合的な動学分析をおこなう理論モデルを失ってしまうことになる．利潤率の長期的低落傾向の社会資本版が生じるのだとすれば，理論的にも興味深い課題である．経験的事実だけではなく，なぜそのような関係が見出されることになるのか，という理論的な考察も必要となるだろう．

　どのような生産関数の定式化が整合的な経済成長モデルとなるのか，そのなかで民間資本の蓄積式のミクロ的基礎付けが与えられるのか，またモデルの含意がKaldorの定型化された事実と整合的であるか，などの疑問に説得的な回答が与えられないと，塩路論文の仮説が学界の支持を得ることは難しいと思われる．

参考文献

土居丈朗 (1995)，「日本の公共投資政策に関する政治経済学的分析」，未発表．
林正義 (2003)，「社会資本の生産効果と同時性」，『経済分析』，第169号，3月，87-107頁．
林宜嗣 (2004)，「公共投資と地域経済：道路投資を中心に」，『フィナンシャル・レビュー』，第74号，11月，52-64頁．
本間正明・田中宏樹 (2004)，「公共投資の地域間配分の政策評価」，『フィナンシャル・レビュー』，第74号，11月，4-22頁．
堀要 (1989)，「公共投資の経済的効果」，『商大論集』，第47巻第1号，7月，79-101頁．
岩本康志 (2005)，「公共投資は役に立っているのか」，大竹文雄編『応用経済学への誘い』，日本評論社，115-136頁．
中東雅樹 (2004)，「地方財政と地域経済」，『フィナンシャル・レビュー』，第74号，11月，105-120頁．
大河原透・山野紀彦 (1995)，「社会資本の生産力効果：地域経済への影響分析」，『電力経済研究』，第34号，7月，45-57頁．
塩路悦朗 (2001)，「経済成長の源泉としての社会資本の役割は終わったのか」，『社会科

学研究』, 第 52 巻第 4 号, 53-68 頁.
吉野直行・中野英夫 (1994),「首都圏への公共投資配分」,『東京一極集中の経済分析』, 日本経済新聞社, 161-190 頁.

論題 VII　分野別社会資本の限界便益に関する地域間比較
地価関数と税収関数を用いた推計

［報告］三井　清
［コメント］水野利英
［回答］三井　清

［報告］†

三井　清

1. はじめに

　無駄な公共投資を削減して財政支出を減らすことで減税をすれば日本の経済が活性化するという主張がある．また，少子高齢化社会の到来に備えて社会福祉政策を充実させるための財源を公共投資のカットで賄うべきであるという議論もある．このような主張の背景には，社会資本が効率的に整備されていないのではないかという疑念があると考えられる．この疑念は，明らかに生産性への貢献が小さい道路や港湾の事例や，公共投資のGDPに対する比率が国際的

---

† 本稿の作成に当たっては赤木博文（名城大学），麻生良文（慶応義塾大学），塩路悦朗（横浜国立大学），土居丈朗（慶応義塾大学），中里透（上智大学），林正義（一橋大学），水野利英（兵庫県立大学），山崎福寿（上智大学）の各氏，統計研究会コンファランス，マクロワークショップ（東京大学），公共政策班コンファランス（東京大学）の参加者をはじめ多くの方々より貴重なコメントを頂いた．ここに感謝の意を表したい．

に高い水準にあるという統計データが広く紹介されることで，形成されてきたものであろう．

　過去の無駄な公共投資の事例を明らかにすることにより，将来の公共投資政策に対する教訓を導き出すことが重要であることは言うまでもない．しかしながら，公共事業を実行した後に予想外の要因変化が生じた場合には，期待された政策効果を発揮できない可能性もある．すなわち，個々の公共投資には必然的に大きなリスクが伴うわけである．しかしながら，社会全体としては失敗した公共投資による社会的損失を成功した公共投資による社会的利益が上回ることが期待される．したがって，個別の公共投資の失敗事例を精査することに加えて，公共投資全般に関する基本的な政策方針を評価するという視点が重要であろう．

　公共投資の対 GDP 比率が他国と比較して高いのは，わが国の戦後の社会資本が不足した状態にあったので，それを適切な水準まで短期間に整備しているからであるという議論もある．そのような歴史的条件を考慮するとき，公共投資・GDP 比率が国際的に高い水準になっていることだけから単純にフローとしての公共投資が過剰であると結論づけることはできない．したがって，ストックとしての社会資本の水準が社会的に望ましい水準に達しているかどうかという視点から評価することが重要であろう．ただし，社会的に望ましい水準に達していないとしても，短期間でその水準を最適なレベルに引上げようとすることには様々な社会的コストが伴うので必ずしも望ましい政策とは考えられない，といった点に十分留意する必要がある．

　社会資本の整備状況を効率性の観点から評価する場合，その評価は国全体の社会資本水準が過剰であるか過小であるかというマクロ・レベルのものから，個別の公共事業の政策効果を評価するミクロ・レベルのものまで幾つかのレベルに分類することができる．中間的なものとしては，社会資本の都道府県レベルでの地域間配分に着目したり，生活基盤型と生産基盤型といった社会資本の分野別配分に着目したりしてそれを評価するというものがある．

　政策評価をする際には，このようなマクロかミクロかといった観点以外に，「生産性」を向上させる効果か，「生活環境」を改善する効果か，あるいは「税収」を増加させる効果かという観点も重要である．第 1 の生産性を向上させる

効果とは，社会資本が整備されることで民間部門の生産性が向上する効果であり，その結果として家計の所得が増えて効用水準が上昇することになる．第2の生活環境を改善する効果とは，社会資本の充実が公園や下水道などの生活環境を改善する効果であり，それが直接的に家計の効用水準を高めることになる．第3の，税収を増加させる効果とは社会資本の整備により所得が増加する結果として税収が増加する効果である．

　以上のような論点について検討するために，最初に分野別社会資本の都市圏占有率の変遷を概観し，生産基盤型社会資本は1960年代後半から，生活基盤型社会資本も1970年代後半から地方圏に重点的に配分されてきたことを確認する．第2に，課税制度が一括税で無い場合の資本化仮説の理論について検討する．そして，社会資本の生産性を向上させる効果，生活環境を改善する効果，税収を増加させる効果を含めた限界便益を捉える方法を確認する．第3に，地価関数と税収関数を都道府県の1980年から98年までのデータを用いて推定する．そして，その推定結果を用いて1995年時点における分野別社会資本の限界便益を都道府県ごとに比較検討する．その推計から得られた主な結果は，都市圏においては生活基盤型社会資本より第2次産業基盤型社会資本の限界便益が大きく，地方圏においては第2次産業基盤型社会資本より生活基盤型社会資本の限界便益が大きいということである．

　以下の議論の構成は次の通りである．第2節では，戦後のわが国において地域間・分野別の社会資本整備がどのように進められてきたかを振り返る．第3節では，社会資本の限界便益を評価する既存研究を整理し，本研究の位置づけを確認する．第4節では，課税システムと資本化仮説との関連性を確認したうえで，一括固定税でない課税システムのもとで限界便益の評価方法にどのような修正が必要かを検討する．第5節では，その限界便益の評価に必要な，地価関数と税収関数の推定を行う．第6節では，その推定結果を用いて1995年時点での分野別社会資本の地域別の限界便益を推計する．そして，第7節で議論をまとめる．

2. 分野別社会資本の地域間配分の特徴

わが国の戦後の経済成長を振り返るとき,社会資本整備のプロセスとの関連性を無視することはできない[1]。戦後復興期(1945年から50年代半ば)においては社会資本整備の中心は戦災・災害復興のためのものであった。高度成長前期(1950年代半ばから1960年代半ば)は京浜・中京・阪神などの工業地帯を中心とする活発な民間投資に社会資本整備が追いつかない状況であった。したがって,都市圏に重点的に産業基盤型社会資本の整備が進められることになった。高度成長後期(1960年代半ばから70年代半ば)は公害問題などの大都市圏における生活環境の悪化が顕在化した時期である。また,大都市圏と地方圏の所得格差や生活水準の格差が問題となり,社会資本の整備に際してもこのような問題が考慮されることになった。この時期に公共投資を地方圏に重点的に配分することで地域間格差を是正することが政策目標として加えられることになる。

この地域間の社会資本整備の様子をデータで確認するために,都市圏と地方圏の分野別社会資本の占有率の1960年から98年までの推移を図1と図2で確認してみよう。なお,都市圏とは東京,埼玉,千葉,神奈川,愛知,大阪,京都,兵庫,福岡であり,地方圏とはそれ以外の道県である[2]。社会資本は生活基盤型,第2次産業基盤型,防災基盤型,第1次産業基盤型の4つの分野に分類する。なお,それぞれの分野の社会資本は,内閣府(2002)のデータを用いて次のように定義する。すなわち,生活基盤型社会資本は「公共賃貸住宅」,「下水道」,「廃棄物処理」,「水道」,「都市公園」,「文教」の合計,第2次産業基盤型社会資本は「道路」,「港湾」,「航空」,「工業用水」の合計,防災基盤型社会資本は「治山」,「治水」,「海岸」の合計,第1次産業基盤型社会資本は「農業」,「漁業」の合計である。さらに,ある分野の社会資本の都市圏占有率とはその社会資本の都市圏における合計をその全国合計で除したものである。

図1をみると,第2次産業基盤型社会資本の都市圏占有率は1970年頃まで

---

1) この関連性については奥野(1999)でより詳しく議論されている。
2) 沖縄は1974年までのデータが存在しないので除いてある。

図1 分野別社会資本の都市圏占有率(1)

図2 分野別社会資本の都市圏占有率(2)

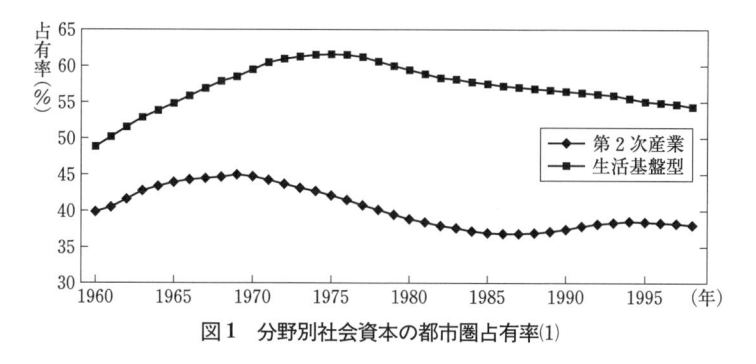

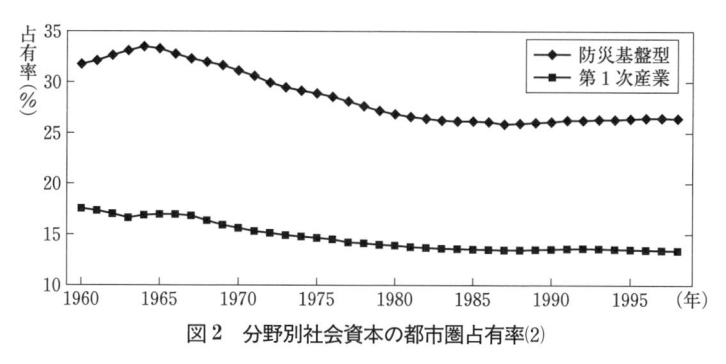

高まっていったが，それ以降は1990年代前半の一時期を除いて低下傾向が続いた．生活基盤型社会資本の都市圏占有率は1975年頃まで高まったが，それ以降は一貫して低下傾向にある．図2をみると，第1次産業型社会資本の都市占有率は，1960年以降一貫して低下してきている．防災基盤型社会資本の都市圏占有率は1965年頃までは上昇していたが，それ以降その都市圏占有率は基本的に低下してきている．

以上のように，1960年代半ばから1970年代半ばまでの約10年間で分野ごとの跛行性を伴いながら都市圏から地方圏へと社会資本整備の重点が移されていったのである．地域間の生活水準格差の是正をするための政策手段としては，地方交付税制度を通じた地域間の所得再分配政策などがある．安定成長期には，それに加えて社会資本の地域間配分政策が地域間の生活水準格差を是正する役割の一翼を担っていたと考えられる．

3. 社会資本整備の社会的便益評価に関する実証研究

社会資本整備の社会的便益を評価する既存の研究は，集計データのレベルに関する「マクロ（＝全国）」と「地域」という 2 つの分類と，社会資本整備の効果に関する企業の「生産性向上」と家計の「生活環境改善」という 2 つの分類によって，合計 4 つのタイプに分類できる．以下では既存の研究をこの 4 つのタイプに分けて簡単に概観する．

3.1 マクロ・生産タイプ

マクロ時系列データを用いた社会資本の生産力効果の実証分析としては，米国に関する Aschauer (1989) の研究を契機として多くの研究が蓄積されている[3]．これらの研究の争点となったのは，社会資本の整備が不十分であったことが 1970 年代と 80 年代の米国における経済成長が低迷した原因であったかどうかという点であった．Aschauer により示された社会資本の整備が生産性を向上させる効果が大きいという計測結果は社会資本の不足と経済成長の低迷との関連性に対する人々の関心を高めることになった[4]．

わが国におけるマクロ・生産タイプの研究としては，既に 1970 年代における Nose (1973) や 1980 年代における Asako and Wakasugi (1984) による研究がある．しかし，1990 年代にはいると岩本 (1990) を初めとして，浅子ほか (1994)，奥野ほか (1994)，三井・太田 (1995)，吉野・中島 (1999) など多くの研究が行われるようになった[5]．それらの結果は概ね社会資本が生産性の向上に寄与しているというものである．そして，多くの実証研究に共通する結果は 1970 年代においては社会資本が民間資本に対して相対的に不足していたというものである．それに対して，1980 年代に関しては，社会資本が民

---

[3] Aschauer (1989) 以前の業績としては Ratner (1983) がある．
[4] 欧米におけるこの分野のサーベイとしては Sturm (1998) が有用である．
[5] 家計の動学的最適化問題の観点から社会資本の最適性を検討している文献としては近藤・井堀 (1999) と北坂 (1999) がある．

間資本に対して相対的にやや過剰であるとする結果からほぼ適切な水準であったという結果が多いようである．1990年代に関しては，研究の重点が地域データを用いた分析に移ったこともあり研究の蓄積が必ずしも多くない．しかしながら，90年代における度重なる景気対策の一環として盛んに公共投資が行われたことを考えると，90年代後半には社会資本の水準は過剰になっている可能性が高いと考えられる．

3.2 マクロ・生活環境タイプ

マクロの生活環境の改善効果に関する実証分析としては赤木（1996）が存在する．その分析の結果は1980年代後半からは生活基盤型社会資本が民間資本と比較して相対的に不足しているというものである．生産環境を改善する効果を捉えようとする「マクロ・生産」タイプの実証分析とは対照的な結果が得られている．このタイプの実証研究の蓄積はまだ少なく新しいデータを加えた今後の研究の蓄積が期待されるところである．

3.3 地域・生産タイプ

地域別社会資本データを用いた民間部門の生産性に与える効果に着目する実証研究としてはMera（1973）を嚆矢として，Costa et al.（1987）やMunnell（1990）など多くの研究が蓄積されている．Munnell（1990）はAschauer（1989）がマクロ時系列データを用いた場合には確認できた社会資本の生産性を改善する効果が，米国の地域データを用いた場合には確認できないことを示した．その理由は社会資本の生産性に与える効果が他の地域にスピルオーバーしてしまう効果が存在するからではないかとしている．

Mera（1973）はわが国の都道府県のデータを幾つかの地方ごとに集計して推計することで，生産性効果の存在を確認している．スピルオーバー効果の存在により生ずる推定上の問題を，データをある程度集計することにより回避しているわけである．その後の地域データを用いた研究で得られているほぼ共通した結果は，大都市圏の社会資本の生産性を向上させる効果は大きいのに対し

て，地方圏においてはその効果が小さいというものである．その後のわが国の地域データを用いた実証分析としては，堀（1987），浅子ほか（1994），三井・太田（1995），大河原・山野（1995），岩本ほか（1996），土居（1998），吉野・中島（1999），三井（2003）などがある[6]．

3.4 地域・生活環境タイプ

　社会資本が生活環境を改善する効果をもつならば，それは個人の生活環境を形成する要因のひとつとみなすことができる．したがって，ヘドニック法（Rosen, 1974）と資本化仮説を応用した Roback（1982）による地域環境の評価方法が，社会資本の生活改善効果の測定に応用されるのは自然な展開であった．これらの評価法は，環境要因の便益をキャピタライズした地代（および賃金）と環境要因との関係をヘドニック関数として推定し，推定されたパラメータから個人が効用関数上で評価する環境要因の限界便益を評価するという方法をとる．したがって，社会資本に関する変数をヘドニック関数における説明変数としてみなすことができる限り，Roback 流の分析は社会資本による生活環境改善効果の測定に容易に応用できることになる．

　欧米における研究では社会資本ストック値そのものを対象としてはいないが，公共サービスの効果を環境要因のひとつとして測定した Gyourko and Tracy（1991）による研究がある．わが国の応用例としては下水道整備率や道路延長などの実物単位で測られた各種の社会資本の評価額を測定した加藤（1991）や赤井・大竹（1995）があるが，これらの研究で使用された社会資本データは貨幣単位のデータではないために，社会資本の便益は生産力効果に関する既存の研究と比較できる形では計測されていない．一方，田中（2001）の研究は生産力効果の測定に使用される社会資本データと同様のデータを用いて実証分析を行っている．田中は社会資本から生み出される公共サービス（＝アメニティ）の量がそのストック量に比例すると想定して Roback 流の計測を行い，生活基盤型社会資本の限界便益が生産基盤型の限界便益と比較して大きいという結

---

[6] その他の業績として，塩路（2000）と中里（1999）による社会資本の地域間配分と経済成長との関連性を議論した研究がある．

果を得ている．

4. 課税システムと資本化仮説を用いた限界便益評価

本節では，資本化仮説に基づく Roback 流の分析において課税の効果をどのように考慮すべきかを検討する．Roback (1982) は税制度が一括固定税であると想定している．しかし，日本の所得税制度と地方税制度を考えるとき，税制度が一括固定税であるとする想定は現実との乖離が大きい．そこで，所得税のシステムの限界税率がプラスである場合に Roback (1982) の議論がどのように修正されるかを検討する[7]．

地域 i に居住する個人の効用関数は $U(x_i, h_i, G_i)$ と表され，合成財（基準財）x_i，1人あたり住宅面積 h_i，および，地域に存在する社会資本 G_i から便益を得るものとしよう．ここで，各個人の効用関数は地域とはかかわりなく同一と仮定し，各財の消費量は地域内では同一であるとする．各個人は地域内で非弾力的に1単位の労働を供給し，その対価として賃金 w_i を得る[8]．地代を r_i，非労働所得を I，税額を T_i とする．なお，非労働所得 I は居住地から独立であり[9]，各地域に居住する個人は共通の課税システム $T_i = T(w_i)$ に直面しているとする．そのとき，地域に居住する個人の可処分所得を d_i，可処分所得関数を $d_i = d(w_i)$ と表すことにすれば，

$$d(w_i) = w_i + I - T(w_i) \qquad (1)$$

であるから，地域 i に居住する個人の予算制約式は，

$$x_i + r_i h_i = d_i \qquad (2)$$

---

[7] 田中 (2001) と本章の議論の主な相違点のひとつは，限界税率がプラスの課税システムを明示的に考慮しているかどうかという点である．
[8] 労働供給が非弾力的であるにもかかわらず課税システムが一括税でない場合について検討する意味があるのは，社会資本の限界便益を評価するときに賃金の変化についても考慮するからである．
[9] たとえば，地代収入がすべての個人に均等に配分されているとすればこの想定が成立する．

となる.そして,地域における各個人の間接効用関数は,予算制約のもとでの効用最大化の条件から,

$$v_i = v(d_i, r_i, G_i) \tag{3}$$

と表すことができる.

　ここで,個人の地域間の移住は自由であり移住の費用はゼロであると仮定する.移住費用がゼロであるから,各個人は特定の地域に居住することによって得られる可処分所得 d_i,地代 r_i,および地域社会資本水準 G_i の組み合わせを考慮しながらより高い効用が得られる地域へと移住することになる.したがって,個人の移動が止まる均衡(=移住均衡)では,どの地域に居住しても同じ効用が得られることになるので,

$$v(d_i, r_i, G_i) = \overline{u} \tag{4}$$

と均衡を特徴づけることができる.ここでは均衡における全国均一の効用水準である.

　地域 i における合成財は地域内の企業によって生産される.簡略化のために地域内の生産サイドの問題は代表的企業の最適化問題によって与えられるとしよう.生産用地 l_i と労働者数 N_i(=地域 i の個人の数)を生産要素とする代表的企業の生産関数は,当該地域の社会資本 G_i の影響を受けるものとする.したがって生産関数は $X_i = F(l_i, N_i, G_i)$ と表現される.そして,費用 $r_i l_i + w_i N_i$ を最小化する問題から費用関数,

$$C_i = C(w_i, r_i, G_i, X_i) \tag{5}$$

を導出することができる.さらに,生産技術に民間部門における規模に関する収穫一定を仮定すると,単位費用関数,

$$c_i = c(w_i, r_i, G_i) \left[\equiv \frac{C(w_i, r_i, G_i, X_i)}{X_i} \right] \tag{6}$$

を用いて考察を進めることができる.最後に,合成財市場における企業の自由参入を仮定する.この仮定により利潤がゼロとなり,かつ,合成財の価格は1

論題VII 分野別社会資本の限界便益に関する地域間比較

であるから，

$$c(w_i, r_i, G_i)=1 \tag{7}$$

という関係が市場均衡において成立することになる．

以上は課税システム $T_i=T(w_i)$ が考慮されている以外，資本化仮説を応用したRoback流の標準的な理論設定と同じである．そして，課税システムを考慮した場合には，社会資本 G_i を追加的に増加させたときの限界便益が地代関数に加えて（個人1人あたりの）税収関数を用いることで捉えることができることを確認しよう．

個人の土地需要関数を $h_i=h(d_i, r_i, G_i)$ とおけば，Royの恒等式より，

$$-\frac{v_r(d_i, r_i, G_i)}{v_d(d_i, r_i, G_i)}=h(d_i, r_i, G_i) \tag{8}$$

が成立する．また $v_w(d(w_i), r_i, G_i)=v_d(d(w_i), r_i, G_i)(1-T'(w_i))$ であるから，

$$-(1-T'(w_i))\frac{v_r(d(w_i), r_i, G_i)}{v_w(d(w_i), r_i, G_i)}=h(d(w_i), r_i, G_i) \tag{9}$$

となる．

移住均衡の条件 $v(d(w_i), r_i, G_i)=\bar{u}$ を全微分すると，$v_w^i dw_i+v_r^i dr_i+v_G^i dG_i=0$ である．なお，$v_j^i\equiv v_j(d(w_i), r_i, G_i)$ である $(j=w, r, G)$．そして，G_i の増加による効用の増加を所得の増加として測った値を p_i^G と表せば，$p_i^G=\frac{v_G^i}{v_d^i}$ なので，

$$p_i^G=(1-T'(w_i))\frac{v_G^i}{v_w^i}=(1-T'(w_i))\left(-\frac{dw_i}{dG_i}-\frac{v_r^i}{v_w^i}\cdot\frac{dr_i}{dG_i}\right)$$
$$=(1-T'(w_i))\left(-\frac{dw_i}{dG_i}+\frac{h_i}{1-T'(w_i)}\cdot\frac{dr_i}{dG_i}\right) \tag{10}$$

である $(v_d^i\equiv v_d(d(w_i), r_i, G_i))$．したがって，

$$p_i{}^G = -(1-T'(w_i))\frac{dw_i}{dG_i} + h_i\frac{dr_i}{dG_i} \tag{11}$$

となる．

　企業の労働需要関数を $N_i = N(w_i, r_i, G_i)$，土地需要関数を $l_i = l(w_i, r_i, G_i)$ とおけば，単位費用関数にシェファードの補題を用いて $c_w{}^i = \dfrac{N_i}{X_i}$ と $c_r{}^i = \dfrac{l_i}{X_i}$ が成立する．なお，$c_j{}^i \equiv c_j(w_i, r_i, G_i)$ である（$j = w, r, G$）．したがって，G_i の増加による地域 i の企業の費用の減少分 $C_G(w_i, r_i, G_i, X_i)[\equiv C_G{}^i]$ も，$c(w_i, r_i, G_i) = 1$ を全微分して，上記の関係を用いれば，

$$G_G{}^i = -N_i\frac{dw_i}{dG_i} - l_i\frac{dr_i}{dG_i} \tag{12}$$

と表すことができる．したがって，G_i の増加させたときの地域 i の限界便益 MBG_i は (11)，(12) より，

$$\begin{aligned}
MBG_i &= N_i p_i{}^G - C_G{}^i \\
&= -N_i(1-T'(w_i))\frac{dw_i}{dG_i} + N_i h_i\frac{dr_i}{dG_i} + N_i\frac{dw_i}{dG_i} + l_i\frac{dr_i}{dG_i} \\
&= N_i T'(w_i)\frac{dw_i}{dG_i} + (N_i h_i + l_i)\frac{dr_i}{dG_i}
\end{aligned} \tag{13}$$

となる．そして，地域 i の土地の供給量を L_i とおけば，土地市場の均衡条件 $N_i h_i + l_i = L_i$ より，

$$MBG_i = N_i T'(w_i)\frac{dw_i}{dG_i} + L_i\frac{dr_i}{dG_i} = N_i\frac{dT_i}{dG_i} + L_i\frac{dr_i}{dG_i} \tag{14}$$

が得られる[10]．たとえば，一括固定税の場合は $T'(w_i) = 0$ であるので，よく知

---

10) この限界便益評価のフォーミュラに関して，当初は税収を2回加えるというフォーミュラを考えていたのに対して，水野利英氏から2回加えることの問題をご指摘いただいたことが，議論を修正するうえで大変有意義であったことを記して感謝したい．なお，税収を1回加えることの意味については，水野氏のコメントに対する回答のなかでも補足説明する．

られているように地代関数の推定結果と土地面積を用いて限界便益を捉えることができることになる．しかしながら，限界税率がプラスであるような課税システムのもとで限界便益を推計するためには，地代関数に加えて税収関数も推定する必要が生じることになる．

このような結果が得られた直感的な理由は次のようなものである．社会資本を増加させたときの環境改善や生産性向上（の結果としての賃金上昇）の便益は，効用水準が変化しないという条件のもとでは，地代の上昇という形で相殺されることになる．したがって，地代の上昇から社会資本増加の便益を捉えられるというわけである．しかしながら，限界税率がプラスである場合は，その分だけ所得の変化で捉えられる便益が過小になる．したがって，税収の増加を考慮する必要が生じるのである．

5. 地代関数と税収関数の推定

4節の議論より，社会資本の限界便益を推計するためには，社会資本が追加的に増加したときの地代の増分 $\left(\dfrac{dr_i}{dG_i}\right)$ と税収 T_i の増分 $\left(\dfrac{dT_i}{dG_i}\right)$ を推計する必要がある．以下では，都道府県データを用いて推計を行うが，地代 r_i に関する都道府県ベースでの信頼性の高いデータを得ることが困難であることから，地代関数の替わりに地価関数を推定する．なお，利子率 i と地代の成長率 θ が一定であるとすれば，地価 P_i と地代 r_i の間には，

$$P_i = \frac{r_i}{i-\theta} \tag{15}$$

という関係が成立することになる．都道府県の地価は安東ほか（1991）にならって，内閣府『国民経済計算年報』のストック編参考表の「土地の資産額の都道府県別内訳（民有地）」のなかの「宅地総資産額」を総務省『固定資産の価格等の概要調書』の土地・都道府県別表のなかの「宅地地積」で除すことによって都道府県の平均的な宅地価格を求める．

使用するデータは47都道府県のデータを1980年から98年までの19年に渡

ってプールしたパネルデータである．したがって，推定の対象となる回帰式は，クロスセクション方向を i，時系列方向を t という添字でインデックス化される．なお，この推定方法は均衡条件（4）と（7）が成立しているという前提に依存しているため，推定に使用されるデータが観測された1980年から98年までの各期でそのような均衡が成立していると仮定している[11]．

推定のために地価関数の関数形を，

$$\ln P_{it} = \alpha_0 + \sum_j (\alpha_j^1 \ln G_{j,it} + \alpha_j^2 \ln a_{it} \ln G_{j,it}) + \alpha_t^D D_t + e_{it} \quad (16)$$

と特定化する．ここで，$G_{j,it}$ は分野 j の（地域 i，時点 t における）社会資本であり，$G_{L,it}$ で生活基盤型社会資本を，$G_{T,it}$ で第2次産業基盤型社会資本を，$G_{S,it}$ で防災基盤型社会資本を，$G_{A,it}$ で第1次産業基盤型社会資本を表すことにする[12]．また，a_{it} は地域 i の時点 t における一人あたり民有地面積であり，『固定資産の価格等の概要調書』の土地・都道府県別表の民有地地積を『住民基本台帳』の都道府県別人口で除したものである．タイム・ダミー D_t を考慮しているのは地域間では共通であるが毎年変化する $\bar{u}$ とマクロ・ショックを捉えるためである．また，攪乱項 e_{it} に関しては $e_{it} = \eta_i + \varepsilon_{it}$ という仮定をおいて推定を行う．ここで，η_i と ε_{it} はともに互いに独立で分散は均一であるとする[13]．

税収関数についても地価関数と同様に，

$$\ln T_{it} = \beta_0 + \sum_j (\beta_j^1 \ln G_{j,it} + \beta_j^2 \ln a_{it} \ln G_{j,it}) + \beta_t^D D_t + e_{it} \quad (17)$$

という関数型を採用する．税額 T_{it} については，個人に課される当該年度の所得税（申告所得税，源泉所得税）と翌年度の地方税（道府県民税，市町村民税，

---

11) 移住均衡が成立していることを，人口移動が急速に進んでいる状態にある経済に想定することには問題がある．しかしながら1970年代後半以降の日本においては各都道府県の転入超過数もその絶対値が小さくなってきており人口移動のスピードが低下している．したがって，移住均衡を前提として現実のデータを解釈することの妥当性が増していると考えられる．
12) 社会資本のデータは内生性の問題を緩和するために前年度のデータを用いる．
13) 攪乱項が $e_{it} = \eta_i + \varepsilon_{it}$ と2つのコンポーネントをもつ形で特定化される場合によく適用されるモデルとしては，η_i の固定された値に条件つきで推定する方法である固定効果モデル（fixed effects model）と η_i もランダムな攪乱項であるとする前提のもとで一般化最小二乗法を用いて推定するランダム効果モデル（random effects model）がある．

表1 地価関数と税収関数（固定効果モデル）

	地価関数			税収関数	
	係 数	t 値		係 数	t 値
$\alpha_L{}^1$	-1.57	-4.09^{**}	$\beta_L{}^1$	0.920	4.64^{**}
$\alpha_L{}^2$	-0.32	-5.88^{**}	$\beta_L{}^2$	0.117	4.10^{**}
$\alpha_T{}^1$	1.10	2.20^{*}	$\beta_T{}^1$	-1.274	-4.93^{**}
$\alpha_T{}^2$	0.17	2.39^{*}	$\beta_T{}^2$	-0.191	-5.05^{**}
$\alpha_S{}^1$	1.76	4.74^{**}	$\beta_S{}^1$	0.205	1.06
$\alpha_S{}^2$	0.28	4.98^{**}	$\beta_S{}^2$	0.014	0.47
$\alpha_A{}^1$	-1.24	-7.62^{**}	$\beta_A{}^1$	0.275	3.26^{**}
$\alpha_A{}^2$	-0.13	-5.45^{**}	$\beta_A{}^2$	0.068	5.37^{**}
Adj R^2	0.869		Adj R^2	0.847	
Hausman	0.016		Hausman	0.000	

（注） タイム・ダミーの推定結果は省略している．**, * はそれぞれ1%, 5% 水準で有意であることを示す．

事業税）の和を人口で割ったものである[14]．なお，データの詳しい説明は補論で行う．

表1には地価関数の推定結果と（一人あたり）税収関数の推定結果がまとめられている．どちらも固定効果モデルとランダム効果モデルのモデル選択に関する Hausman 検定（特定化テスト）の結果から固定効果モデルが選択されている．なお，これらの表ではタイム・ダミーの係数 $\alpha_t{}^D$ の推定値と地域ダミー（固定効果）η_i の係数の推定値の報告は省略している．

固定効果モデルにおける計測結果は地域ダミーが考慮されていることになり，各地域に固有の要因で時間を通じて変化しない要因については，その地域ダミーが捉えていると考えられる．なお，このようなパネル分析を行うときには，地価関数と税収関数の関数型が時間を通じて同一であり，その係数もタイム・ダミーの係数を除いては同一であるという前提をおいている点には十分な留意が必要である．

---

[14] 個人に対応する固定資産税のデータをとらえることが困難であることから固定資産税は考慮していない．

6. 分野別社会資本の限界便益の推計

特定の地域においてどの分野の社会資本を重点的に整備すべきかどうかという政策的含意を得るために，分野別社会資本の限界便益を地域ごとに推計しよう．

推定式の定式化から地価 P_{it} の社会資本 $G_{j,it}$ に関する弾力性の値 $\eta_j^P(a_{it})$ は，

$$\eta_j^P(a_{it}) = \alpha_j^1 + \alpha_j^2 \ln a_{it} \tag{18}$$

となる．また，同様にして，税収関数の定式化から税収 T_{it} の社会資本 $G_{j,it}$ に関する弾力性の値 $\eta_j^T(a_{it})$ は，

$$\eta_j^T(a_{it}) = \beta_j^1 + \beta_j^2 \ln a_{it} \tag{19}$$

である．そして，(15) より地代 r_{it} が，

$$r_{it} = (i - \theta) P_{it} \tag{20}$$

と表せることを用いれば，社会資本 $G_{j,it}$ の限界的な増加が地代 r_{it} に与える効果は，

$$\frac{dr_{it}}{dG_{j,it}} = \frac{\eta_j^P(a_{it})(i-\theta)P_{it}}{G_{j,it}} \tag{21}$$

である．同様にして，社会資本 $G_{j,it}$ の限界的な増加が税収 T_{it} に与える効果は，

$$\frac{dT_{it}}{dG_{j,it}} = \frac{\eta_j^T(a_{it})T_{it}}{G_{j,it}} \tag{22}$$

となる．

以上の (14), (21), (22) より，社会資本 $G_{j,it}$ の限界便益は，

論題 VII 分野別社会資本の限界便益に関する地域間比較

$$MBG_{j,it} = N_t \frac{\eta_j^T(a_{it})T_{it}}{G_{j,it}} + L_i \frac{\eta_j^P(a_{it})(i-\theta)P_{it}}{G_{j,it}} \qquad (23)$$

と表されることになる.

表1の地価関数の推定結果に基づき,1995年度時点 ($t=1995$) における地価の分野別社会資本に関する弾力性の値を,地域ごとに求めた結果をまとめたものが表2である.生活基盤型社会資本の弾力性 $\eta_L^P(a_{it})$ はどの地域でもプラスであり,特に都市圏における弾力性が大きくなっている.第2次産業基盤型社会資本の弾力性 $\eta_T^P(a_{it})$ は多くの地域でマイナスとなっており,$G_{T,it}$ が住宅地の地価に与える影響は限定的であるという推定結果になっている.防災基盤型社会資本の弾力性 $\eta_S^P(a_{it})$ は多くの地域でマイナスになっているとともに,都市圏の弾性値が大きくマイナスになっている.第1次産業基盤型社会資本の弾力性 $\eta_A^P(a_{it})$ は全ての地域でマイナスになっている.

表1の税収関数の推定結果に基づき,1995年度時点 ($t=1995$) における税収の分野別社会資本に関する弾力性の値を,地域ごとに求めた結果をまとめたものが表3である.生活基盤型社会資本の弾力性 $\eta_L^T(a_{it})$ はほとんどの地域でプラスであるが,東京,大阪など一部の地域においては弾力性がマイナスになっている.第2次産業基盤型社会資本の弾力性 $\eta_T^T(a_{it})$ は都市圏ではプラスであるが地方圏ではマイナスになっている.防災基盤型社会資本の弾力性 $\eta_S^T(a_{it})$ は全ての地域でプラスになっているものの,その絶対値の水準は小さなものとなっている.第1次産業基盤型社会資本の弾力性 $\eta_A^T(a_{it})$ は全ての地域でマイナスになっている.

1995年度における各地位置の社会資本 $G_{j,it}$ の限界便益 $MBG_{j,it}$ を,(23) を用いて求めてみよう.なお,そのとき利子率と地代の成長率 θ の差が影響することになるが,$i-\theta$ の値については 0.002, 0.003, 0.004 という3つの値を想定して推計結果を比較する.

表4には $i-\theta=0.003$ のケースの限界便益の推計結果がまとめられている.以下では主にこのケースに基づいて,分野別社会資本の各地域における限界便益を比較検討しよう.たとえば,北海道の生活基盤型社会資本 $G_{j,it}$ の限界便益 $MBG_{L,it}$ が 3.4% であるということは,追加的に $G_{L,it}$ を100億円整備した

表2 地価の分野別社会資本に関する弾力性 ($t=1995$ 年)

	$\eta_L^P(a_{it})$	$\eta_T^P(a_{it})$	$\eta_S^P(a_{it})$	$\eta_A^P(a_{it})$
北 海 道	0.15	0.17	0.29	−0.54
青 森 県	0.35	0.07	0.12	−0.46
岩 手 県	0.12	0.19	0.31	−0.55
宮 城 県	0.53	−0.03	−0.04	−0.38
秋 田 県	0.27	0.11	0.19	−0.49
山 形 県	0.33	0.08	0.13	−0.46
福 島 県	0.33	0.08	0.13	−0.47
茨 城 県	0.56	−0.04	−0.06	−0.37
栃 木 県	0.51	−0.02	−0.02	−0.39
群 馬 県	0.60	−0.07	−0.10	−0.36
埼 玉 県	1.02	−0.29	−0.46	−0.18
千 葉 県	0.83	−0.19	−0.29	−0.26
東 京 都	1.45	−0.52	−0.83	−0.01
神 奈 川 県	1.27	−0.43	−0.68	−0.08
新 潟 県	0.45	0.02	0.03	−0.42
富 山 県	0.60	−0.07	−0.10	−0.36
石 川 県	0.56	−0.05	−0.07	−0.37
福 井 県	0.46	0.01	0.02	−0.41
山 梨 県	0.53	−0.03	−0.04	−0.38
長 野 県	0.42	0.03	0.06	−0.43
岐 阜 県	0.42	0.03	0.06	−0.43
静 岡 県	0.63	−0.08	−0.12	−0.34
愛 知 県	0.97	−0.27	−0.42	−0.20
三 重 県	0.53	−0.03	−0.04	−0.39
滋 賀 県	0.59	−0.06	−0.09	−0.36
京 都 府	0.84	−0.20	−0.30	−0.26
大 阪 府	1.41	−0.50	−0.80	−0.02
兵 庫 県	0.77	−0.16	−0.24	−0.29
奈 良 県	0.67	−0.11	−0.16	−0.33
和 歌 山 県	0.41	0.03	0.06	−0.43
鳥 取 県	0.41	0.03	0.06	−0.43
島 根 県	0.21	0.15	0.24	−0.52
岡 山 県	0.45	0.01	0.03	−0.42
広 島 県	0.56	−0.04	−0.06	−0.37
山 口 県	0.42	0.03	0.06	−0.43
徳 島 県	0.42	0.03	0.06	−0.43
香 川 県	0.63	−0.08	−0.12	−0.34
愛 媛 県	0.42	0.03	0.05	−0.43
高 知 県	0.22	0.14	0.22	−0.51
福 岡 県	0.84	−0.20	−0.31	−0.26
佐 賀 県	0.49	−0.01	0.00	−0.40
長 崎 県	0.58	−0.06	−0.08	−0.36
熊 本 県	0.49	−0.01	−0.01	−0.40
大 分 県	0.45	0.01	0.03	−0.42
宮 崎 県	0.43	0.02	0.04	−0.42
鹿 児 島 県	0.38	0.05	0.09	−0.45
沖 縄 県	0.72	−0.13	−0.20	−0.31

表3 税収の分野別社会資本に関する弾力性 ($t=1995$ 年)

	$\eta_L^T(a_{it})$	$\eta_T^T(a_{it})$	$\eta_S^T(a_{it})$	$\eta_A^T(a_{it})$
北 海 道	0.30	−0.26	0.13	−0.08
青 森 県	0.23	−0.14	0.12	−0.12
岩 手 県	0.31	−0.28	0.13	−0.08
宮 城 県	0.16	−0.04	0.12	−0.16
秋 田 県	0.26	−0.19	0.13	−0.11
山 形 県	0.23	−0.15	0.13	−0.12
福 島 県	0.24	−0.16	0.13	−0.12
茨 城 県	0.15	−0.02	0.12	−0.17
栃 木 県	0.17	−0.05	0.12	−0.16
群 馬 県	0.14	0.00	0.11	−0.18
埼 玉 県	−0.01	0.25	0.10	−0.26
千 葉 県	0.06	0.14	0.10	−0.22
東 京 都	−0.17	0.50	0.08	−0.35
神奈川県	−0.10	0.40	0.09	−0.32
新 潟 県	0.19	−0.09	0.12	−0.15
富 山 県	0.14	0.00	0.11	−0.18
石 川 県	0.15	−0.02	0.12	−0.17
福 井 県	0.19	−0.08	0.12	−0.15
山 梨 県	0.16	−0.04	0.12	−0.16
長 野 県	0.20	−0.10	0.12	−0.14
岐 阜 県	0.20	−0.11	0.12	−0.14
静 岡 県	0.13	0.02	0.11	−0.18
愛 知 県	0.00	0.22	0.10	−0.25
三 重 県	0.16	−0.04	0.12	−0.16
滋 賀 県	0.14	0.00	0.11	−0.17
京 都 府	0.05	0.14	0.10	−0.23
大 阪 府	−0.15	0.48	0.08	−0.35
兵 庫 県	0.08	0.10	0.11	−0.21
奈 良 県	0.11	0.05	0.11	−0.19
和歌山県	0.21	−0.11	0.12	−0.14
鳥 取 県	0.21	−0.11	0.12	−0.14
島 根 県	0.28	−0.23	0.13	−0.09
岡 山 県	0.19	−0.09	0.12	−0.15
広 島 県	0.15	−0.02	0.12	−0.17
山 口 県	0.20	−0.10	0.12	−0.14
徳 島 県	0.20	−0.10	0.12	−0.14
香 川 県	0.13	0.02	0.11	−0.18
愛 媛 県	0.20	−0.10	0.12	−0.14
高 知 県	0.27	−0.22	0.13	−0.10
福 岡 県	0.05	0.15	0.10	−0.23
佐 賀 県	0.18	−0.06	0.12	−0.15
長 崎 県	0.15	−0.01	0.12	−0.17
熊 本 県	0.18	−0.06	0.12	−0.15
大 分 県	0.19	−0.09	0.12	−0.15
宮 崎 県	0.20	−0.10	0.12	−0.14
鹿児島県	0.22	−0.13	0.12	−0.13
沖 縄 県	0.09	0.07	0.11	−0.20

表4 分野別社会資本の限界便益 ($t=1995$ 年, $i-\theta=0.003$)

	$MBG_{L,it}$	$MBG_{T,it}$	$MBG_{S,it}$	$MBG_{A,it}$
北 海 道	3.4%	−1.4%	2.8%	−1.2%
青 森 県	2.9%	−0.9%	2.4%	−1.6%
岩 手 県	4.1%	−1.7%	3.1%	−1.4%
宮 城 県	2.9%	−0.5%	3.4%	−4.6%
秋 田 県	3.4%	−1.2%	2.0%	−1.5%
山 形 県	2.9%	−1.1%	1.8%	−2.0%
福 島 県	3.6%	−1.2%	3.1%	−3.0%
茨 城 県	3.0%	−0.4%	4.4%	−7.6%
栃 木 県	4.0%	−0.9%	4.0%	−8.1%
群 馬 県	3.8%	−0.1%	3.2%	−9.2%
埼 玉 県	2.9%	4.6%	0.7%	−56.1%
千 葉 県	3.2%	1.7%	3.4%	−19.3%
東 京 都	0.8%	20.9%	−12.0%	−971.6%
神奈川県	2.4%	6.0%	−5.5%	−153.2%
新 潟 県	3.1%	−0.5%	1.7%	−2.5%
富 山 県	3.2%	0.0%	1.9%	−3.5%
石 川 県	3.1%	−0.3%	2.7%	−4.6%
福 井 県	3.5%	−0.7%	2.3%	−3.7%
山 梨 県	3.9%	−0.4%	1.7%	−6.7%
長 野 県	4.6%	−1.2%	3.5%	−6.3%
岐 阜 県	4.5%	−1.1%	2.7%	−6.4%
静 岡 県	4.5%	0.1%	3.5%	−9.5%
愛 知 県	2.6%	4.1%	3.2%	−22.3%
三 重 県	3.6%	−0.5%	2.4%	−5.7%
滋 賀 県	2.7%	−0.2%	2.6%	−5.2%
京 都 府	2.8%	2.2%	2.9%	−37.6%
大 阪 府	1.8%	9.8%	−6.3%	−194.6%
兵 庫 県	2.6%	0.9%	3.3%	−20.0%
奈 良 県	2.5%	0.5%	4.1%	−13.0%
和歌山県	4.2%	−0.8%	3.0%	−4.4%
鳥 取 県	2.8%	−0.6%	1.8%	−2.1%
島 根 県	3.4%	−1.3%	1.6%	−1.1%
岡 山 県	3.5%	−0.7%	3.9%	−4.6%
広 島 県	3.4%	−0.3%	3.5%	−10.6%
山 口 県	3.3%	−0.7%	3.2%	−5.0%
徳 島 県	4.7%	−0.8%	1.9%	−3.8%
香 川 県	3.3%	0.1%	4.2%	−7.1%
愛 媛 県	4.0%	−0.7%	2.8%	−4.0%
高 知 県	3.5%	−1.1%	1.4%	−2.5%
福 岡 県	2.4%	1.5%	2.4%	−16.2%
佐 賀 県	2.7%	−0.5%	1.3%	−1.7%
長 崎 県	2.7%	−0.1%	2.0%	−2.7%
熊 本 県	3.2%	−0.5%	1.9%	−3.2%
大 分 県	3.3%	−0.6%	2.2%	−2.8%
宮 崎 県	2.9%	−0.6%	2.1%	−2.7%
鹿児島県	3.0%	−0.7%	2.2%	−1.7%
沖 縄 県	1.7%	0.2%	2.9%	−3.7%

ときに,毎年 3.4 億円の便益が発生するということである.なお,この限界便益は維持管理費などを控除する前のグロスの限界便益である.表 2 の推計結果をみると,生活基盤型社会資本の限界便益 $MBG_{L,it}$ は多くの地域でプラスである.しかしながら,都市圏においては $MBG_{L,it}$ は非常に小さな値を示している.これは生活基盤型の社会資本整備が地価にはプラスの効果を与えているものの(表 2),税収関数の弾力性の推計結果が都市圏においてマイナスになっていることに起因するものである(表 3).なお,$i-\theta$ の値を 0.002 と 0.004 に変更した場合にも,$MBG_{L,it}$ の地域間の格差について基本的な性質は変わらない(表 5,表 6).

第 2 次産業基盤型社会資本 $G_{T,it}$ の限界便益 $MBG_{T,it}$ について表 4 を用いて検討してみよう.$MBG_{T,it}$ の値はほとんどの地域でマイナスの値になっているが,都市圏においてはプラスの値になっている.これは第 2 次産業基盤型社会資本 $G_{T,it}$ が地価に与える効果の絶対値が小さくその地域間格差も小さいが(表 2),$G_{T,it}$ が税収に与える効果は都市圏で大きなプラスの値をとっているのに対して地方圏で大きくマイナスになっていて地域間格差が大きいことを反映していると考えられる(表 3).なお,$i-\theta$ の値を 0.002 と 0.004 に変更した場合にも,$MBG_{T,it}$ の地域間の格差について基本的な傾向に変化はない(表 5,表 6).

防災基盤型社会資本 $G_{S,it}$ の限界便益 $MBG_{S,it}$ はどうであろうか.表 4 をみると多くの地域で $MBG_{S,it}$ はプラスの値になっているが,特に都市圏においてはマイナスの値になっている.これは $G_{S,it}$ が地価に与える効果は地方圏ではプラス,都市圏ではマイナスであるものの(表 2),税収の $G_{S,it}$ に関する弾力性の地域間格差が小さいので(表 3),地域間の税収総額・防災基盤型社会資本比率 $\frac{N_i T_{it}}{G_{S,it}}$ の格差が便益の大小に影響しているからである.しかしながら,$i-\theta$ の値を 0.002 と 0.004 に変更した場合,都市圏の $MBG_{S,it}$ の値は大きく変化しており都市圏の限界便益 $MBG_{S,it}$ が地方圏より大きいという性質の頑健性は低い(表 5,表 6).

第 1 次産業基盤型社会資本 $G_{A,it}$ の限界便益 $MBG_{A,it}$ は,全ての地域でマイナスになっており,特に東京,大阪などにおいては非常に大きなマイナスの値になっている(表 4,表 5,表 6).したがって,東京,大阪などで $G_{A,it}$ を増

表5　分野別社会資本の限界便益　($t=1995$年, $i-\theta=0.002$)

	$MBG_{L,it}$	$MBG_{T,it}$	$MBG_{S,it}$	$MBG_{A,it}$
北 海 道	3.3%	−1.4%	2.6%	−1.0%
青 森 県	2.7%	−1.0%	2.4%	−1.5%
岩 手 県	4.0%	−1.7%	2.9%	−1.2%
宮 城 県	2.6%	−0.5%	3.5%	−4.2%
秋 田 県	3.3%	−1.2%	1.9%	−1.3%
山 形 県	2.8%	−1.1%	1.7%	−1.8%
福 島 県	3.4%	−1.2%	3.0%	−2.7%
茨 城 県	2.7%	−0.4%	4.5%	−7.1%
栃 木 県	3.6%	−0.9%	4.1%	−7.4%
群 馬 県	3.3%	−0.1%	3.4%	−8.5%
埼 玉 県	1.9%	5.0%	2.7%	−53.9%
千 葉 県	2.4%	2.0%	4.8%	−18.1%
東 京 都	−1.2%	22.0%	2.2%	−970.4%
神奈川県	1.1%	6.6%	−0.9%	−150.6%
新 潟 県	2.8%	−0.5%	1.7%	−2.3%
富 山 県	2.9%	0.0%	1.9%	−3.3%
石 川 県	2.7%	−0.3%	2.8%	−4.2%
福 井 県	3.2%	−0.7%	2.3%	−3.4%
山 梨 県	3.4%	−0.4%	1.7%	−6.0%
長 野 県	4.3%	−1.2%	3.4%	−5.8%
岐 阜 県	4.2%	−1.1%	2.7%	−5.7%
静 岡 県	3.8%	0.1%	3.8%	−8.7%
愛 知 県	1.8%	4.4%	4.5%	−21.6%
三 重 県	3.3%	−0.5%	2.4%	−5.3%
滋 賀 県	2.4%	−0.1%	2.7%	−4.8%
京 都 府	2.1%	2.4%	4.0%	−35.4%
大 阪 府	0.2%	10.5%	−1.3%	−193.8%
兵 庫 県	2.1%	1.0%	4.0%	−18.7%
奈 良 県	2.1%	0.6%	4.5%	−12.1%
和歌山県	3.9%	−0.8%	3.0%	−4.0%
鳥 取 県	2.6%	−0.6%	1.8%	−1.9%
島 根 県	3.3%	−1.3%	1.5%	−1.0%
岡 山 県	3.3%	−0.7%	3.9%	−4.1%
広 島 県	3.0%	−0.3%	3.6%	−9.7%
山 口 県	3.1%	−0.7%	3.2%	−4.6%
徳 島 県	4.4%	−0.8%	1.9%	−3.5%
香 川 県	2.9%	0.1%	4.4%	−6.7%
愛 媛 県	3.7%	−0.5%	2.7%	−3.6%
高 知 県	3.4%	−1.1%	1.4%	−2.2%
福 岡 県	1.8%	1.6%	3.1%	−15.4%
佐 賀 県	2.5%	−0.5%	1.3%	−1.6%
長 崎 県	2.4%	−0.1%	2.0%	−2.5%
熊 本 県	2.9%	−0.5%	1.9%	−2.9%
大 分 県	3.1%	−0.6%	2.2%	−2.6%
宮 崎 県	2.8%	−0.6%	2.1%	−2.5%
鹿児島県	2.8%	−0.7%	2.2%	−1.5%
沖 縄 県	1.4%	0.3%	3.5%	−3.5%

表6 分野別社会資本の限界便益 ($t=1995$年, $i-\theta=0.004$)

	$MBG_{L,it}$	$MBG_{T,it}$	$MBG_{S,it}$	$MBG_{A,it}$
北 海 道	3.4%	−1.4%	2.9%	−1.3%
青 森 県	3.0%	−0.9%	2.5%	−1.8%
岩 手 県	4.1%	−1.7%	3.3%	−1.6%
宮 城 県	3.2%	−0.6%	3.4%	−5.0%
秋 田 県	3.5%	−1.1%	2.1%	−1.6%
山 形 県	3.1%	−1.1%	1.8%	−2.2%
福 島 県	3.8%	−1.1%	3.3%	−3.3%
茨 城 県	3.3%	−0.4%	4.3%	−8.2%
栃 木 県	4.4%	−0.9%	4.0%	−8.8%
群 馬 県	4.3%	−0.2%	3.1%	−9.9%
埼 玉 県	4.0%	4.2%	−1.3%	−58.2%
千 葉 県	3.9%	1.5%	2.0%	−20.5%
東 京 都	2.8%	19.8%	−26.1%	−972.7%
神奈川県	3.7%	5.4%	−10.1%	−155.9%
新 潟 県	3.3%	−0.5%	1.7%	−2.7%
富 山 県	3.6%	−0.1%	1.8%	−3.7%
石 川 県	3.4%	−0.3%	2.6%	−5.0%
福 井 県	3.8%	−0.7%	2.3%	−4.0%
山 梨 県	4.3%	−0.4%	1.6%	−7.3%
長 野 県	4.8%	−1.2%	3.6%	−6.8%
岐 阜 県	4.9%	−1.1%	2.8%	−7.0%
静 岡 県	5.2%	0.0%	3.2%	−10.3%
愛 知 県	3.4%	3.9%	1.9%	−23.0%
三 重 県	3.9%	−0.5%	2.4%	−6.1%
滋 賀 県	3.0%	−0.2%	2.5%	−5.5%
京 都 府	3.6%	2.0%	1.8%	−39.8%
大 阪 府	3.4%	9.1%	−11.2%	−195.4%
兵 庫 県	3.2%	0.8%	2.6%	−21.3%
奈 良 県	2.9%	0.4%	3.7%	−13.9%
和歌山県	4.5%	−0.8%	3.1%	−4.9%
鳥 取 県	3.0%	−0.6%	1.8%	−2.2%
島 根 県	3.4%	−1.3%	1.6%	−1.3%
岡 山 県	3.8%	−0.7%	4.0%	−5.0%
広 島 県	3.7%	−0.3%	3.4%	−11.4%
山 口 県	3.5%	−0.7%	3.3%	−5.4%
徳 島 県	5.0%	−0.8%	2.0%	−4.2%
香 川 県	3.6%	0.1%	4.0%	−7.4%
愛 媛 県	4.3%	−0.7%	2.8%	−4.5%
高 知 県	3.6%	−1.1%	1.5%	−2.8%
福 岡 県	3.0%	1.4%	1.6%	−17.1%
佐 賀 県	2.8%	−0.5%	1.3%	−1.9%
長 崎 県	3.0%	−0.2%	1.9%	−2.9%
熊 本 県	3.4%	−0.5%	1.8%	−3.4%
大 分 県	3.5%	−0.6%	2.3%	−3.1%
宮 崎 県	3.1%	−0.6%	2.1%	−2.9%
鹿児島県	3.2%	−0.7%	2.3%	−1.9%
沖 縄 県	2.1%	0.2%	2.4%	−4.0%

加させることは税収を低下させるといったマイナスの影響が大変大きいので，効率性の観点からだけでは正当化できないということになる．しかしながら，この推計における都市圏における $MBG_{A,it}$ の値が大きくマイナスになっているという結果は，地価関数と税収関数の推定式において，第1次産業基盤型社会資本 $G_{A,it}$ に関連する重要な要因が適切に考慮されていないといったことを反映したものである可能性を否定することはできないであろう．

以上の結果から得られる生活基盤型，第2次産業基盤型，防災基盤型，第1次産業基盤型社会資本の地域間配分に関する政策的含意について整理してみよう．まず，生活基盤型社会資本は，全ての地域で限界便益がプラスになっており全国的に整備を進めることに効率性の観点からは問題が少ない．第2次産業基盤型社会資本は地方圏における限界便益が低いので，都市圏に重点化して整備を進めることが望ましい．防災基盤型社会資本は基本的に全ての地域で限界便益がプラスになっており，効率性の観点から整備を進めることに問題は少ない．そして，利子率が低い場合には，特に都市圏における防災基盤型社会資本の整備の限界便益は大変大きい．第1次産業基盤型社会資本の限界便益は全ての地域でマイナスになっており，このモデルで捉えられる限界便益で評価する限りは，効率性の観点からその整備を抑制するほうが望ましい．

7. まとめ

本論文では安定成長期における分野別社会資本整備の結果として，分野別社会資本の限界便益が地域間でどのような水準になったかを検討した．そのために，資本化仮説を前提としたモデルに課税システムを明示的に考慮した場合の限界便益の評価式を導出し，それを用いて分野別社会資本の限界便益を地域間で比較した．

その分析から得られた主な結果は次の通りである．生活基盤型社会資本の限界便益はどの地域でもプラスであり地域格差は小さい．第2次産業の限界便益は地方圏より都市圏で大きい．防災基盤型社会資本の限界便益はプラスであり，利子率が小さいとすれば都市圏における限界便益は地方圏よりも大きい．第1

次産業基盤型社会資本の限界便益はすべての地域でマイナスである．

以上の結果には幾つかの点で留意が必要である．本論文の議論で用いられているモデルでは，各家計の選好が同一であり，地域間を自由に移動できることなどを前提にしている．また，企業の生産技術に関しては規模に関する収穫一定という前提がおかれている．これらの想定を一般化した上で，分野別社会資本の限界便益を推計することは今後の重要な研究課題であろう．

補論　データの説明

① 人口は自治省行政局『住民基本台帳人口要覧』のデータを用いている．
② 税額 T は所得税総額/人口であり，所得税総額は道府県民税(個人均等割＋所得割)＋事業税(個人)＋市町村民税(個人均等割＋所得割)＋申告所得税(申告納税額)＋源泉所得税(源泉徴収税額)で求めた．道府県民税，市町村民税と事業税は自治省『地方財政統計年報』，申告所得税と源泉所得税は国税庁『国税庁統計年報書』に従った．

参考文献

安東格・岩田規久男・山崎福寿・花崎正晴・川上康・蛯名喜代作・山崎高章・石川達哉・渡辺俊生 (1991)「土地税制の理論的・計量的分析——固定資産税が宅地供給と地価に及ぼす影響についての計量分析——」，『経済分析』126号．
赤井伸郎・大竹文雄 (1995)「地域間環境格差の経済分析」，『日本経済研究』30, 94-137.
赤木博文 (1996)「生活基盤型の社会資本整備と公共投資政策」，『フィナンシャル・レビュー』42, 68-80.
浅子和美・常木淳・福田慎一・照山博司・塚本隆・杉浦正典 (1994)「社会資本の生産力効果と公共投資の経済厚生評価」，『経済分析』135号．
岩本康志 (1990)「日本の公共投資政策の評価について」，『経済研究』41, 250-61.
岩本康志・大内聡・竹下智・別所正 (1996)「社会資本の生産性と公共投資の地域間配分」，『フィナンシャル・レビュー』41, 27-52.
大河原透・山野紀彦 (1995)「社会資本の生産力効果——地域経済への影響——」，『電力経済研究』34, 45-57.
奥野信宏 (1999)「社会資本整備が果たした各時代の役割」，森地茂・屋井鉄雄 (編著)『社会資本の未来』第1章，日本経済新聞社．

奥野信宏・焼田党・八木匡 (1994)『社会資本と経済発展：開発のための最適戦略』, 名古屋大学出版会.
加藤尚史 (1991)「生活の質の地域間格差」,『日本経済研究』21, 34-47.
金本良嗣 (1997)『都市経済学』, 東洋経済新報社.
内閣府 (2002)『日本の社会資本：世代を超えるストック』, 財務省印刷局.
近藤広紀・井堀利宏 (1999)「最適社会資本・公共投資規模と民間消費の動向」,『日本経済研究』39, 55-75.
北坂真一 (1999)「社会資本供給量の最適性」,『日本経済研究』39, 76-96.
塩路悦朗 (2000)「日本の地域所得の収束と社会資本」, 吉川洋・大瀧雅之 (編)『循環と成長のマクロ経済学』第8章, 東京大学出版会.
田中宏樹 (2001)『公的資本形成の政策評価——パブリック・マネジメントの実践に向けて——』, PHP研究所.
土居丈朗 (1998)「日本の社会資本に関するパネル分析」,『国民経済』161, 29-45.
中里透 (1999)「社会資本整備と経済成長」,『フィナンシャル・レビュー』52, 67-84.
林宏昭 (1997)「バブル経済の終焉と土地税制」,『総合税制研究』5, 165-196.
肥田野登 (1997)「キャピタリゼーション仮説の成立近似」, 肥田野登 (著)『環境と社会資本の経済評価——ヘドニック・アプローチの理論と実際——』第4章, 勁草書房.
堀要 (1987)「公共投資の経済的効果」,『商大論集 (神戸商科大学)』41, 79-99.
三井清 (2003)「社会資本の地方への重点的整備の評価——効率性の観点から」, 岩田規久男・宮川努 (編)『失われた10年の真因は何か』第6章, 東洋経済新報社.
三井清・太田清 (1995)『社会資本の生産性と公的金融』, 日本評論社.
三井清・林正義 (2001)「社会資本の地域間・分野別配分」,『社会科学研究』52, 3-26.
吉野直行・中島隆信 (1999)『公共投資の経済効果』, 日本評論社.
Asako, K. and R. Wakasugi (1984) "Government capital, income distribution, and optimal taxation," *Ekonomia*, 80, 36-51.
Aschauer, D. A. (1989) "Is public expenditure productive?" *Journal of Monetary Economics*, 23, 177-200.
Costa, J. S., R. W. Wilson, and R. C. Martin (1987) "Public capital, regional output, and development: Some empirical evidence," *Journal of Regional Science*, 27, 419-39.
Gyourko, J. and J. Tracy (1991) "The structure of local public finance and the quality of life," *Journal of Political Economy*, 99, 774-806.
Kanemoto, Y. (1988), "Hednic Prices and the Benefits of Public Projects," *Econometrica*, 56, 981-989.
Mera, K. (1973) "Regional production function and social overhead capital: An analysis of Japanese case," *Regional Science and Urban Economics*, 3, 157-86.
Munnell, A. H. (1990) "Why has productivity growth declined? Productivity and

public investment," *New England Economic Review* (Jan/Feb), 2-22.
Nose, T. (1973) "Patterns of government capital formation in the economic development of Japan 1878-1967," in D. L. Wilfred ed., *Public Finance, Planning and Economic Development: Essays in Honour of Ursula Hicks* (Macmillan, London), 140-173.
Ratner, J. B. (1983) "Government capital and the production function for U. S. private output," *Economics Letters*, 13, 213-217.
Roback, J. (1982) "Wages, rents, and the quality of life," *Journal of Political Economy*, 90, 1257-78.
Rosen, S. (1974) "Hedonic prices and implicit markets: Product differentiation in pure competition," *Journal of Political Economy*, 82, 34-55.
Sturm, J. (1998) *Public Capital Expenditure in OECD Countries* (Edward Elgar, Cheltenham, UK).

［コメント］

水野利英

　関連文献との関係などは，論文で，十分に述べられているので，ここでは，三井論文の後半の，独自の業績にあたる部分についてのみ，二つのややテクニカルなコメントと，一つのどちらかといえば，超越的なコメントをすることにする．
　三井論文のオリジナルな部分の一つは，Roback 流の社会資本便益の資本化の評価に一括税でない税の効果を加えたことである．三井氏は，この税収自体も，社会資本の限界便益に入るとして，限界的な税収の効果を二回加えているが，これが一般均衡的に支持できるかどうかの検討が一つ目のコメントの内容である．モデルは，案外複雑で，一般的な場合は，計算しきれていないが，簡単な例は，一回だけ加えるのが正しいことを示唆している．
　二つ目のコメントは，三井氏が選んでいる，社会資本の対数，と一人あたりの民有地面積の対数と社会資本の対数の積を説明変数とする推定関数の関数形についてである．この関数形は，地域ごとに，各種社会資本の限界便益が，地域の間で均等

にならないために選ばれていると見られる．ここでは，この関数形と，それを用いた社会資本の限界評価が，説明変数のスケール，例えば，単位に100万円を取るか，10億円を取るかに依存する可能性が高いことを示す．これは，重要な問題で，このコメントでも，十分検討がされているとはいえず，さらなる検討が必要である．

三つ目の超越的なコメントは，大都市部を中心に地価が急減に上下したバブルをはさんだ時期が，社会資本の便益の資本化といったファインな問題を検討するのに適当であるかどうかという，誰でも，思いつく点である．ここでは，二つの材料を挙げておくだけにする．

おしまいに，三井氏の実証研究は，誰でも比較的容易に入手できるデータのみを用いて，行われている点で好感が持てる．すこし，作業が必要そうな税関係のデータは，集めなかったが，地価関係のデータは，だいたい同じデータが短期間で比較的容易に集めることができた．後で述べるように，同じ結果は得られていないが，追試が容易であるということは，学問の発展にとって，非常に重要なことである．

1. 社会資本の限界評価について

この論文では，社会資本の限界的な増加がもたらす便益の評価が，Roback流の人口移動が自由なとき地代の限界的な増加になるという仮定に，税を導入している．そのとき，Roback流の評価は，論文の (14) 式で，(11) と (12) から得られるように，社会資本の増加による，税収の限界的な増加分だけ，よけいに増加する．(14) では，それに，加え，税収の増分自体も，限界便益の増加に入れている．

税収がどのように使われると仮定しているかは，明らかではないが，当該地域に，戻されるのであれば，移住均衡条件に影響を与えそうである．しかし，注9) にあるように，地代収入がすべての個人に均等に配当されていて，非労働所得と独立であるという仮定と整合的な仮定は，ハーバーガーの帰着理論のように，一括して，均等に，払い戻されると考えることであろう．追加的な国税が地方交付税の増加に使われる場合は，これに近いであろう．この場合は，小地域の仮定のもとでは，追加的な税収は，その地域にほとんど影響を与えないが，全体としては，すべての地域に若干の便益を与えるので，この論文で仮定しているように，税収の増加は，全体の地域をみれば，便益の増加であると議論できる．しかし，やはり，当該小地域の税収の増加による所得の減少と相殺すると考えられるかもしれない．

このような問題は，このようなソクラテス型の弁証法的な方法で解決することは，難しく，やはり，一般均衡モデルを計算して，解決しなければならない．すべての

論題VII 分野別社会資本の限界便益に関する地域間比較　241

地域を含む一般均衡モデルは，(a)効用が各地域で，等しいという条件 (4) 式，(b) 単位費用が各地域で，1であるという条件 (7) 式と，(c) (16) 式の上にある土地市場の均衡条件，(d)各地域の人口の和が一定であるという労働市場の均衡条件と，(e)各地域の地代と税収の合計を頭割りにして，非賃金所得 I が決まるという条件から成り立つ．最初の三つの均衡条件が，各地域の (w_i, r_i, N_i) の決定に対応し，後の二つの条件で，残りの二つの未知数 I と $\bar{u}$ が決まるので，方程式と未知数の数は，一致する．ニュメレール財の市場は，ワルラス法則により，必ず均衡する．

　ここで，一つの地域の G_i のみについて，偏微分して，$\bar{u}$ がどのように変化するかを検討すればいいので，問題は，ごく標準的な比較静学の問題になる．しかし，一般的な場合はもちろん，関数形を特定化しても，後で述べる理由により，計算は，案外複雑になり，簡便な解を得るのは難しい．ここでは，もっとも簡単な例示として，n 地域が同一の土地 L と同一の社会資本 G を持ち，各地域の人口，賃金，地代が N, w, r で等しくなる初期の対称均衡から，一つの地域の社会資本のみが限界的に増加する場合を考察する．さらに，効用関数と費用関数がともにコブ・ダグラスで，社会資本のベキ関数に比例し，その結果，間接効用関数が，$v(Y_i, r_i, G_i) = A Y_i r_i^{-\alpha} G_i^{\gamma}$，単位費用関数が，$c(r_i, w_i, G_i) = B r_i^{\beta} w_i^{1-\beta} G_i^{-\delta}$ であるとする．ここで，α と β は，0と1の間の定数で，A, B, γ, δ は，正の定数である．さらに，税は，限界税率 t の比例税であるとしている．

　このとき，税収の増加を一回だけカウントした，Roback 式の公共財の限界便益は，初期の対称均衡値を用いると，

$$R = L\left(\frac{\partial r_i}{\partial G_i}\right) + tNL\left(\frac{\partial r_i}{\partial G_i}\right) = (1-\alpha)^{-1}(1-\beta)^{-1}\{(1-\alpha)\gamma + \delta\}w.$$

となる．ただし，$w = B^{-1}\left\{\dfrac{(1-\alpha)(1-\beta)L}{(\alpha+\beta(1-\alpha))N}\right\}^{\beta} G^{\gamma}$ は，初期の均衡賃金である．他方，一般均衡の比較静学は，結構，大きな計算になるが，初期の均衡値を入れて簡単化し，各地域で共通の効用の変化を所得で計ると，$\left(\dfrac{\partial u}{\partial G_i}\right)\bigg/\left(\dfrac{\partial v_i}{\partial Y_i}\right) = \{nN\}^{-1}R$ となることがわかる．つまり，Roback 式に計算した便益を総人口で割ったものになる．この結果は，税収を二回足しこむのは，誤りらしいことを示唆している．同様の結果は，初期が対称均衡で，効用関数と単位費用関数がともに，社会資本に対して，分離的であれば得られると思われる．対称均衡でないときは，所得の再分配効果，効用関数と単位費用関数が分離的でないときは，土地の需要関数に社会資本の変化が与える影響が加わり，それによる価格変化は，さらに所得再分配効果を引き起こすので，非常に複雑になるが，限界税収を一回だけ足した式が社会資本の限界便益

のベンチマークになる可能性が強い．

　いずれにしても，この例は，地価や地代と社会資本の関係から，社会資本の便益を推定するときには，一般均衡的に考察しても，税について，修正が必要なことを再確認している．ソクラテス問答では，一回も加えるべきではないという議論もできそうだか，税による修正が必要であることを指摘した点は，ポジティヴな貢献である．6節の推計では，いくつかの税収効果と地代効果のいくつかのウエイトを検討しているので，税収を二回足しこむかどうかは，ここでの結果には，大きな影響がない．

2. 関数形の設定について

　地価関数と税収関数は，(16) と (17) のようにダミー変数を別にすると $\ln(G_{j,it})$ と $\ln(a_{it})\ln(G_{j,it})$ を説明変数としている．前者の社会資本は，分析対象なので，当然入るが，なぜ，一人あたりの民有地面積の対数と社会資本の額の対数の積が説明変数に入ってくるかについては，何も説明がない．

　社会資本のもたらす公共サービスについては，人口と面積について，様々な程度の公共財性と私的財性を持っている．そこで，人口を N_i，面積を L_{it} として，実効的なサービスが $N_{it}^{-\theta_j} L_{it}^{-\lambda_j} G_{j,it}$ とすれば，例えば，人口について，私的財のときは，$\theta=1$，純粋公共財のときは，$\theta=0$ という形で，その程度を入れることができる．この対数を取ったものを説明変数とすると，

$$\sum_j \alpha_j \ln G_{j,it} - (\sum_j \alpha_j \theta_j) \ln N_{it} - (\sum_j \alpha_j \lambda_j) \ln L_{it}. \quad (A)$$

となり，個々の社会資本ごとの公共財性は，推定できないが，全体としての公共財性を示すパラメータは，推定できる．しかし，多くの既存研究のような，このようなタイプのアプローチでは，どの地域についても，各社会資本の限界便益が等しくなってしまう．著者は，地域ごとの限界便益を推計するため，地域特性を示す変数として，一人あたりの民有地面積を一つ入れたものと思われる．

　しかし，この特定の関数形では，以下に見るように，社会資本の金額をどの単位で計るかに，結果が依存してしまう可能性が高い．ごく簡単な例として，社会資本が一つであるとし，普通の最小二乗法を適用するとする．ここで，金額のスケールを変えるときの効果を見るため，$\tilde{G}_i = G_i e^\gamma$，$\tilde{a}_i = a_i e^\delta$ として，$\ln(P_i) = \tilde{\alpha}_0 + \tilde{\alpha}_1 \ln(\tilde{G}_i) + \tilde{\alpha}_2 \ln(\tilde{a}_i) \ln(\tilde{G}_i)$ の係数の推定値を最小二乗法で求めるとする．すると，$\ln(P_i) = \hat{P}_i$, $\ln(G_i) = \hat{G}_i$, $\ln(a_i) = \hat{a}_i$ として，正規方程式は，

論題 VII 分野別社会資本の限界便益に関する地域間比較

$$C(\hat{P}_i, \hat{g}_i) = \tilde{a}_1 V(\hat{g}_i) + \tilde{a}_2 C(\hat{g}_i \hat{a}_i + \gamma \hat{a}_i + \delta \hat{g}_i, \hat{g}_i),$$
$$C(\hat{P}_i, \hat{g}_i \hat{a}_i + \gamma \hat{a}_i + \delta \hat{g}_i) = \tilde{a}_1 C(\hat{g}_i, \hat{g}_i \hat{a}_i + \gamma \hat{a}_i + \delta \hat{g}_i) + \tilde{a}_2 V(\hat{g}_i \hat{a}_i + \gamma \hat{a}_i + \delta \hat{g}_i).$$

となる．ここで，$V(\bullet)$ と，$C(\bullet, \bullet)$ は，標本分散と標本共分散である．この方程式を解くと，

$$\tilde{a}_1 = \frac{A_2 + \gamma(A_4 + A_5) + \gamma^2 A_8 - \delta(\gamma A_6 - A_1)}{A_0 + 2\gamma A_3 + \gamma^2 A_7},$$
$$\tilde{a}_2 = \frac{\gamma A_6 + A_1}{A_0 + 2\gamma A_3 + \gamma^2 A_7}.$$

となる．ただし，

$$A_0 = V(\hat{g}_i) V(\hat{a}_i \hat{g}_i) - C(\hat{g}_i, \hat{a}_i \hat{g}_i)^2,$$
$$A_1 = V(g_i) C(\hat{a}_i \hat{g}_i, \hat{p}_i) - C(\hat{a}_i \hat{g}_i, \hat{g}_i) C(\hat{g}_i, \hat{p}_i),$$
$$A_2 = C(\hat{g}_i, \hat{p}_i) V(\hat{a}_i \hat{g}_i) - C(\hat{a}_i \hat{g}_i, \hat{g}_i) C(\hat{a}_i \hat{g}_i, \hat{p}_i),$$
$$A_3 = C(\hat{a}_i \hat{g}_i, \hat{a}_i) V(g_i) - C(\hat{a}_i, \hat{g}_i) C(\hat{a}_i \hat{g}_i, \hat{g}_i),$$
$$A_4 = C(\hat{a}_i \hat{g}_i, \hat{a}_i) C(\hat{g}_i, \hat{p}_i) - C(\hat{a}_i, \hat{p}_i) C(\hat{a}_i \hat{g}_i, \hat{g}_i),$$
$$A_5 = C(\hat{a}_i \hat{g}_i, \hat{a}_i) C(\hat{g}_i, \hat{p}_i) - C(\hat{a}_i \hat{g}_i, \hat{p}_i) C(\hat{a}_i, \hat{g}_i),$$
$$A_6 = C(\hat{a}_i, \hat{p}_i) V(\hat{g}_i) - C(\hat{a}_i, \hat{p}_i) C(\hat{a}_i, \hat{g}_i),$$
$$A_7 = V(\hat{a}_i) V(\hat{g}_i) - C(\hat{a}_i, \hat{g}_i)^2,$$
$$A_8 = C(\hat{g}_i, \hat{p}_i) V(\hat{a}_i) - C(\hat{a}_i, \hat{p}_i) C(\hat{a}_i, \hat{g}_i).$$

である．これらの式から，$\tilde{a}_1$ は，γ と δ に，$\tilde{a}_2$ は，γ に依存することがわかる．つまり，同じサンプルを用いて計算して推定しても，単位が異なると，定数項だけでなく，傾きについても，同じ係数は得られない．この性質は，論文で用いられている固定効果モデルについても，ほぼ，成り立つようで，だいたい対応するデータを入れてチェックしたところ，$a_L^1, a_T^1, a_S^1, a_A^1$ は，一人あたり面積のスケールを変えると変化するが，$a_L^2, a_T^2, a_S^2, a_A^2$ は，ほとんど変化しない．社会資本額のスケールを変えるとすべて変化する．社会資本については，CD-ROM のデータなので，同じスケールを用いていると思われる．したがって，$a_L^2, a_T^2, a_S^2, a_A^2$ については，似た結果が得られるはずである．a_L^2, a_A^2 については，-0.32 と -0.14 でほぼ一致しているが，a_T^2, a_S^2 は，0.28 と 0.66 で一致せず，Adj R^2 も 0.97 程度ではるかに高く，t 値などは一致しない．これは，データに，まだ違いがあるためであると思われる．

各係数の推定値がスケールに依存することより困ったことは, (18) 式の弾力性についても,

$$\tilde{a}_1 + \tilde{a}_2 \ln \hat{a}_i = a_i \frac{A_1 + \gamma A_6}{A_0 + 2\gamma A_3 + \gamma^2 A_7} + \frac{A_2 + \gamma(A_4 + A_5) + \gamma^2 A_8}{A_0 + 2\gamma A_3 + \gamma^2 A_7}.$$

となり人口密度のスケール δ には, 依存しないが, 社会資本額のスケール γ に依存することになることである. 弾力性が, 社会資本額のスケール γ に依存するということは, 表3以下のような結果は, 推計のときに, 社会資本額の単位として, 100万円を使うか, 10億円を使うかで, 異なってきてしまうを意味する. 前に述べたように, 係数について, 同じ値を得ていないので, 弾力性の推定値については, チェックしていないが, 係数の推定値と同様に, 社会資本額のスケールの影響を受けると思われる.

地域特性を入れた上で, スケールの変化に対する頑健性を満たす推定量を得るには, トランス・ログ費用関数 (論文の参考文献, Greene (1993) p. 503) のように, 係数の間に制約を課す必要があると思われる. 一つの可能性としては, 地域特性に, すべて, 金額で表示できるもののみを用い, トランス・ログ型の関数を用いることによって, 説明変数のスケールの変化に対して頑健で, 各地域の社会資本の限界評価が地域特性により異なるような推定値を得ることができるかもしれない.

3. バブルの影響について

ここでの地価関数の推定期間は, ちょうどバブル経済の時期を含んでいる. したがって, この時期の地価に対して, 社会資本の便益が, どの程度の影響を与えているか, 多くの人が疑問に思うであろう. ここでは, この点について, 二つの材料を与えるだけにしておく.

固定効果のパネル分析で年次ダミーを含んだ推定は, 各データについて, 各年の都道府県の間の平均からの偏差にさらに, その年度を通じた平均からの偏差を取って, 回帰分析をするのに近い. そこで, この分析で用いた被説明変数の地価の対数について, このような二重の偏差を取ったものについて, 分散で計った変動の大きい3都道府県 (東京, 大阪, 青森) と変動の小さい3都道府県 (北海道, 愛媛, 長野) の変化をグラフにしたのが, 図である. この図にあるような, 東京や大阪の地価の急激な変動を, 緩慢に増加する社会資本ストックで説明するのは, 明らかに困難そうである.

注) データは，三井論文と同じ．

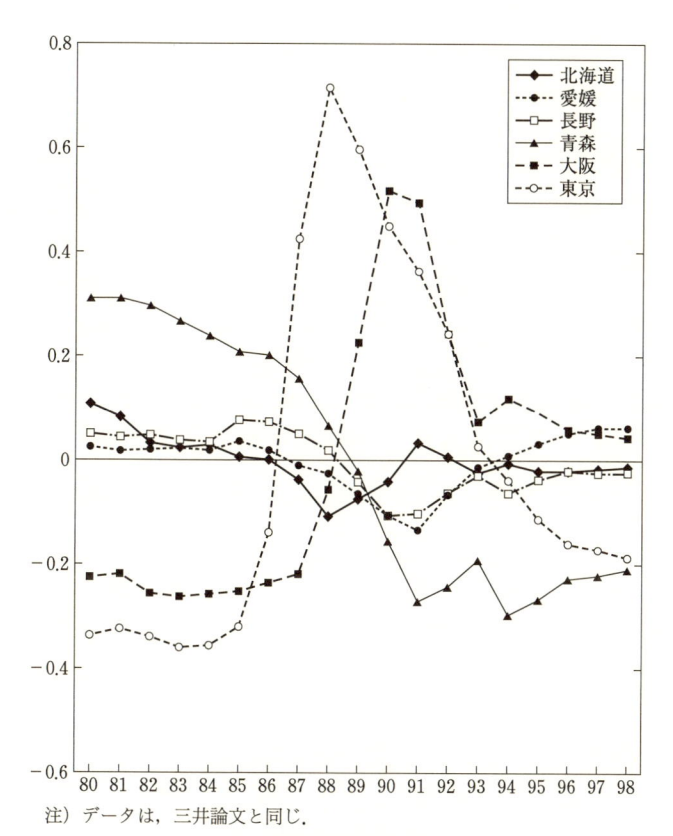

図 地価の相対的な変動

表 地価の推定

	1980–1998	1980–1989	1990–1998
生　活	−0.35 (−3.04)	−1.10 (−5.72)	1.94 (11.17)
第二次産業	−0.15 (−1.33)	−0.18 (−1.27)	−0.35 (−2.28)
防　災	−0.24 (−2.28)	−0.23 (−1.52)	0.16 (1.18)
第一次産業	0.11 (1.33)	0.59 (4.22)	−0.32 (−3.19)
民有地面積	−0.01 (−0.04)	−0.20 (−0.54)	−0.20 (−1.94)
人　口	3.14 (14.2)	4.32 (10.96)	−1.20 (−5.30)

注) データは，三井論文と同じ．カッコ内は t 値．

二つ目の材料は，比較的推計の容易な前節の（A）式を，全体，時期の前半 (1980-1989)，時期の後半 (1990-1998) について固定効果モデルで，年次ダミーを入れて推計した結果を，表に示す．論文と同じ推計式を推計してもよかったが，前節で示したように，スケールに依存し，同じ結果を得ていないので，ここでは，より簡単な（A）を推定している．統計的な検定はしていないが，生活基盤関連社会資本と人口について，符号が前半と後半で逆で，高度に有意になるなど，明らかに構造が変化していることが窺える．どの場合にも，社会資本の係数の多くが，理論仮説と反対に，負であるのは，このタイプの分析ではよくあるが，好ましいことではない．

　これらは，バブルをはさんだこの時期が，社会資本便益の資本化という，ファインな問題を検討するのに適当なデータを供給していないことを示唆しているように見える．

[回答]

三井　清

　Roback (1982) の議論は一般均衡的な枠組みを前提にしつつも，プロジェクトを実施する地域が相対的に（経済全体に占める割合が）小さいといった暗黙の前提のもとで議論されている．したがって，プロジェクトが実施される地域が相対的に大きい場合には，その適用には留意する必要がある．ただし，Kanemoto (1988) では，少し異なるモデル設定の下ではあるが，一括固定税だけ存在するケースで，プロジェクトの純便益を地代の増分から費用を控除したもので定義すると，その純便益がプロジェクトによる等価変分を過大評価することを証明している．さらに，レオンチェフ型の効用関数といった特殊ケースでは，その純便益が等価変分と一致するという結果を導いている．すなわち，Roback の議論はプロジェクトを実施する地域が相対的に大きい場合においても，地代の増分を用いた指標でプロジェクトを評価したときに，純便益がマイナスであるときは必ずそのプロジェクトにより効用水準（あるいは等価変分）が減少するという意味で，評価指標としての有用性を

論題VII 分野別社会資本の限界便益に関する地域間比較

持っている．

しかしながら，Robackの議論には所得税を考慮した場合における，一般均衡的な厳密な議論が存在していないので，この議論がどのような限界を持っているかを確認する作業を行うことは非常に重要であろう．水野氏は，拙稿において欠落しているその重要な議論について，一般均衡の枠組みのもとで対称的な地域が複数存在するケースに着目して，検討していただいた．

この回答においては，Kanemoto (1988)と同様に，事前的には非対称な地域が2つ存在する場合について検討することで，所得税の増分を考慮する必要性について検討する．以下で示すことは，所得税が存在するもとでプロジェクトの純便益を地代の増分と所得税の増分の和から費用を控除したもので定義すると，その純便益がプロジェクトによる等価変分を過大評価することと，特殊ケースでは純便益と等価変分が一致することである．

図を用いた直感的な議論ができるように，少し特殊なケースを前提にして議論を進めることにする．総人口は1に標準化し，生産関数を $X_i = k(G_i) \cdot N_i$，税収関数を $T_i = \tau \cdot w_i + t$ とする（$i = A, B$, $G_A < G_B$, $0 \leq \tau < 1$）．なお，効用関数に関しては一般的な想定のまま議論する．

地域Aの社会資本（アメニティ）の水準を G_A から G_B に高める公共プロジェクトについて考え，そのプロジェクトを実施するために必要な費用（合成財の量）を C とする．そして，プロジェクト実施前（事前）の変数の値は上付き添え字0で，プロジェクト実施後（事後）の変数の値は上付き添え字1を付けて表すことにする．なお，事前を状態0，事後を状態1と呼ぶことにする．そのとき，状態 t における非労働所得 I^t は，

$$I^t = r_A^t L_A + r_B^t L_B \tag{A-1}$$

と表される．なお，L_i は地域 i の土地の供給量である（$i = A, B$）．また，事前と事後の財政収支の均衡条件は，それぞれ，

$$\tau \cdot (N_A^0 w_A^0 + N_B^0 w_B^0) + t^0 = \tau \cdot (N_A^0 k(G_A) + N_B^0 k(G_B)) + t^0 = C^0, \tag{A-2}$$

$$\tau \cdot (N_A^1 w_A^1 + N_B^1 w_B^1) + t^1 = \tau \cdot k(G_B) + t^1 = C^0 + C \tag{A-3}$$

と表すことができる．なお，C^0 は事前の社会資本水準を達成するために必要な費用である．

このプロジェクトにより生じる等価変分 EV を，

図 A1

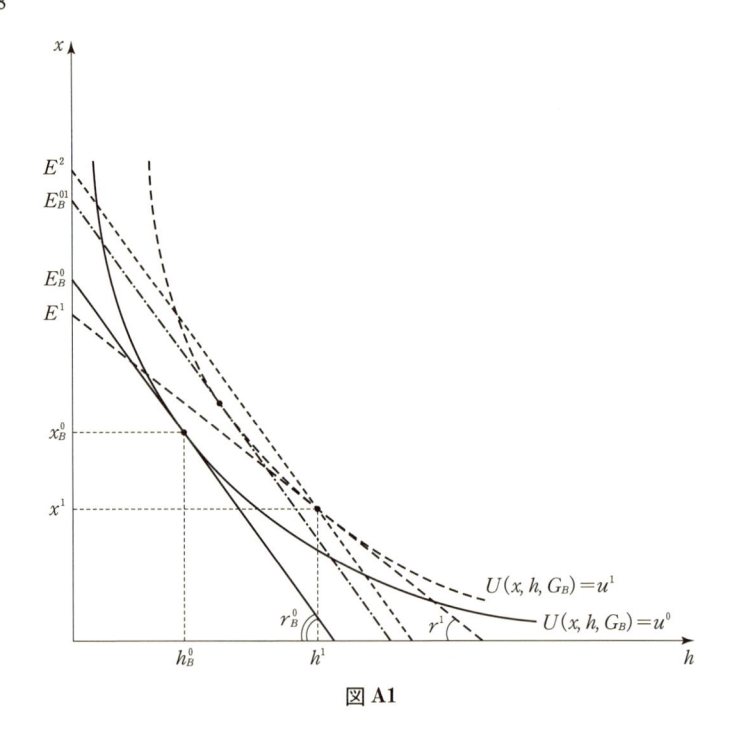

$$EV = E(r_B^0, G_B, u^1) - E(r_B^0, G_B, u^0) \tag{A-4}$$

と定義する．ここに，$E(r_B^0, G_B, u^1)$ は地域 B の居住者にとっての事後の効用水準 u^1 を事前の地代 r_B^0 と社会資本 G_B のもとで達成するための補償所得であり，$E(r_B^0, G_B, u^0)$ は事前の効用水準 u^0 を r_B^0 と G_B のもとで達成するための補償所得である．さて，このプロジェクトで生じる便益 B を地代の増分と税収の増分で捉えるならば，

$$B = (r_B^0 - r_A^0)L_A + (T_B^0 - T_A^0)N_A^0 \tag{A-5}$$

と表されることになる．以下で示したいことは，$B - C \geq EV$ という関係である．

図 A1 には，地域 B に居住する個人の，事前の無差別曲線 $U(x, h, G_B) = u^0$ と事後の無差別曲線 $U(x, h, G_B) = u^1$ が描かれている．また，図中の E_B^0，E^1 はそれぞれ $E(r_B^0, G_B, u^0)$，$E(r^1, G_B, u^1)$ に対応しており，これらは，

$$E_B^0 = (1-\tau)k(G_B) + \tau(N_A^0 k(G_A) + N_B^0 k(G_B)) - C^0 + I^0, \tag{A-6}$$

論題 VII 分野別社会資本の限界便益に関する地域間比較

$$E^1 = (1-\tau)k(G_B) + \tau(N_A{}^1 k(G_B) + N_B{}^1 k(G_B)) - C^0 - C + I^1$$
$$= k(G_B) - C^0 - C + I^1 \qquad (A\text{-}7)$$

と表すことができる.したがって,(A-6) と (A-7) より,

$$E_B{}^0 - E^1 = \tau(N_A{}^0 k(G_A) + N_B{}^0 k(G_B)) - \tau k(G_B) + I^0 - I^1 + C$$
$$= N_A{}^0(T_A{}^0 - T_B{}^0) + (r_A{}^0 - r^1)L_A + (r_B{}^0 - r^1)L_B + C \qquad (A\text{-}8)$$

である.

事後的には両地域の社会資本水準が一致するので,両地域の居住者の居住地面積と合成財の消費量が一致することになる.その事後の消費の組合せを (h^1, x^1) とおけば,それらは $h^1 = L_A + L_B$ かつ $U(x^1, h^1, G_B) = u^1$ より求められる.そして,(h^1, x^1) を通る傾きが $r_B{}^0$ の直線の x 軸との切片の値を E^2 とおけば,

$$E^2 - E^1 = (r_B{}^0 - r^1)h^1 = (r_B{}^0 - r^1)(L_A + L_B) \qquad (A\text{-}9)$$

である.したがって,(A-5), (A-8), (A-9) より,

$$E^2 - E_B{}^0 = (E^2 - E^1) - (E_B{}^0 - E^1) = B - C \qquad (A\text{-}10)$$

である.

ところで,傾きが $r_B{}^0$ で無差別曲線 $U(x, h, G_B) = u^1$ に接する直線の x 軸との切片の値を $E_B{}^{01}$ とおけば,等価変分 EV は,

$$EV = E_B{}^{01} - E_B{}^0 \qquad (A\text{-}11)$$

と表現できる.そして,図より $E_B{}^{01} \leq E^2$ なので,(A-10) と (A-11) より,

$$EV = E_B{}^{01} - E_B{}^0 \leq E^2 - E_B{}^0 = B - C \qquad (A\text{-}12)$$

が成り立つ.すなわち,プロジェクトの純便益 $B - C$ は等価変分 EV 以上であり,この指標を用いてプロジェクトを評価すると過大評価になる.ただし,無差別曲線が折れ曲がっている(たとえば効用関数がレオンチェフ型の)ときは,この不等式は等号で成立する.つまり,純便益が等価変分と一致することになる.したがって,便益に所得税の増分を考慮しなければ,少なくともレオンチェフ型効用関数のもとでは,過小評価になるわけである.

以上の議論も,水野氏の議論と少し異なる観点から,所得税の増分を便益に考慮することが,一般均衡の枠組みの中で正当化できる可能性を窺わせるものである.

表A1 地価関数と税収関数(固定効果モデル):単位を変更したケース

地価関数			税収関数		
	係数	t値		係数	t値
α_L^1	−1.536	−3.97**	β_L^1	0.914	4.56**
α_L^2	−0.320	−5.76**	β_L^2	0.116	4.03**
α_T^1	1.032	2.05*	β_T^1	−1.252	−4.80**
α_T^2	0.165	2.24*	β_T^2	−0.188	−4.93**
α_S^1	1.809	4.98**	β_S^1	0.165	0.88
α_S^2	0.285	5.22**	β_S^2	0.007	0.27
α_A^1	−1.236	−7.60**	β_A^1	0.271	3.22**
α_A^2	−0.132	−5.42**	β_A^2	0.067	5.33**
Adj R^2	0.869		Adj R^2	0.847	
Hausman	0.015		Hausman	0.000	

(注) タイム・ダミーの推定結果は省略している.**,*はそれぞれ1%,5%水準で有意であることを示す.

　そして,便益指標は過大評価になる傾向を持つので,あるプロジェクトの便益がマイナスであるときに,その費用便益分析の情報的な価値が大きいことになる.なお,以上の議論は2地域だけしか存在しない特殊ケースに限定した分析なので,より一般的なケースに関する分析をすることが今後の重要な検討課題である.

　次に,関数型が単位に依存する点について検討しよう.水野氏から,弾力性の値が社会資本の単位のとり方に依存するという問題点をご指摘いただいた.なお,拙稿では社会資本の単位は1995年価格で100万円になっているデータを用いている.理論的には,単位に依存する定式化になっている点は明確であり,拙稿ではその点に関する検討が欠けていた.そこで,その単位に依存することがどのような問題を生じさせることになるかを検討するために,単位を1億分の1にした場合の推計を試みた結果が表A1にまとめられている.表A1と本論にある表1を比較すると,確かに推計結果は異なるものであるが,その相違は小さく弾力性の値を計算してもその値に大きな差はなかった.したがって,プロジェクトを便益評価をする上では,この単位に依存する定式化が大きな障害になっているとまでは言えないようである.

　バブル以前の期間と以後の期間に分けて推計すると構造変化の可能性が窺われるというご指摘もいただいた.そこで,拙稿で採用した推計式のもとで地価関数と税収関数を推計してみた結果が表A2と表A3にまとめられている.表A2で地価関数の前期と後期の推計結果を比較すると,特に第2次産業基盤型社会資本に関連する係数が大きく変化している.そして,たとえば,1995年における第2次産業基

表A2　地価関数（固定効果モデル）：前期と後期

	前期 (1980-1989)		後期 (1990-1998)	
	係数	t 値	係数	t 値
$\alpha_L{}^1$	−1.702	−3.17**	−1.748	−3.12**
$\alpha_L{}^2$	−0.339	−4.31**	−0.370	−4.60**
$\alpha_T{}^1$	0.403	0.52	1.875	2.71**
$\alpha_T{}^2$	0.079	0.69	0.290	2.86**
$\alpha_S{}^1$	2.295	4.02**	1.382	2.79**
$\alpha_S{}^2$	0.370	4.26**	0.233	3.17**
$\alpha_A{}^1$	−0.896	−4.07**	−1.489	−6.00**
$\alpha_A{}^2$	−0.102	−3.14**	−0.161	−4.41**
Adj R^2	0.859		0.891	
Hausman	0.007		0.001	

表A3　税収関数（固定効果モデル）：前期と後期

	前期 (1980-1989)		後期 (1990-1998)	
	係数	t 値	係数	t 値
$\beta_L{}^1$	1.389	5.93**	1.020	3.41**
$\beta_L{}^2$	0.190	5.52**	0.128	2.98**
$\beta_T{}^1$	−1.627	−4.85**	−1.796	−4.86**
$\beta_T{}^2$	−0.244	−4.91**	−0.272	−5.02**
$\beta_S{}^1$	0.297	1.19	0.651	2.47*
$\beta_S{}^2$	0.056	1.50	0.095	2.43*
$\beta_A{}^1$	0.654	6.81**	0.278	2.10*
$\beta_A{}^2$	0.114	8.05**	0.064	3.28**
Adj R^2	0.867		0.828	
Hausman	0.000		0.000	

盤型社会資本の限界便益を後期の推定結果を基にして計算すると，全期間の推定結果を基にした場合と比較して，その絶対値が概ね5割程度大きくなるという傾向が窺われた．たとえば，表A2と表A3の後期の推計結果を用いて第2次産業基盤型社会資本の限界便益を計算すると，北海道では −1.8％（表4では −1.4％），東京では 30.1％（表4では 20.9％）となる．したがって，この推計結果からもバブル期を挟んだ前後の期間で，構造変化が生じていた可能性が大きいと考えられ，本論

における議論で導かれた基本的な性質を大きく崩すものではないが，構造変化の問題にも十分に留意する必要があることになる．なお，このバブル期を挟んだ期間分割に加えて，より細かい期間分割について分析することも，残された重要な検討課題であろう．

論題 VIII　実証分析で明らかにした我が国の地方債制度の問題点

[報告]　土居丈朗
[コメント]　今　喜史
[回答]　土居丈朗

[報告]†

土居丈朗

1. はじめに

　今日，我が国の政府債務は未曾有の規模にまで累増しているが，地方自治体の債務は国の債務とともに 1990 年代に残高が急増した．ただ，我が国の地方自治体は，必ずしも独自の判断で自由に債務を増やせる制度的環境にあったわけではなく，国による強い関与の下に，我が国の地方債が累増したのである．これまでの地方債の起債は，地方債許可制度（後に詳述）の下で国と地方の財政関係の一環として運営されてきた．地方債は，国の法律である地方税法で税

---

† 本稿は，2005 年 8 月に東京大学社会科学研究所で行われた「90 年代の日本経済をマクロ・ミクロ経済学の視点から考える」コンファランスで報告した論文を，大幅に加筆修正したものである．畑農鋭矢・千葉大学助教授（現・明治大学准教授）をはじめコンファランス参加者や，今喜史氏（東京大学大学院経済学研究科博士課程）から，貴重なコメントを頂いた．さらに，大瀧雅之・東京大学教授には編集上で大変お世話になった．記して謝意を表したい．残る過誤は筆者の責任である．

目や税率を規定している地方税，国から地方への補助金である地方交付税や国庫支出金とともに，総務省（旧自治省）が各自治体の地方財源配分を統制する１つの政策手段である．地方債許可制度は，2005年度まで採られていたが，起債額の統制のみならず，地方債引受けの資金区分（貸し手）の配分をも内包し，この制度下での各地方自治体の起債許可額の決定が，地域間の所得再分配にも重要な影響を与えていた．

　地方債制度は，今日もなお中央集権的な制度であり，1990年代に日本経済において進んだ金融自由化の動きと齟齬をきたしつつある．そうした中で，これまでの制度を改める取り組みも出始めている．その最たるものは，2006年度から地方債許可制度に代わり地方債協議制度に移行することである．地方債協議制度の下では，地方自治体が地方債を発行する際には，総務大臣または都道府県知事に協議をし，同意を得られない場合は，地方議会に予め報告すれば地方債を発行できるようになる．ただし，地方債協議制度に移行しても，起債制限制度などは維持されている．

　他方，2006年度において，北海道夕張市で，巨額の債務が存在することが明るみになり，独自の財政再建が困難であるとして，財政再建団体となった．地方分権が進む中，これまでの財政運営で過度に債務を負ったいくつかの自治体で，制度的な救済を受けなければ債務償還が困難となることが予想されるような事態になっている．

　こうした現状を鑑みれば，従来の地方債許可制度下の実態がどのようなものであったかを客観的手法で考察する必要があると考える．そこで本稿では，こうした我が国の地方債をめぐる環境変化を，経済学の分析によって明らかにされた事実を紹介して，現行制度の問題点を示すとともに，今後の地方債制度改革のあり方について議論したい．特に本稿では，地方債の累増がもたらす財政運営への支障が今後懸念されているだけに，地方債許可制度が地方公共団体の財政規律をもたらすように運用されてきたか否かを，実証結果を基に検討したい．

　本稿の構成は以下の通りである．第2節では，我が国の地方債許可制度の内容と実態について検討し，その実態を評価するべく実証分析した土居（2001a, b）を展望し，地方債に関わる諸仮説を考察する．第3節では，自治体にとっ

て民間金融機関から借りるよりも長期低利である財政投融資資金による地方債引受けを通じて，暗黙の利子補給がどのように行われたか，その規模を推計した土居（2002）での分析を紹介する．そして，第4節では，地方債元利償還金の交付税措置に焦点を当てる．地方債元利償還金の交付税措置とは，地方交付税の配分（厳密に言えば，基準財政需要額の算定）において，当該年度の地方債元利償還金が多い自治体に（税収が少なくとも）より多く地方交付税が配分されるように措置する仕組みである．この措置がもたらした地方債増発や公共事業増額の誘導効果について分析した土居・別所（2005a, b）を紹介する．第5節では，2006年度に夕張市が財政再建団体となることを決めたことで話題となった，地方財政再建制度について，本稿で新たに分析を加える．地方自治体が債務を累増しそうなときにそれを未然に防ぐ仕組みが，我が国の地方財政再建制度に内在していたか否か，市町村のパネル分析によって明らかにしたい．最後に，第6節では本稿の分析をまとめ，結論を述べる．

2. 地方債許可制度をめぐる諸制度と運用実態

2.1 地方債許可制度

2005年度まで採られた地方債許可制度とは，地方公共団体は地方債を起債する際に，総務大臣または都道府県知事の許可を受けなければならないという，起債の際の制度であった．その下では，地方債は地方公共団体の独断で発行することはできなかった．

また，地方債を発行できる地方公共団体は，国の法律である地方自治法と地方財政法により規定されていた．その中で，起債が制限される地方自治体が，次のように規定されていた．それは，実質収支赤字が標準財政規模に対する比率が一定水準（都道府県5％，市町村20％）以上となる団体は，地方財政再建促進特別措置法の規定により財政再建を行う場合でなければ，建設事業のための起債ができないこととされた[1]．その他に，地方債の元利金の払込みに延滞

---

1) 実質収支＝歳入総額－歳出総額－翌年度に繰り越すべき財源，と定義される．また，翌年度に

がある団体や，地方税の現年分の徴収率が90%未満の団体や，普通税の税率が国の法律である地方税法で定めた標準税率未満の団体や，起債制限比率の過去3年度における平均が20%以上となる団体や，財政支出の状況が著しく適正を欠いていてもその是正に必要な努力を払わない団体などが，起債の制限や不許可を受けた（この規定の多くは現在も残る）[2]．

起債許可（地方債協議制度の下では同意）の際には，地方債引受けの資金区分も合わせて決定され，政府資金として許可（地方債協議制度の下では同意）されたものは財務省が融資を行うこととなっている．つまり，地方債計画では，起債の許可だけでなく，許可された地方債の引き受け手（貸し手）の割当も同時に決める．

引き受け手としての資金区分は，1990年代でも現在においても，次のようになっている．政府資金（財政融資資金［旧資金運用部資金］，簡保積立金［旧簡保資金］，その他），公営企業金融公庫資金，民間等資金などがある．民間等資金は，市場公募債資金，銀行等引受資金（旧縁故債資金：共済等資金，

繰り越すべき財源＝翌年度への繰越額－未収入特定財源，である．そして，標準財政規模＝普通交付税＋地方譲与税等＋(基準財政収入額－地方譲与税等)×(1－留保財源率)，である．これは，法定普通税等，普通交付税，地方譲与税等といった，各地方公共団体が標準的な状態で経常的に収入し得る一般財源を意味する．留保財源率は，25%である．

2) 起債制限比率とは，標準財政規模（標準的な状態で経常的に収入し得る一般財源）のうち公債費に充当されたもの割合を示すもので，起債許可を与える際に指標となる比率の一つである．厳密な定義は，次の通りである．

$$起債制限比率 = \frac{A-(B+C+E+G)}{(D+F)-(C+E)} \times 100 \text{ の過去3ヵ年度平均}$$

A＝当該年度の元利償還金（公営企業債分及び繰上償還分等を除く）＋公債費に準ずる債務負担行為に係る支出（施設整備費，用地取得費に相当するものに限る；2001年度以降加算）＋五省協定・負担金等における債務負担行為に係る支出（2003年度以降加算）
B＝Aに充当した特定財源
C＝災害復旧費等として基準財政需要額に算入された公債費
D＝当該年度の標準財政規模
E＝普通交付税の算定において事業費補正により基準財政需要額に算入された公債費（普通会計に属する地方債に係るものに限る）
F＝臨時財政対策債発行可能額（2001年度以降加算）
G＝事業費補正により基準財政需要額に算入された公債費に準ずる債務負担行為に係る支出（2003年度以降加算）

ここで，臨時財政対策債とは，地方財源の不足に対処するため，従来の交付税特別会計借入金による方式にかえて，2001年度から2003年度の間に発行が認められた特例債で，使途を定めないで（一般財源として）発行できる．事業費補正などについては，後述する．

図1 日本の地方債の保有構造

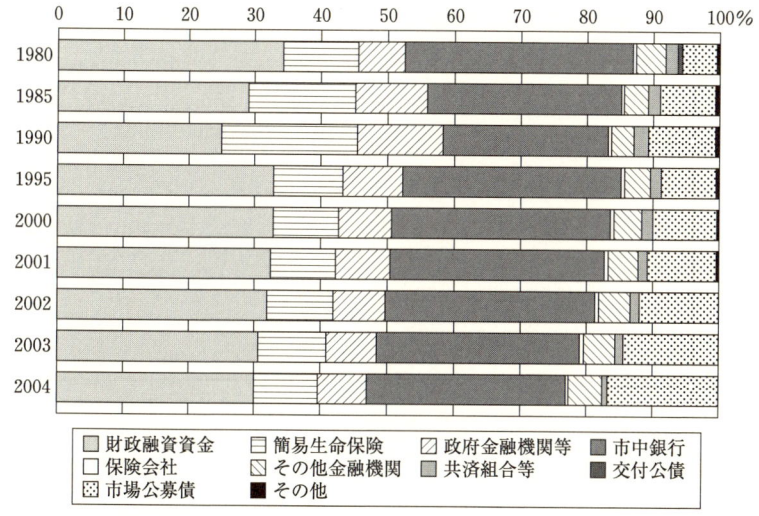

資料：総務省『地方財政統計年報』.

凡例：財政融資資金／簡易生命保険／政府金融機関等／市中銀行／保険会社／その他金融機関／共済組合等／交付公債／市場公募債／その他

銀行等資金），その他に分けられる．ここで，政府資金と公営企業金融公庫資金（両者を合わせて「公的資金」とも呼ぶ）には，主に財政投融資資金が用いられている．これらの資金区分については，1980年代後半から1990年代にかけて，政府資金の割合が約50%，公庫資金の割合が約10%，縁故資金（現銀行等引受資金）の割合が約30%，市場公募資金の割合が約10%となっていた．ところが，2001年の財政投融資改革以降，政府資金の割合が年を追うごとに低下し，それに代わり民間等資金（銀行等引受資金と市場公募資金）の割合が上昇して過半を占めるようになった．また，近年，市場公募資金の割合が顕著に上昇している．ちなみに，残高ベースで見た我が国の地方債の保有者の構成比は，図1の通りである．特徴としては，公的資金の比率が高いことと，官民を問わず金融機関による保有が大半を占め，家計はほとんど保有していないことが挙げられる．また，近年，市場公募債の割合が顕著に上昇している．

2.2 地方債許可制度の運用の実態

地方債協議制度は，2006年度から始まったものであるから本稿執筆時点で

はまだ評価を下すことはできないが，従来の制度であった地方債許可制度は，どのように運用されていたのだろうか．従来の制度の考察を通じて，今後の制度の行方を考える材料にもなろう．

土居 (2001a, b)，Doi (2002) では，谷本・石井 (1986) を基に，地方債許可制度の趣旨について考察している．地方債許可制度の下での地方債発行は，「有力団体への資金の偏重を防止し，財政力や資金調達力の弱い団体には長期低利の資金（政府資金，公営企業金融公庫資金等）を重点的に配分する」（谷本・石井 (1986)，60〜61 ページ) ことや，「地方交付税等の一般財源の配分方式等との関連付けを行いつつ，総合的見地から地方債の配分が行われる必要がある」（谷本・石井 (1986)，61 ページ) ことが示されており，こうしたことが起債許可方針に反映されていたと考えられる．

実際，公的資金と縁故資金は，額の多少の差はあれ，すべての地方自治体に配分されているが，市場公募資金は市場公募債を発行できる自治体しか調達できない．現在のところ，市場公募債の発行団体は，都道府県や政令指定都市などに限られ，大半の地方自治体では市場公募債を全く発行していない．そうした地方自治体では，公的資金か銀行等引受資金によって，地方債が引き受けられている．

こうした状況から，地方債発行はその規模や引受資金が自治体ごとにある程度差異があるものと推察される．どのような差異があるかを，予備的分析として，土居 (2001a, b) の方法を用いて概観してみたい．

まず，分析に必要なデータがそろう各都道府県（普通会計）で，地方債残高のうち公的資金で引き受けられた残高について，より具体的に，北海道，福島県，東京都，石川県，大阪府，島根県，沖縄県を代表的に取り上げて指標を示そう．地方債残高に占める公的資金が引き受けた残高の割合（これを今後公的資金引受比率と呼ぶ）を時系列的に示したのが，図 2 である．1975〜2004 年度を通じてこの比率が最高なのは沖縄県，最低なのは東京都である．図 2 をみれば，時系列的な変動はあるものの，公的資金引受比率が高い県は安定的に高いことがわかる．

この事実と，前述のように公的資金の方が民間等資金よりも長期低利であることから，市場公募債を発行していない地方部の県では，低利の公的資金が相

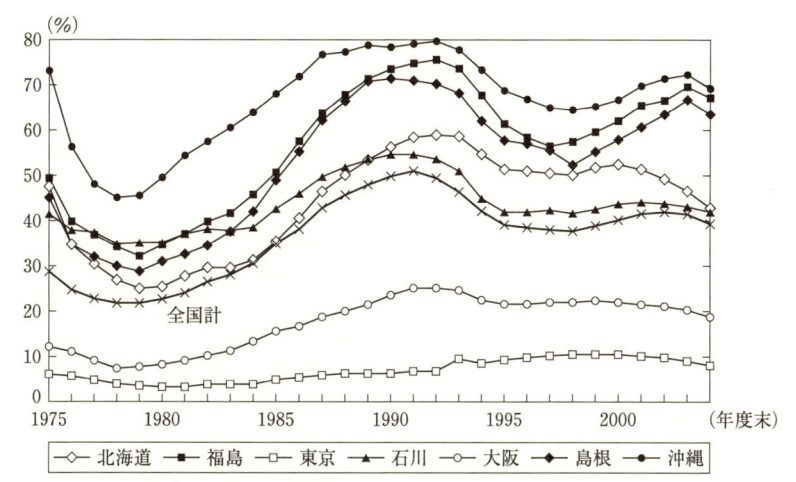

図2 公的資金引受比率の推移（都道府県）

資料：総務省『都道府県決算状況調』，地方債協会『地方債統計年報』.

対的に多く配分されている傾向があると考えられる．この傾向は，公的資金の配分を通じて，地方部の県に対して（もし民間等資金が引き受けたならば支払わなければならなかったはずの高利と比べて）利子補給がなされ，地方債許可制度による暗黙の地域間所得再分配が行われていることを意味する．また，こうした県では市場公募債を発行していないため，市場を通じた財政規律が働きにくく，起債の許可さえ得られればより多くの地方債を発行する財政運営につながる可能性も考えられる．このことから，地方債許可制度の実態を評価するためには，さらに計量経済学的手法を用いて精査する必要がある．

そこで，各都道府県が直面している地方債をめぐる環境を検討したい．ここでは，財政規律が働いているか否かを検討したいため，地方債の利子率と地方債残高などの指標を比較する．まず，地方債の利子率だが，公的資金では基本的にすべての都道府県で同じであり，民間等資金では各都道府県で発行形態・条件が異なるため直接的に比較することが（データの制約もあって）困難である．そのため，土居（2001a, b）では，各都道府県が実際に支払った利子が前年度末地方債残高に比してどの程度であるかを示す，実効利子率ベースを地方債の利子率の指標として用いている．

次に，（名目）実効利子率と公的資金引受比率の関係を見たのが，図3であ

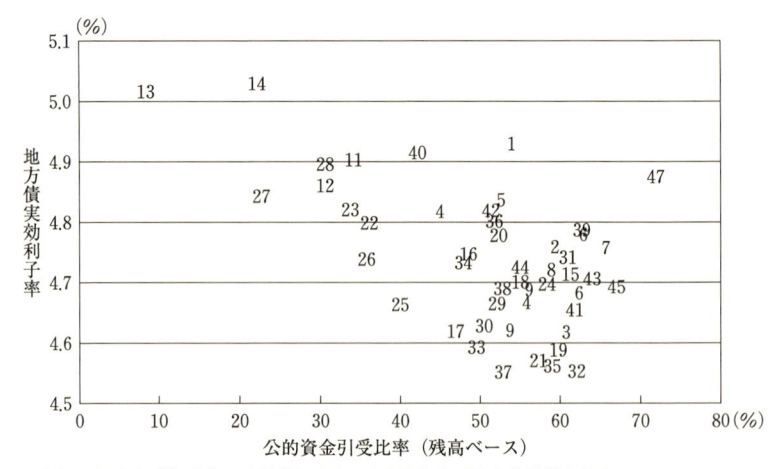

資料：総務省『都道府県決算状況調』, 地方債協会『地方債統計年報』.
図3　地方債実効利子率と公的資金引受
都道府県：1990～1999年度（平均）

る．図中の数字は，北海道を1として順に，沖縄県を47とする県番号である．この両者の関係は，都市部の都府県では公的資金引受比率が低くて実効利子率が高く，概ね右下がりの関係が見受けられる．ただし，より厳密な相関関係は，後述する計量分析によって明らかにされる．

2.3　実態を評価する仮説

2.2項で述べた様々な事実が，我が国の地方債許可制度や経済理論と整合的に考えればどのような関係があると解釈できるだろうか．高寄 (1988) など制度論的に分析した文献もあるが，土居 (2001b) では，地方債許可制度に関して，計量経済学的に推定する際に検証すべき実証命題を提示している．

第一に，財政力が弱い自治体では公的資金引受比率が高いという仮説である．財政力指数が低い自治体では，交付税が多く交付されると同時に，それ以外に地方税や国庫支出金などだけでは必ずしも財源が十分に調達できないので，公債をより多く発行する必要に迫られる可能性が高い．このことから，政府がこうした状況を鑑みて起債許可を与え，公的資金によってより多く引き受けようとする，すなわち公的資金引受比率を高めようとする，と考えられる．

第二に，公的資金引受比率が高い自治体では，実効利子率が低いという仮説である．公的資金引受比率が高い県では，公的資金の方が民間等資金よりも低利であることから，実際に支払う利子が少なく，実効利子率が低くなる，と考えられる．

　第三に，公的資金引受比率が過去に高かった自治体では，当該年度でもその比率は高いという仮説である．これは，前述の地方債許可制度の趣旨に込められた含意や図2から直観的に推察されることから，この関係が考えられる．

　以上が，地方債許可制度に内包した制度的性質から類推される仮説である．次に，地方債が市場で取引されたり，利潤動機を持つ民間金融機関等が保有したりしていることから経済理論と整合的に類推される仮説を検討する．

　第四に，地方債残高対県内総生産比が高い自治体では，実効利子率が高いという仮説である．これは，OECD諸国の国債の利子率と財政・経済状況に関する分析を試みた Alesina, De Broeck, Prati, and Tabellini (1992) で述べられているように，経済規模に比して公債残高が累増すると，返済能力に疑義が生じ，貸し手が信用に関するリスク・プレミアムを借り手に要求することから，利子率が高くなる，と考えられる．

　第五に，満期構成が短期化している自治体では，実効利子率が高いという仮説である．これは，Missale and Blanchard (1994) で述べられているように，実質公債残高が増加する下での満期構成の短期化は，貸し手は借り手に対してそれだけ長期的に資金を貸すことができないと認識しており，借り手に信用に関するリスク・プレミアムを要求することから，利子率が高くなる，と考えられる．

　これらの5つの実証命題を土居 (2001b) では検証している[3]．

2.4　計量分析の結果

　土居 (2001b)，Doi (2002) では，我が国の都道府県データを用いて，地方

---

[3] 厳密には，第六の仮説として，民間等資金による引受額が多い自治体では，実効利子率が低いという仮説を立て，それを検証しているが，計量分析の結果これは認められなかったため，本稿ではこれを割愛する．

債許可制度の計量分析を試みている．都道府県データで分析する理由は，分析に必要なデータが整うのは都道府県データであり，市町村データでは分析に必要なものが公表されていないものがある点や，行動主体として都道府県をとれば都道府県ごとを個票としたパネル分析が可能である（市町村データの都道府県別データは集計データとなってしまう）点や，前述のように都道府県では様々な資金で地方債が引き受けられている（市町村では市場公募資金による引受けがかなり少ない）点などが挙げられる．都道府県データでは，分析に必要なデータの一部が 1975 年度以降しか得られず，時系列分析では標本が不足するためパネルデータで分析する．

地方債許可制度の実態に関する諸仮説を検証するべく，土居（2001b）では次のような同時方程式を構築した[4]．

$$\mathrm{sgpb}_{it} = \alpha_i + \beta_0 t + \beta_1 \mathrm{sgpb}_{it-1} + \beta_2 \mathrm{index}_{it} + \beta_3 \mathrm{pby}_{it} + \beta_4 \mathrm{gry}_{it} + \beta_5 \mathrm{e}_{it} + u_{it}$$

$$\mathrm{ri}_{it} = \gamma_i + \delta_0 t + \delta_1 \mathrm{dby}_{it} + \delta_2 \mathrm{sgpb}_{it} + \delta_3 \mathrm{short}_{it} + \delta_4 \mathrm{pby}_{it} + \delta_5 \mathrm{gry}_{it} + \delta_6 \mathrm{e}_{it} + v_{it}$$

$$\mathrm{pby}_{it} = \zeta_i + \eta_0 t + \eta_1 \mathrm{ri}_{it} + \eta_2 \mathrm{sgpb}_{it} + \eta_3 \mathrm{gry}_{it} + \eta_4 \mathrm{e}_{it} + \varepsilon_{it}$$

ここで，$u_{it}, v_{it}, \varepsilon_{it}$ は各式における誤差項である．また，用いた変数は，実質実効利子率（＝名目実効利子率－県内総生産デフレータ上昇率：ri），地方債残高対県内総生産比上昇分（dby），公的資金引受比率（sgpb），基礎的財政収支対県内総生産比（pby），単年度財政力指数（index），1〜5 年後満期到来債比率（short），実質県内総生産成長率（gry），有効求人倍率（e）である．

この第 1 式は，総務省が起債許可方針として公的資金を各県に対してどのように割り当てたかを表現した式で，前述の第一（index），第三（前年度のsgpb）の仮説を前提とした説明変数と，それ以外に基礎的財政収支対県内総生産比（pby）に対して起債許可方針がどのように反応していたかを示す説明変数も加えている．

第 2 式は，各県の実効利子率がどのような要因で決まったかを表現した式で，前述の第二（sgpb），第四（dby），第五（short）の仮説を前提とした説明変数と，基礎的財政収支に関する説明変数（pby）を加えている．それは，

[4) 土居（2001a）では，公的資金引受比率に関する式と実質実効利子率に関する式の（同時方程式ではない）2 つの式を推定した結果が示されている．

論題 VIII 実証分析で明らかにした我が国の地方債制度の問題点

Caselli, Giovannini, and Lane (1998) が, 政府の予算制約式から実効利子率は基礎的財政収支と相関があることを示唆しており, これを考慮したためである. また, 説明変数に地方債残高対県内総生産比でなく dby を入れているのは, パネルデータ単位根検定の結果, 地方債残高対県内総生産比は単位根を持つという帰無仮説を棄却できなかった (I(1) 過程であった) ため, その差分をとった dby を代わりに入れている. ただし, この説明変数の含意は, 前述の第四の仮説と同様である.

そして, 第3式は, 各県の財政運営の実態, 特に (基礎的) 財政収支にどのような要因が影響を与えたかを表現した式で, 公債費の変化に影響を与える実効利子率と地方債発行の引受状況を表す公的資金引受比率, そして税収や政府支出を関係がある実質県内総生産成長率を説明変数としている[5].

この3つの式とも, 地域の異質性を除去するため, 実質県内総生産成長率と有効求人倍率を説明変数に加えている. この同時方程式体系では, $sgpb_{it}$, ri_{it}, pby_{it} が内生変数となっている. この同時方程式体系をパネルデータで推定する方法は, Baltagi (1981) の (one-way) error components three-stage least squares (EC3SLS) を用いた[6]. 操作変数は, Baltagi (1995) で示された同時方程式体系の全ての外生変数である. 標本期間を1976〜1997年度として, この同時方程式体系を同時推定した結果は, 表1に示されている.

表1によると, 同時方程式体系の第1式では, 前述の第一, 第三の仮説を支持する結果が得られている.

第2式では, 前述の第二, 第四, 第五の仮説を支持する結果が得られている. 基礎的財政収支に関しては, 基礎的財政収支が改善するほど実効利子率が高いという結果が得られている. これについては, 単純に解釈することはできない.

各県の財政運営を示す第3式では, 実質 (実効) 利子率が基礎的財政収支対県内総生産比に対して有意に正の相関を示している. このことは, 当該年度で支払わなければならない地方債の利払費が多くなると, それだけ一般歳出 (公

---

[5] 財政収支に影響を与えると考えられる税収に関する変数として, 税収実質増加率 (grtax) をこの式の説明変数に入れて推定を試みたが, この係数は有意にならなかったため, 本稿での推定にはこれを加えなかった.

[6] この推定における one-way とは, 個票方向の個別効果を意図している.

表1 推定結果

推定方法：EC3SLS　標本：1976〜1997年度, 全都道府県　標本数：1034

被説明変数：財政資金引受比率		被説明変数：実質（実効）利子率		被説明変数：基礎的財政支出対県内総生産比	
説明変数		説明変数		説明変数	
財政資金引受比率（前年度）	0.781 (43.224)	地方債残高対県内総生産比上昇分	1.207 (8.979)	実質（実効）利子率	0.268 (13.522)
単年度財政力指数	−0.113 (−8.141)	財政資金引受比率	−0.073 (−6.424)	財政資金引受比率	0.027 (8.299)
基礎的財政支出対県内総収支	7.044 (13.399)	1〜5年後満期到来債比率	0.016 (3.005)	実質県内総生産成長率	−0.070 (−7.632)
実質県内総生産成長率	0.124 (3.290)	民間等資金引受残高対全国総額比	4.336 (17.282)	有効求人倍率	0.009 (13.613)
有効求人倍率	−0.019 (−3.584)	基礎的財政収支対県内総生産成長率	0.328 (11.492)	人口成長率	
人口成長率		有効求人倍率	−0.035 (−14.157)	タイムトレンド	−0.001 (−14.746)
タイムトレンド	0.003 (9.696)	人口成長率			
		タイムトレンド	0.003 (17.889)		

かっこ内はWhiteの分散の一致推定量を用いたt値。
定数項、各県ダミー一項の係数の報告は割愛。

債費以外の歳出）を抑制して基礎的財政収支を改善するように財政運営を行っている，と解釈できる．さらに，公的資金引受比率が基礎的財政収支対県内総生産比に対して有意に正の相関を示している．このことは，先に説明したように，公的資金引受比率が高まるとそれだけ自治省（当時・現総務省）の意向に従う必要性が高まり，起債制限比率を下げる（少なくともこれ以上上げない）必要に迫られる．起債制限比率の低下は，やがて基礎的財政収支の改善につながるから，こうした財政運営が推定結果に強く反映したと解釈できる．

　さらに，実質県内総生産成長率が基礎的財政収支対県内総生産比に対して有意に正の相関を示している．土居（2001b）では，実質県内総生産成長率が上昇することは，県財政に対して次のような関係があると指摘している．まず，実質県内総生産成長率が上昇すると，それだけ県税収が増加する関係が考えられる．次に，県財政で公共投資など県内総生産を増加させるのに貢献する支出を増やすと，実質県内総生産成長率が上昇する関係が考えられる．このことから，前者は基礎的財政収支を改善する方向に，後者は基礎的財政収支を悪化させる方向に寄与する．したがって，実質県内総生産成長率と基礎的財政収支対県内総生産比との間の関係は，正の相関関係か負の相関関係かを単純には断定できない．しかし，ここでの推定結果では有意な正の相関関係が観察された．このことは，前者の関係がより強く作用して，実質県内総生産成長率が上昇するとき対県内総生産比でみて基礎的財政収支も改善するように財政運営を行っている，と解釈できる．

　ただし，分析の解釈で留保すべき点がある．それは，実効利子率が高い自治体は，上記の要因以外に，そもそも他の自治体よりも利子率が高い時期により多く地方債を発行していたという要因が作用している可能性である．

　この点について精査した土居（2001b）の結果によると，利子率が高かった1970年代中葉から1980年代前半にかけて，地方部の道県ではそれ以前に比べてより多く発行しているのに対し，都市部の都府県ではこの時期に発行を抑制しているという．他方，実際には図3で見たように，実効利子率は地方部の道県で低く都市部の都府県では高くなっている．そのため，発行時の利子率が実効利子率に必ずしも単純に反映されるわけではないということがわかる．したがって，表1に示した分析では発行時の利子率を明示的に考慮していないが，

発行時の利子率が分析結果に大きく影響を与えるという事実は必ずしも明確には認められない，といえる．

3. 公的資金の地方債引受けを通じた暗黙の利子補給

3.1 暗黙の利子補給の推計

前節の分析で，低利の公的資金が政策的意図を持って配分されていたことが明らかになった．より具体的にいえば，地方債許可制度下では，財政力や資金調達力の弱い団体へ長期低利である公的資金を重点的に配分するという性質が明確に反映されていた．このことは，公的資金による地方債の引受けを通じて，(もし民間等資金が引き受けたならば支払わなければならなかったはずの高利と比べて低利で引き受けてもらったその差の分だけ) 暗黙の利子補給がなされていることを意味する．

そこで，この節では，どの程度の暗黙の利子補給がどの都道府県に行われていたかを，土居 (2002) による分析を紹介したい．

まず，地方自治体の予算制約式に即して，暗黙の利子補給額を定義しよう．地域 j の地方自治体は，t 期において，自地域で徴収した地方税等 (T_{jt}) と，国から補助金として得た地方交付税・国庫支出金等 (Q_{jt}) と，発行した地方債から収入を得て，公債費以外の財政支出 (G_{jt}) と公債費を支出する．ここでは，後の議論の便宜のため，ここでの変数は全て実質ベースで表現していることに注意されたい．このとき，予算制約式は，

$$G_{jt} + r_{jt}B_{jt-1} = T_{jt} + Q_{jt} + B_{jt} - B_{jt-1} \tag{1}$$

と表される．ここで，B_{jt} は t 期末時点での地方債残高で，$r_{jt}B_{jt-1}$ は t 期における利払費，$B_{jt} - B_{jt-1}$ は地方債の純発行額 (=地方債新規発行額−償還費) である．r_{jt} は土居 (2001b) で用いた実質実効利子率を意味する．

前述のとおり，地方自治体は，地方債許可制度の下で地方債は公的資金と民間等資金によって引き受けられている．いま，地域 j の地方自治体の地方債残

論題 VIII　実証分析で明らかにした我が国の地方債制度の問題点

高が，$t-1$ 期末において，公的資金によって B_{Fjt-1}，民間等資金によって B_{Mjt-1} だけ引き受けられているとする．定義により，$B_{jt-1}=B_{Fjt-1}+B_{Mjt-1}$ である．また，地域 j の地方自治体は，t 期において，公的資金が引き受けた地方債に対して $r_{Fjt}B_{Fjt-1}$，民間等資金が引き受けた地方債に対して $r_{Mjt}B_{Mjt-1}$ だけ利払いをしているとする．通常，公的資金の方がより低利であるから，$r_{Mjt} > r_{Fjt}$ が成り立っている．このとき，

$$r_{jt}B_{jt-1}=r_{Fjt}B_{Fjt-1}+r_{Mjt}B_{Mjt-1}$$

が成り立つ．ここで，上式を変形して，

$$\begin{aligned}r_{jt}B_{jt-1}&=r_{Fjt}B_{Fjt-1}+r_{Mjt}B_{Mjt-1}\\&=r_{Mjt}B_{jt-1}-(r_{Mjt}-r_{Fjt})B_{Fjt-1}\end{aligned} \quad (2)$$

この式が意味することは，もし現時点での地方債残高を全て民間等資金が引き受けたならば，利払費は $r_{jt}B_{jt-1}=r_{Mjt}B_{jt-1}$ となっていたが，実際にはより低利の公的資金も引き受けているので，その分 $(r_{Mjt}-r_{Fjt})B_{Fjt-1}$ だけ利払費が少なくて済んでいることである．したがって，上式から，$(r_{Mjt}-r_{Fjt})B_{Fjt-1}$ が暗黙の利子補給額であると定義できる．特に，地方自治体の予算制約式 (1) 式と照らし合わせると，現行の地方財政制度の下で国から地方自治体に陽表的に分配される補助金は地方交付税・国庫支出金等 (Q_{jt}) であるが，それ以外に公的資金で引き受けることで実質的に利払費を少なくできた分の $(r_{Mjt}-r_{Fjt})B_{Fjt-1}$ も暗黙の補助金として地方自治体に分配されていると言える．当然のことながら，公的資金で引き受けた地方債残高 (B_{Fjt-1}) が多いほど，暗黙の利子補給額は多くなる．

以下では，各都道府県に対する暗黙の利子補給額を推計したい．しかし，$(r_{Mjt}-r_{Fjt})$ は現在公表されている統計書では観察不可能である．そこで，(2) 式からが導かれる偏微係数を利用する．そして，第 2 節で述べた同時方程式の推定結果 (表 1) から，

$$\frac{\partial r_{jt}}{\partial \left(\dfrac{B_{Fjt-1}}{B_{jt-1}}\right)}=-(r_{Mjt}-r_{Fjt})=-0.073384$$

であるといえる．この推定値が意味することは，当該都道府県において，公的資金引受比率が1%上昇したとき，実質実効利子率は0.073384%ポイント($=0.073384 \div 0.01$) 低下する，ということである．ただ，厳密には ($r_{Mjt}-r_{Fjt}$) は都道府県ごと，年度ごとに異なりうる．しかし，土居 (2001b) でのパネル分析の性質から，パネル分析で導かれた係数の推定値は，各都道府県（個票）や各年度における個別の異質性をコントロールして得られた各都道府県・各年度共通の値であると言える．したがって，ここでは，パネル分析における係数の推定値を近似的に用いる．

各都道府県，各年度末における公的資金が引き受けた地方債の実質残高 (B_{Fjt}) は，都道府県決算データの名目残高を県内総生産デフレータで実質化したものを用いた．そして，公的資金が引き受けた地方債の実質残高に0.073384をかけたものが，暗黙の利子補給額（実質額）である．土居 (2002) では，1976～1997年度（土居 (2001b) のパネル分析の推定期間）における，その暗黙の利子補給額を推計している．

土居 (2002) において導いた結論によると，1人当たり実質額でみて，都市部の都府県では利子補給額が少なく，地方部の道県で多い．例えば北海道や東京都など，公的資金が水準として多く配分されている都道府県がそれだけ多く利子補給を受けている．これは，表1の推定結果とも整合的である．しかし，この暗黙の利子補給によって減免された利払費を実際に支出した利払費と比べた場合，利子減免率（＝暗黙の利子補給額÷(暗黙の利子補給額＋実際の利払費)）でみれば，都市部の都府県では低く，地方部の道県で高い．

上記の地域分配は，地方交付税や国庫支出金の分配でも同様に指摘されていることである．したがって，我が国の地方財政運営では，地方交付税や国庫支出金のみならず，地方債の公的資金による引き受けにおいても，地方部の道県に対して暗黙の利子補給によって，都市部の都府県に比べて地方の道県により便益が及ぶ地域間所得再分配が行われていることが確認された．

3.2 暗黙の利子補給がもたらす資源配分の歪み

こうした暗黙の利子補給はどのような経済的効果をもたらすだろうか．先の

政府の予算制約式 (1) を，通時的に統合すると，

$$B_{jt-1}=E_t\left[\sum_{i=0}^n\left\{\prod_{s=0}^i\left(\frac{1}{1+r_{jt+s}}\right)\right\}(T_{jt+i}+Q_{jt+i}-G_{jt+i})\right]$$
$$+E_t\left[\prod_{s=0}^n\left(\frac{1}{1+r_{jt+s}}\right)B_{t+n+1}\right]$$

となる (E は期待値を意味する)．ここで，この予算制約式にある実効利子率は，

$$r_{jt}=r_{Mjt}-(r_{Mjt}-r_{Fjt})(B_{Fjt-1}/B_{jt-1})$$

である．この式から，実効利子率は，公的資金の実効利子率 (r_{Fjt}) や公的資金引受比率 (B_{Fjt-1}/B_{jt-1}) に影響を受けていることが確認できる．つまり，公的資金の配分に伴う暗黙の利子補給が，通時的な予算制約式において (t 期と $t+i$ 期の) 価格比を変化させることから，資源配分上代替効果を生じさせている．暗黙の利子補給を通じて代替効果が生じているということは，公的資金引受比率が高いほど実効利子率が低くなるから，それだけ地方債発行を増やす誘因が生じている．

もし，前節で示した暗黙の利子補給と同額の財政移転を国から自治体に行うために，(経済社会変数に依存しない) 一括固定の財政移転の形で行ったとすれば，所得効果のみが生じ代替効果は生じないから，公的資金を通じた暗黙の利子補給を行ったときに実現する効用水準よりも，同額の一括固定補助金を配分したときの方がより高い効用水準が得られる．このように，暗黙の利子補給は代替効果が生じるから，資源配分に歪みを与えて超過負担が生じ，効率性の観点から望ましくない．別の言い方をすれば，同じ効用水準を得るように財政移転を行うとすれば，暗黙の利子補給を行うときよりも一括固定の財政移転で行う方が，財政移転の規模，ひいては国民の財政負担を少なくできるという意味で望ましい．

このような，地方債制度を通じた資源配分の歪みについての，経済学の分析に基づく指摘は，公的資金の配分だけの問題にとどまらず，地方債元利償還金の交付税措置にまつわる問題にも及んでいる．

4. 交付税措置を通じた地方債発行への影響

4.1 地方債元利償還金の交付税措置の規模

　前節では，公的資金による暗黙の利子補給について検討したが，地方債には地方交付税を通じてより明示的に地方債元利償還のための財源補給が行われている．これについて，より詳細に検討した文献として，土居・別所（2005a,b），別所（2007）などがある．

　地方債元利償還金の交付税措置とは，当該自治体で地方債元利償還金（公債費）が増加することが見込まれる年度において，その元利償還金に比例する形で（地方交付税の配分を増額することを念頭に）基準財政需要額を増額する措置である[7]．地方債元利償還金の交付税措置は，地方債の種類によって，(1)基準財政需要の単位費用における公債費の算入，(2)事業費補正による公債費の算入，の主に2種類の方法が用いられる．

　単位費用における公債費の算入とは，基準財政需要額の一項目として公債費を計上することである．事業費補正とは，基準財政需要額の算定において地方債が発行された事業の単価をかさ上げすることである．

　事業費補正による公債費の算入の仕組みは以下のようになっている．事業費補正は投資態容補正の一種である．投資態容補正とは，公共施設の整備の状況やその他地方公共団体の状況，あるいは投資的経費を必要とする度合いに応じて，基準財政需要額を補正することをいう．投資態容補正には，人口や面積といった一般の統計指標を用いる補正（投資補正）と，地方負担額や元利償還金

---

[7] ここで，各自治体への地方交付税の配分決定の仕組みを簡単に紹介すると，次のようになる．毎年度，自治体ごとに，基準財政収入額（標準的な税収等の見込み額）と基準財政需要額（標準的な支出の見込み額）を統一した基準で総務省が算定し，基準財政需要額マイナス基準財政収入額を財源不足額と呼び，基準財政需要額の方が多い自治体にのみ，財源不足額に比例して交付税が交付される．東京都など基準財政収入額の方が多い自治体には交付されない．こうした差額補塡方式とも呼べる配分方法の下では，基準財政収入額を所与とすれば，基準財政需要額がより多くなると，交付税の配分額が多くなる仕組みとなっている．地方債元利償還金の交付税措置は，この基準財政需要額の中に，元利償還金を算入する措置であり，算入されればそれだけ基準財政需要額が多くなる．

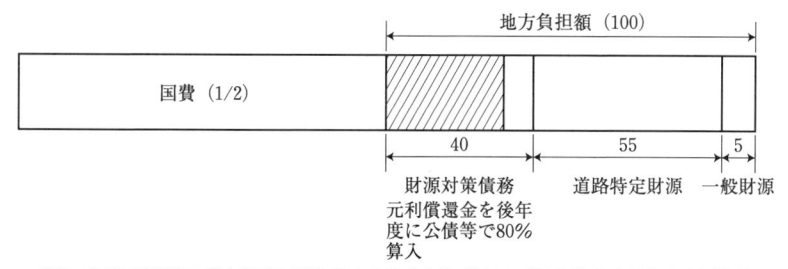

```
        ┌──────────── 地方負担額（100）────────────┐
┌─────────────────┬────────┬──────────────┬───┐
│   国費 (1/2)    │////////│              │   │
└─────────────────┴────────┴──────────────┴───┘
                      40         55         5
                   財源対策債務  道路特定財源 一般財源
                   元利償還金を後年
                   度に公債等で80%
                   算入
```

出典：財政制度等審議会財政制度分科会歳出合理化部会及び財政構造改革部会合同部会
(平成16年10月29日) 配布資料．

図4 道路整備事業費に係る地方財政措置
(2001年度まで)

をおもに指標とする補正（事業費補正）があり，事業費補正のばあい，元利償還金の一定割合が加算されるように，それぞれの事業に対して補正係数が決められる．これらの補正によって，特定補助金が交付される事業の地元負担分（いわゆる「裏負担」）の一部が財源保障され，一般財源として自治体に配分される地方交付税が特定補助金とリンクすることになる．1990年代の地方単独事業についても，事業費の一部に地方債の起債が認められ，財政力に応じた交付税措置（30〜55%）が後年度に行われることによって交付税が特定補助金のような役割を果たすこととなっている．地方交付税交付金によるこのような元利補給は，地方政府の投資行動に少なからず影響を与えていると考えられる．

　こうした措置は，地方債の発行時点で，財源調達スキームとともに示されることが多い．これを道路事業を例にとって見てみよう．道路事業を行おうとする自治体に対し，2001年度までは図4のような，財源調達スキームが事前に総務省から提示されていた．支出を行う当該自治体が道路事業のための財源を調達する際には，所定の事業費総額の半分は国が使途を特定して補助し，27.5%（＝50%×55%）が道路特定財源が充当され，2.5%（＝50%×5%）が地元の税負担（一般財源），そして残りの20%（＝50%×40%）が財源対策債を発行して賄ってよいと国から起債許可が出ることとなっていた．さらに，その元利償還金の80%を後年度の交付税で措置するという仕組みが，事前に設定されていた．

　以上は，地方債元利償還金の交付税措置の定性的な考察だが，土居・別所(2005a)では，地方債元利償還金の交付税措置の規模を推計している．基礎

となる資料は，総務省自治財政局『地方交付税関係係数資料』である．この資料には，各年度の基準財政需要額と基準財政収入額の項目別の内訳のほか，各種補正による増額分が記載されている．ここから，基準財政需要額の構成項目としての公債費および事業費補正による増額分の数値を取り出す．

事業費補正は投資態容補正の一種であるが，前述したように，事業費に関わるものと元利償還金に関わるものの2種類にさらに分類できる．地方債に関係する事業費補正は元利償還金に関わる部分だけであるが，『地方交付税関係係数資料』でこの分類が行われているのは1993年度以降である．また，1993年度以降の，事業費に関わる部分と元利償還金に関わる部分の事業費補正の額を比較してみると，元利償還金に関わる部分の比率が急激に上昇しており，一定していない．これは，制度面から見ても，元利償還に関係する事業費補正の項目が次第に増加していることと合致している．

上述のようにして作成した，基準財政需要額のなかの公債費の項目，及び，事業費補正のうち元利償還金に関係する部分の和を，決算における公債費支出額と比較してみよう．ここで留意すべきことは，不交付団体や，交付金額が小さな交付団体にとっては，元利償還を基礎とする基準財政需要額の増加がどれほどあったとしても，それは実際の交付税の受け取りにはつながらないことである．このような状況を考慮して，財源不足額（＝基準財政需要額マイナス基準財政収入額）と，先ほど求めた交付税措置額の和の小さいほうの額が，地方債元利償還金のために国から移転された額とみなすことができる．つまり，東京都のような不交付団体にとっては，元利償還金のための国からの移転額はつねにゼロとなる．こうして計算された額を交付税措置額と呼ぶこととする．

すべての都道府県について，1969年度から交付税措置額を計算することができる．各都道府県間の比較をするために公定歩合を使って各年度の交付税措置の額を2000年度での価値に引き直し，2000年度価値の和を比較した[8]．このようにして求めた交付税措置額と，同様に2000年度価値に引き直した公債費支出との比率を求めた結果が表2である．前述の計算手続きから明らかなように，期間中を通して不交付団体であった東京都の交付税措置額の比率は0％

---

8) 規制金利の期間を含んでいるので，他に適切な割引率を見つけることができなかった．

表 2 公債費決算額に対する交付税措置額の比率

	1969-2000	1970-1979	1980-1989	1990-1999
北 海 道	39.637	42.085	42.643	36.284
青　　森	41.187	42.055	43.974	36.472
岩　　手	37.428	34.208	36.555	36.981
宮　　城	34.408	32.805	37.055	31.496
秋　　田	42.328	42.828	42.151	40.798
山　　形	43.396	54.974	44.538	38.104
福　　島	40.361	43.078	39.432	39.245
茨　　城	35.438	37.370	35.291	34.763
栃　　木	36.817	38.439	35.820	36.145
群　　馬	36.386	42.103	35.985	34.197
埼　　玉	36.662	41.476	40.181	34.553
千　　葉	33.666	31.440	34.086	33.079
東　　京	0.000	0.000	0.000	0.000
神 奈 川	17.738	19.188	5.409	25.561
新　　潟	47.518	46.681	49.119	44.357
富　　山	38.343	38.984	44.061	32.450
石　　川	34.863	34.258	35.718	31.971
福　　井	41.344	39.550	42.388	38.885
山　　梨	40.133	42.051	39.199	38.565
長　　野	42.436	40.701	43.473	41.386
岐　　阜	47.861	39.465	45.026	50.171
静　　岡	35.115	28.011	37.601	35.510
愛　　知	11.192	18.182	0.613	12.641
三　　重	43.435	39.215	45.474	42.225
滋　　賀	38.161	35.935	42.724	34.319
京　　都	35.102	35.023	33.654	34.752
大　　阪	15.844	12.801	6.452	23.662
兵　　庫	32.575	29.985	30.965	32.857
奈　　良	32.218	32.374	29.562	31.860
和 歌 山	36.243	38.924	35.329	34.095
鳥　　取	40.384	39.772	37.737	40.939
島　　根	40.235	42.030	38.846	39.630
岡　　山	30.662	29.540	34.883	27.026
広　　島	33.997	39.440	32.307	32.805
山　　口	36.212	40.139	37.168	32.417
徳　　島	42.256	42.653	44.068	38.827
香　　川	37.354	51.378	39.045	32.419
愛　　媛	50.225	47.585	53.858	45.494
高　　知	40.024	43.191	40.790	36.903
福　　岡	32.514	34.795	34.523	29.385
佐　　賀	45.648	37.610	48.363	44.078
長　　崎	35.512	27.609	37.772	34.091
熊　　本	33.948	39.760	37.383	29.542
大　　分	41.953	40.997	40.583	41.505
宮　　崎	42.029	42.806	41.698	40.035
鹿 児 島	38.308	41.720	38.403	35.803
沖　　縄	24.176	23.087	22.430	24.284
全国平均	29.995	27.280	28.869	30.199

注：基準財政需要額に対する, 基準財政需要額に計上された公債費の比率. 都道府県・市町村合計. データの制約から1992年度までは, 内訳のうち「その他の経費」のみを計上. 1993年度以降は, これに加えて, 事業費補正による増額分のうち, 元利償還分のみを含めた.
出典：土居・別所 (2005a).

であるし，しばしば不交付団体になっていた愛知県・神奈川県・大阪府についてもその比率は比較的低い．期間を3つに分けて計算してみると，全国平均では1970年代より1980年代，1980年代より1990年代のほうが比率は高く，1990年代には全国平均で30%を上回る水準となっている．このことは，全都道府県が1990年代に支払った元利償還金のうち，30%以上が国からの移転によって賄われていたことを示している．

4.2 地方債元利償還金が地方自治体に与えた影響

このように大規模に行われてきた交付税措置は地方自治体の行動を変化させた可能性がある．先行研究において，池上（2004）では補助金や地方交付税の振替えとして交付税措置のついた地方債が発行されてきたことが指摘され，中野（2000），肥後・中川（2001），中野（2002），山下・赤井・佐藤（2002）などでは地方交付税による財政支援が地方の公共事業にもたらす効果を分析している．地方債の元利補助によって地方政府が直面する実効的な利子率が変化することを明示的に分析した土居・別所（2005a, b），別所（2007）では，地方債元利償還金の交付税措置が，地方債発行や公共事業費の決定に影響を与えた可能性について回帰分析を用いて検討している．

土居・別所（2005a, b）と別所（2007）の実証分析では，日本の特徴を織り込んだ2期間モデルであるHayashi（2000）をもとに地方自治体の住民の効用最大化行動に基づく理論から回帰式を導出している[9]．

いま，代表的住民の効用関数が，

$$U \equiv u(E_1, E_2, K_2) \tag{3}$$

と表されるとする[10]．ここで，地方自治体が供給する社会資本を通じない公共

---

[9] ここでは，一般性を失うことなく2期間モデルを示すが，土居・別所（2005a）では無限期間モデルで同じ結果を導いている．

[10] ここで，私的財消費のない効用関数を設定することは恣意的と見られるかもしれないが，我が国の地方財政制度と整合的に考えれば，私的財消費を考慮した効用関数を設定しても，結局（3）式のような効用関数に表し直すことができる．土居・別所（2005b）によると，各期の私的合成財・公的サービス・公的資本を通じてもたらされるサービスから効用を得る代表的個人を考え，

論題 VIII　実証分析で明らかにした我が国の地方債制度の問題点

サービスの量を E_t, 期初の公的資本ストックを K_t とする．いま，地方自治体は，第 t 期の支出は公共サービスへの支出 E_t と公共投資 I_t と地方債の償還 $(1+r_t)B_t$ であり，これを税収 T_t, 公債発行 B_{t+1}, 地方交付税交付金 L_t, 公共サービス生産と公共投資への補助金 (matching grant) でまかなう．公共サービスの価格を p_t^E, 資本財の価格を p_t^K, 補助率をそれぞれ η_t^E, η_t^K とすると $(0<\eta_t^E<1,\ 0<\eta_t^K<1)$, 地方自治体の各期の予算制約式は，

$$p_1^E E_1 + p_1^K I + (1+r_1)B_1 = T_1 + B_2 + L_1 + \eta_1^E p_1^E E_1 + \eta_1^K p_1^K I \quad (4)$$

$$p_2^E E_2 + (1+r_2)B_2 = T_2 + L_2 + \eta_2^E p_2^E E_2 \quad (5)$$

となる[11]．B_1 は所与とする．また，公的資本ストックの遷移方程式は，公共投資 I と外生的に与えられる資本残存率 δ を用いて，

$$K_2 = \delta K_1 + I \quad (6)$$

と表現される．K_1 は所与とする．

　地方交付税交付金は基準財政需要と基準財政収入の差によって決定される．

---

　t 期の私的財の量を x_t, とする．公的資本ストックから公的サービスが発生するとすれば，代表的住民の効用関数は，

$$U = U(x_1, E_1, K_1, x_2, E_2, K_2)$$

と表現できる．個人の所得 h_t は外生的に与えられるものとし，各期の税収 T_t は，その地域の住民に個人所得に一定比率 τ_t で課税されることで得られるとする．したがって，地域の人口 N_t をとすれば，

$$T_t = \tau_t w_t N_t, \quad \text{for } t=1, 2.$$

となる．ここでは，個人の貯蓄を捨象する（このモデルでは，個人の税引後所得と利子率が外生的に与えられるから，個人の貯蓄を明示的に取り扱っても結論は変化しない）．この仮定の下では，個人の私的財の消費量は，

$$x_t = (1-\tau_t)w_t, \quad \text{for } t=1, 2.$$

となる．さて，現行の日本の地方財政制度においては，地方税の税率は国の法律である地方税法で標準税率が規定されており，地方自治体が税率を自主的に変更する余地が限られているから，τ_t は外生的に与えられると解釈することもできる．すると，個人の所得 w_t が外生的に決まることに注意すれば，代表的住民にとって私的財の消費量 x_t もまた外生的に決まることになる．それゆえ，上の代表的住民の効用関数は (3) 式のように表し直すことができる．

11) 我が国の地方債は，地方財政法の規定により，原則として適債事業に用いられる特定財源である．そのことから，このような地方債の定式化の妥当性に疑義を持たれるかもしれない．しかし，我が国の地方財政制度では経常勘定と資本勘定は分離されていない点や，地方債の発行は現に年度末や出納整理期間に集中しており，充当予定の公共事業への支出を行う直前に発行されるわけではない点に鑑みれば，この理論モデルにおいて特定財源としての地方債の特性を明示的に取り込まないとしても，モデルと現実との整合性は損なわれないと考えられる．

ここでは簡単化のために，基準財政需要は既存の公的資本ストック K_t と期初地方債残高 B_t と（K_t や B_t とは独立に決まる基準財政需要である）定数項 H_t の1次結合によって決まり，基準財政収入は税収の一定割合であるとしよう．基準財政需要が基準財政収入より少なければ地方交付税交付金は与えられないから，t 期の地方交付税交付金の額は次のように表現できる．

$$L_t = \max(\alpha_t^K K_t + \alpha_t^B B_t + H_t - \theta T_t, 0), \quad \text{for } t = 1, 2. \tag{7}$$

(4) から (7) までの各式をまとめると，利子率 r_t を外生として[12]，2期にわたって交付団体であるような地方自治体について予算制約は

$$q_1^E E_1 + q_2^E E_2 + q^K K_2 = M \tag{8}$$

ただし，$q_1^E \equiv (1 - \eta_1^E) p_1^E, \quad q_2^E \equiv \dfrac{(1 - \eta_2^E) p_2^E}{1 + r_2 - \alpha_2^B},$

$$q^K \equiv (1 - \eta_1^K) p_1^K - \frac{\alpha_2^K}{1 + r_2 - \alpha_2^B}$$

$$M \equiv (1-\theta) T_1 + H_1 + \frac{(1-\theta) T_2 + H_2}{1 + r_2 - \alpha_2^B} - (1 + r_1 - \alpha_1^B) B_1$$
$$+ (\alpha_1^K + \delta(1 - \eta_1^K) p_1^K) K_1$$

と書き直すことができる．これにより，代表的住民が (8) と予算制約式として効用関数 (3) を最大化する，第1期の公共サービス E_1，第2期の公共サービス E_2，第2期初の公的資本ストック K_2 の3財からなる標準的なモデルと解釈できる．(8) 式のラグランジュ乗数を λ とおくと，効用最大化問題の1階の必要条件は，(8) 式と，

$$\frac{\partial u}{\partial E_1} - \lambda q_1^E = 0, \quad \frac{\partial u}{\partial E_2} - \lambda q_2^E = 0, \quad \frac{\partial u}{\partial K_2} - \lambda q^K = 0$$

となる．

さて，ここで注目したいのは地方債元利償還金の措置率 α_t^B と，第2期初の

---

[12] もちろん，利子率は発行主体である地方政府の状況によって変化しうる．また，日本では，本稿第3節で述べたように，暗黙の利子補給が行われ国によって実効利子率が操作された可能性がある．

公的資本ストック K_2 や第 2 期初地方債残高 B_2 との関係である．まず，地方債元利償還金の措置率と公共投資の関係を実証分析した土居・別所（2005a）によると，1 階条件から，

$$-\frac{\partial u/\partial K_2}{\partial u/\partial E_2} = \frac{\alpha_2{}^K + \delta(1-\eta_2{}^K)p_2{}^K + (1-\eta_1{}^K)(\alpha_2{}^B - 1 - r_2)p_1{}^K}{(1-\eta_2{}^E)p_2{}^E} \quad (9)$$

が得られる．ここで，効用関数 u がその引数 E_t と K_t について通常の仮定を満たすならば，$1-\eta_2{}^K$ は正の値をとるから，交付税措置の比率 $\alpha_2{}^B$ が上昇すれば右辺は増加し，K_2/E_2 が増加する．これは，交付税措置が，地方政府の直面する利子率を減少させる効果を持つからである．第 1 期の公共投資の補助率 $\eta_1{}^K$ が増えると，(8) 式から明らかなように，第 1 期での公共投資を増やして K_2 を増加させるから，K_2/E_2 を増加させる．他方，第 2 期の公共投資の補助率の上昇は，第 2 期の所得効果を通じて E_2 を増加させるので，第 2 期初の資本ストックとの比である K_2/E_2 とは負の相関を持つこととなる．また，第 2 期の公共サービス支出への補助率は，代替効果を通じて第 2 期の K_2/E_2 を減少させる．

次に，地方債元利償還金の交付税措置と地方債発行の関係についてみてみよう．この関係について実証分析した土居・別所（2005b）によると，効用関数 (3) が標準的な効用関数の仮定を満たすときに予算制約式から，第 1 期の元利償還金の交付税措置率 $\alpha_1{}^B$ の増加は，実質的な所得 M を増加させ各財の消費を増大させることを示している．また，$\alpha_1{}^B$ の増加は第 1 期初に保有する資産を増加させるので，第 2 期初の公債残高 B_2 をどう変化させるかは明らかではない．第 2 期の元利償還金の措置率 $\alpha_2{}^B$ の増加は E_2 の「価格」$q_2{}^E$ を上げ，K_2 の「価格」q^K を下げるとともに，実質的な所得 M を増加させる．実質的な所得 M の増加は各財の消費量をそれぞれ増加させ，「価格」の変化は代替効果と所得効果を持つため，一般にそれらを総合した効果は決まらず，第 2 期初の公債残高 B_2 の動きもまた明らかではない．

そこで，土居・別所（2005b）では，両期間にわたってつねに交付団体であるような地方自治体について，効用関数 (3) を対数線形に特定化した例を検討している．いま，

$$u(E_1, E_2, K_2) \equiv \gamma \ln E_1 + \beta(\gamma \ln E_2 + (1-\gamma) \ln K_2)$$

と特定化する．このときの解は，

$$E_1 = \frac{\gamma M}{(\beta+\gamma) q_1^E}, \quad E_2 = \frac{\beta \gamma M}{(\beta+\gamma) q_2^E}, \quad K_2 = \frac{\beta(1-\gamma) M}{(\beta+\gamma) q^K}$$

となるから，公債残高の伸び率は，

$$\frac{B_2}{B_1} = \frac{\gamma}{\beta+\gamma} \frac{M}{B_1} + \frac{\beta(1-\gamma)}{\beta+\gamma} \frac{(1-\eta_1^K) p_1^K}{(1-\eta_1^K) p_1^K - \dfrac{\alpha_2^K}{1+r_2-\alpha_2^B}} \frac{M}{B_1}$$
$$+ (1+r_1) - \frac{T_1 + L_1 + \delta(1-\eta_1^K) p_1^K K_1}{B_1} \tag{10}$$

となる．このとき，$\partial M / \partial \alpha_2^B > 0$ であることから，$\partial (B_2/B_1) / \partial \alpha_2^B > 0$ であることが確認できる．すなわち，効用関数（3）を対数線形に特定化した場合，第 2 期の元利償還金の交付税措置率 α_2^B の増加は，実質的な所得 M を増加させることを通じて各財の消費量を増やす．また，地方政府が直面する実効的な利子率 $(r_2 - \alpha_2^B)$ が減少することで，第 2 期の公共サービスの「価格」q_2^E が下がり，公共サービス消費量 E_2 が減少する．他方，直面する実効的な利子率 $(r_2 - \alpha_2^B)$ の下落は，公的資本ストック形成に伴う交付税措置を高く評価させることになるので，第 2 期の資本ストックの「価格」q^K を下げ，K_2 を増加させる．実質的な所得 M の増加に伴う第 1 期の公共サービス消費量 E_1 と，第 2 期の公的資本ストック K_2 の増加は，第 1 期初の資産が不変のもとでは第 2 期初の公債残高 B_2 を増加させる．また，期初公債残高の増加率 B_2/B_1 は第 1 期初の公債残高が大きいほど小さい[13]．

---

13) ここまでの議論から明らかなように，一般財源とした配分される地方交付税は，使途の非特定性も定額性も持ち合わせていない（黒田 1986, Hayashi 2000）．また，ここで示したモデルの設定から明らかなように，このモデルで明らかにしようとする地方債元利償還金の交付税措置にまつわる公共投資や地方債発行への影響は，情報の非対称性に起因するモラルハザードによるものでもなければ，中央政府の意思決定の動学的非整合性がもたらすソフトな予算制約でもない．地方政府の直面する価格が操作された結果である．

4.3 交付税措置に誘導された地方債発行と公共投資

以下では,前掲の理論モデルに基づいた実証分析の結果を紹介しよう.土居・別所 (2005a, b) の分析をアップデートした別所 (2007) では,(9),(10) 式に基づいて,次の単純な誘導形方程式を推定している.

$$I_{it} = \beta_{11}\eta_{it}^K + \beta_{12}\eta_{it}^E + \beta_{13}\alpha_{it}^B + \beta_{14}L_{it} + \gamma_1 Z_{it} + \varepsilon_{1it}$$
$$\Delta B_{it} = \beta_{21}\eta_{it}^K + \beta_{22}\eta_{it}^E + \beta_{23}\alpha_{it}^B + \beta_{24}L_{it} + \gamma_2 Z_{it} + \varepsilon_{2it}$$

である(数式では,定数項,個票ダミーや年度ダミーは割愛).ここで,添え字 i は個票の都道府県を意味し,L_{it} は地方交付税交付金の額,Z_{it} は各都道府県についての経済社会変数,ε は誤差項である.I_{it}, B_{it}, η_{it}^K, η_{it}^E, α_i^B は,前述の理論モデルのものと同じ意味である.β と γ は,各回帰式における推定すべき係数である.

別所 (2007) では,都道府県データを用いて,被説明変数と説明変数を以下のように設定している.公共投資額 I_{it} は総務省『都道府県決算状況調』の普通建設事業費と災害復旧費の和としている.I_{it}, ΔB_{it}, L_{it} は各都道府県の地方税・使用料・手数料の和で除して基準化している.α_{it}^B は,基準財政需要額に算入された公債費(元利償還金の交付税措置額)を地方債残高で除したものを用いている.ただ,α_{it}^B は,前掲の理論モデルからも示唆されるように,説明変数となりうるのは,当期の交付税措置率というより第2期の交付税措置率である.しかし,「第2期」の交付税措置率は,必ずしも実際の次年度に対応するとはいえない.むしろ,発行された地方債が償還される年度に措置される額から計算すべきであろう.とはいえ,地方債の満期は自治体や時期によってそれぞれに異なるし,ある年度に発行された地方債が数年後に一括して償還されるわけでもない.また,各年度に発行された地方債が将来時点においてどれほど基準財政需要に算入されるかについてのデータが存在するわけではない.そこで,土居・別所 (2005b) では,将来時点で実現した交付税措置率を α_{it}^B の代理変数として用いることとし,地方債の満期はおおむね10年が多いから10年先の α_{it}^B を用いている.別所 (2007) でもこれを踏襲して,α_{it}^B は10年のリードをとっている.η_{it}^K は,公共投資額 I_{it} のうち,国庫支出金とその他の特定

表 3 地方債元利償還金の交付税措置に関する実証分析結果

推定方法：操作変数法，標本数：731

説明変数	被説明変数 公共投資 (I_{it})	地方債発行 (ΔB_{it})
η^K	1.547***	−1.458***
η^E	−0.968	−1.222**
α^B	13.543***	9.364***
地方交付税	0.179**	−0.178***
人口密度	−3.979***	0.296
人口密度の2乗	0.988**	−0.074
15歳未満人口	−6.009***	−2.999***
65歳以上人口	−6.493***	−0.239
有効求人倍率	0.145***	0.056***
Overall-R²	0.4940	0.0011
Durbin-Wu-Hausman	10.37	15.82

出典：別所 (2007)．

注：Durbin-Wu-Hausman 検定は，同じ推定式について最小二乗法による固定効果モデルの推定結果と本表の結果が等しいという帰無仮説を検定している．***, **, * はそれぞれ有意水準 1%, 5%, 10% でゼロと統計的に有意に異なることを表す．年度ダミーの係数推定値は報告を割愛．

財源を財源とした割合として求めている．η_{it}^E も，経常経費について同様に比率を計算している．また，各年度を表すダミー変数も加えている．

標本は，1975 年から 2004 年度の都道府県とし，標本期間中に不交付団体になったことのある東京都，神奈川県，愛知県，大阪府は除外している．α_{it}^B について 10 年のリード変数を用いたため標本数は 43 道府県の 17 年分で 731 としている．このパネルデータでは，地方交付税制度が地域間所得再分配機能を果たしていることを考慮すると，交付税措置の比率や補助率が内生性を持っているために，最小二乗法による推定値が一致性を持っていない可能性が考えられる．別所 (2007) では，内生性が疑われる交付税措置の比率や補助率を含む説明変数の 2 期までのラグを操作変数とした操作変数法で推定を行っている．

別所 (2007) の推定結果は，表 3 に示している．ここでは，その結果について，地方債元利償還金の交付税措置にまつわる部分に集中して議論しよう．被説明変数を公共投資とした式において，地方債元利償還金の交付税措置率の係数の推定値は有意に正となっている．このことから，地方債元利償還金の交付税措置は，交付団体である道府県の公共投資を増やす形で作用していたことが

認められる．

　他方，被説明変数を地方債発行とした式において，地方債元利償還金の交付税措置率の係数の推定値は有意に正となっている．この結果から，地方債元利償還金の交付税措置は，交付団体である道府県の地方債発行を促していることが観察される．

　この推定結果は，地方債発行の元利償還金を中央政府からの交付金で一部賄うという制度が，地方債発行を増加させてきたことを示している．もちろん，地方債の元利償還金を中央政府から補填することは，地方債発行を容易にし，地方政府の適債事業への投資や減税を誘導する意味を持っているから，この推定結果はその政策目的が十全に果たされてきたことを示しているとも考えられる．しかし同時に，このような仕組みが自治体の債務残高を過度に累増させた可能性もある．この評価については，項を変えて議論を続けよう．

4.4　交付税措置の厚生分析

　前述の実証分析では，推定式のミクロ経済学的基礎付けはあったが，経済厚生に関する定量的分析は行っていない．前掲の理論モデルからも示唆される，地方債元利償還金の交付税措置の性質は，3.2項での議論と同様に，政府の異時点間の予算制約式において価格比を変えることから代替効果が生じており，資源配分に歪みを与えて超過負担が生じ，効率性の観点から望ましくない．定性的にはそうなのだが，この交付税措置がどの程度厚生損失をもたらしていたかについては，石川（2006）が実証分析を試みている．

　石川（2006）の結果によると，厚生損失額は，計算した1999～2003年度の5ヵ年度にわたり，都道府県分だけで，交付団体の46道府県で合計1兆1590億円に及んでいる．この金額は，この5ヵ年度に道府県に配分した地方交付税総額54兆7868億円の約2.1%に達する看過できない額である．その上，この額には，市町村分は含まれていないし，交付税措置以外に資源配分に歪みをもたらす地方財政制度による超過負担も含まれていない．市町村分は，我が国における財政規模からして，概ね都道府県分に匹敵する規模であるから，地方財政全体で見たときにこの5ヵ年度における交付税措置に伴う厚生損失額は，こ

の金額の2倍の規模に及ぶことが想像される．

5. 地方財政の「早期是正措置」は機能したか

5.1 地方財政再建制度

　我が国の地方債制度と密接にかかわる地方財政再建制度について言及しておこう．図らずも，本稿改訂中に，地方財政再建制度に関する重要な事件が起きた．2006年6月20日，北海道夕張市が財政再建団体の申請を表明した（2007年3月6日に財政再建団体に移行）．財政再建団体の申請は，自治体での「破綻宣言」とも言うべきものである（後に詳述）．夕張市の負債残高は，これまでに判明しているものだけで，2005年度末で623億円に達する．これは，夕張市の財政規模（標準財政規模）の45億円の約14倍に達する．

　支出がかさんで収入を工面できない自治体は，一時的であれ決済資金の不足に直面する恐れがある．こうした事態は，自治体がある意味で「破綻」する懸念を惹起させる．個人や法人が破産，会社更生，再生手続等の事由により「破綻」と定義付けられる状況は，各法律に明記されている．しかし，我が国において，地方自治体の「破綻」は，どの法律にも規定されていない．つまり，地方自治体の債務は，必ず履行され完済されることを信じて疑わない立場で法律は作られている．それでも，今回夕張市のような騒動になったのは，何故なのだろうか．

　当然ながら，夕張市の抱えている債務が，自力では完済できないほどの規模に達していることに起因するところは大きい．ただ，これまでにも分不相応に債務を抱えた自治体もあったが，戦後日本で地方自治体が債務不履行を起こしたことは一度もなかった．その背景には，地方財政再建促進特別措置法という，自主的な経営再建ができない場合の救済策が規定されているからである．

　今回の夕張市の事件は，法的な規定がないとしても，経済取引の実態として自治体の「破綻」が起こりえることを想起させる．柔軟に歳出削減ができなかったり，収入を確保できなかったりすれば，自治体とて決済資金が滞る恐れが

ある．我が国の地方財政制度において，こうした状況は実質収支の赤字として観察される．実質収支とは，脚注1で定義を示したように，企業でいえばキャッシュ・フロー収支である．実質収支赤字の規模が小さければ，通常，当該年度が終了してその出納整理期間（翌年度の4〜5月）中に，翌年度の収入を充当することによって決済を完了できる．しかし，その規模が大きければ，その赤字を補塡するに足るだけの信用を供与してもらえなければ決済が滞ることになる．

こうした相当規模の実質収支赤字の場合には，地方財政再建促進特別措置法の規定を適用することで対応するのが通常である．地方財政再建促進特別措置法の下では，都道府県で標準財政規模の5％，市町村で20％を超えて実質収支赤字が生じた場合には起債制限を受け，地方債を発行したければ，同法の規定により財政再建団体となることを申し出る必要がある．財政再建団体は，自主再建方式か準用再建方式のいずれかに従って財政再建を進めなければならない．

地方財政再建促進特別措置法によると，財政再建は，自主再建方式か準用再建方式かのいずれかに従って進めなければならない．自主再建方式では，自治体が国の支援を受けずに自ら再建計画を立案し実施する．地方債の起債制限以外には国からの制約はないが，国からの財政援助や法令上の優遇措置はない．そのため，現実的な選択肢は，準用再建方式である．

今回，夕張市が申請したものも準用再建方式である．この方式に従って財政再建団体になると，通常通り首長や地方議会議員の選挙は行われ，それぞれ（形式的には）通常通り機能するが，総務大臣が同意しないことは事実上実行できないことになる．

5.2 債務累増を防ぐ早期是正は機能したか

夕張市の事例から問題点として提起されることは，なぜこうした事態を未然に防げなかったか，ということである．前述のように，我が国の地方財政制度には，債務の累増を未然に防ぐために，実質収支比率（実質収支÷標準財政規模）と，起債制限比率が存在する．総務省は，毎年度これらの指標は当然として，さらに詳細な財政状況について全自治体に報告させている．確かに，夕張

市の事例では，実質収支比率や起債制限比率の算定対象となる普通会計の簿外に，特別会計や第3セクターなどで過大に債務を負っていた点で，これらの指標が有効に機能しなかった側面がある．また，普通会計の一時借入金残高は，通常は年度末には完済されるはずなので，総務省も自治体に年度末時点の一時借入金残高の報告を求めていなかったが，実は夕張市では一時借入金を年度末に（帳簿上は完済したことにしたが）事実上完済しておらず，他の自治体に比べて異常な規模にまでその残高が累増していたため，早期に問題を把握できなかった側面もある．こうしたことが再発しないように，連結決算や発生主義決算の導入など地方公会計制度の洗練化が求められることは言うまでもない．

しかし，本来，財政再建団体になるような事態に至ることを未然に防ぐ役割が，実質収支や起債制限比率には期待されているはずである．前に述べたように，これらの指標である一定水準を超えた状態になった自治体に対しては，起債制限などの措置が講じられるし，またそうなることを制度に織り込んで事前に周知させている．そこで，この節では，実質収支比率と起債制限比率に関して，自治体の財政運営スタンスに対して「早期是正」を促すシグナルとして機能していたか否かを，実証分析する．これらの指標が，債務累増の抑制や財政健全化への取り組みに寄与していたかを回帰分析によって明らかにしたい．

5.3 早期是正機能の実証分析

さて，議論を元に戻して，実質収支比率や起債制限比率が，これまでの自治体の財政運営において，債務累増を未然に防ぐためのシグナルとして機能していたかを，本稿では都市のパネルデータによって計量分析を試みる．こうした分析は先行研究にはなく，本稿で初めて試みるものである．

データは，1997～2003年度における都市（計649市）のパネルデータである．本稿執筆当時の最新データは2004年度であるが，2004年度には多くの市町村で合併が行われたため，2004年度とそれ以前の財政統計には不連続が存在する．また，1997年度以降で2004年度までに1度も合併していない市だけを標本とすると，合併していない市という地政学的な特性を持ったサンプリングバイアスが存在する可能性がある．そこで，多くの市町村でまだ合併が行わ

れていなった2003年度までを標本とした．当然ながら，1997年度以降で2003年度までに1度でも合併が行われた市や途中で新設・昇格された市は標本から外している．また，1997年度以降としたのは，1997年度に地方消費税が創設されるなど地方税制がそれ以前に比べて大きく変更され，それ以降大きな制度変更がないためである．

債務のデータについて，我が国の自治体は，地方債を債務として持つだけでなく，年度間の資金繰りの調整のための財政調整基金や債務償還まで積み立てておく減債基金などの積立金（残高）も保有している．現金主義ベースでみると，地方債残高マイナス積立金残高が純債務残高であるのように見える．しかし，決算統計外に，翌年度に繰り越される現金が積立金残高に載らない形で存在する．また，決算統計上現金の収支尻が赤字（より具体的には実質収支赤字）になった場合には，翌年度歳出に「前年度繰上充用金」が計上されるが，これは事実上の債務に相当するものである．このことから，本稿では，土居(2007)で整理されているように，現金主義ベースの自治体の純債務残高を，

純債務残高＝地方債残高－積立金残高－翌年度における繰越金
　　　　　＋翌年度における前年度繰上充用金

と定義する[14]．また，基礎的財政収支は，この債務の定義と整合的になるように，

基礎的財政収支＝税収等－一般歳出
　　　　　　＝公債費＋積立金＋前年度繰入充用金
　　　　　　　＋翌年度に繰り越すべき財源＋実質収支－地方債
　　　　　　　－積立金取崩－繰越金
　　　　　　＝公債費＋前年度繰入充用金＋歳入総額－歳出総額
　　　　　　　－地方債－繰越金＋今年度末積立金残高
　　　　　　　－前年度末積立金残高

---

14) 発生主義ベースで考えれば，各都市の債務負担行為額も純債務として加算されてしかるべきである．しかし，現在の自治体財政の統計は，現金主義で記帳されており，後述する基礎的財政収支も現金主義ベースの値であるため，それと平仄を合わせるべく，本稿での純債務残高には債務負担行為は含めなかった．

と定義した．ちなみに，歳入歳出総額と実質収支の関係は本稿脚注1の通りであり，今年度末積立金残高＝前年度末積立金残高＋積立金－積立金取崩という関係が成り立っている．

　債務の累増を未然に防げたか否かを見るべく，被説明変数に純債務残高対所得比（by）の対前年度差分（db と表す，単位は％ポイント）をとることとした．それと合わせて，財政健全化への取り組みを示す変数として，基礎的財政収支対所得比の対前年度差分（ds と表す，単位は％ポイント）も，被説明変数として採用する．これらの被説明変数に対して，起債制限比率（dsr）や実質収支比率（nbr）がどのように作用したかを見るのが，ここでの分析の主眼である．

　所得は，日本マーケティング教育センター『個人所得指標』に掲載されている各都市の課税対象所得額を用いる．課税対象所得額を用いる際には，市町村税の課税のタイミングのずれがあるため年度の関係に注意が必要である．当年度の課税対象所得額は，当年度に市町村税の課税対象となる所得額である．しかし，市町村民税は前年に発生した所得に対して課税される．したがって，実体経済から見れば，ある年に実際に発生した所得は，その次の年度に課税対象所得額として統計が採れることとなる．これを踏まえて，基礎的財政収支や純債務残高を除する所得額には，課税対象所得としては翌年度に統計が採れた金額を用いる[15]．この所得額は，市町村データで公表されている統計として統一的に毎年度採れる数少ないものであり，市町村において国民経済計算体系（SNA）ベースの所得の統計は一部の市町村では入手できない欠点がある．

　この他，基礎的財政収支を直接的に改善する歳入，歳出項目として，税収等（地方税，地方譲与税，利子割交付金，地方消費税交付金，ゴルフ場利用税交付金，特別地方消費税交付金，自動車取得税交付金，軽油引取税交付金）増加

---

15) そうすると，2003年度の所得額は，2004年度の課税対象額として統計が採れる金額が用いられることになる．しかし，2003年度ではまだ合併していなかった都市で，2004年度中に合併したために『個人所得指標』で2004年度の課税対象所得額のデータが得られない都市が出てくる．そこで，本稿では，そうした都市に限り，当該都市が含まれる合併後の都市の2004年度課税対象所得と，その合併後の都市に属することとなる合併前の市町村における2003年度の課税対象所得の合計との間で増加率をとり，当該都市の2003年度の課税対象所得額（被説明変数では2002年度の「所得額」）をその増加率で変化したものとして2004年度の課税対象所得額（被説明変数では2003年度の「所得額」）を推計した．

論題VIII 実証分析で明らかにした我が国の地方債制度の問題点

率（gtax），地方交付税増加率（glat），人件費増加率（gpers），扶助費増加率（gsoc），投資的経費増加率（ginv）も説明変数に加える．税収等増加率や地方交付税増加率が高ければ，基礎的財政収支の改善や債務残高の抑制がそれだけ促されると考えられる．他方，人件費増加率や扶助費増加率や投資的経費増加率が低ければ，基礎的財政収支の改善や債務残高の抑制がそれだけ促されると考えられる．また，財政状況の差異を表す指標として，単年度財政力指数（index）を説明変数に採用する．ちなみに，市町村データで自治体ごとのデフレータが存在しないために実質化できないから，このパネル分析で用いた変数は全て名目ベースである．

さらに，財政の持続可能性の実証分析に関して新たな手法を提示したBohn（1998）によると，公債残高対GDP比がある水準を超えて大きくなったときには基礎的財政収支対GDP比が改善するように財政運営すれば，政府債務は持続可能である，という必要条件を導いている．現に，Bohn（1998）や土居（2000a）やIhori, Doi, and Kondo（2001）では，基礎的財政収支対GDP比を被説明変数として，前年度末公債残高対GDP比などを説明変数とした回帰式で，政府債務の持続可能性の実証分析を行っている．このことから，基礎的財政収支対所得比の前年度差分を被説明変数とする回帰式では，前年度末純債務残高対所得比（by）を説明変数として加えることが考えられる．

以上を踏まえ，この節での実証分析の目的に即した推定式は次のとおりである．まず，基礎的財政収支対所得比の前年度差分（ds）を被説明変数とした推定式として，

$$ds_{it} = \beta_1 \, dsr_{it} + \beta_2 \, by_{it-1} + \beta_3 \, gtax_{it} + \beta_4 \, glat_{it} + \beta_5 \, gpers_{it} + \beta_6 \, gsoc_{it}$$
$$+ \beta_7 \, ginv_{it} + \beta_8 \, index_{it} + u_{it}$$

$$ds_{it} = \beta_1 \, dsr_{it-1} + \beta_2 \, by_{it-1} + \beta_3 \, gtax_{it} + \beta_4 \, glat_{it} + \beta_5 \, gpers_{it} + \beta_6 \, gsoc_{it}$$
$$+ \beta_7 \, ginv_{it} + \beta_8 \, index_{it} + u_{it}$$

$$ds_{it} = \delta_1 \, nbr_{it-1} + \delta_2 \, by_{it-1} + \delta_3 \, gtax_{it} + \delta_4 \, glat_{it} + \delta_5 \, gpers_{it} + \delta_6 \, gsoc_{it}$$
$$+ \delta_7 \, ginv_{it} + \beta_8 \, index_{it} + v_{it}$$

$$ds_{it} = \delta_1 \, nbr_{it-2} + \delta_2 \, by_{it-1} + \delta_3 \, gtax_{it} + \delta_4 \, glat_{it} + \delta_5 \, gpers_{it} + \delta_6 \, gsoc_{it}$$
$$+ \delta_7 \, ginv_{it} + \beta_8 \, index_{it} + v_{it}$$

と設定した（数式では，定数項，個票ダミーや年度ダミーは割愛）．ここで，起債制限比率については，当年度のものを入れた回帰式と，前年度のものを入れた回帰式を用意した．当然ながら，当年度において起債制限比率が高ければ，それがより低い自治体に比べて基礎的財政収支を改善する運営スタンスをより強くとることが期待される．ただ，財政指標のシグナリング機能として，運営スタンスの転換に対してタイムラグが生じるかもしれない．そこで，回帰式では前年度の起債制限比率を用いた式も推定することとした．ただ，起債制限比率は，1977年度から算定されているが，総務省『市町村別決算状況調』に掲載されるようになるのは1995年度決算からである．後述するように，説明変数に用いた起債制限比率の1期ラグを操作変数として用いる都合上，1997年度の被説明変数に対して前々年度の起債制限比率を説明変数に用いると，1994年度の起債制限比率を操作変数として用意しなければならないが，それは不可能である．したがって，操作変数としての起債制限比率のデータを十全に確保できるよう配慮すると，説明変数として用いることのできる起債制限比率は前年度までである．当年度と前年度の起債制限比率の間には，強い正の相関関係があることが容易に想像できるため，両者を同時に説明変数に入れることはしなかった．

　他方，実質収支比率については，先に示した基礎的財政収支の定義から，当年度における実質収支が，基礎的財政収支そのものと相関を持つ可能性がある．つまり，当年度の実質収支赤字が多いときは基礎的財政収支の赤字も多い，といった関係がありえる．この関係自体を否定する必要はないが，本節での分析の目的は実質収支比率が持つと期待される財政運営に対するシグナリング機能である．したがって，当年度の実質収支比率を用いたために，基礎的財政収支の改善に対して，実質収支の改善そのものが貢献したのか，実質収支比率がシグナリング機能として貢献したのかが区別できなくなることを避けるため，説明変数として用いる実質収支比率は，前年度と前々年度のものとした．実質収支のデータは，最近に至るまで継続して公表されている．

　同様に，純債務残高対所得比の前年度差分（ds）を被説明変数とした推定式として，

論題VIII 実証分析で明らかにした我が国の地方債制度の問題点

$$\text{db}_{it} = \beta_1 \text{dsr}_{it} + \beta_2 \text{gtax}_{it} + \beta_3 \text{glat}_{it} + \beta_4 \text{gpers}_{it} + \beta_5 \text{gsoc}_{it} + \beta_6 \text{ginv}_{it}$$
$$+ \beta_7 \text{index}_{it} + u_{it}$$

$$\text{db}_{it} = \beta_1 \text{dsr}_{it-1} + \beta_2 \text{gtax}_{it} + \beta_3 \text{glat}_{it} + \beta_4 \text{gpers}_{it} + \beta_5 \text{gsoc}_{it} + \beta_6 \text{ginv}_{it}$$
$$+ \beta_7 \text{index}_{it} + u_{it}$$

$$\text{db}_{it} = \delta_1 \text{nbr}_{it-1} + \delta_2 \text{gtax}_{it} + \delta_3 \text{glat}_{it} + \delta_4 \text{gpers}_{it} + \delta_5 \text{gsoc}_{it} + \delta_6 \text{ginv}_{it}$$
$$+ \delta_7 \text{index}_{it} + u_{it}$$

$$\text{db}_{it} = \delta_1 \text{nbr}_{it-2} + \delta_2 \text{gtax}_{it} + \delta_3 \text{glat}_{it} + \delta_4 \text{gpers}_{it} + \delta_5 \text{gsoc}_{it} + \delta_6 \text{ginv}_{it}$$
$$+ \delta_7 \text{index}_{it} + u_{it}$$

と設定した（数式では，定数項，個票ダミーや年度ダミーは割愛）．

ただ，各歳入・歳出項目の増加率を説明変数に用いたことから，これらの諸変数が内生性を持っているために，最小二乗法による推定値が一致性を持っていない可能性が考えられる．そこで，内生性が疑われる説明変数の1期ラグと地域性をコントロールする人口密度，人口1万人当たり市職員数を操作変数とした一般化積率法（GMM）で推定を行った．

推定結果は以下のとおりである．標本数は1997〜2003年度の合併していない649都市で，4543である．まず，基礎的財政収支対所得比の対前年度差分を被説明変数とした結果は表4と表5に示している．起債制限比率を説明変数に用いた回帰式の推定結果は，表4に示されている．表4によると，起債制限比率の係数の推定値は，当年度も前年度も，正ではあるが有意ではない．このことから，基礎的財政収支の改善に対して，起債制限比率はシグナリングとして機能していないことがうかがえる．

その他の変数については，前年度末純債務残高対所得比の係数の推定値は有意に負である．ただ，次に紹介する実質収支比率を説明変数に用いた推定結果と合わせると，この結果から断定的なことはいえない．

説明変数の中では，扶助費増加率と投資的経費増加率の係数推定値が，有意に負の値を示している．このことは，起債制限比率との関係において，基礎的財政収支の改善には，扶助費や投資的経費の抑制が作用していたことを示唆している．

次に，実質収支比率を説明変数に用いた回帰式の推定結果は，表5に示され

表4　起債制限比率の早期是正機能に関する推定結果（1）

推定方法：GMM，標本数：4543

被説明変数：基礎的財政収支対所得比の対前年度差分

説　明　変　数	係　数	係　数
定数項	−3.5414	−3.8047
	(−0.173)	(−0.184)
起債制限比率（当年度）	0.2011	
	(0.609)	
起債制限比率（前年度）		0.1685
		(0.612)
前年度末純債務残高対所得比	−0.2336*	−0.2253**
	(−2.511)	(−2.631)
税収等増加率	0.9933	1.0010
	(1.911)	(1.917)
地方交付税増加率	−0.0014	−0.0001
	(−0.039)	(−0.002)
人件費増加率	−0.2247	−0.2262
	(−1.749)	(−1.770)
扶助費増加率	−2.1042**	−2.0898**
	(−3.011)	(−3.009)
投資的経費増加率	−0.0589**	−0.0580**
	(−3.467)	(−3.452)
単年度財政力指数	24.6541	25.1653
	(0.866)	(0.871)
方程式の標準誤差	11.340	11.274
J テスト統計量	0.780	0.941
p 値	[0.677]	[0.625]

注：丸カッコ内は t 値．**，* はそれぞれ有意水準1％，5％でゼロと統計的に有意に異なることを表す．個票ダミーと年度ダミーの係数推定値の報告は割愛．

ている．表5によると，実質収支比率の係数の推定値は，前年度も前々年度も，有意ではない．このことから，基礎的財政収支の改善に対して，実質収支比率もシグナリングとして機能していないことがうかがえる．

前年度末純債務残高対所得比の係数の推定値は有意に正である．この結果を，Bohn (1998) の示唆から直接的に解釈すれば，この時期の都市の財政運営スタンスを全般的に見れば，対所得比で見て前年度に純債務残高が増加してもその年度の基礎的財政収支を改善させる関係があり，政府債務の持続可能性を担保するスタンスになっていたことを示している．ただ，前述の表4における推

表 5　実質収支比率の早期是正機能に関する推定結果 (1)

推定方法：GMM, 標本数：4543

被説明変数：基礎的財政収支対所得比の対前年度差分

説　明　変　数	係　数	係　数
定数項	−56.5106**	−56.7776**
	(−6.123)	(−6.086)
実質収支比率（前年度）	0.0486	
	(0.530)	
実質収支比率（前々年度）		−0.0023
		(−1.302)
前年度末純債務残高対所得比	1.0436**	1.0427**
	(9.036)	(9.027)
税収等増加率	1.7006**	1.7066**
	(4.641)	(4.614)
地方交付税増加率	−0.0198*	−0.0195*
	(−2.448)	(−2.423)
人件費増加率	−0.1155	−0.1130
	(−1.514)	(−1.486)
扶助費増加率	0.0232	0.0231
	(0.083)	(0.083)
投資的経費増加率	−0.0663**	−0.0663**
	(−6.168)	(−6.155)
単年度財政力指数	47.6807**	48.3623**
	(4.020)	(4.044)
方程式の標準誤差	6.574	6.586
J テスト統計量	1.159	1.122
p 値	[0.763]	[0.772]

注：丸カッコ内は t 値．**, * はそれぞれ有意水準 1%, 5% でゼロと統計的に有意に異なることを表す．個票ダミーと年度ダミーの係数推定値の報告は割愛．

定結果は正反対となっており，政府債務の持続可能性について断定的なことはいえない．

　その他の説明変数の中では，税収等増加率の係数推定値が有意に正の値を示している．また，扶助費増加率と投資的経費増加率の係数推定値が有意に負の値を示している．これらは，実質収支比率との関係において，基礎的財政収支の改善には，税収等の増加，扶助費や投資的経費の抑制が作用していたことを示唆している．さらに，地方交付税増加率については，係数の推定値が有意に負の値を示しているが，これを直接的に解釈すると，地方交付税の増加率が高

表6 起債制限比率の早期是正機能に関する推定結果 (2)

推定方法：GMM, 標本数：4543

被説明変数：純債務残高対所得比の対前年度差分

説　明　変　数	係　数	係　数
定数項	38.9554**	34.5267*
	(2.828)	(2.575)
起債制限比率（当年度）	−0.6403**	
	(−2.861)	
起債制限比率（前年度）		−0.4919**
		(−2.600)
税収等増加率	−1.5127**	−1.4884**
	(−4.119)	(−3.985)
地方交付税増加率	0.0015	0.0027
	(0.089)	(0.157)
人件費増加率	0.1914	0.2007
	(1.879)	(1.939)
扶助費増加率	1.5961**	1.6485**
	(4.641)	(4.749)
投資的経費増加率	0.0259*	0.0264*
	(2.472)	(2.480)
単年度財政力指数	−56.5176**	−52.6582**
	(−3.173)	(−2.963)
方程式の標準誤差	9.504	9.679
Ｊテスト統計量	0.126	0.089
ｐ値	[0.939]	[0.956]

注：丸カッコ内は t 値. **, * はそれぞれ有意水準1%, 5% でゼロと統計的に有意に異なることを表す. 個票ダミーと年度ダミーの係数推定値の報告は割愛.

い自治体では基礎的財政収支（対所得比）をより悪化させていたことを示唆している．本来，地方交付税の増額自体は，他の歳入歳出項目を所与とすると，基礎的財政収支を改善する要素であるはずである．それにもかかわらず，これらの関係は有意に負の相関があることから，地方交付税の増額が自治体の財政運営スタンスとしては基礎的財政収支改善には逆に作用する可能性が考えられる．その背景には，土居（2000b）や赤井・佐藤・山下（2003）などで指摘されている，地方交付税制度にまつわるモラルハザードやソフトな予算制約といった問題点が存在すると考えられる．

さらに，純債務残高対所得比の対前年度差分を被説明変数とした結果は表6と表7に示している．起債制限比率を説明変数に用いた回帰式の推定結果は，

表7 実質収支比率の早期是正機能に関する推定結果(2)

推定方法：GMM，標本数：4543

被説明変数：純債務残高対所得比の対前年度差分

説明変数	係数	係数
定数項	−6.0779	22.8115
	(−0.296)	(1.939)
実質収支比率（前年度）	−3.5839	
	(−0.947)	
実質収支比率（前々年度）		0.0031
		(1.316)
税収等増加率	−1.1984**	−1.4177**
	(−2.849)	(−3.842)
地方交付税増加率	0.0410	0.0063
	(1.349)	(0.404)
人件費増加率	0.3120	0.1782
	(1.750)	(1.827)
扶助費増加率	1.7628**	1.5329**
	(4.026)	(4.639)
投資的経費増加率	0.0500**	0.0500**
	(3.310)	(4.051)
単年度財政力指数	16.0694	−42.3884*
	(0.354)	(−2.441)
方程式の標準誤差	11.067	9.079
Jテスト統計量	0.148	0.373
p値	[0.929]	[0.830]

注：丸カッコ内は t 値．**，* はそれぞれ有意水準1%，5%でゼロと統計的に有意に異なることを表す．個票ダミーと年度ダミーの係数推定値の報告は割愛．

表6に示されている．表6によると，起債制限比率の係数の推定値は，当年度も前年度も，有意に負の値を示している．特に，当年度の起債制限比率が1%ポイント高まると純債務残高対所得比を約0.64%ポイント抑制し，前年度起債制限比率が1%ポイント高まると純債務残高対所得比を約0.49%ポイント抑制することを示している．このことから，純債務残高累増の抑制に対して，起債制限比率はシグナリングとして機能していたことがうかがえる．

その他の説明変数の中では，税収等増加率の係数推定値が有意に負の値を示している．扶助費増加率と投資的経費増加率の係数推定値が，有意に正の値を示している．このことは，起債制限比率との関係において，対所得比で見て，純債務残高の抑制には，税収等の増加，扶助費や投資的経費の抑制が作用して

いたことを示唆している．また，地方交付税の増加は，純債務残高の抑制には寄与していないこともうかがえる．

次に，実質収支比率を説明変数に用いた回帰式の推定結果は，表7に示されている．表7によると，実質収支比率の係数の推定値は，前年度も前々年度も，有意ではない．このことから，純債務残高の抑制に対して，実質収支比率もシグナリングとして機能していないことがうかがえる．

その他の説明変数の中では，表6と同様に，税収等増加率の係数推定値が有意に正の値を示し，扶助費増加率と投資的経費増加率の係数推定値が有意に負の値を示している．これらは，実質収支比率との関係において，純債務残高の抑制には，税収等の増加，扶助費や投資的経費の抑制が作用していたことを示唆している．

以上の推定結果から，起債制限比率や実質収支比率が自治体の財政運営スタンスに与えるシグナリング効果が，次のように明らかになった．起債制限比率や実質収支比率は，基礎的財政収支改善のために何ら寄与しておらず，シグナルとして債務抑制のための早期是正機能は十全に果たしていない．また，実質収支比率は，債務残高の増加の抑制にも寄与していないことが示された．その意味において，国が自治体の財政運営のモニタリング指標として設けている起債制限比率や実質収支比率が，財政健全化の早期是正機能として必ずしも十分に機能していないといえる．

ただ，起債制限比率は，債務残高の増加の抑制には寄与していることが観察された．このことは，田中（2004）で明らかにした，起債制限比率が民間金融機関の縁故債（証券発行形式；現・銀行等引受債）の需要に影響を与えているとの実証結果と関連があることが考えられる．田中（2004）では，起債制限比率が高いほど縁故債を発行しにくくなることを示唆しており，本稿で起債制限比率が債務残高増加の抑制に寄与している実証結果と整合的である．田中（2004）は，そうした現象の背景として，国がモニタリングの指標として設けた起債制限比率を明示することを通じて，地方債の信用リスクを軽減させ，その需要を促進させていると述べている．

これらをまとめると，実質収支比率は，財政再建制度の適用を受けるか否かという究極の場面では意味を持つかもしれないが，自治体の財政運営において

基礎的財政収支の改善や債務残高の抑制という財政健全化に向けた取り組みを自治体に早期に促すという機能は十分に果たしていないといえる．起債制限比率も，基礎的財政収支の改善という観点での早期是正機能は必ずしも果たしていない．ただ，起債制限比率は，民間金融機関に対するシグナルとして，自治体の財政状況の一端を国の政策意図を持って示すことを通じて，債務残高の抑制に寄与している可能性が示唆される．これは，国のモリタリングもさることながら，民間金融機関の地方債市場（民間における地方債取引）を通じた規律付けに拠っているといえ，この点は強調しておくべきことである．ついでに言えば，地方交付税の増額は，他の歳入歳出項目を所与とすれば，自治体の基礎的財政収支の改善や純債務残高の抑制に寄与するはずだが，推定結果からはそれが確認できないか，逆に基礎的財政収支を悪化させる要因になることを示している．この背景には，地方交付税の増額が，財政運営においてモラルハザードやソフトな予算制約の現象を引き起こして，増額された地方交付税を財政健全化には用いていなかったものと考えられる．

6. まとめ

本稿では，地方債許可制度の運用実態，地方債償還に対する暗黙の利子補給と，地方債元利償還金の交付税措置を通じた明示的な元利補給について，実証的な分析を行った先行研究を展望しつつ，その包括的な解釈を検討した．また，地方財政制度における財政健全化に向けた早期是正機能について，新たに実証分析を行った．これらの検討から以下のようなことが示唆される．

地方債許可制度の運用実態に関する実証分析からは，次のことが明らかにされた．第一に，財政力が弱い自治体では公的資金引受比率が高い．第二に，公的資金引受比率が高い自治体では，実効利子率が低い．第三に，公的資金引受比率が過去に高かった自治体では，当該年度でもその比率は高い．第四に，地方債残高対県内総生産比が高い自治体では，実効利子率が高い．第五に，満期構成が短期化している自治体では，実効利子率が高い．これは，第二の結論と，公的資金が民間等資金に比べて相対的に長期の融資が多いという事実から類推

される，公的資金比率が高い都道府県では実効利子率が低いと同時に，満期構成が短期に満期が到来する地方債の比率が相対的に低い，という推論が実態では支配的ではないことを示唆している．それと同時に，基礎的財政収支対県内総生産比が悪化すれば民間等資金だけでは地方債発行によって必要な収入が確保できないため，公的資金に引き受けてもらう傾向が高まることも確認された．

　地方交付税を通じた地方債の元利補給については，その規模が近年では決算における公債費支出の50%近い水準に達しているとともに，このような元利補給の存在が，地方債発行を誘導していることが示唆された．

　これらの分析から導かれる評価は，次の通りである．地方債許可制度下では，その趣旨のうち，国と民間の資金需要を調整し，有力団体への資金の偏重を防止し，財政力や資金調達力の弱い団体へ長期低利の資金を重点的に配分するという，資金需要の調整と資金の適正配分の性質が明確に反映された実態となっている．これと第一・第二の結論を組み合わせれば，地方債許可制度は，公的資金の配分を通じて，地方部の県に対して，もし民間等資金が引き受けたならば支払わなければならなかったはずの高利を支払わないという形で利子補給を行い，暗黙に地域間で所得を再分配していることが示唆される．また，財政力の弱い県では市場公募債を発行していないため，市場を通じた財政規律が働きにくい可能性もある．

　地方交付税を通じた地方債の元利補給は，より明示的に，不交付団体から交付団体への所得再分配を行っており，地方自治体の行動を変化させている．元利補給の存在は，安易な地方債発行を助長している可能性もあろう．このような利子補給・元利補給の分析は，次のような意義があると考えられる．財政投融資資金による地方債引受や，交付税措置による元利補給が行われる場合，自治体は借入条件を過大に評価しがちであるし，それらの補給額がどれほどで，どこから行われているかは考慮しない可能性がある．しかし実際には，元利補給は暗黙に，あるいは明示的に行われているから，財政運営を経済学的に評価する際にはこれを無視するべきではない．本稿の意義は，こうした無視されがちな元利補給を，これまでに利用されることの少なかったデータに基づいて計測したことにある．先行研究での実証分析では，明示的な補給がかなりの規模に達し，地方自治体の行動を変化させたことを示している．

この結果は，次のような地方財政の実態をあぶりだしていると考えられる．元利償還金を交付税措置された地方債で資金調達して公共事業を行うことは，形成された社会資本からの便益を享受しながらも，元利償還費を将来の自地域の税収だけではなく，他地域からも徴税される将来の国税（交付税）で手当てすることを意味する．しかも，算入対象となる地方債収入を用いる事業を優先的に実施すれば，基準財政需要額は増加し，受け取る交付税交付金額が増加することになる．

将来の元利償還が地元の税収だけでは調達できない見通しならば，現時点での起債，ひいては当該事業を中止するという財政規律を働かせるべきだという考え方もあろう．しかし，元利償還金について交付税措置がなされていれば，自地域で租税負担をほとんど負わずに起債できるため，財政力が弱い（税収が少ない）自治体でも，起債許可さえ得られれば地方債を発行して公共事業を実施するだろう．こうして，財政規律が働かないままに，地方債の元利償還負担を必要以上に将来あるいは他地域に移転することとなってしまう．したがって，このメカニズムを遮断するには，早急に地方債元利償還金の交付税措置を止めることが必要であろう．既存の交付税措置が止められないならば，新規に行う交付税措置を止めることが求められよう．

また，都道府県の地方債には民間等資金による引受の比率がある程度高いゆえに，市場を通じた実効利子率に対する影響も無視できないことも，本稿の分析から明らかにされた．実際，実効利子率は，地方債残高対県内総生産比が前年度に比べて高い都道府県や満期構成が短期化している都道府県では高くなっている．このことは，地方債をより市場原理が働く形で発行することで，利子率の変化を通じて，地方公共団体の財政運営に規律を働かせる可能性を示唆している．今後の地方分権の改革の中で，地方債発行・流通が市場を通してより多く行えるよう環境整備を進めてゆくことが望まれる．

最後に，土居（2005）で試みられた，地方債許可制度の理論的分析から，我が国の今後の地方債制度の改革点について言及して締めくくることとしよう．土居（2005）では，我が国の現行制度と市場指向型のアメリカの地方債制度とを定性的に経済厚生を比較することにより，我が国の制度の問題点を明らかにしている．そこから得られる改善の方向性は，市場メカニズムを活用した制度

に改革してゆくことである．より具体的に，アメリカの事例からは，次に示すような，我が国の地方債制度への示唆が挙げられる．

　アメリカの地方債では，債務について上位政府による直接的な保証がないため，地方債間に金利差が発生している．財政力や地域経済構造などが背景にあるこの差異を，よりよく地方債の発行に生かすためには，その差異の源となる情報の非対称性を緩和することが重要である．そこで役立つのが，格付による市場へのシグナルの提示である．

　格付の存在により，投資家の投資判断が向上する．発行主体にとっても格下げはより高い調達コストをもたらし，また発行主体そのものの信用を下げることで他の債券にも影響を与えることから，地方債発行にも規律を与えることができる．我が国では，国による「暗黙の保証」により，地方債の債務不履行はありえないこととされている．そのため，格付会社による格付が必ずしも明示的な意味を持たないために，地方自治体が自発的に格付を取得することはこれまで皆無であった．地方債市場においても，格付が持つシグナリング機能は発揮されず，格付による地方債の商品性・信用力の標準化も行われていないのが現状である．

　また，仮に債務保証が誘因両立的に必要とされる場合であっても，我が国のように地方交付税を財源とした公的な事実上の債務保証ではなく，民間機関が介在した形で，債務保証の市場における適正に保証料の価格付けを通じて，リスクをより効率的にシェアすることができる．我が国では，財務状況の悪い地方自治体も地方債を発行することができ，かつその元利償還金の一部が交付税措置によって，中央政府により支払われる等，単体では返済能力に欠ける地方自治体も地方債を発行可能である．

　当然ながら，市場指向型の制度においては，債務不履行に陥った場合の債務処理スキームも事前に明確に規定しておく必要がある．アメリカでは，破産法第9章により，政府機関からの不透明は救済が行われることなく，明示的なプロセスで発行主体の再建がなされる．債務整理についても，透明性の高いプロセスにより担保されている．我が国においては，地方自治体が返済能力を超えた債務を負った場合，財政再建促進特別措置法による準用再建による処理があるものの，準用再建は，財政再建計画の策定を条件として，起債や一時借入金

に対する特別交付税措置等があるにすぎず，債務の再構成についての法的な枠組みは存在していない．土居（2004）では，現行制度の欠点を克服するべく，次の論点を挙げている．そもそも，債務の持続可能性を担保できる起債制限を設けることが必要である．例えば，基礎的財政収支を改善できない自治体には，起債を禁止するというルールを設けることが考えられる．そして，破綻処理を行おうとする自治体は，然るべき地方税の増税なくして，債務減免や金利減免を認めないことが必要である．そして，貸し手責任を問わずして（債権放棄なくして），国による救済を行わないことが必要である．

また，本稿では直接には取り扱っていないが，これまでの先行研究では，地方交付税制度は，制度の根幹に関わる部分が原因で，モラルハザード，ソフトな予算制約や財政の最適規模と無関係に交付額が決定されるなどの欠陥が生じていることが明らかにされている[16]．これらの点に関しては，多少の改善で自治体の歪んだインセンティブを是正できるものではない．これらの欠陥を解消するには，基準財政需要額や基準財政収入額の決定方式自体を根本的に改める必要がある．

以上のように地方債制度を改革することにより，地方債に関するリスクは，地方交付税を通じた国税納税者だけのより狭い範囲よりも，市場を通じて参加者の間でシェアするのが望ましい．それとともに，市場による規律付けを通じて，自治体の予算制約をハード化することが期待できる．

参考文献

赤井伸郎・佐藤主光・山下耕治，2003，『地方交付税の経済学』，有斐閣．
石川達哉，2006，「建設地方債に対する交付税措置の価格効果」，『ニッセイ基礎研所報』vol. 41, pp. 55-84．
池上岳彦，2004，『分権化と地方財政：現代経済の課題』，岩波書店．
黒田東彦，1986，「補助金と交付税に関する理論的分析」『フィナンシャル・レビュー』2, pp. 29-39．
佐藤主光，2001，「ソフトな予算制約と税源委譲の経済効果」，井堀利宏・岡田章・伴金

---

16) 我が国における国と地方の財政関係にまつわるソフトな予算制約については，佐藤（2001）でも触れられている．

美・福田慎一編『現代経済学の潮流 2001』,東洋経済新報社,pp. 71-109.
高寄昇三,1988,『現代地方債論』,勁草書房.
田中宏樹,2004,「地方債市場とリスク」,『会計検査研究』No. 29, pp. 83-97.
谷本正憲・石井隆一,1986,『自治行政講座 8 地方債と資金管理・地方交付税』,第一法規.
土居丈朗,2000a,『地方財政の政治経済学』,東洋経済新報社.
土居丈朗,2000b,「地方交付税制度の問題点とその改革」,『エコノミックス』,第 3 号,pp. 70-79, 東洋経済新報社.
土居丈朗,2001a,「地方債の地方債許可制度に関する実証分析」『社会科学研究』52 (4),pp. 27-51.
土居丈朗,2001b,「地方債の地方債許可制度の運用実態とその評価」金融調査研究会『地方財政をめぐる諸問題』,金融調査研究会報告書第 26 号,pp. 115-138.
土居丈朗,2002,「地方債の地方債許可制度を通じた暗黙の利子補給」『三田学会雑誌』95 (1), pp. 139-159.
土居丈朗,2004,「地方債と破綻処理スキーム」,『フィナンシャル・レビュー』,第 71 号,pp. 5-40.
土居丈朗,2005,「地方債をめぐる比較制度分析」,『経済研究』,第 56 号,pp. 203-217.
土居丈朗,2007,『地方債改革の経済学』,日本経済新聞出版社.
土居丈朗・別所俊一郎,2005a,「地方債元利償還金の交付税措置の実証分析――元利補給は公共事業を誘導したか」,『日本経済研究』51, pp. 33-58.
土居丈朗・別所俊一郎,2005b,「地方債の元利補給の実証分析」,『財政研究』,第 1 巻,pp. 311-328.
中野英夫,2000,「地方債許可制度と地方自治体の歳出行動」,井堀利宏・加藤竜太・中野英夫・中里透・土居丈朗・佐藤正一,「財政赤字の経済分析:中長期的視点からの考察」,『経済分析 政策研究の視点シリーズ』16, pp. 139-168.
中野英夫,2002,「地方債制度と財政規律――地方債の交付税措置を通じた地方債許可制度の歪み」,『フィナンシャル・レビュー』,第 61 号,pp. 146-161.
肥後雅博・中川裕希子,2001,「地方単独事業と地方交付税制度が抱える諸問題――地方交付税を用いた地方自治体への財政支援策の効果と弊害」日本銀行調査統計局 Working Paper 01-9.
別所俊一郎,2007,「公共投資の実施と政府間関係」,『フィナンシャル・レビュー』,第 88 号.
山下耕治・赤井伸郎・佐藤主光,2002,「地方交付税制度に潜むインセンティブ効果:フロンティア費用関数によるソフトな予算制約問題の検証」,『フィナンシャル・レビュー』,第 61 号,pp. 120-145.
Alesina, A., M. De Broeck, A. Prati, and G. Tabellini, 1992, "Default risk on government debt in OECD countries," *Economic Policy*, pp. 428-463.
Baltagi, B. H., 1981, "Simultaneous equations with error components," *Journal of*

Econometrics vol. 17, pp. 189-200.

Baltagi, B. H., 1995, *Econometrics Analysis of Panel Data*, John Wiley & Sons.

Bohn, H., 1998, "The behavior of U. S. public debt and deficits," *Quarterly Journal of Economics* vol. 113, pp. 949-963.

Caselli, F., A. Giovannini, and T. Lane, 1997, "Fiscal discipline and the cost of public debt service: Some estimates for OECD countries," *mimeo*.

Doi, T., 2002, "System and Role of Local Bonds Permits in Japan," in T. Ihori and M. Sato eds., *Government Deficits and Fiscal Reform in Japan*, Kluwer Academic Publisher, pp. 121-151.

Hayashi, M., 2000, "Distortionary effects of seemingly lump-sum intergenerational transfers in Japan: A note,"『経済研究』(明治学院大学) 118, pp. 63-71.

Ihori, T., T. Doi, and H. Kondo, 2001, "Japanese fiscal reform: fiscal reconstruction and fiscal policy," *Japan and the World Economy* vol. 13, pp. 351-370.

Missale, A. and O. J. Blanchard, 1994, "The debt burden and debt maturity," *American Economic Review* vol. 84, pp. 309-319.

[コメント]

今　喜史

1. 地方債をめぐる議論

　土居氏の論文は，近年その残高の増加が指摘されている地方債の現状について，地方債許可制度が地方公共団体の財政規律をもたらすように運営されてきただろうか，という問題意識から，大きく分けて3つの実証分析を行ったものである．

　まず，地方債の引き受け手（貸し手）として公的資金（政府資金および公営企業金融公庫基金）の役割に注目し，地方債引き受けに占める公的資金の割合，自治体の財政力，地方債の実効利子率（各自治体が実際に支払った利子額を前年度末の地方債残高で割ったもの）の相互関係を調べる同時方程式の推計を行っている．その結果として，財政力が弱い自治体ほど公的資金による引き受けの割合が高く，そのような自治体では地方債の実効利子率も低くなっていることが示される．この公的

資金による地方債引き受けは，民間資金と比べて長期低利であるため「暗黙の利子補給」であり，その規模は都市部よりも地方部の道府県において大きいことが推計結果から確認される．

次に，地方債の元利償還金に対しては地方交付税による措置という形でも中央政府からの移転があり，その規模を交付税措置額が基準財政需要額に占める割合で見ると1990年代から増加傾向にあることが示される．中央政府によるこのような元利償還金の補給が地方自治体の起債および投資行動を促したのではないかという観点から，地方の社会資本ストックを被説明変数とする回帰分析を行い，交付税措置の地方債残高に占める割合が説明変数として有意に正の影響を与えるという結果を得ている．

そして，自治体が債務の累増を未然に防ぐような財政運営を行うための「早期是正措置」として，実質収支比率や起債制限比率が機能していたのかを検証している．ここでは基礎的財政収支の変化を被説明変数とする回帰分析を行い，実質収支比率も起債制限比率も説明変数として有意ではなかったため，これらの財政指標は自治体の財政運営に影響を与えていなかったと結論づけている．

このような実証分析から，地方債許可制度は財政力の弱い自治体への所得移転が大きく，地方の財政規律が働かない制度であるとし，地方債の元利償還金への交付税措置は廃止して市場による規律づけを重視するべきであるという提言を行っている．

以下では，第2節においてそれぞれの推計結果に関する若干のコメントを加える．第3節では，土居論文における実証分析と，その後に提示される地方債制度の改革案との論理的な関連について，現代の日本における「市場を通じた地方財政の規律づけ」の含意に注目しつつ議論する．

2. 推計に関するコメント

まず，地方債の資金の出し手として公的資金引受比率に注目した推計について検討する．表1の1つめの推計式では，

$$\text{sgpb}_{it} = \alpha_i + 0.003\ t + 0.781\ \text{sgpb}_{it-1} - 0.113\ \text{index}_{it} + 7.044\ \text{pby}_{it}$$
$$(9.696)\ (43.224) \qquad (-8.141) \qquad (13.399)$$
$$+ 0.124\ \text{gry}_{it} - 0.019\ \text{e}_{it}$$
$$(3.290) \qquad (-3.584)$$

ただし　sgpb：公的資金引受比率

index：単年度財政力指数
pby：基礎的財政収支対県内総生産比
gry：実質県内総生産成長率
e：有効求人倍率
カッコ内の数値は t 値

という推計結果が示されている．

単年度財政力指数（index）の係数については有意に負であるため，「財政力が弱い自治体では公的資金引受比率が高い」という第一の仮説と整合的であるといえる．しかし，基礎的財政収支対県内総生産比（pby）の係数は有意に正であるため[1]，基礎的財政収支が悪化している自治体に対しては公的資金の配分比率が小さいことを示している．これは財政力とはやや異なる観点ではあるが，基礎的財政収支という指標で見る限りにおいては，この推計結果から，公的資金による元利償還費の補給が財政収支の悪化している自治体の「安易な地方債発行を助長している」という判断を下すことはできない．

また，5.3項における推計（実質収支比率や起債制限比率が自治体の債務累増を未然に防ぐための指標として機能したのかを検証したもの）については，いずれの指標も基礎的財政収支の変化に影響を与えていないという結果は妥当なものである．その理由は，これらの指標が実際に自治体の起債の可否に関わってくるのは「実質収支赤字が標準財政規模に対する比率が一定水準（都道府県5％，市町村20％）」あるいは「起債制限比率の過去3年度における平均が20％以上」といった特定の境界となる値であるため，そこから大きく離れた水準である自治体にとっては多少の％ポイントの変化は影響ないと考えられるからである．したがって，より厳密に実質収支比率や起債制限比率の機能の有無を判別する推計としては，例えばこれらの境界の値を越えたときのみをダミー変数などで考慮する，という方法なども一案として検討することが望まれる．

---

[1] これは基礎的財政収支を被説明変数とした3つめの推計式における公的資金引受けの符号とも整合的である．すなわち，表1より，
$$\text{pby}_{it} = \xi_i - 0.001\,t + 0.268\,\text{ri}_{it} + 0.027\,\text{sgpb}_{it} - 0.070\,\text{gry}_{it} + 0.009\,e_{it}$$
$$(-14.746)\ (13.522)\quad (8.299)\quad (-7.632)\quad (13.613)$$
ただし ri：実質実効利子率

において，公的資金引受比率（sgpb）の係数が有意に正であるため，公的資金と財政収支には正の相関が観察される．

3. 市場を通じた地方財政の規律づけ

　土居氏は，これまでの地方債許可制度は地方自治体の財政規律をもたらすものではなかったと結論づけている．その根拠として，①財政力の弱い自治体ほど地方債の公的資金引受比率が高い，②地方債の交付税措置があるため地方の投資行動が助長されている，③起債制限比率なども自治体の基礎的財政収支の改善に寄与していない，という論理の流れに従い，それぞれの主張をデータから実証している．先の第2節において指摘した問題点はあるものの，都市部よりも地方部の自治体に対して公的資金引受けや交付税措置による元利補給が相対的に多いという点については重要な指摘と思われる．しかし，その分析のみをもって「地方自治体には財政規律が働いていないので，交付税措置は廃止し市場を通じた規律づけが必要」と判断するためには，その結論に至る前に考慮するべき点が残っている．

　起債許可制度のもとで，地方債の発行は予算編成過程の中で総務省と財務省との間の協議によって決定される．地方債計画は「有力団体への資金の偏重を防止し，財政力や資金調達力の弱い団体には長期低利の資金を重点的に配分する」という趣旨であり，地方政府の財政力に格差がある中でどの地方でも標準的な公共サービス（ナショナル・スタンダード）を保証するためには財政調整が必要となる．したがって，地方債の元利償還金への財源保障が存在すること自体はごく自然なことである．

　このような状況で地方債の残高が増加しているのは，国の政策として，1990年代に景気対策や地方税減収の補てんが必要と判断されたためであり，その手段として地方債発行が促進された（そして交付税措置が拡大された）ことによる[2]．したがって，個々の自治体のモラルハザードというよりは，起債許可を与えた国に責任の所在がある．国による許可制そのものが地方債の発行を助長しやすい制度だから，協議制への移行に加えて，地方債の元利償還費の交付税措置を廃止するべき，という考え方は確かにありうるが，その場合には前述の標準的な公共サービスを維持するための別の制度が必要となる．

　最後に，土居氏はアメリカの地方債制度を念頭に，市場メカニズムによる規律づけを重視した地方債制度への移行を提唱しているが，一定の標準的な公共サービスの水準を維持するべき地域の範囲という点で，連邦制をとらない日本との比較には留保が必要である（小西，2007，pp. 140-141）．すなわち，日本で地方債の財源保

---

[2] 池上（2004），pp. 201-204．特に1990年代の不況を考えると，この時期における地方への財政支出の意義も否定できない．

障を行わない場合，地方によっては地方債の金利負担が莫大となり，現状の税源では標準的な公共サービスを維持できなくなるおそれがある．特に，1990年代に国の判断で地方債の残高が増加したのに対し，その財源保障を打ち切るということの是非は慎重に議論するべきである．

参考文献

池上岳彦（2004），『分権化と地方財政』，岩波書店．
小西砂千夫（2007），『地方財政改革の政治経済学』，有斐閣．

[回答]

土居丈朗

まずは，拙稿に対して丁寧なコメントを寄せて頂いた今喜史氏に謝意を表したい．コメントで指摘されている点について，以下のように回答したい．コメント第2節で触れられた，拙稿表1の同時方程式体系の第1式における，基礎的財政収支対県内総生産比と公的資金引受比率の正の相関については，コメントで指摘されている通りである．このコメントを受けて，本文において関連部分を削除する等の修正を施したい．ただ，この点については，拙稿で考察する中心的な命題ではないため，拙稿における主張に大きな変更はない．

また，拙稿5.3項における推定（実質収支比率や起債制限比率が自治体の債務累増を未然に防ぐための指標として機能したのかを検証したもの）に関する洗練化のコメントは，大変有益である．ただ，拙稿で用いた指標に代わり，2007年6月に成立した地方財政健全化法（地方公共団体の財政の健全化に関する法律）に基づき，新たな4つの財政指標（①実質赤字比率，②連結実質赤字比率，③実質公債費比率，④将来負担比率）が定義され，2008年度決算から本格的に導入される予定で，これらの指標により自治体の財政運営の規律づけを今後行おうとする動きがある．これに鑑み，推定の洗練化は新指標を用いて行うことが生産的であると考え，今後の

課題としたい.

コメント第3節で触れられた点について,まず今氏が「地方政府の財政力に格差がある中でどの地方でも標準的な公共サービス(ナショナル・スタンダード)を保証するためには,(中略)地方債の元利償還金への財源保障が存在すること自体はごく自然なことである」としているが,この点は同意しかねる.確かに,財政力格差を是正するために財政調整が必要であるとする点までは同意するが,その手法として,地方債元利償還金の交付税措置による必然性は全くない.公的資金による低利融資があって暗黙の利子補給が行われている上に,地方債元利償還金の交付税措置まで施して,屋上屋を重ねるがごとく実効利子率を歪めて低くしてまで行う必要のある公共事業は,どれほどあるだろうか.もしそれほど必要な公共事業であれば,経費を支出する当該年度において地方債発行によらずに国費を当該自治体に支出すれば済む話である.しかも,財政調整は,地方債元利償還費の規模に連動させずに行い,できれば定額(lump-sum)で配分するのが,効率性の観点から望ましい.

さらに,土居(2007)で詳述しているが,独自の財源だけでは公共事業の経費が十分に賄えない(債務償還のための財源も含む)中小自治体に,そもそも公共事業を行う権限が与えられていること自体が,分不相応に権限が付与されているわけで,そうした自治体における公共事業は,より広域な行政体が十分な財源を持って担えばよい.したがって,財政力格差を是正するために,地方債元利償還金の交付税措置を是認することは全くできない.

次に,1990年代に地方債の残高が増加したことについて,「個々の自治体のモラルハザードというよりは,起債許可を与えた国に責任の所在がある」としているが,国の責任が皆無であるとはいえないが,責任の一端は債務者である自治体にもあることは認めるべきである.そもそも,1990年代に多用された地方債元利償還金の交付税措置を,措置された金額だけ将来の(普通)交付税が増額するものと解釈した地方財政関係者に重大な誤認が根源にある[1].土居(2007)で詳述しているが,地方債元利償還金の交付税措置は,措置された金額に比例して普通交付税の配分における基準財政需要額が増額されることを約束したまでである.普通交付税が当該自治体にいくら配分されるかは,基準財政需要額の算定とはほぼ独立して決まる地方交付税総額に大きく左右される.現に,2001年度以降の地方交付税総額の削減

---

[1] もし,地方債元利償還金の交付税措置が,将来の(普通)交付税の配分を明確に約束するものであれば,予算の単年度主義を逸脱する行為として,国会の議決なしには認められないものである.ちなみに,地方債元利償還金の交付税措置が各自治体でいくら認めるかについては,国会の議決対象となっていない.

局面において，確かに 1990 年代に付与された地方債元利償還金の交付税措置の分だけ基準財政需要額は相対的に増額されたとはいえ，それを上回る規模で地方交付税総額が減額されたために，各自治体に配分される（普通）交付税は総じて減額されたのである．このことによって，地方財政関係者からは，当初の「約束」と違うかのような批判が出たが，そもそも地方債元利償還金の交付税措置が前述のような仕組みである以上，その「約束」は単なる誤認であり，来るはずのない交付税を待っていただけに過ぎないものである．そうした誤認を背景に，地方債を増発した自治体は，その誤認のつけとして，自らの責任でその元利償還の財源を賄わなければならないという意味で，地方自治体にも責任の一端があろう．

最後に，「標準的な公共サービスを維持するための別の制度が必要」とのコメントについては，土居（2004）で既に詳述しており，必ずしも拙稿が主題とする地方債と関係がない論点が多々あるため，詳細な議論はそちらを参照されたい．

参考文献

土居丈朗編著，(2004)『地方分権改革の経済学』，日本評論社．
土居丈朗，(2007)『地方債改革の経済学』，日本経済新聞出版社．

論題 IX　競争促進的な公共投資と経済厚生

［報告］松村敏弘
［コメント］阿部顕三

［報告］

松村敏弘

1. はじめに

　多くの国において，公共投資の効率性に対して厳しい目が向けられている．希少な資源をより効率的に利用し，国民の経済厚生を高めるために，多くの先進国で，公共投資に対する費用便益分析あるいは費用効果分析が盛んに行われるようになった．費用便益分析の結果は，公共投資の優先順位や，特定分野・地域への公共投資の水準の決定に大きな影響を与えている．日本においても，公共投資の非効率性に対する批判の高まりの中で，費用便益分析が多くの分野で行われるようになり，その方法に関する研究も盛んになってきた．現在では，治水・道路・公園整備等の公共投資の対象分野ごとに詳細な費用便益分析のマニュアルが開発され，その精度を改善するための研究も行われている[1]．
　この論文では，移動（輸送）費用を削減する交通部門に対する公共投資に焦

---

[1]　費用便益分析に関しては Mohring (1976)，金本 (1996)，肥田野 (1997) およびこれらに引用されている文献を参照せよ．

点を当てる．交通部門に対する公共投資の最大の便益は，言うまでもなく移動（輸送）費用の削減である．道路の拡充や架橋による輸送経路の短縮や渋滞の減少は，輸送時間や燃料消費の減少を通じて移動（輸送）費用を減少させる．これらの移動（輸送）費用削減による利益の推計は比較的容易であると考えられている．もし交通部門への公共投資の利益が移動（輸送）費用の削減のみであれば，社会的に最も効率的な交通部門への公共投資の水準は，移動（輸送）費用と公共投資に伴う費用の和を最小化する水準になる．

この論文では，Salop (1979) の円環都市のモデルを用い，輸送費用の減少が追加的な社会的利益を生み出すこと，つまり社会的に最も効率的な交通部門への公共投資の水準は，移動（輸送）費用と公共投資に伴う費用の和を最小化する水準を上回ることを明らかにする．換言すれば，交通部門への公共投資の便益として輸送費用の減少だけをとったのでは，公共投資の利益を過小に評価することになることを明らかにする．

この論文で取り上げる交通部門への公共投資の追加的な利益とは以下のようなものである．異なる地点に立地する企業間の競争は移動（輸送）費用の減少に伴い激化する．移動（輸送）費用が高ければ，各企業の価格差よりも各企業の立地（より近いところに立地している企業はどこか）が，需要家がどの企業から購入するかの選択に重要な影響を与える．つまり，移動（輸送）費用が高ければ，必然的に各企業の需要の価格弾力性が小さくなり，結果的に均衡における価格水準は高くなる．例えば，北海道から本州へ牛乳を輸送する費用が非常に高ければ，本州の酪農家は実質的に北海道の酪農家との競争を免れ，その結果牛乳の価格が高くなるという状況である．あるいは，郊外のディスカウント・ストアーまで買い物にいく移動費用が非常に高ければ，近くにディスカウント・ストアーのない小売店は価格をあまり下げなくてもある程度の顧客を確保できるため，結果的に競争が緩められ，高い価格が維持されるという状況である．

高い移動（輸送）費用が競争を阻害するような市場において，参入障壁がなければ，当然多くの企業が参入することになる．逆説的なようであるが，競争が緩やかであるほど参入企業数が増えて競争が激しいように**見える**のである．よく知られているように，このような市場における参入企業数は社会的に見て

効率的な水準よりも大きくなる（過剰参入定理）．交通部門への公共投資の増加によって移動（輸送）費用が低下すれば，企業間の競争はより激しくなる．競争の激化は，企業の参入を減らすことになるが，既に述べたように参入企業数は過剰であったために，企業数の減少は無駄な企業の参入を減らすことを通じて経済厚生を改善し，結果として社会的な利益を生み出すのである．つまり，交通部門への公共投資の便益としては，直接的な移動（輸送）費用の低下による利益の他に，副次的な効果として競争促進による社会的な利益が存在するのである．

本論文の構成は以下の通りである．第2節ではモデルを提示する．第3節では効率的な交通部門への公共投資の水準について議論する．第4節では過剰参入定理とこの論文の関連を明らかにし，第5節では代替的なモデルを使って，公共投資による市場統合の効果を分析する．第6節では本論文の競争政策上の政策的含意を述べる．

2. モデル

モデルの基本的な構造は Salop (1979) によっている．消費者は円周上に均一に分布している．円周の長さは1に基準化されている．企業もまた円周上に立地し，すべての移動はこの円周に沿って行われる．消費者は財を1単位だけ消費する．消費者の移動費用は距離に比例するとする[2]．各消費者は，費用（価格＋移動費用）の最も低い企業から財を購入する[3]．各企業は1地点にのみ立地する[4]．参入する企業は参入時に f の費用（参入費用）を負担する．各企業は同一の生産技術を持ち，かつ限界費用は一定であるとする．この限界費

---

2) この論文では Salop (1979) と同様に移動費用が距離に比例していると仮定している．しかしこの論文の結果はこの仮定に依存していない．この結果については Economides (1989) および Anderson et al. (1992) を参照せよ．
3) 消費者の財に対する支払意志額 (willingness to pay) は十分に高く，したがって各消費者が財を購入すると仮定する．
4) 現実的には企業が複数の店舗をもつ選択肢を考えるべきであり，実際に，特に参入阻止の文脈で一企業が複数の店舗を持つ可能性について議論されている．この議論に関しては，Schmalensee (1978), Eaton and Lipsey (1979), Shaked and Sutton (1982) 等を参照せよ．しかしなが

用を一般性を失うことなくゼロと仮定する．

モデルの時間的な構造は以下の通りである．まず政府が交通部門への公共投資の水準 $I \in [0, \infty]$ を決める．この水準を観察した後，潜在的な参入企業は同時に独立に参入するか否かを決める．潜在的に参入可能な企業は無限に存在する．ここで n を参入した企業数とする．この論文では Salop (1979) と同様に，企業は自動的に等間隔に立地すると仮定する．最後に，各企業は，企業の立地を所与とした上で，同時に独立に自社の価格を選ぶ．

3. 結　果

この節では，前節で提示したモデルにおける均衡の性質を記述する．この論文では部分ゲーム完全ナッシュ均衡を均衡概念として用いる．ゲームは後方帰納法に基づいて解かれるので，まずはじめに第 3 ステージでの価格競争を議論する．

参入企業は対称的に（つまり等間隔で）立地するので，均衡における価格は各企業で一致する．まずこの均衡価格を求める．企業は実質的に両隣の企業と競争することになる．仮に企業 i が p_i の価格をつけ，残りすべての企業が p の価格をつけたとする．$x \in \left(0, \dfrac{1}{n}\right)$ の場所にすむ消費者にとって企業 i から買うのと，企業 i 以外でその消費者にもっとも近い位置に立地する企業 i のライバルから買うのが無差別になるのは以下の式が満たされるときである．

$$p_i + tx = p + t\left(\frac{1}{n} - x\right)$$

ここでは t は単位移動費用（移動距離 1 単位あたりの費用）である．この論文では $t'(I) < 0$ 及び $t''(I) > 0$ を仮定する．前者の仮定は，交通部門での公共投資が移動費用を削減するというものであり，後者の仮定は，その効果は投資量

ら，Judd (1985) が指摘したように，理論的には他店舗の展開による参入阻止は一般的に「空脅し」となり，信憑性のあるコミットメントは極めて難しい．したがって一企業一店舗のモデルは，理論的にはそれなりに根拠のあるモデルである．

が増加するにつれて低下するという仮定である．

企業 i は以下のような需要関数に直面している．

$$D_i(p_i, p) = 2x = \frac{p + \frac{1}{n} - p_i}{t}$$

企業 i は利潤を最大化するよう価格を決める．解くべき問題は以下のようになる．

$$\max_{\{p_i\}} p_i D_i - C(D_i)$$

p_i に関して1階条件を取り，さらに $p_i = p$, $D_i = \frac{1}{n}$ を代入すると，以下のような均衡価格を得る．

$$p = \frac{t}{n} \tag{1}$$

t を所与とすれば，利潤は企業数 n の関数となる．ここで $\Pi_i(n)$ を各企業の利潤とする．利潤関数に (1) 式を代入すれば以下のような $\Pi_i(n)$ が得られる．

$$\Pi(n) = \frac{t}{n^2} - f \tag{2}$$

次に均衡における企業数を分析する．ここで，企業数に関する整数問題は無視する[5]．n^E を均衡における企業数とする．(2) 式とゼロ利潤条件より，以下の式を得る．

$$n^E(I) = f^{-\frac{1}{2}}(t(I))^{\frac{1}{2}} \tag{3}$$

最後に交通部門への公共投資の水準を考える．このモデルでは，均衡における価格は限界費用（このモデルではゼロ）よりも大きいことがわかっている．

---

5) Salop モデルにおける整数問題に関しては Matsumura (2000) を参照せよ．

しかし,消費者は1単位しか財を消費しないので,この高価格は消費者の過少消費をもたらさない.したがって高価格自体は何ら資源配分の歪みをもたらさない.社会的な総余剰は,参入費用,移動費用,投資費用の総和が最小化されたときに最大となる.これ以降,これらの費用の総和を $S(I)$ と表す.$S(I)$ は以下の式で与えられる.

$$S(I) \equiv 2t(I)n^E(I)\int_0^{\frac{1}{2n^E(I)}} x dx + n^E(I)f + I = \frac{t(I)}{4n^E(I)} + n^E(I)f + I \quad (4)$$

I^* を (4) 式で与えられる $S(I)$ を最小化する公共投資水準とする.t'' は十分に大きく,したがって $S''(I)$ が正になる(つまり $S(I)$ が凸関数である)と仮定する.

さてここで,次のような問題を考えよう.企業数が決定された後で,第三者の評価機関が,事後的に公共投資の効率性を評価したとしよう.企業数が n^E で与えられている下で,この第三者機関が総費用を最小化する公共投資水準 I^{**} を計測したとする.この I^{**} は事後的な費用を最小化する,つまり事後的に最も効率的な公共投資の水準である.

命題 $\quad I^* > I^{**}$

この命題は,**事後的な**,つまり競争促進による企業数の変動を考慮しない費用最小化レベルの投資水準は,(競争促進の果実まで考慮する)社会的に効率的な水準と比べて過小であることを示している.この結果は,交通部門への公共投資に関して,競争促進の利益を考慮しない場合には,費用便益分析は公共投資の利益を過小評価することになることを示唆している.

この命題の背後にある直観は以下の通りである.移動費用が高ければ,消費者は仮に価格差が大きくても近くの企業から購入することになる.つまり,移動費用が大きいほど価格よりも立地が重要になり,各企業が直面する需要の価格弾力性が小さくなる.需要の価格弾力性が小さいということは,価格を下げてもあまり顧客数を増やすことができないことを意味する.その結果,移動費用が高いほど,企業の価格引き下げの誘因は小さくなり,結果的に均衡価格は高くなる.

移動費用の低下は需要の価格弾力性の増加を通じて企業間の競争を促進し，均衡における価格水準を低下させる．その結果（企業数を所与としたときの）企業の収益性が下がって，結果的に参入企業数が減少する．Salop (1979) が示したように，均衡における企業数は過剰であるために，企業数の減少は社会厚生を改善するのである．これが公共投資の利益の一部となる．この利益を考慮しないとすれば，公共投資の便益の推計は当然過小になるのである[6]．

4. 市場の統合

本節では，市場を統合する効果を持つ公共投資を取り上げて，短期及び長期の投資効果を概観する．

4.1 モデル

二つの独立した市場（市場 1, 市場 2）が存在する世界を考える．公共投資によって橋が架けられる前には二つの市場は分断されていたとする．市場 1, 2 とも同じ需要曲線 $p = a - Y$ を持つとする．ここで p は価格，Y は需要量で a は正の定数である．市場 1, 2 ともに n 社の同質的な企業が参入しているとする．（n は後で議論するように内生である．つまり第 2 節のモデルと同様に長期的にはゼロ利潤条件で参入企業数が決まる）．各企業の限界費用は一定で $c(<a)$ とする．各市場に参入するには F の参入費用が必要である．参入後，各企業は Cournot 競争をする．

まず各市場での（橋が架けられる前の）短期的な均衡を考えよう．既に企業の参入・退出の意思決定が終わり，企業数 n が外生的に与えられている．各企業 $i (i=1, 2, ..., n)$ が他の企業の生産量を所与として，自社の利潤を最大化

---

[6] Salop モデルに限らず，多くの状況で企業数は過大となる．これは過剰参入定理として知られている．過剰参入定理に関しては，Mankiw and Whinston (1986), Suzumura and Kiyono (1987), Lahiri and Ono (1988), Konishi, Okuno-Fujiwara and Suzumura (1990), Matsumura (2005), Matsumura and Kanda (2005), Matsumura and Okamura (2006), 伊藤元重・清野一治・奥野正寛・鈴村興太郎 (1988) 等を参照せよ．

するように生産量 Y_i を決める．利潤最大化の1階条件は，

$$Y_i = a - Y - c \tag{5}$$

となる．2階条件は満たされている．この1階条件をすべての企業について足しあわせると，

$$Y^{SB} = \frac{n}{n+1}(a-c) \tag{6}$$

を得る．これを (5) に代入して，1社あたりの生産量，

$$Y_i^{SB} = \frac{1}{n+1}(a-c) \tag{7}$$

を得る．ここから各企業の短期均衡における利潤は，

$$\pi_i^{SB}(n) = \left(\frac{a-c}{n+1}\right)^2 - F \tag{8}$$

となる．

次に長期均衡を考える．前節と同様に，長期における企業数はゼロ利潤条件で決定される（前節と同様に整数問題を無視する）．この条件は (8) より，

$$n^{LB} = \frac{(a-c)}{\sqrt{F}} - 1 \tag{9}$$

となる．これを (11) に代入して均衡における1社あたりの生産量，

$$Y_i^{LB} = \sqrt{F} \tag{10}$$

を得る．したがって総生産量は，

$$Y^{LB} = (a-c) - \sqrt{F} \tag{11}$$

となる．

4.2 公共投資の短期効果

次に公共投資によって二つの地理的に分断された市場の間に橋が架けられて一体の市場になったとしよう．企業数が架橋前と同じであるとすると，統合によって企業数が一挙に2倍の $2n^{LB}$ となる．一方各企業にとっての需要も $p=a-Y$ から，2倍の $p=a-0.5Y$ となる．企業数を所与として均衡における総生産量及び各企業の生産量はそれぞれ，

$$Y^{SA} = \frac{4n^{LB}}{2n^{LB}+1}(a-c), \quad Y_i^{SA} = \frac{2}{2n^{LB}+1}(a-c) \qquad (12)$$

となる．

統合により市場規模は2倍になり企業数も2倍になった．それでは生産量はどうなったか．統合前の各市場の生産量の和は，

$$2Y^{SB} = \frac{2n^{LB}}{n^{LB}+1}(a-c)$$

である．したがって統合によって総生産量は，

$$\frac{2n^{LB}(a-c)}{(2n^{LB}+1)(n+1)}$$

だけ増加し，価格が低下する．この市場では不完全競争による過少生産の弊害が存在するので，生産量の増加は総余剰も増加させる．具体的には総余剰が，

$$\frac{n(3n^{LB}+2)(a-c)^2}{(2n^{LB}+1)^2(n^{LB}+1)^2}$$

だけ増加することになる．競争の増加が価格の低下と総余剰の増加をもたらすのである．

この効果は前節のモデルでは出てこなかった効果である．公共投資による競争の激化が短期的にも価格を低下させる点は共通であるが，前節のモデルでは非弾力的な需要を考えたので価格の低下が需要の増加と経済厚生の改善をもた

らさなかった．それに対して本節のモデルでは弾力的な需要を考えているので，競争の激化による価格の低下が直接に経済厚生を改善することになる[7]．

4.3 公共投資の長期効果

次に公共投資の長期的な効果を考えよう．参入企業数が N である時の各企業の利潤は，

$$\pi_i^{SA}(N) = 2\left(\frac{(a-c)}{N+1}\right)^2 - F \tag{13}$$

となる．したがってゼロ利潤条件から均衡における参入企業数は，

$$N^{LA} = \sqrt{2}\,\frac{(a-c)}{\sqrt{F}} - 1 \tag{14}$$

となる．この企業数は，架橋前の二つの市場の総企業数 $2n^{LB}$ よりも明らかに大きい．これは既に前項の議論から容易に予想できることである．既に述べたように，公共投資による市場の統合は競争を激化させ，企業の利潤を減らす．したがって長期的には企業の退出が進むことになる．

次に，この企業の退出がもたらす消費者余剰および経済厚生への影響を見てみよう．まず価格を見てみると，長期的には企業数が減少し，架橋直後に比べれば結果的に競争が緩やかになる．したがって価格が架橋直後に比べれば上昇することになる．この減少は，公共投資の文脈に限らず，規制改革の文脈でもしばしば観察される．参入規制などを撤廃し市場を自由化すると，その直後に急速に価格が下がるが，その後次第に価格が上昇するあるいは技術革新による

---

[7] 本論文では両市場における企業の生産性は同じで，かつ市場統合による競争の激化が企業の生産性を改善しない（生産費用を引き下げない）という極端なケースを考えている．もし，両市場の企業の生産性に格差があれば，統合の利益はより大きくなる．なぜなら，競争の結果，生産性のより高い企業の生産量がより増え，結果的につまり生産性の低い企業から高い企業への生産の移転が起こるからである（生産代替）．この生産代替は，（仮に総生産量が変わらなくても）全体の生産費用を引き下げ，経済全体の厚生を改善することになる．また，もし競争によって企業の生産性が向上するならば厚生の改善はより大きいものとなる．つまり本論文の設定は相対的に経済効率性の改善効果が出にくい想定となっており，それでも経済厚生が改善されるのである．

費用の低下に比して価格の低下が限られるという現象が，通信，航空，エネルギーなどの市場で広範に観察される．この価格の再上昇を規制改革の失敗と見なす者も存在するが，企業数の減少とそれに伴う価格の再上昇を競争メカニズムが働いていないことの証拠とするのは一般に誤りである．これは，競争メカニズムが適切に働き企業が適切に淘汰されれば自然に現れる現象なのである．

さて，それでは最終的な価格が（架橋直後ではなく）架橋前の価格を上回っているかを検討する．架橋後の1社あたりの生産量，総生産量はそれぞれ，

$$Y^{LB}=2(a-c)-\sqrt{2F}, \qquad Y_i^{LB}=2\sqrt{F} \tag{15}$$

となる．架橋前の2市場の総生産量は $2(a-c)-\sqrt{2F}$ であるから，総生産量は増加し，価格は低下している．つまり，架橋直後に比べて価格は長期的には上昇するものの，架橋前に比べれば低下し，消費者余剰も増加している．

最後に，経済厚生について考える．長期には生産者余剰はゼロになっているので，総余剰は消費者余剰と一致する．消費者余剰は架橋によって増加したので，総余剰も増加することになる．架橋の利益を考える際にはこの利益を考慮する必要がある．既に述べたように自由参入市場においては企業数は「過剰」になる（過剰参入定理）．したがって競争激化による企業数の減少が経済厚生を改善しているのである．

このことを図を使って確認する．図1で表されるように，統合によって各企業の直面する需要規模は2倍となり，需要曲線の傾きが緩やかになる．長期均衡においては超過利潤はゼロになっている．各企業の平均費用曲線が残余需要曲線（需要量から自社以外のすべての企業の生産量を差し引いた需要曲線）に接するところで一企業あたりの生産量が決まる．需要曲線の傾きが緩やかになった分だけ，一企業あたりの生産量が増える．不完全競争市場における長期均衡では，企業は規模の経済性を生かしきらない点で生産することになるので，一企業あたりの生産量の増加は平均費用を下げ，結果的に長期均衡価格が下がるのである（図2）．

さて，日本全国至る所に橋が架けられ道路が整備された状況で，架橋による経済的な利益を議論することは無意味であると思われるかもしれない．しかし，

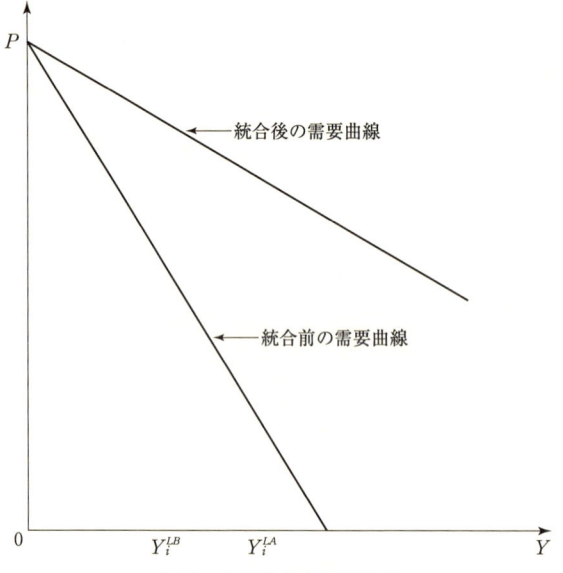

図1　市場統合と需要曲線

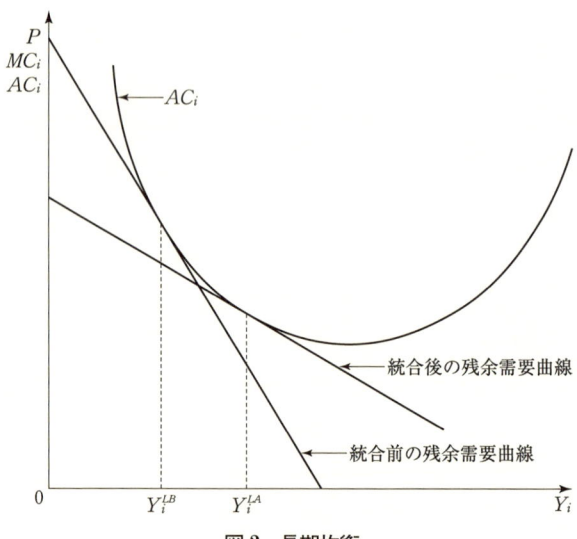

統合後の需要曲線
統合前の需要曲線

Y_i^{LB}　Y_i^{LA}

図2　長期均衡

AC_i
統合後の残余需要曲線
統合前の残余需要曲線

Y_i^{LB}　Y_i^{LA}

現在の日本においても，インフラに対する投資不足のために市場が分断され，結果的に競争の利益を十分には享受できていない産業が存在する．都市ガス市場においては，地域的なガス道管網が孤立して存在し，道管網の相互接続は極めて限定的にしか行われていない．太平洋岸の東京—大阪間のような人口密集地帯ですらガス道管はいまだに接続されていない．電力市場でもよく似た弊害が存在する．都市ガスの道管網とは異なり，沖縄電力を除く一般電気事業者9社の送電網は連系線によって相互に接続されている．しかしこの連系線の容量は極めて小さく，安定供給のためにマージンとして控除される部分を除くと，電力事業者間の本格的な競争を期待できない水準に留まっている．これらの，市場を相互につなぐ設備の投資を（潜在的な競争に直面する）私企業が行うとすれば，投資の誘因は明らかに過小になる．これらのネットワークをつなぐ投資に適切な誘因を確保することは，今後のエネルギー市場の改革を考える際には重要な視点となる[8]．

また，有力電気及び都市ガス事業者が，サハリン2からのLNG購入には積極的だが，サハリン1からの天然ガスの導管供給には消極的で，結果的に長距離導管網が整備されない現実もこの文脈で理解することができるかもしれない．LNGに固執する限り大規模なLNG基地を持つ少数の事業者に競争を限定することができるが，いったん長距離導管がサハリンから東京などの大規模需要地まで引かれてしまえば，結果的に電力・都市ガス市場における競争を促進することになりかねない．電力・都市ガス事業者が，競争促進的な投資（長距離輸送導管投資）につながる大規模購入のコミットメントをしないことは，私企業の行動としては至極もっともな行動である．しかし社会的厚生の観点からは，これを放置してもいいとは限らない．これらの例からもわかるように，現在の日本においても競争促進的なインフラ投資について議論する必要性はまだまだ残っている．

---

8) 競争促進と経済厚生に関してはMatsumura and Shimizu (2005) も参照せよ．

5. 結語

　この論文では，移動（輸送）費用を削減する交通部門への公共投資に関して，この投資の便益は，移動（輸送）費用の削減だけでなく，企業間の競争促進による利益も存在していることを明らかにした．もし交通部門への公共投資の便益に，企業間の競争促進によって生み出された利益を加えなければ，公共投資の便益を過小評価することになる．

　この論文では企業の立地モデルとしては最も標準的なモデルの一つであるSalopモデルを用いたが，この論文の結論はSalopモデル以外のモデルでも当てはまる．この論文の結果を導いた基本的な性質は，(1)公共投資が企業間の競争を促進すること，(2)企業数が過剰であること（過剰参入定理）の二つである．参入企業数が過剰になる性質は多くの寡占モデルで現れる性質でSalopモデル特有の性質ではない．過剰参入定理が成立する世界で，競争の基盤を創出するあるいは競争を促進する多くの公共投資は，この論文が示したような追加的な社会的利益を生むのである．例えば，ＩＴ関連の投資が消費者の情報の入手の費用を削減し，企業間の比較をより容易にすれば，その結果企業間の競争は激化し，これが最終的に社会的に無駄な企業の参入を防ぐことになるのである．

　ここで，この論文のもう一つの重要な政策的な含意について議論しておこう．いわゆる過剰参入定理は「過当競争」の典型的な例だと考えられている[9]．過当競争とは競争が激しすぎることを意味するから，過剰参入定理が成立する世界では，望ましい政策は競争を制限するあるいは弱める政策であると誤解する人もいるかもしれない．しかし，過剰参入定理が成り立つ世界では，競争をより激しくし，結果的に参入企業数を減らす政策が望ましいのであって，その逆ではない．つまり過当競争への正しい処方箋は，パラドキシカルなようであるがより競争を促進することなのである．

　もちろん，参入制限によって企業数を直接コントロールすることを考えれば，参入制限による競争制限が無駄な参入を防ぐことになるかもしれない．この側

---

9) これ以外の過当競争の例に関してはSpence (1976), Dixit and Stiglitz (1977), von Weizsäcker (1980), Stiglitz (1981), Perry (1984), Matsumura (2003) 等を参照せよ．

面を取り上げれば,競争制限が望ましい政策となる.しかし,参入制限はより非効率的な(生産費用の高い)企業を存続させることになる可能性がある.この論文ではすべての企業の生産性は同じであるとした.しかし,仮に同じ生産性の企業が潜在的に無限にいれば,より高い費用を持つ企業も存在していたとしても,そのような企業は自由参入市場では参入しえないので,より高い費用が参入してしまう事態については考える必要はなかった.もし参入制限があれば,費用条件の劣る企業が参入し生き残る可能性があるので,この点で大きな非効率性が発生してしまう可能性がある.また,政府にとってどれだけの企業数が適正であるか知ることは極めて難しく,参入制限によって企業数を過小にしてしまう可能性もある.このような点を考えれば,参入制限政策は,現実には必ずしも望ましい政策ではない[10].

補論

命題の証明:企業数が $n=n^E$ で与えられている下で,総費用は,

$$\frac{t(I)}{4n}+c+nf+I \tag{16}$$

となる.投資量 I に関する総費用最小化の1階条件は,

$$\frac{t'(I)}{4n^E}+1=0 \tag{17}$$

となる.$t''(I)>0$ なので,2階条件は満たされている.I^{**} は企業数一定という条件の下で総費用を最小化するものであるから,以下の式を得る.

$$\frac{t'(I^{**})}{4n}=-1 \tag{18}$$

(4)より,以下の式を得る.

---

[10] この議論に関しては伊藤元重・清野一治・奥野正寛・鈴村興太郎 (1988) および Matsumura (2000) を参照せよ.

$$S'(I) = \frac{t'(I)}{4n^E(I)} - \frac{t(I)}{4(n^E(I))^2} \cdot \frac{\partial n^E}{\partial I} + \frac{\partial n^E}{\partial I} f + 1 \tag{19}$$

(3) 式と (18) 式を (19) 式に代入すると，以下の式が得られる．

$$S'(I^{**}) = \left(f - \frac{t(I^{**})}{4(n^E(I^{**}))^2} \right) \frac{\partial n^E}{\partial I} t'(I^{**}) = \frac{3}{8} f^{\frac{1}{2}} t^{-\frac{1}{2}} t' < 0 \tag{20}$$

$S(I)$ は凸関数なので，(20) 式は $I^* > I^{**}$ であることを意味する． 証明終

参考文献

Anderson, S. P., de Palma, A., Thisse, J.-F. (1992). *Discrete Choice Theory of Product Dierentiation*. MIT Press, Cambridge, Massachusetts.

Dixit, A. K. and Stiglitz, J. E. (1977). "Monopolistic Competition and Optimal Product Diversity." *American Economic Review*, 67, 297-308.

Eaton, B. C. and Lipsey, R. G. (1979). "The Theory of Market Pre-emption: The Persistence of Excess Capacity and Monopoly in Growing Spatial Markets." *Economica*, 46, 149-158.

Economides, N. (1989). "Symmetric Equilibrium Existence and Optimality in Dierentiated Product Markets." *Journal of Economic Theory*, 47, 178-194.

Judd, K. L. (1985). "Credible Spatial Preemption." *Rand Journal of Economics*, 16, 153-166.

Konishi, H., Okuno-Fujiwara, M. and Suzumura, K. (1990). "Oligopolistic Competition and Economic Welfare: A General Equilibrium Analysis of Entry Regulation and Tax-subsidy Schemes." *Journal of Public Economics*, 42, 67-88.

Lahiri, S. and Ono, Y. (1988). "Helping Minor Firms Reduces Welfare." *Economic Journal*, 98, 1199-1202.

Mankiw, N. G. and Whinston, M. D. (1986). "Free Entry and Social Ineciency." *Rand Journal of Economics*, 17, 48-58.

Matsumura, T. (2000). "Entry Regulation and Social Welfare with an Integer Problem." *Journal of Economics*, 71, 47-58.

Matsumura, T. (2003). "Consumer-Beneting Exclusive Territories." *Canadian Journal of Economics*, 36(4), 1007-1025.

Matsumura, T. (2005). "Competition-Accelerating Public Investments." *Australian Economic Papers*, 44, 269-274.

Matsumura, T. and Kanda, O. (2005). "Mixed Oligopoly at Free Entry Markets."

Journal of Economics, 84(1), 27-48.

Matsumura, T. and Okamura, M. (2006). "Equilibrium Number of Firms and Economic Welfare in a Spatial Price Discrimination Model." *Economics Letters*, 90, 396-401.

Matsumura, T. and Shimizu, D. (2005). "Economic Welfare in Delivered Pricing Duopoly : Bertrand and Cournot." *Economics Letters*, 89, 112-119.

Mohring, H. (1976). *Transportation Economics*. Ballinger Publishing Co.

Perry, M. K. (1984). "Scale Economies, Imperfect Competition, and Public Policy." *Journal of Industrial Economics*, 32, 313-330.

Salop, S. (1979). "Monopolistic Competition with Outside Goods." *Bell Journal of Economics*, 10, 141-156.

Schmalensee, R. (1978). "Entry Deterrence in the Ready-to-eat Breakfast Cereal Industry." *Bell Journal of Economics*, 9, 305-327.

Shaked, A. and Sutton, J. (1982). "Relaxing Price Competition through Product Differentiation." *Review of Economic Studies*, 49, 313.

Spence, A. M. (1976). "Product Selection, Fixed Costs, and Monopolistic Competition." *Review of Economic Studies*, 43, 217-236.

Stiglitz, J. E. (1981). "Potential Competition May Reduce Welfare." *American Economic Review: Papers and Proceedings*, 71, 184-189.

Suzumura, K. and Kiyono, K. (1987). "Entry Barriers and Economic Welfare." *Review of Economic Studies*, 54, 157-167.

von Weizsäcker, C. C. (1980). "A Welfare Analysis of Barriers to Entry." *Bell Journal of Economics*, 11, 399-420.

伊藤元重・清野一治・奥野正寛・鈴村興太郎(1988)『産業政策の経済分析』東京大学出版会.

金本良嗣 (1996)「交通投資の便益評価・消費者余剰アプローチ」日交研シリーズ A-201, 日本交通政策研究会.

肥田野登 (1997)『環境と社会資本の経済評価』勁草書房.

[コメント]

阿部顕三

　本論文は，輸送費用を低下させるような公共投資の利益についてこれまで見逃されてきた重要な効果を指摘し，その理論的根拠を示した非常に興味深いものである．ここで念頭におかれている公共投資には，道路，橋，トンネルなどの建設や空港や港湾の整備などが含まれている．このような公共投資は，生産者の輸送費用を低下させるだけでなく，消費者にとって財・サービスの購入のための費用を低下させる．従来，このような公共投資の便益として輸送費用・移動費用の削減という直接的な効果だけが取り上げられていた．本論文は，この効果に加えて企業間の競争の促進による経済厚生が増大するという副次的な効果もあることを示した．この指摘は，公共投資の効果を評価する上で費用削減効果のみを考えていては不十分であり，競争促進的な効果を無視すると公共投資の過小評価になる可能性があることを意味している．

　公共投資の競争促進効果を論証するために，本論文では二つのモデルが用いられている．まず，これらのモデルによる分析結果をまとめてみよう．

　第1は，Salopによる円環都市のモデルを用いて，公共投資による消費者の移動費用の削減による効果を考察したものである．消費者は財・サービスを購入するために企業が立地している場所まで移動しなくてはならず，そのための移動費用がかかる．公共投資の増大によって，消費者が負担しなくてはならない移動費用を低下させると仮定している．移動費用が低下すれば消費者は企業のつける価格により敏感に反応するようになるので，低い価格をつけて需要を獲得しようとする．すなわち，公共投資は移動費用の低下を通じて均衡価格を低下させ，企業間の競争の促進によって企業数を減少させて経済厚生を引き上げる効果を持つのである．

　第2のモデルは，クールノー競争のモデルを用いて，公共投資による企業の輸送費用の削減による効果を考察したものである．ここでは，二つの地域の間で禁止的に高い輸送費用があり二つの市場が完全に分断されているケースと輸送費用がなく市場が統合されているケースを比較することによって，公共投資による輸送費用削減の効果を分析している．この場合でも，輸送費用が低下して市場が統合すれば，

企業はより弾力的な需要に直面することになる．したがって，第1のモデルと同様に，公共投資は輸送費用の低下を通じた市場の統合によって均衡価格を下落させ，さらに企業間の競争の促進によって企業数を減少させて経済厚生を上昇させる効果を持つ．

いずれのモデルによる分析も非常に明快で，これまで見逃されてきた公共投資の効果をわかりやすく示している．また，二つの異なるモデルを用いているが，背後にあるメカニズムは同一であり，公共投資が競争の促進によって寡占市場における企業の過剰な参入を抑制するという効果を明らかにしている．以下では本論文に関するいくつかのコメントを述べることにしよう．

第1に，本論文で用いられているクールノー競争のモデルでは公共投資が地域間の市場の統合を実現するものであるとされているが，ここでいう市場統合は2国モデルにおいて閉鎖経済から自由貿易へ移行することと同じである．すなわち，閉鎖経済ではそれぞれの国が完全に分断された市場で取引が行われ，自由貿易のものとでは統合された世界市場で取引が行われる．この意味で，一つの国を一つの地域と置き換えれば，本論文で用いられている公共投資による市場統合は，閉鎖経済から自由貿易への移行と同じである．このタイプの市場統合に関する分析は，国際貿易の分野での分析と類似している．

たとえば，Krugmanによる独占的競争モデルでは，消費する財の種類が増加すると効用が増大するような選好を想定している．そして，自由貿易が行われると，個々の生産者の生産量が拡大することで規模の経済性が働き，価格が下落する．本論文の図2で描かれた効果は国際貿易のテキストなどでもよく用いられている図である．さらに，この場合には，自由貿易によって各国で消費される財の種類も増加して経済厚生が増加するという効果も加わる．この論点を本論文の公共投資と関連づけて考えれば，公共投資による市場統合によって，それまでは消費できなかった他地域での財を消費することができるようになるという点での便益も発生すると言える．

第2に，実際に公共投資を行うべきかどうかを判断する際には，その費用と便益が計測されなければならないであろう．本論文の意義は公共投資の競争促進効果の存在を指摘した点にあるが，競争促進効果による便益の大きさを計測できなければ，実際にどの程度の公共投資を行うべきかを判断することはできない．これまで費用便益分析が発展してきたのも，実際に公共投資の配分をどのようにすべきかという問題意識が強く働いているからであろう．もし，競争促進効果を計測する手法の発展があれば，本論文の意義をますます高めることになると思われる．

第3に，本論文で分析されている公共投資は広域的に便益をもたらす公共財の供給と見なすことができるが，限られた域内で便益をもたらすような地域的公共財のケースを分析することも重要であると思われる．本論文で取り上げられている公共投資は，すべての消費者の移動費用を引き下げるか，あるいは，すべての生産者の輸送費用を引き下げるものと仮定されている．しかし，ある地域に限定された公共投資は，一部の地域においてのみ移動費用や輸送費用を引き下げると考えられる．この場合には，非効率な企業が立地している地域への公共投資が経済全体の効率性を引き下げてしまうようなことも考えられる．

　そこで，A, B, Cという3つの地域を考え，C地域では生産が行われず，かつC地域でのみ消費が行われるケースを考えてみよう．A地域の企業の限界費用が20万円，B地域の企業の限界費用が21万円であり，A, B両地域からC地域への輸送費用は3万円であるとする．公共投資が行われなければ，より効率的なA地域の企業からC地域に供給が行われ，そのときの価格は23万円となる．もし，A地域からC地域への道路のみが整備され，輸送費が2万円削減されたとすると，A地域から21万円でC地域に供給がされることになり，輸送費の削減による便益が発生する．

　ところが，同じ公共投資の額でB地域とC地域を結ぶ道路のみが整備され，その間の輸送費用が1万円になったとする．この場合，A地域からの供給は途絶え，B地域からのみ22万円で供給が行われることになるであろう．しかしこの場合は，公共投資によって効率的なA地域の企業の供給が非効率なB地域の企業の供給に取って代わられる．これは，地域貿易協定を締結することによって発生する「貿易転換効果」と呼ばれるものに対応している．

　このように公共投資の総額に限りがあり，ある地域にのみ便益をもたらすような公共投資が行われるとすると，どこの地域に公共投資をすべきかという点を考えなくてはならない．仮に非効率な企業のある地域に公共投資を行うとすると，効率的な企業の生産から非効率な生産への代替が起こり，経済全体にとってはマイナスの厚生効果を生みかねないのである．本論文で用いられたモデルに地域的な便益をもたらす公共投資を導入して分析することも有益であると考えられる．

　いずれにしても，これらのコメントが本論文の意義をいささかも減じるものではない．本論文は，見過ごされてきた公共投資の効果を，簡単なモデルを用いて非常に明快に論じたものであり，その貢献は大きいと言える．本論文の議論が現実の政策に適用できるような形でさらに発展してくことが期待される．

人名索引

アルファベット

Alesina, A. 261
Allen, Franklin 6, 22, 152, 159
Alonso, I. 152
Anderson, S. P. 311
Aoki, Masahiko 3, 5, 7-10, 19
Arellano, Manuel 41, 42, 135, 183, 192
Asako, K. 218
Aschauer, D. A. 182, 218, 219
Autor, D. 95
Baltagi, B. H. 263
Barro, Robert J. 181
Berman, E. 95
Bernanke, B. 151-154, 167, 175
Blanchard, O. J. 72, 261
Blundell, R. 135, 183, 192
Bohn, H. 287, 290
Bond, Stephen 41, 42, 135, 183, 192
Border, K. 156
Bound, J. 95
Broeck, M. De 261
Buchanan, J. M. 79
Caballero, R. J. 176
Carlstrom, C. T. 151
Caselli, Francesco 198, 263
Chari, V. 152
Costa, J. S. 219
Dewatripont, Mathias 52, 53
Diamond, Douglas W. 8, 9, 12, 20, 52, 53, 152, 153, 159
Diamond, P. 151, 156
Dinç, I. Serdar 21
Dixit, A. K. 322
Doi, T. 258, 261, 287
Doornik, J. 135
Dybvig, P. H. 152, 159
Eaton, B. C. 311
Economides, N. 311
Esquivel, Gerardo 198
Evans, P. 182
Fuerst, T. S. 151, 152
Futia, C. A. 165
Gale, Douglas W. 6, 22, 152, 155, 159
Garcia, Gillian 39

Garcia-Milà, Teresa 182
Gerschenkron, Alexander 5
Gertler, M. 151-154, 167, 175
Giovannini, F. A. 263
Gorton, G. 152
Griliches, Z. 95
Gyourko, J. 220
Hanazaki, Masaharu 7, 22
Hayashi, M. 274
Hellman, Thomas F. 9, 51
Hellwig, M. 152, 155
Hillier, B. 165
Hoeffler, Anke 192
Holtz-Eakin, Douglas 182
Hopenhayn, H. 165
Horiuchi, Akiyoshi 7, 19, 22
Hoshi, Takeo 10, 21, 132
Ihori, T. 287
Ishikawa, D. 139, 142
Islam, Nazrul 198
Jagannathan, R. 152
Judd, K. L. 312
Kahn, R. F. 58
Kaldor, M. 210
Kanda, O. 315
Kanemoto, Y. 246, 247
Karras, G. 182
Kashyap, Anil 10, 21, 132
Katz, L. F. 95
Keynes, J. M. 58, 60, 79
Kim, Yoon Kyung 194
Kiyono, K. 315
Kiyotaki, N. 72, 176
Kondo, H. 287
Konishi, H. 315
Krasa, S. 153, 156, 158, 160
Krishnamurthy, A. 176
Krueger, A. 95, 107, 327
Lahiri, S. 315
Lane, T. 263
Leamer, E. E. 95
Lefort, Fernando 198
Lindgren, Carl-Johan 39
Lipsey, R. G. 311
Lucas, R. E. 165

Machin, S. 95
Mankiw, N. G. 57, 61-63, 65, 72, 80-83, 86, 315
Maskin, Eric 52
Matsumura, T. 313, 315, 321-323
Matsuyama, K. 58, 61
McGurire, Therese J. 182
Mera, K. 219
Miller, M. H. 131
Missale, A. 261
Modigliani, F. 131
Mohring, H. 309
Mookerjee, D. 156
Moore, J. 176
Morgan, D. P. 4
Mulligan, Casey B. 185
Munnell, A. H. 219
Murdock, Kevin C. 9, 51, 53
Myers, Stewart C. 21, 55
Nelson, Richard R. 185
Nose, T. 218
Okamura, M. 315
Okuno-Fujiwara, M. 315
Ono, Y. 315
Otaki, M. 57, 60, 83, 87
Patrick, Hugh 5, 8-10, 19
Peek, Joe 52, 53
Perry, M. K. 322
Phelps, Edmund S. 185
Png, I. 156, 169
Porter, Robet H. 182
Prati, A. 261
Prescott, E. 165
Prowse, Stephen 9
Rajan, Raghuram G. 12, 20, 153
Ratner, J. B. 218
Reinhorn, L. G. 57, 58, 61, 63, 65, 83
Reis, R. 169
Roback, J. 220, 221, 223, 240, 241, 246, 247
Rosen, S. 220
Rosengren, Eric S. 52
Rougier, J. 165
Saal, Matthew I. 39
Sachs, J. D. 94
Sakuragawa, M. 153, 156, 159, 160, 165, 176
Sakuragawa, Y. 176
Sakurai, K. 102
Sala-i-Martin, Xavier 181, 185
Salop, S. 310, 311, 315, 322, 326

Scharfstein, David 10, 21, 132
Schmalensee, R. 311
Schumpeter, J. A. 5
Schwartz, A. 127
Seshimo, H. 118
Shaked, A. 311
Sheard, Paul 5, 8-10, 19
Shatz, H. J. 94
Shimizu, D. 321
Shimizu, Katsutoshi 7, 19
Shioji, Etsuro 181, 182, 186, 187, 191
Sobel, J. 156
Solow, Robert M. 185
Spence, A. M. 322
Startz, R. 58, 65
Stiglitz, Joseph E. 9, 51, 57, 322
Stokey, N. L. 165
Sturm, J. 218
Sutton, J. 311
Suzumura, K. 315
Swan, Trevor W. 185
Tabellini, G. 261
Temple, Jonathan 192
Thoenig, M. 102, 103
Tirole, R. 5, 176
Townsend, R. 152, 155
Tracy, J. 220
Tsutsui, Y. 139, 142
Verdier, T. 102, 103
Villamil, A. P. 153, 156, 158, 160
Wagner, R. E. 79
Wakasugi, R. 218
Weil, Philippe 176
Weizsacker, C. C. von 322
Whinston, M. D. 315
Williamson, S. D. 152, 153, 155, 156
Wood, A. 95
Woodford, N. 59
Yamazaki, F. 118

あ行

青木昌彦 5, 6, 10, 51, 54
赤井伸郎 220, 274, 292
赤木博文 219
浅子和美 182, 218, 220
阿部正浩 89, 94, 102
池上岳彦 274, 304
石井隆一 258

人名索引

石川達哉　281
伊藤元重　315, 322
猪木武徳　10, 11
岩本康志　182, 196, 207, 208, 218, 220
宇沢弘文　11
内田貴　120, 121
大内聡　182
大河原透　182, 194, 207, 220
太田清　182, 218, 220
太田聰一　92
太田智之　117, 118, 131, 135, 138, 139, 143, 146
大瀧雅之　3, 7, 22, 55, 57, 61, 87, 151, 170
大竹文雄　89, 93, 220
大村敬一　134
小川一夫　137
奥野信宏　216, 218
奥野正寛　315, 322

か行

加藤尚史　220
金本良嗣　193, 309
川口大司　89, 110, 116
北坂真一　137
清野一治　315, 322
楠美将彦　134
久保克行　94
久米良昭　117
来間玲二　194
玄田有史　89, 90, 92, 111, 112
小杉礼子　92
小西砂千夫　304
近藤淘子　90

さ行

坂本和典　182, 183
桜健一　102
櫻井宏二郎　89, 95, 100, 102, 112, 113, 116
櫻川昌哉　3, 54, 55, 118, 151, 173-176
佐々木仁　102
佐藤主光　274, 292
塩貝久美子　134
塩路悦朗　182, 187, 220
清水克俊　7
随清遠　117, 146
杉浦正истラ　182
杉原茂　117, 118, 131, 135, 138, 139, 143, 146
鈴木禄弥　117
鈴村興太郎　315, 322

清家篤　89
瀬下博之　117-119, 125, 127, 131, 135, 138, 139, 143, 146

た行

高木新二郎　21
高寄昇三　260
竹下智　182
橘木俊詔　89, 93
田中宏樹　207, 209, 220, 221, 294
谷本正憲　258
田村正興　57, 83, 87
中馬宏之　113
塚本隆　182
常木淳　182
都留康　94, 109
照山博　182
土居丈朗　182, 207, 220, 254, 255, 258-262, 265, 266, 268, 271, 274, 277, 279, 287, 292, 297, 299, 306, 307
徳岡一幸　193

な行

中川裕希子　274
中里透　220
中島隆信　182, 218, 220
中野英夫　182, 274
中東雅樹　207
中坊公平　124

は行

花崎正晴　3, 7, 9, 22, 23, 40, 41, 44, 50
林宣嗣　207
林正義　207
樋口美雄　89
肥後雅博　274
肥田野登　309
福井秀夫　117
福田慎一　182
別所俊一郎　255, 271, 274, 277, 279, 280
別所正　182
細野薫　137
堀要　207, 220
堀内昭義　3, 7, 9, 22, 23, 40, 41, 44, 50
本間正明　207, 209

ま行

水上慎士　134

331

三井清　182, 220
森田修　122

や　行

山崎福寿　117–119, 125, 127, 131, 135, 138, 139, 143, 146
山下耕治　274, 292

山田篤裕　89
山野紀彦　182, 194, 207, 220
山本和彦　117
吉野直行　182, 218, 220

わ　行

渡辺努　137

事項索引

ア 行

アウトソーシング　102
アジア金融危機　80
天下り　5, 8-12, 14-17, 19, 24, 28-30, 34, 38, 50, 52, 54
安定成長期　217, 236
暗黙の補助金　267, 302
暗黙の利子補給　255, 266-270, 276, 295, 302, 306
威嚇点　17
移住均衡　222, 223, 226, 240
移住費用　222
1階条件　316
一括（固定）税　61, 64, 215, 221, 224, 246, 269
一般化積率（モーメント）法（GMM）　135, 289
一般財源　258, 271, 278
移動（輸送）費用　310-312, 314, 322, 326-328
イノヴェイション　79
「違法」行為　147
陰関数定理（implicit function theorem）　163
インサイダーの共同利得　11
インセンティヴ　4, 9, 10, 16, 24, 26-28, 30, 32, 37, 58, 80, 103, 130, 153, 156, 159, 299
インフレ理論　59, 61
AR (1) テスト　201, 204
AR (2) テスト　201
エージェンシー問題　49, 150
MM命題　131, 143
entrench　8, 39
追い貸し　52, 118, 119, 127-130, 139, 146-148
追い貸しの非効率性仮説　131, 134, 143, 147, 149
大きな政府　78, 79
オフショアリング　102

カ 行

海外からの競争圧力　6, 7, 22, 23, 29, 34-37, 48
海外直接投資　192
回帰式　226, 288, 289, 292, 302
階差GMMモデル　183, 192, 198, 201, 202, 204
外生変数　187
外部効果　187
外部労働市場　99
開放経済　29, 36, 38, 185
価格受容者（price taker）　154
価格弾力性　310, 314

撹乱項　190, 192, 226
確率的世代重複モデル　151
家計　215, 218, 237
貸し渋り　21, 51, 52, 55, 118, 119, 127, 131, 138, 142, 143, 146-148
貸出市場の不完全性　151
貸し剝がし　21, 22, 51, 52, 55
過剰債務問題（debt-overhang problem）　21, 55, 118, 119, 122-124, 132
過剰参入定理　311, 315, 319, 322
課税システム　215, 221, 223, 225, 236
寡占　58, 61, 72-75, 322, 327
過当競争　322
貨幣数量説　59, 60
貨幣の非中立性　58, 59, 71, 72, 81, 83, 85
貨幣発行益（seigniorage）　58, 68, 71, 81, 83
下方バイアス　192, 200
観察可能（observable）　152, 153
完全失業率　90, 91
企業　62, 66, 218, 224
企業価値　118, 119, 131-135, 138, 142, 143, 148-150
企業機密　10
企業経営の規律付け　4, 6, 7, 22-24, 36, 38, 48
企業統治（corporate governance）　4, 6, 7, 22-24, 36-38, 48
企業の立地　310
起債制限比率　256, 265, 283, 284, 286, 288, 289, 292-295, 302, 305
技術革新　112, 318
技術進歩　60, 76-78, 80, 94, 95, 101, 102, 106, 112, 115, 116
技術進歩率　77, 189
技術水準　90, 184, 189
技術伝播のモデル　185
技術の高度化　106
技術のスピルオーバー効果　103
技術のブラックボックス化　103
基準財政収入　272, 275, 276, 299
基準財政需要　255, 270, 272, 275, 276, 279, 299, 302, 306, 307
規制改革　318, 319
基礎的財政収支　262, 263, 265, 286-292, 295, 302, 304, 305
規模に関する収穫一定　222, 237

規模の経済性　319
規範的　208
逆選択問題　8
救済融資　22
行政指導　15
銀行依存型経済　151
銀行危機　7, 152
銀行経営効率　8, 11, 20, 21, 39
銀行システム　49
銀行収支構造　39
銀行の株式保有構造　21
銀行の情報生産　4, 48, 50-52
銀行の審査能力　8, 20, 22-24, 49, 51, 55
均衡の不決定性　85, 86
銀行への資金注入　14
金融監督政策　50, 51
金融緩和　23, 60, 173
金融システムの脆弱性　7, 37
金融自由化　38, 51, 254
金融の制度設計　53, 54
Cournot（クールノー）競争　315, 326, 327
グローバル化　90, 94, 95, 101-103, 106, 115, 116
グローバル化仮説　94
景気刺激効果　207
経済厚生　35, 36, 58, 60, 61, 70-72, 74-76, 79, 81, 83, 85, 86, 281, 297, 309, 311, 317-319, 326, 327
契約遵守　150
契約の作成・行使　146
Keynesian stance　57, 65, 68, 72, 83
ケインズ的動学モデル　61
結託　5, 6, 11, 13, 15-19, 24, 30-32, 34-38, 50
限界生産性（力）　87, 154, 155, 171, 185, 207-209
限界税率　221, 225
限界的な企業家（marginal entrepreneur）　161
限界費用　74, 311, 313, 315
限界便益　215, 220, 221, 223-225, 228, 229, 233, 236, 237, 240, 241, 251
健全経営規制　10
県内総生産デフレータ　268
公共投資　213, 214, 219, 265
交差項　41, 183, 184, 189, 195, 198, 201, 203
厚生経済学の基本定理　75
構造的・摩擦的失業率　90, 91
公的資金　257-260, 262, 266-269, 295, 296, 301
公的資金引受率　258-263, 265, 269, 295, 296, 302-305
高度成長期　6-8, 20, 22-24, 36, 38, 79
高度成長後期　216

後方帰納法　312
効率（性）　207, 208, 236, 269, 281, 306, 309, 328
国際競争　23, 24, 37
国内経済の開放度　36
国民経済計算体系（SNA）　286
誤差項　195, 201, 279
護送船団行政　24
国庫支出金　254, 260, 266, 268
固定効果モデル　183, 191, 196, 198, 200, 201, 203, 227, 243, 246
コブ・ダグラス（型）　184, 208, 209, 241
コミットメント　131, 321
固有のリスク（idiosyncratic risk）　157

サ　行

サーガンの過剰識別制約　136, 139, 201, 204
財源調達スキーム　271
最後の貸し手　168
財政再建団体　254, 255, 282
財政支出　58, 68, 69, 71, 72, 79-81, 84, 86, 213
財政乗数　59
財政投融資　255, 257
最低売却価格制度　117
最適化行動　66, 186
最適契約　153, 156, 159
サイドペイメント　14-17, 27-29
債務契約（debt contract）　153, 160
債務の持続可能性　299
詐害的短期賃借権　121
Salopモデル　322
産業基盤型社会資本　216, 226, 229, 233, 236, 237, 250
参入障壁　310
参入制限政策　323
参入費用　311, 314
サンプリングバイアス　284
サンプル平均　188, 189
CSV（costly-state-verification）　152, 155, 156
GMM推定　192, 195, 200, 201
GDP　213
シェファードの補題　224
シグナリング　288, 289, 293, 294, 298
シグナル　284, 295, 298
自己資本比率規制　52
自主再建方式　283
市場競争　6, 7, 23
市場原理　297
市場公募債　256-259

事項索引

市場システム 49
市場メカニズム 297, 304
システム GMM モデル 183, 192, 201, 203, 204
システム推定 135
実体経済 286
実物的景気循環理論 (real business cycle theory) 174
私的情報 11, 49, 153
資本移動 183, 185
資本化仮説 215, 220, 221, 223, 236
資本減耗ショック (capital depreciation shock) 164
資本市場 8, 12, 22, 131
資本ストック 184, 186
資本の喪失 157, 161
社会(的)厚生 11, 315, 321
社会資本 181, 182, 184, 185, 187-189, 191, 194-196, 198, 200-203, 207-209, 213-220, 225, 226, 228, 233, 239-244, 246-249, 274, 297
社会資本ストック 193, 194, 220, 244
社会資本比率 209
社会的規範 78, 85
社会福祉政策 213
若年の雇用(労働)問題 90, 92-95, 116
収益率 183, 185
自由参入 222
収束アプローチ 182
住宅金融専門会社(住専) 20, 21, 117, 124, 125, 139
自由貿易 327
(非)熟練労働者 ((un)skilled labor) 90, 94, 101-103, 105-107, 112, 115, 116
準用再建方式 283
少子高齢化(社会) 89, 213
乗数 58, 63-65, 69-73, 79, 81, 84
情報の共有・生産 10
情報の守秘性 12
情報の非対称性 298
職務忠実意識 (fiducially) 18
所得 215, 223, 240
所得移転効果 129
所得格差 89, 94, 115, 216
所得効果 58, 60, 62, 65, 71, 80, 93, 269, 277
所得再分配 75, 175, 217, 241, 254, 296
所得収束モデル 182
所得税 221, 226, 247
所得分配 118
人口成長率 189

伸縮的価格 (Flexible-price scheme) 71, 72
信用リスク 294
スキル偏向的技術進歩 (SBTC) 90, 94, 95, 101, 102, 106, 112
スタグフレイション 80, 87
ストック 214, 220
Strictly Increasing 195
スピルオーバー 219
成果主義賃金制度 89, 93, 94
生活基盤型(社会資本) 214, 216, 217, 219, 220, 223, 236, 246
生活基盤関連社会資本 194, 198, 201, 204, 215, 220, 226, 229, 246
整合的な動学分析 210
政策効果 214
生産関数 187, 189, 208-210
生産基盤型社会資本 215
生産基盤関連社会資本 194, 198, 201, 204
生産性効果 182, 200, 219
生産性ショック 151, 195
生産代替 318
生産力効果 181, 198, 201, 203, 208-210, 218, 220
税収関数 215, 223, 225-229, 233, 236, 242, 247, 250
製造業 6, 7, 22-24, 37, 51, 90, 97-99, 102, 104, 106, 112-114, 193, 194
製品市場 6, 8, 22-24, 35
セーフティーネット 4, 175
世代効果 92
節度ある規制 (prudential regulation) 50
ゼロ利潤条件 313, 315, 316, 318
先決変数 195
先験的 182
戦後復興期 216
潜在生産能力上昇効果 80
戦略的補完関係(性) 57, 59, 62, 64, 65, 81
操作変数(法) 135, 136, 138, 192, 201, 202, 204, 280, 288, 289
総資産収益率 (ROA) 134
総需要外部性 58, 59, 64, 65, 72, 74, 81
増税 14, 58, 62, 63, 65, 71, 80, 81
ソフトな予算制約 278, 292, 295, 299
ソロー・スワンの成長モデル 185

タ 行

第1次産業基盤型(社会資本) 216, 229, 233, 236
第3セクター 284
対数線形 67, 182, 277, 278

事項索引

大数の法則　158, 161
代替効果　269, 277, 281
代替の弾力性　209
大都市圏　181, 216, 219
大都市圏データ　204
大都市（雇用）圏（Metropolitan Employment Area, MEA）　193, 219
第2次産業基盤型（社会資本）　215-217, 229, 233, 236, 250, 251
誰がモニターをモニターするのか（Who monitors the monitor？）　4-9, 11, 19, 20, 23, 38, 48, 51
短期均衡　316
短期賃借権　117, 119-122, 135, 147
担保権　126, 127, 129
弾力性　187, 188, 208, 209, 228, 229, 233, 244, 250
地域間格差　216, 233
地域間所得再分配　259, 268, 280
地域間配分　214, 217
地域生産関数　182
地域・生産タイプ　219
地域別社会資本データ　219
地価関数　215, 225-227, 229, 236, 242, 244, 250
地価変動のリスク　50
置換効果　92
地代　220, 221, 223, 225, 228, 229, 241, 242, 246, 248
地代関数　223, 225
知的財産権　103
地方圏　207, 209, 215-217, 220, 229, 233, 236
地方交付税　217, 240, 254, 255, 258, 266-268, 270, 271, 274, 280, 281, 291, 292, 294, 296
地方交付税交付金　271, 275, 279
地方債　253-255, 257-259, 261, 263, 265, 266, 270, 271, 279, 285, 295, 298
地方債元利償還金の交付税措置　255, 266, 269-271, 274, 278-281, 295, 306, 307
地方債協議制　254, 256, 257
地方債許可制　253-255, 258-261, 295-297, 301, 304
地方財政再建制度　255
地方財政再建促進特別措置法　255, 282, 283
地方財政法　255
地方自治法　255
地方税　221, 226, 253, 254, 256
中立性仮説　131, 135, 147
超過利潤　9, 50, 159, 222, 319
長期均衡　316, 319

長期停滞（不況）　7, 93, 94, 174
長期的顧客関係　10
賃金　70, 73, 76-79, 85, 93, 99, 101, 102, 107, 112-116, 155, 170-172, 220, 221
賃金格差　90, 94, 95, 100, 102, 113, 116
DID人口　193
定額（lump sum）　306
逓減　210
定常状態　184
抵当権　117-119, 122, 124, 125, 147, 148
デット・オーバーハング仮説　132, 135, 138, 139, 142, 143, 147, 148
デフレ　60, 76, 78, 80, 85-87, 173
デフレ下の好況　80
動学（的）経路（軌道）　164-166, 182
動学的最適化　59
動学的（ダイナミック）パネル（・データ）・モデル　41, 182, 203
動学的非整合性　278
統合された（integrated）参加条件　159
同時決定性の問題　202
投資態容補正　270
投資の効率性（トービンのq）　118
投資費用　314
独占的競争　64, 72, 83, 86, 327
独占利潤　57, 58, 60, 62-65, 75, 81
特定財源　279
特定補助金　271
特別会計　284
都市圏　207, 209, 215-217, 229, 233, 236
都市雇用圏（UEA）　193
都市圏占有率（社会資本の）　215-217
都市圏データ　183
土地担保　49-51
土地担保契約　176
土地の担保価値　23, 50
translog型生産関数　209, 244
取り付け　151, 153, 154, 158, 159, 161, 164, 165, 167, 170-173, 175

ナ　行

内生性（の問題）　138, 202, 226, 289
内生的成長モデル　185
内部労働市場　99, 116
ナッシュ均衡　74, 75
ナッシュ積　17
ニート（NEET）　89, 91, 92, 110, 112, 115
2階条件　316

日本型ニート 92
日本的雇用慣行（日本的な経済システム・雇用慣行） 78, 93, 101, 116
ニュメレール（財） 61, 155, 241
農協系金融機関 117, 124

ハ 行

ハーバーカーの帰着理論 240
バイアス 191, 196, 198
ハウスマン検定 196, 227
発生主義決算 284
パネル・データ 189, 226, 262, 263
バブル 7, 23, 50, 51, 73, 87, 90, 240, 244, 246, 250-252
バブル崩壊 41, 43, 45, 51, 78, 89, 90, 94, 176, 207
パラサイトシングル仮説 111
パレート改善 59
パレート効率 15, 35, 55, 75
判子代 117, 122
非完備契約 156
非効率な追い貸し回避仮説 132, 135, 138, 139, 143, 147, 148
非正規労働者（雇用） 93, 94, 110
非製造業 193, 194
非線形性 88, 181, 184, 201, 203, 210
非対称ナッシュ交渉解 17, 28
非弾力的 221, 317
標準的な公共サービス（ナショナル・スタンダード） 304-307
費用便益（効果）分析 249, 309, 314, 327
深いパラメーター（deep parameters） 60, 68, 81
不完全競争（市場） 317, 319
不完全雇用均衡 66, 71, 74, 81, 86
不完全情報 3, 5, 8, 10, 37
福祉国家 79
複数均衡 85
負債構成 118
賦存量ショック（endowment shock） 164
普通会計 258, 284
不動産 21, 22, 51, 122, 123
不動産価格の低迷 22, 122
不動産（関連）融資 21, 50, 52
負のバランスシート効果 154, 166
部分ゲーム完全ナッシュ均衡 312
プラザ合意 23
free cash flow 仮説 150
フリーター 89, 91, 110, 112, 115

不良債権 22-24, 117, 121, 122, 146, 174, 176
不良債権比率 19
不良債権問題 21, 22, 52
フロー 214
分野別社会資本 215, 216, 228, 229, 236, 237
分野別配分 214
閉鎖経済 185, 327
ヘクシャー＝オーリーン＝サミュエルソン理論 102
ヘドニック関数 220
ヘドニック法 220
防衛的技術進歩 102, 103, 106
貿易仮説 94
貿易自由化政策 6
貿易転換効果 328
防災基盤型（社会資本） 216, 217, 229, 233, 236

マ 行

埋没費用（sunk cost） 21
マクロ・時系列データ 218, 219
マクロ・生活環境タイプ 219
マクロ・生産タイプ 218
マクロリスク（ショック） 152, 153, 156, 159, 162, 164, 168, 175, 176
マクロ・レベル 214
ミクロ（経済学）的基礎付け 61, 210, 281
ミクロ・レベル 214
民間資本 184, 185, 208, 218, 219
民間資本ストック 193, 194
民間投資 216
民間等資金 257-259, 261, 266, 267, 295-297
名目留保賃金 66, 70, 74, 76, 77
メインバンク 5, 8, 10, 20-23, 37, 38, 48, 52-54, 117-119, 124, 132, 133, 142, 144, 148
メインバンクからの借り入れ比率 132, 133, 142, 144
メインバンク効率性仮説 133, 135, 143, 144, 148
メインバンク中立性仮説 132, 135, 143, 147
メイン（バンク）寄せ 125, 133, 144
免許価値仮説 50, 52
モニター 3-6, 8, 9, 12, 13, 21, 23, 37, 38
モニタリング 3-6, 8-16, 18-22, 24, 26-32, 34-38, 49, 50, 295
モニタリング費用 13, 18, 28, 30, 32, 34-37
モラル・ハザード（moral hazard） 8, 13, 14, 24, 27, 29, 34-37, 49, 146, 150, 153, 173, 175, 278, 292, 295, 299, 304, 306

ヤ 行

有意性　184, 198
誘因両立性　156–158, 298
UV 分析　90
有限責任性 (limited liability constraint)　127, 155–157
有効需要刺激効果　80
融資取引関係　4, 6, 8, 12, 24, 37
優先権　118, 119, 124, 126, 127, 129–133, 139, 142–144, 146–149
優先権侵害回避仮説　133, 143, 144, 148
優先債権　126–130, 132, 133, 144
優先抵当権　123, 124
優先弁済権　117, 122, 124–126, 128
預金債務　4
預金者保護　12
預金請求権　157
預金保険機構　124
預金保険制度　4, 12
45°線分析　69

ラ 行

ランダム効果モデル　183, 191, 195, 196, 201, 203, 226, 227
利潤率　210, 225
リスク　214, 299
リスク負担効果　129, 130
リスク・プレミアム　261
リストラクチャリング速度　39
立証(不)可能 ((un)verifiable)　12, 153, 155
レオンチェフ型　246, 249
劣後債権　128
劣後抵当権　123, 124
連結決算　284
Roy の恒等式　223
労働生産性　22, 76, 78–80
lobbying　16

ワ 行

ワルラス法則　74, 75, 241

執筆者一覧 （50音順）

阿部顕三（あべ・けんぞう）　大阪大学大学院経済学研究科教授
岩本康志（いわもと・やすし）　東京大学大学院経済学研究科教授
太田智之（おおた・ともゆき）　みずほ総合研究所シニアエコノミスト
大瀧雅之（おおたき・まさゆき）　東京大学社会科学研究所教授
川口大司（かわぐち・だいじ）　一橋大学大学院経済学研究科准教授
今　喜史（こん・よしふみ）　東京大学大学院経済学研究科博士課程
櫻川昌哉（さくらがわ・まさや）　慶應義塾大学経済学部教授
櫻井宏二郎（さくらい・こうじろう）　専修大学経済学部教授
塩路悦朗（しおじ・えつろう）　一橋大学大学院経済学研究科教授
随　清遠（ずい・せいえん）　横浜市立大学国際総合科学部教授
杉原　茂（すぎはら・しげる）　大阪大学大学院国際公共政策研究科教授
瀬下博之（せしも・ひろゆき）　専修大学商学部准教授
田村正興（たむら・まさおき）　東京大学大学院経済学研究科博士課程
土居丈朗（どい・たけろう）　慶應義塾大学経済学部准教授
花崎正晴（はなざき・まさはる）　日本政策投資銀行設備投資研究所所長
堀内昭義（ほりうち・あきよし）　中央大学総合政策学部教授・東京大学名誉教授
松村敏弘（まつむら・としひろ）　東京大学社会科学研究所教授
水野利英（みずの・としひで）　兵庫県立大学経済学部教授
三井　清（みつい・きよし）　学習院大学経済学部教授
山崎福寿（やまざき・ふくじゅ）　上智大学経済学部教授

平成長期不況
政治経済学的アプローチ

2008年7月22日 初 版

［検印廃止］

編 者　大瀧雅之

発行所　財団法人 東京大学出版会
代表者　岡本和夫
113-8654 東京都文京区本郷 7-3-1 東大構内
電話 03-3811-8814　Fax 03-3812-6958
振替 00160-6-59964

印刷所　株式会社三秀舎
製本所　矢嶋製本株式会社

©2008 Masayuki Otaki
ISBN 978-4-13-040239-2　Printed in Japan

Ⓡ〈日本複写権センター委託出版物〉
本書の全部または一部を無断で複写複製（コピー）することは，著作権法上での例外を除き，禁じられています．本書からの複写を希望される場合は，日本複写権センター（03-3401-2382）にご連絡ください．

編著者	書名	判型	価格
東大社研編	失われた10年を超えて I II	A5	I 3200円 / II 3800円
大瀧雅之著	動学的一般均衡のマクロ経済学	A5	3500円
大瀧雅之著	景気循環の理論	A5	5600円
浅子和美・大瀧雅之編	現代マクロ経済動学	A5	6400円
吉川洋・大瀧雅之編	循環と成長のマクロ経済学	A5	4500円
福田慎一著	価格変動のマクロ経済学	A5	3800円
浅子和美・福田慎一編	景気循環と景気予測	A5	5400円
福田慎一・粕谷宗久編	日本経済の構造変化と経済予測	A5	5800円
浅子和美・宮川努編	日本経済の構造変化と景気循環	A5	5400円
宮川努著	長期停滞の経済学	A5	5400円
福田慎一・堀内昭義・岩田一政編	マクロ経済と金融システム	A5	4000円
櫻川昌哉著	金融危機の経済分析	A5	4600円

ここに表示された価格は本体価格です．ご購入の際には消費税が加算されますのでご了承下さい．